国家社会科学基金一般项目（项目编号：15BZW097）
《理学官方化与宋季诗文嬗变之关系研究》

出版经费由三峡大学学科建设项目资助
（Supported by the Project of Discipline Construction in CTGU）

理学官方化与宋季诗文嬗变关系研究

邓莹辉 著

社会科学文献出版社

SOCIAL SCIENCES ACADEMIC PRESS (CHINA)

目录
CONTENTS

绪

论

从文学发展史的角度看，宋代文学是继唐代文学之后的又一高峰，特别是在传统诗词文方面，宋代所取得的成就甚至超越了其他时代，陈寅恪所谓"华夏民族之文化，历数千年之演进，造极于两宋之世"正是对此的准确概括。但在中国当代学术界，整体上存在"重北宋轻南宋"的倾向，认为南宋文学只不过是北宋的附庸而已，著名文学史家钱基博先生便持这种观点："东汉文章，不同西汉。南宋诗文，一衍北宋。所以东京为西京之别出，而南宋只北宋之附庸。南宋之文学，苏氏之支与流裔也。盖词为苏词，文为苏文，四六则苏四六，独诗渊源黄陈以为江西派复尔。"① 因此，大凡治宋代文学的学者多以北宋为主，一旦涉及南宋，便十分明显地聚焦于以中兴文学家为主体的南宋前中期文学，而对宋季 70 年左右的文学发展，要么语焉不详，一笔带过，或者把关注焦点集中在"江湖诗人"身上，让人感觉宋季乃是士大夫文学整体缺席、江湖文学独霸文坛的时代；要么对这一时期的文学轻率地予以否定，认为是文学发展之"厄"。总体而言，"重北轻南""重前轻后"是学术界对宋代文学的主流态度。

当然，将南宋文学作为一个特殊的历史阶段加以思考和认识的也代不乏人。闻一多先生是现代研究古代文学的著名学者，他在《文学的历史动向》一文中曾对南宋文学的发展有如下判语："中国文学史的路线南宋起便转向了，从此以后是小说戏剧的时代。"② 这一说法是从文体学的意义上所作的大判断，对传统诗文并没予以肯定或否定，当然这依然为我们进一步了解诗文等传统文学的嬗变提供了思路。刘子健先生则从学术发展的层面对南宋的重要性作了进一步的阐述："中国近八百年来的文化，是以南宋为领导的模式，以江浙一带为重心。这个重心领导的文化模式虽然起源于北宋，可是北宋处于生长变化中，到了南宋才加

---

① 钱基博：《中国文学史》（中），上海古籍出版社，2011，第 562 页。
② 闻一多：《闻一多全集》（第一册），生活·读书·新知三联书店，1982，第 201 页。

以改变并且定型，进一步渗透民间，根深蒂固。"① 这里所谈到的文化模式主要是指以理学为代表的宋代学术的成长与变化，它已经明确南宋作为一个特殊阶段与北宋的联系与区别，以及对未来文化延续的意义。当代治文学史的专家对南宋文学的价值和影响都作出了自己的判断，其中王水照先生的观点颇具代表性，他认为："南宋文学史是一个特定时段（1127~1279）的文学史，更是在文学现象、文学形态、文学性质上具有鲜明时代特点和重要历史地位的一部断代文学史。南宋文学一方面是北宋文学的继承与延伸，文统与政统、道统均先后一脉相承；另一方面在天翻地覆时局变动、经济长足增长、社会思潮更迭变化的历史条件下，又产生了一系列新质的变化。北、南两宋文学既脉息相联，而又各具一定的自足性，由此深入研究和探求，当能更准确、更详尽地描述出中国文学由'雅'向'俗'的转变过程，把握中国社会所谓'唐宋转型'的具体走势。"②

笔者以为，所谓时代特性或"新质的变化"，除了时局的剧烈变化、经济的长足发展等之外，最突出地体现为在学术思想方面，理学在南宋由朱熹精密化、系统化之后，经过朱门弟子的进一步阐扬、推广和对其他学术思想的吸收，在宋理宗时期逐步取代其他理论，成为官方意识形态。而这一变化对文学所产生的影响是巨大而深远的。如果说"中国文学史的路线南宋起便转向了"，那么，理学是决定这一转向的重要因素之一，而这一转向更具有里程碑意义的事件应该是宋季理学的官方化，它标志着徘徊游走于学术和文学之间的理学，终于借助政治的力量在学术上获得了全方位干预和支配文学的权力。

因此，揭示宋代文学发展的真实面貌，不仅要分辨清楚南宋文学与北宋文学的差异，而且应该对长期被文学批评界忽视或轻视的宋季文学

---

① 刘子健：《略论南宋的重要性》，载《两宋史研究汇编》，台湾联经出版事业公司，1987，第 80 页。
② 王水照、熊海英：《南宋文学史》，人民出版社，2009，第 1 页。

给予更多的关注和更公正客观的认识和评价。而要描绘出宋季诗文发展的真实图景，就必须回到文学产生和发展的历史语境之中，尽量还原当时文学创作的历史现场。我们知道，对中国传统文学来说，任何一种文体的创作都不是单纯意义上的文学创作，它一定或多或少、或深或浅地与当时的政治、经济、学术、教育等发生联系。在中国历史的发展进程中，宋季是一个颇为独特的时期，其独特性不仅表现为它是赵宋 300 多年历史的最后一个段落，更重要的在于，它还是中国历史、学术和文学的一个重要转折时期。

从历史层面看，在内忧外患的多重打击下，南宋高宗、孝宗朝无数仁人志士多年中兴的努力在宋季宣告失败，而在仇敌金国灭亡之后，南宋又迎来了一个更为强大凶悍的对手——蒙古政权；从学术层面看，作为继孔子原始儒学之后影响中国 800 多年历史发展的主流意识形态的理学，正是在宋季被各方势力共同推上封建朝廷官方学说的崇高地位，然而，在获得国家意识形态至尊地位的同时，理学也失去了它原本具有的创新意识和活力，成为僵化的教条；而从文学发展的层面看，宋季文学被打上了较以前各个时代更为明显、更为强烈的义理化、道德化烙印。不同的文学生态孕育出不同的文学景象，而宋季文学，特别是宋季诗歌所表现出的江湖诗人群体与官僚诗人群体在价值取向、情性观念和文道关系的处理等方面，从严重对立逐渐走向缓和融会的转变，都是一系列新质变化的具体体现，这种变化生动地说明宋季文学既与北宋和南宋前中期文学脉息相关，又具有相当程度的自足性。深入研究和探讨宋季诗文创作的特点，还原这一特殊历史阶段文学发展的真实状况，可以更清楚地呈现传统诗文"道""艺"之争的嬗变过程，也能更准确地把握文学发展的历史走向。

过去学术界长时间存在对宋季文学有意忽视甚至漠视的状况，近年来有比较大的改观。学术界将宋季作为一个特殊时段予以整体观照或进行个体研究产生了不少重要成果，尽管这些研究成果在数量与质量上依然无法与对北宋和南宋前中期文学的研究相比，但依旧为我们了解宋季诗文提供了参考。本书的目的便是在前辈时贤研究的基础上，围绕官方化过程中及之后的理学与宋季诗文的关系，讨论理学影响下的宋季诗学、宋季文学，尤其是关注宋季诗歌创作的变化，探究宋季文学"新质变化"产生的内外在原因。

当然，在讨论这些问题之前，我们必须首先弄清楚并解决两个问题：一是宋季文学时间的界定；二是关于宋季文学研究对象的选择。

一　关于宋季文学（以诗歌为例）时间的界定

对于文学进行阶段划分实际上是要解决一个朝代文学发展的分期问题。然而对于某个阶段的时间界定，各家所依据的标准是不同的。如果从历史的角度做判断，宋季一般就是指宋理宗至宋帝昺时期（1225～1279）这一历史阶段，先后经历了宋理宗（1225～1264）、宋度宗（1265～1274）、宋恭帝（1275～1276）、宋端宗（1276～1277）和宋帝昺（1278～1279）五朝。其划分相对简单，争议较少。但学界关于宋季文学时间的界定，从古至今代有议论，争议颇多，表现得异常复杂。笔者意欲在罗列、分析古今相关论述的基础上，作出自己的判断与选择。应该注意的是，尽管历代学者依据不同的标准得出不同的结论，但都基本遵循一个共识：宋季是两宋文学，特别是诗歌发展过程中一个非常重要的阶段。

古今学者对宋季文学发展的历史分期做过大量研究，留下很多相关论述①。笔者按时间顺序，将其分为古代和现当代两个部分分别加以辨析。

（一）古代学者对宋季文学断代的研究

古人关于宋季文学断代的研究，早在南宋时期就已经开始。严羽（生卒年不详，主要生活在宋理宗在位时期）是较早以"近世"指称宋季的诗论家，他在《沧浪诗话·诗辩》中对宋季诗歌作出辨析：

---

① 参见张远林、王兆鹏《宋诗分期问题研究述评》，《阴山学刊》2002 年第 4 期。

国初之诗，尚沿袭唐人，王黄州学白乐天，杨文公刘中山学李商隐，盛文肃学韦苏州，欧阳公学韩退之古诗，梅圣俞学唐人平澹处。至东坡山谷，始自出己意以为诗，唐人之风变矣。山谷用工尤为深刻，其后法席盛行，海内称为江西宗派。近世赵紫芝翁灵舒辈，独喜贾岛姚合之诗，稍稍复就清苦之风。江湖诗人多效其体，一时自谓之唐宗。①

他认为宋诗凡三变，北宋初期是"沿袭唐人"的阶段；至北宋中后期的苏轼、黄庭坚"始自出己意以为诗"，从而奠定了宋代诗歌的特点风格；而至"近世"（宋季时期）之诗歌又渐复晚唐诗风。

方回（1227~1305）则是明确提出宋季文学时间范围的评论家，作为一个主要生活在南宋后期的宋末元初学者，他在《送罗寿可诗序》一文中认为：

诗学晚唐，不自四灵始。宋划五代旧习，诗有白体、昆体、晚唐体。白体如李文正、徐常侍昆仲、王元之、王汉谋；昆体则有杨、刘《西昆集》传世，二宋、张乖崖、钱僖公、丁崖州皆是；晚唐体则九僧最逼真。寇莱公、鲁三交、林和靖、魏仲先父子、潘逍遥、赵清献之父，凡数十家，深涵茂育，气势极盛。欧阳公出焉，一变为李太白、韩昌黎之诗，苏子美二难相为颉颃；梅圣俞则唐体之出类者也，晚唐于是退舍。苏长公踵欧阳公而起；王半山备众体，精绝句、古五言或三谢。独黄双井专尚少陵，秦、晁莫窥其藩。张文潜自然有唐风，别成一宗，惟吕居仁克肖。陈后山弃所学，学双井，黄致广大，陈极精微，天下诗人北面矣。立为江西派之说者，铨取或不尽然，胡致堂诋之。乃后陈简斋、曾文清为渡江之巨擘。乾淳以来，尤、范、杨、陆、萧，其尤也。道学宗师于书

---

① （清）何文焕辑《历代诗话》，中华书局，1981，第688页。

无所不通，于文无所不能，诗其余事，而高古清劲，尽扫余子，又有一朱文公。嘉定而降，稍厌江西，永嘉四灵复为九僧旧。[①]

他把宋诗的发展分为六个阶段，第六阶段"嘉定而降"中的"嘉定"是南宋第四个皇帝宋宁宗的最后一个年号（1208～1224），其"嘉定而降"的断代划分是中国诗歌批评史上第一次明确将宋代诗歌发展的最后阶段（即宋季）的开始时间确定为"嘉定元年"（1208）。

袁桷（1266～1327）是元代知名学者，其观点与方回相似，他曾经在《书汤西楼诗后》一文中以史学家的眼光对宋诗的发展流变进行划分、归纳与总结：

> 玉谿生往学草堂诗，久而知其力不能逮，遂别为一体。然命意深切，用事精远，非止于浮声切响而已也。自西昆体盛，纂积组错。梅、欧诸公发为自然之声，穷极幽隐，而诗有三宗焉：夫律正不拘，语腴意赡者，为临川之宗；气盛而力夸，穷抉变化，浩浩焉沧海之夹碣石也，为眉山之宗；神清骨爽，声振金石，有穿云裂竹之势，为江西之宗。二宗为盛，惟临川莫有继者，于是唐声绝矣。至乾淳间，诸老以道德性命为宗，其发为声诗，不过若释氏辈，条达明朗，而眉山、江西之宗亦绝。永嘉叶正则始取徐、翁、赵氏为四灵，而唐声渐复。至于末造，号为诗人者，极凄切于风云花月之摹写，力屏气消，规规晚唐之音调，而三宗泯然无余矣。[②]

袁桷在这段论述中以"末造"指代宋季，其具体时间虽不够清楚，但否定性的态度较前人更加鲜明。在袁桷看来，宋季是宋诗发展六个阶

---

① （元）方回：《桐江续集》卷三十二，文渊阁《四库全书》本，台湾商务印书馆，1986。
② （元）袁桷：《清容居士集》卷四十八，文渊阁《四库全书》本，台湾商务印书馆，1986。

段的最后一个阶段，其特点是"力屡气弱"，标志着宋诗至此已走向日暮黄昏，其文学成就与其他阶段相比当为最低。

胡应麟（1551~1602）是明代著名学者、诗人和文艺批评家。他在其最有影响力的诗学著作《诗薮》中多次以"宋初""盛宋""南渡""晚宋"等时间概念来论述宋代诗歌，其"晚宋"所指时段约同于我们所谓"宋季"的说法，但依然是一种模糊的时间划分。

至清代，学者全祖望（1705~1755）在《〈宋诗纪事〉序》中阐述了自己对宋代诗歌发展历程的认识：

> 宋诗之始也，杨、刘诸公最著，所谓西昆体者也。说者多有贬辞，然一洗西昆之习者欧公，而欧公未尝不推服杨、刘……庆历以后，欧、梅、苏、王数公出，而宋诗一变。坡公之雄放，荆公之工练，并起有声。而涪翁以崛奇之调，力追草堂，所谓江西派者，和之最盛，而宋诗又一变。建炎以后，东夫之瘦硬，诚斋之生涩，放翁之轻圆，石湖之精致，四壁并开。乃永嘉徐、赵诸公，以清虚便利之调行之，见赏于水心，则四灵派也，而宋诗又一变。嘉定以后，江湖小集盛行，多四灵之徒也。及宋亡，而方、谢之徒相率为急迫危苦之音，而宋诗又一变。①

全祖望将宋诗细分为六个阶段的观点，与宋末元初的方回、袁桷等相似，且都是概而言之，没有确定的起讫时间。所不同的是，方回所论至永嘉四灵而止，不及江湖诗派；袁桷则视永嘉四灵和江湖诗人为两个阶段；全祖望将永嘉四灵和江湖诗人看作一个阶段（第五阶段），而将宋末元初的遗民诗人归于第六阶段。

由爱新觉罗·永瑢（以下简称永瑢）（1744~1790）主持编修的

---

① （清）全祖望撰，朱铸禹汇校《全祖望集汇校集注》，上海古籍出版社，2000，第1249页。

《四库全书总目》是我国古代规模最大的官修图书目录，也是现有最大的一部传统目录书，该书多处涉及宋诗的分期问题，其观点综合了前人的相关论述，具有比较强的权威性。如《云泉诗》提要中提到的：

> 宋承五代之后，其诗数变。一变而西昆，再变而元祐，三变而江西。江西一派，由北宋以逮南宋，其行最久。久而弊生，于是永嘉一派以晚唐体矫之，而四灵出焉。然四灵名为晚唐，其所宗寔止姚合一家，所谓武功体者是也。其法以新切为宗，而写景细琐，边幅太狭，遂为宋末江湖之滥觞。①

《杨仲宏集》提要又云：

> 盖宋代诗派凡数变，西昆伤于雕琢，一变而为元祐之朴雅。元祐伤于平易，一变而为江西之生新。南渡以后，江西宗派盛极而衰，江湖诸人欲变之，而力不胜。于是仄径旁行，相率而为琐屑寒陋，宋诗于是扫地矣。②

虽然其中出现"元祐""南渡""永嘉""宋末"等具有模糊性的时间概念，但仍然缺乏分期的确定性。

综合宋末至明清各时代诗论家对宋诗流变的论述可以看出，古代学者所关注的重点是对文学现象进行定性分析与评价，往往从大处着眼，描述宋代文学发展的总体趋势，而对局部的、枝节的问题较为忽视。因而对每个阶段的时间划分都是粗线条的、模糊的，缺乏明晰、清楚的界定。但各时代评论家对宋诗发展历程的同类探索，却为现当代古典文学批评家更为精细地研究宋代文学的流变、分期和确定宋季

---

① （清）永瑢等：《四库全书总目》卷一百六十五，中华书局，1965，第1410页。
② （清）永瑢等：《四库全书总目》卷一百六十七，中华书局，1965，第1441页。

文学相对准确的起讫时间提供了参考和借鉴，其学术价值依然值得充分肯定。

（二）现代学者对宋季文学断代的研究

随着近代以来西学东渐，西方新的学术方法逐渐被运用于中国传统文学的研究之中，宋代文学的研究也进入了一个新的阶段，呈现出与古代学人颇为不同的样貌。无论是一般意义上的文学史，还是宋代诗歌的专题研究，都或多或少、或简单或详细地对宋代文学的分期有所贡献。

对文学进行分期是文学史梳理文学发展历程的一种重要手段。纵观现当代学者所编著的各版本《中国文学史》，以新中国成立为界限，现代和当代两个时期表现出比较大的不同。关于民国时期文学史对宋季文学的研究，有学者认为："考察自 1904 年黄人撰写第一部《中国文学史》开始至新中国成立之前的各类中国文学史，其中叙述南宋诗歌的部分对晚宋诗坛都较为忽视。"[1] 而中华人民共和国成立后，包括游国恩主编的《中国文学史》[2]、袁行霈等主编的《中国文学史》[3]、章培恒等主编的《中国文学史》[4]、袁世硕等主编的《中国古代文学史》[5]、程千帆等著的《两宋文学史》[6] 等几部重要的文学史以及宋代文学断代史，对宋代文学的分期以及对宋季诗文的评价则更加多元化。

游国恩主编的《中国文学史》将两宋文学分为四个时期：北宋前期，北宋后期，南宋前期，南宋后期。每一时期起讫时间不确定。但游先生将辛弃疾（1140~1207）、叶适（1150~1223）等列入南宋前期，

---

① 侯体健：《士人身份与南宋诗文研究》，复旦大学出版社，2018，第 21 页。
② 游国恩主编《中国文学史》，人民文学出版社，1964。
③ 袁行霈等主编《中国文学史》，高等教育出版社，1999。
④ 章培恒等主编《中国文学史》，复旦大学出版社，2005。
⑤ 袁世硕等主编《中国古代文学史》，高等教育出版社，2016。
⑥ 程千帆等著《两宋文学史》，上海古籍出版社，1991。

而将同时代年纪更大的朱熹（1130~1200）和与叶适年龄相仿的姜夔等则归于南宋后期，让人感到颇不合理。

章培恒等主编的《中国文学史》对宋代文学的划分更为细致，共分为六个时期：北宋初期文学，北宋中期文学（11世纪20年代至80年代），北宋后期文学，南宋初期文学，南宋中期文学，南宋后期文学（开禧北伐失败至宋朝灭亡）。相较其他阶段的时间划分而言，"南宋后期文学"即宋季文学的起讫时间比较确定。

袁行霈等主编的《中国文学史》对宋代文学的分期不够明晰，综合来看，该书大致将宋代文学分为六个时期：宋初文学（太祖、太宗、真宗三朝）；前期文学（真宗、仁宗两朝）；中后期文学（神宗、哲宗、徽宗三朝）；南渡前后文学（徽宗、钦宗、高宗三朝）；南宋中期文学（高宗、孝宗、光宗、宁宗四朝）；南宋后期文学（宁宗开禧北伐失败以后至宋末）。关于"南宋后期文学"，即宋季文学的起讫时间与章培恒所编著作中的说法高度一致。

将宋代文学分为六个时期的还有中国社会科学院文学研究所中国文学史编写组编写的《中国文学史》[①]、郭预衡主编的《中国古代文学史》[②]，两部著作仅在具体时间段的界定以及相关内容的描述方面略有差别。

袁世硕等主编的《中国古代文学史》将宋代文学分为四个时期：北宋前期文学，指从北宋建国至英宗朝（960~1067）时期的文学；北宋后期文学，指从熙宁元年到靖康二年（1068~1127）时期的文学；南宋前期文学，指从宋高宗建炎元年到宋宁宗开禧北伐（1127~1206）时期的文学；南宋后期文学，指从宋宁宗开禧二年至宋朝灭亡（1206~1279）时期的文学。这里所说的南宋后期，即本书所谓的"宋季"。

程千帆等著的《两宋文学史》是编写较早的宋代断代文学史，对

①　中国社会科学院文学研究所编《中国文学史》，人民文学出版社，1962。

②　郭预衡主编《中国古代文学史》，上海古籍出版社，1998。

文学发展历史的叙述自然更为细致。但因其面世较早，故对宋代文学分期的时间准确性较弱。概而言之，该书将宋代文学的发展大约分为六个时期：宋初（宋太祖称帝至宋仁宗初期）文学；北宋中叶（主要指仁宗、神宗二朝）文学；北宋后期（以哲宗、徽宗、钦宗在位时期为主）文学；南宋前期文学；南宋中期文学；南宋后期（1208 年嘉定和议至宋末元初）文学。该书关于宋代文学的分期有明确时间界限的，就是关于南宋后期（宋季）的界定。

综合当代学人撰写的各版本《中国文学史》、宋代断代文学史或宋代分体文学史可以看出，关于宋代文学的分期，无论是"四分法"还是"六分法"，相对比较稳定一致的是对南宋后期（宋季）文学内容的认定和描述，特别是关于宋季的诗歌，几乎无一例外地将"永嘉四灵"和江湖诗派作为这一时段最主要的描述对象，而且起讫时间相对比较确定，虽然其中也有将叶适、朱熹、姜夔等南宋中期的作家归于宋季加以介绍的（游国恩主编的《中国文学史》、中国社会科学院文学研究所编的《中国文学史》、袁行霈等主编的《中国文学史》、袁世硕等主编的《中国文学史》都或多或少存在这种情况），但不影响对宋季文学的断代划分。

除文学史外，一些专门研究宋诗的著作和专题论文在对宋代文学的分期问题上有更加具体深入的分析。以下分别选择几部有代表性的专著和专题论文加以讨论。

日本中国文学和历史研究家吉川幸次郎（1904~1980）积宋史研究十年之功撰写而成的《宋诗概说》①，将宋诗分为六个阶段，即北宋初过渡期；北宋中期；北宋后期；北宋南宋过渡期；南宋中期；南宋末期。

许总所著的《宋诗史》② 是一部分体文学断代史，也是首部宋诗通史。和多数学者一样，许总将宋代诗歌划分为六个时期：一是"唐风笼

---

① 〔日〕吉川幸次郎：《宋诗概说》，郑清茂译，台湾联经出版公司，2012。
② 许总：《宋诗史》，重庆出版社，1992。

罩"的北宋初期（960～1021）；二是"风骚激越"的北宋中期（1022～
1062）；三是"奇峰突起"的北宋后期（1063～1100）；四是"水阔风
平"的北南宋之际诗风凝定期（1101～1162）；五是"中流砥柱"的南
宋中期（1163～1207）；六是"余波绮丽"的末期（1208～1279）。许总
认同方回的观点，将末期的起始时间确定为宋宁宗嘉定元年（1208）。

　　胡念贻的《略论宋诗的发展》[1] 被视为最早讨论宋诗分期并确定精
确时间的专题论文。作者参照陈衍《宋诗精华录》的分期方法，将两宋
诗歌发展历史分为四个时期八个阶段：北宋前期（960～1067），包括宗唐
期和苏、梅、欧的复古期两阶段；北宋后期（1068～1127），由以王、苏、
黄为代表的繁荣期和江西诗派两阶段构成；南宋前期（1128～1207），
包括吕、陈、曾等人欲纠正江西诗派和中兴四大家两段；南宋后期
（1208～1279），第一阶段为宋宁宗、宋理宗时期，主要有四灵派和江湖
诗派，第二阶段是宋诗发展的最后阶段，其代表作家有文天祥、谢翱、
林景熙、郑思肖、汪元量等易代诗人。此文将"南宋后期"的时间起
点确定为宋宁宗嘉定元年（1208），这一时间起点的确定与前述方回的
观点一致。喻学忠在《晚宋士风研究》中亦认同此种说法："晚宋，是
指宋朝历史的晚期，起讫时间大致是从宋宁宗嘉定元年（1208）至帝
昺祥兴二年（1279）宋亡，共约72年。"[2]

　　陈植锷的《宋诗的分期及其标准》[3] 认为要对宋诗进行科学的分
期，必须考虑六大标准和原则：一是体现宋诗自身发展的特点；二是打
破旧史王朝体系的框架；三是兼顾诗歌风格流派的演变；四是重视作家
活动年代的顺序；五是辨识前人成说的正误；六是注意社会文化背景的
影响。参酌以上六个原则，陈氏将宋诗依次分为六个时期：沿袭期（宋
太祖建隆元年至宋仁宗天圣八年，960～1030），此70余年以"三体"

①　胡念贻：《略论宋诗的发展》，《齐鲁学刊》1982年第2期。
②　喻学忠：《晚宋士风研究》，博士学位论文，四川大学，2002，第1页。
③　陈植锷：《宋诗的分期及其标准》，《文学遗产》1986年第4期。

（白体、晚唐体、西昆体）为代表；复古期（宋仁宗天圣九年至嘉祐五年，1031～1060），此 30 年欧阳修、梅尧臣、苏舜钦最为杰出；创新期（宋仁宗嘉祐六年至宋徽宗建中靖国元年，1061～1101），此 50 余年是宋诗创作的鼎盛时期，以王安石、苏轼、黄庭坚为代表，宋人陈师道在《后山诗话》中评曰："王介甫以工，苏子瞻以新，黄鲁直以奇。"① 凝定期（宋徽宗崇宁元年至宋高宗绍兴三十一年，1102～1161），江西诗派及其流变是这一时期宋诗诗风的主要代表；中兴期（宋高宗绍兴三十二年至宋宁宗庆元六年前后，1162～1200），以陆、范、杨、尤"中兴四大诗人"为代表；飘零期（宋宁宗嘉泰元年至元初，即 1201 年至 13 世纪末），以江湖诗派、四灵派、宋末爱国诗及亡宋遗民诗为代表。

朱明伦在《宋代诗人及诗歌特点略说》② 中将宋诗的发展分为四个时期：形成期（960～1067）、鼎盛期（1068～1126）、繁荣期（1127～1209）和衰变期（1210～1279）。其划分与胡念贻之说大同小异，至于为何将衰变期的起点定为宋宁宗嘉定三年（1210），朱明伦先生并未特别予以说明。然而，笔者结合文学发展考察此年史实发现，1210 年是"中兴四大诗人"中最后一位大诗人陆游去世的时间，标志着南宋诗歌繁荣时期的结束。

华岩在《宋诗的分期和宋诗的主流》③ 中反对简单地套用历史分期对宋代诗歌进行分期，应该考虑流派、思潮和历史等多种因素，并注意不同作家群体之间的承接关系。他以此为原则，将宋诗分为五个时期，即由承继到消歇的 71 年（960～1030）为初宋时期；由创变到繁盛的 71 年（1031～1101）为盛宋时期；由低潮到转折的 62 年（1101～1163）为交替时期；由中兴到回复的 48 年（1163～1210）为中兴时期；由不景气到再振作的 70 年（1210～1279）为晚宋期。

---

① （清）何文焕辑《历代诗话》，中华书局，1981，第 306 页。
② 朱明伦：《宋代诗人及诗歌特点略说》，《辽宁大学学报》1994 年第 3 期。
③ 华岩：《宋诗的分期和宋诗的主流》，《文学遗产》（增刊）1989 年第 18 期。

王兆鹏、李菁的《宋诗的发展历程》① 也是分六个阶段来描述宋诗的发展历程：一是宋初（960～1022）诗人对唐诗的模仿时期；二是北宋中期欧阳修和苏舜钦、梅尧臣的变革时期；三是以王安石、苏轼等人为代表作家对诗歌的进一步开拓时期；四是江西诗派的兴起时期；五是"中兴四大家"的超越时期；六是宋末诗风的蜕变时期。但除了第一阶段的时间比较清楚外，其他阶段都没有明确的起讫时间。

此外，关于宋季（或称晚宋）的时间界定，林严在《身份、文体与地方社会：刘克庄文学活动的多面相——评侯体健著〈刘克庄的文学世界——晚宋文学生态的一种考察〉》一文中认为："开禧二年（1206），成吉思汗在蒙古高原确立了自己无可动摇的地位之后，这一年正以世界征服者的姿态展开其所向披靡的东征西讨。到刘克庄去世的咸淳五年（1269），忽必烈汗的部队已经展开对襄阳和樊城的持续围攻，南宋国势处于风雨飘摇之中，数年之后，终归倾覆。这一段时期，就宋代的历史分期来说，我们习惯称之为'晚宋'。"② 王水照先生说这是"一个中小作家喧腾齐鸣而文学大家缺席的时代"。刘婷婷在《宋季士风与文学》中则提出："本文所指的'宋季'（1225～1279），即宋季三朝（理宗、度宗、恭帝）与二王（端、昺）时期。"③

张金岭、吴擎华在《晚宋理学家对僭越权力的加入、疏离与抗争——立足于晚宋时期理学家为济王鸣冤的考察》④ 一文中虽认定1205～1279 年是宋代文学发展的最后一个阶段，即晚宋时期，但对此时间划分未作任何说明。

关于宋季（或晚宋）的准确时间，张其凡在《两宋历史文化概论》

---

① 王兆鹏、李菁：《宋诗的发展历程》，《湖北大学成人教育学院学报》2001 年第 4 期。
② 林严：《身份、文体与地方社会：刘克庄文学活动的多面相——评侯体健著〈刘克庄的文学世界——晚宋文学生态的一种考察〉》，《中华文史论丛》2015 年第 1 期，第 375 页。
③ 刘婷婷：《宋季士风与文学》，博士学位论文，浙江大学，2007，第 2 页。
④ 张金岭、吴擎华：《晚宋理学家对僭越权力的加入、疏离与抗争——立足于晚宋时期理学家为济王鸣冤的考察》，《四川师范大学学报》2003 年第 4 期，第 91 页。

一书中认为："南宋历史按照政治事态的发展，准确予以划分，则应以宁宗嘉定元年（1208）宋函韩侂胄之首送金营求和，遂订立和议为界，将南宋历史划分为前后两个时期。"① 可见，张其凡也将 1208 年作为宋季文学的开端。

综上所述，学界关于宋季文学（诗歌）的起始时间主要有以下几种说法。

一是将起始时间确定为宋宁宗嘉泰元年（1201），陈植锷《宋诗的分期及其标准》持此观点。

二是将起始时间确定为宋宁宗开禧元年（1205），张金岭、吴擎华《晚宋理学家对僭越权力的加入、疏离与抗争——立足于晚宋时期理学家为济王鸣冤的考察》持此观点。

三是将起始时间确定为宋宁宗开禧二年（1206），林严《身份、文体与地方社会：刘克庄文学活动的多面相——评侯体健著〈刘克庄的文学世界——晚宋文学生态的一种考察〉》持此观点。

四是将起始时间确定为宋宁宗嘉定元年（1208），方回《送罗寿可诗序》、胡念贻《略论宋诗的发展》、张其凡《两宋历史文化概论》持此观点，学界多数人也倾向于此种说法。

五是将起始时间确定为宋宁宗嘉定三年（1210），朱明伦《宋代诗人及诗歌特点略说》、华岩《宋诗的分期和宋诗的主流》等持此观点。

六是将起始时间确定为宋理宗宝庆元年（1225），刘婷婷的博士学位论文《宋季士风与文学》持此观点。

相较对宋季文学起始时间的歧见迭出，批评家们对这一阶段截止时间的认识则比较一致，基本上都采用南宋灭亡的 1279 年作为宋季文学结束的时间，边界十分清楚。只有陈植锷《宋诗的分期及其标准》将其顺延至元初，即 13 世纪末。

将起始时间确定为宋宁宗嘉定元年（1208）的说法，是古今多数

---

① 张其凡：《两宋历史文化概论》，广东人民出版社，2002，第 65 页。

学者比较认同的观点，本书亦将采用这一说法。对宁宗一朝而言，嘉定元年（1208）是特别重要的一年，从政治上说，这一年结束了韩侂胄十几年独断专行的统治，权相史弥远由此登上历史舞台，开启了他26年独相专权的历程；从军事上言，"嘉定和议"后，宋金两国进入新的和平时期，从此以后，"王师北定中原日"的理想也随风远去；从学术领域看，在"庆元党禁"中备受打击迫害的理学家否极泰来，史弥远为了巩固自己的地位，收买士大夫的人心，同时也希望利用理学为南宋王朝服务，因此，他为理学地位的提升做了不少工作，如为"庆元党禁"中受打击而已经去世的理学家及其支持者平反，不仅恢复了吕祖谦、赵汝愚等人的官职，为理学领袖朱熹赐谥"文"，这是朝廷给予文臣的最高荣誉，对著名学者吕祖俭、吕祖泰与"庆元六君子"加以表彰，而且还将林大中、楼钥等15位年事已高、声名颇隆的故老召入朝堂以示尊崇。与此同时，史弥远还主持恢复并提升了理学的学术地位，以朝廷的名义下令雕版印行朱熹的著作，以推行道学思想。这些措施极大提升了以朱熹为代表的理学的地位，为宋季程朱理学成为官学奠定了坚实的基础。

本书之所以认同将宋季文学的起始时间确定为宋宁宗嘉定元年（1208），除了上述理由外，还在于从这一年开始，程朱学派的学术命运便一帆风顺，终宋一代就再也没有受到之前那样的打击迫害，在政治上日益得到最高统治者的青睐和重视，并在宋理宗一朝获得官学地位。随着理学官方化地位的取得，其对文学的影响也与日俱增，在诗坛上不仅出现了理学诗派，即使是一般诗人也多"攀附洛闽道学"，以至于刘克庄批评当世诗歌"率是语录讲义之押韵者"。而为了体现宋季文学的完整性，其结束时间应适当延续至元初。

二　关于宋季文学研究对象的选择

宋季文学是整个宋代文学尤其是南宋文学发展过程中不可分割的组

成部分，也是我国文学嬗变的重要阶段。但从关注度来说，学界的主要精力一直放在北宋和南宋前中期，宋季文学很难成为研究热点，相较于王水照先生所提出的宋代文学研究"三重三轻"（重北宋轻南宋、重词轻诗文、重大作家轻小作家）现象，宋季恰是"大家缺席，小家腾喧"的特殊阶段，故而长期受到学界冷遇。虽然 21 世纪以来这一状况有所改变，但依然存在许多严重问题。

以诗歌研究为例，对于这一时期的宋诗，研究者的注意力基本上都集中于"永嘉四灵"和"江湖诗派"，其研究视野较为局限，正如青年学者侯体健博士所言："新时期以来的古代文学史书写只要提到南宋中后期诗坛，必然要以'江湖诗派'作为叙述基点与展开平台。这也带来一个比较严重的问题，即此概念像一束强光那样，在照亮了南宋中后期诗坛图景中游士阶层的诗歌创作的同时，不自觉地遮蔽了它周边的相对暗淡一些的区域，从而使得人们对整个南宋中后期诗坛完整而真实的图景出现了某种认识上的偏差，特别是晚宋士大夫的诗歌创作被严重忽视。"①

而造成这种局面的原因，一方面是与北宋和南宋前中期的文学创作相比，宋季士大夫文人的诗歌成就存在着相当大的差距，且如苏轼、黄庭坚、陆游、杨万里、朱熹那样的文学大家罕见，即使被视为宋季著名文学大家的刘克庄与这些作家相比，也逊色不少；另一方面，历史上对宋季文学的研究，本来都集中在江湖诗人身上，而对其他作家特别是理学诗人的创作多持否定的态度，选择性地加以忽视或有意遮蔽。"但他们的文学作品数量仍然十分可观，取得的艺术成就亦不可轻视。他们的诗歌虽然在创新性上略显不足，却仍是宋诗艺术嬗变的关键一环，也是晚宋诗坛图景中极为重要的组成部分。"② 要描绘出宋季文学的全景图，江湖诗人之外的士大夫文人，特别是理学家的诗歌，乃是宋季文学史绕

---

① 侯体健：《士人身份与南宋诗文研究》，复旦大学出版社，2018，第 31 页。
② 侯体健：《士人身份与南宋诗文研究》，复旦大学出版社，2018，第 34 页。

不过的存在，必须予以更多关注和认真对待。

早在 20 世纪 30 年代，梁崑就在其《宋诗派别论》中指出："宋代学术于文化史中最占要位者，非文词，亦非诗赋，而惟道学，亦名理学，起自周濂溪、邵康节，盛于程明道、程伊川，集大成于朱晦翁。晦翁以降，理学弥漫天下，举凡文学、政治，无不有理学思想为其背影，而成理学之政治，理学之文学。夫诗乃文学之一偏，故宋理学家亦独有其理学诗体。"[1] 说明理学诗是宋季诗坛独树一帜的客观存在，且声势不可谓不浩大。

有鉴于此，本书将宋季文学特别是诗歌置于理学官方化的背景下，呈现其发展的历程，揭示其嬗变的内外在原因，以期描绘出宋季文学特别是诗歌发展演变的真实图景，探寻文学发展的某些规律。为了达成此目的，研究对象的选择就显得相当重要。

由于本书将宋季文学的起讫时间确定为 1208 年至元初。根据一般作家的作品在一个阶段产生的影响至少有十年，且有一定成就的作者至少年满 30 岁等这样的惯例，宋季诗文研究的入选作家大约可以限定为：去世时间不早于 1218 年，出生时间不晚于 1249 年，而以主要活动于宋理宗、宋度宗朝的文人为重点。因此，本书拟将宋季文学发展分为三个阶段：第一阶段，宋宁宗后期至宋理宗前期（1208~1233）；第二阶段：宋理宗后期（1233~1264）；第三阶段，宋度宗至元初（1264~1300 前后）。每一阶段的作家以庙堂理学家为主体，同时也包括受理学影响的士大夫文人和江湖诗人。入选标准拟定为：至少存诗达到 10 首（以《全宋诗》为依据，少数影响大的理学学者将酌情处理）的诗人。以下分别予以简单说明。

第一阶段，过渡时期的作家。主要活动在宋宁宗后期和宋理宗前期，进入这一阶段研究对象的标准是：主要生活在宁宗统治时期，但在 1208 年之后还活动至少十年的比较著名的与理学关系比较密切的

---

[1]　梁崑：《宋诗派别论》，山西人民出版社，2014，第 159 页。

作家。（注：根据这一标准，"永嘉四灵"就不在本书研究对象范围之内。"永嘉四灵"中的徐照卒于 1211 年；徐玑卒于 1214 年；翁卷生卒年不详，大约活了 60 岁；只有赵师秀活得较久，卒于 1219 年）。此时期入选作家如表 1 所示。这一创作群体人员复杂，以理学家居多，诗歌风格多样，虽然整体成就不高，但以诗闻名的赵蕃和韩淲等还是颇有影响。

表 1 宋季过渡时期作家及作品

作家	作品	备注
杨简（1141～1226）	《全宋诗》存诗 1 卷	陆九渊弟子，理学诗人
赵蕃（1143～1229）	《全宋诗》存诗 27 卷	江西派殿军，受朱子影响
袁燮（1144～1224）	《全宋诗》存诗 2 卷	陆九渊弟子，理学诗人
叶适（1150～1223）	《全宋诗》存诗 3 卷	事功学派领袖，一代文宗
黄榦（1152～1221）	《全宋诗》存诗 1 卷	朱熹弟子，理学诗人
敖陶孙（1154～1227）	《全宋诗》存诗 5 卷	江湖诗人
陈文蔚（1154～1247）	《全宋诗》存诗 4 卷	理学诗人
汪莘（1155～1227）	《全宋诗》存诗 220 首	受理学影响的诗人
赵汝谈（？～1237）	《全宋诗》存诗 15 首	士大夫诗人
姜夔（1155？～1221？）	《全宋诗》存诗 1 卷	江湖诗人
曹彦约（1157～1228）	《全宋诗》存诗 2 卷	受理学影响的诗人
裘万顷（？～1219）	《全宋诗》存诗 3 卷	士大夫诗人
陈淳（1159～1223）	《全宋诗》存诗 4 卷	理学诗人
韩淲（1159～1224）	《全宋诗》存诗 19 卷	受理学影响的诗人
陈宓（1171～1230）	《全宋诗》存诗 6 卷	理学诗人

第二阶段，理学诗文的中坚力量。指创作活动主要在宋理宗后期（1233～1264）、宋度宗（1265～1274）统治时期的一批作家，如表 2 所示。由于理学在宋理宗一朝被高度重视，并获得官学地位，理学人士的政治地位和话语权力得到空前提升，体现在诗学理论和文学创作上，就

是倡导诗文"以诗人比兴之体，发圣人义理之秘"，不仅理学作家的诗文强调道德义理，整个文坛都存在"攀附洛闽道学"的现象，即便以纯粹诗人自居的江湖作家亦未能免俗。

表 2　宋季理学诗文中坚力量及作品

作者	作品	备注
蔡沈（1159~1237）	《全宋诗》存诗 10 首	理学诗人
徐侨（1160~1237）	《全宋诗》存诗 1 卷	理学诗人
程珌（1164~1242）	《全宋诗》存诗 126 首	受理学影响的诗人
洪咨夔（1176~1236）	《全宋诗》存诗 8 卷	士大夫诗人
郑清之（1176~1251）	《全宋诗》存诗 8 卷	理学诗人
真德秀（1178~1235）	《全宋诗》存诗 2 卷	理学诗人
魏了翁（1178~1237）	《全宋诗》存诗 14 卷	理学诗人
包恢（1182~1268）	《全宋诗》存诗 1 卷	理学诗人
王迈（1184~1248）	《全宋诗》存诗 5 卷	士大夫诗人
刘克庄（1187~1269）	《全宋诗》存诗 49 卷	理学诗人
何基（1188~1268）	《全宋诗》存诗 22 首	理学诗人
王柏（1197~1274）	《全宋诗》存诗 5 卷	理学诗人
姚勉（1216~1262）	《全宋诗》存诗 11 卷	受理学影响的诗人

第三阶段，易代作家。选择这一阶段的入围作家难度较大，基本标准为：在南宋灭亡前至少已年满 30 岁，其人生主要在宋朝度过，且有比较明确的证据证明其在宋末已经在文坛有一定影响的作者，如表 3 所示。这一阶段作家的身份相对比较复杂，简单地说，包括民族英雄诗人、遗民爱国诗人。他们的共性就是在南宋灭亡之后，还在新朝度过了长短不等的时间，但主要生活在宋朝末期。与前两阶段相比，此一时期的诗文更多关乎救亡图存以及家国之思、亡国之恨等题材内容，具有鲜明的时代性。

表 3　宋季易代作家及作品

作者	作品	备注
陈著（1214~1297）	《全宋诗》存诗 34 卷	理学诗人
方逢辰（1221~1291）	《全宋诗》存诗 42 首	受理学影响的诗人
谢枋得（1226~1289）	《全宋诗》存诗 102 首	受理学影响的诗人
何梦桂（1229~1303）	《全宋诗》存诗 482 首	受理学影响的诗人
刘辰翁（1232~1297）	《全宋诗》存诗 217 首	受理学影响的诗人
金履祥（1232~1303）	《全宋诗》存诗 86 首	理学诗人
文天祥（1236~1283）	《全宋诗》存诗 970 首	受理学影响的诗人
汪元量（1241~1317 后）	《全宋诗》存诗 477 首	受理学影响的诗人
林景熙（1242~1310）	《全宋诗》存诗 314 首	受理学影响的诗人
陈普（1244~1315）	《全宋诗》存诗 7 卷	理学诗人
谢翱（1249~1295）	《全宋诗》存诗 295 首	受理学影响的诗人

　　鉴于入围作者人数众多，成就参差不齐，影响有大有小，而本书主要是针对理学对晚宋文学嬗变所起的作用展开探索研究，故在后面的相关章节里，只能就主要作家（以第二阶段的理学诗人为主体）的诗学思想、诗歌创作实践进行讨论，无法做到面面俱到，由此或许不可避免地会产生以偏概全的弊病，只能尽量克服，以期基本上能够做到自圆其说。

第一章

宋季文学生态考察

第一节　宋季的政治、文化和学术生态

文学是在一定的社会生活环境中产生、发展和嬗变的。早在六朝齐梁时期，刘勰在《文心雕龙》中提道："文变染乎世情，兴废系乎时序。"[1]这说明，中国古代文学批评就十分重视对文学与社会环境关系问题的探讨。而随着人类对自我生存环境越来越重视，人们的生态意识进一步得到加强。到 20 世纪 80 年代，受生态学的启发，文学生态学作为一种新的文学批评方法，开始进入中国学者的文学批评视野，并逐步被引入古代文学的研究领域。它所关注的是文学与其所处的政治、经济、文化、学术以及地域等环境之间存在的复杂关系。

关于"文学生态"的概念，学界有颇为多元化的讨论与建构，相比之下，侯体健的说法具有一定的代表性："所谓文学生态，乃是以文学为纽带，由政治局势、经济环境、地域空间、学术思想、士人活动、作家经历、作品文本等多层面文化因素所构成的动态系统……换言之，对'文学生态'的考察，是以文学为出发点，强调历史场景的还原性、动态性、网络性和整体性。以'文学生态'的视角来审视一个作家，就是将他的作品置诸其所处的历史场景之中进行阐述，在充分考虑到文学内在的历史发展逻辑基础上，更侧重关注文学创作与外部环境、个人经历、作家心态的关系。"[2]

从这一定义出发，我们在讨论宋季文学，尤其在讨论宋季诗文时，应该将其放置在具体的历史环境中，从不同角度去考察宋季诗文赖以生长的文化土壤。自韩侂胄因北伐失败被杀，宋金订立和议的嘉定元年以后，南宋文学史进入最后一个阶段——宋季文学，"中兴四大诗人"中

---

[1] （南朝梁）刘勰著，周振甫注《文心雕龙注释》，人民文学出版社，1981，第 479 页。

[2] 侯体健：《刘克庄的文学世界——晚宋文学生态的一种考察》，复旦大学出版社，2013，第 18 页。

的最后一位大家——陆游，抱着"但悲不见九州同"的人生遗憾与世长辞，宋季文学尤其是诗文创作进入一个"大家缺席，小家腾喧"的平庸时期，这一阶段的文学在南宋中兴文学的基础上发生了巨大变化，呈现出许多与其他阶段颇异的文学新质。宋季文学发生的嬗变，不能简单地归于文学自身发展的结果，而应特别重视其与晚宋特殊的权相政治、入不敷出的疲软经济、"江湖"与"庙堂"社会阶层的分化、理学学术定于一尊而逐步教条化等诸多因素的密切关系。以诗歌为例，"受到经济环境、社会阶层、政治局势以及士人活动等因素的影响，晚宋文学生态下的诗歌创作主要呈现出三个方面的特点，即诗歌地位及功能变化、创作群体多样化、士风诗道复杂化"。[①] 这些问题是研究此阶段文学者必须考虑的重要因素。

从宋宁宗嘉定年间权臣韩侂胄被杀，至南宋灭亡的 70 余年间，南宋与金、蒙关系的变化，使和战之争成了这一阶段南宋朋党之争的一个话题。但相对于以往的党争，这时党争中的学术之争几乎消失了，绍兴年间"党元祐"的赵鼎、胡安国以及孝宗朝"道学朋党"中的张栻、吕祖谦、朱熹等所张扬的道学，尽管无法落实到治国方略中，却被推上了不可动摇的正统地位；与此同时，朋党之间虽然不时地发生正面交锋，但激烈程度似乎降低了不少，也很少见到"绍兴党禁""庆元党禁"中那种残酷的迫害。但史弥远、史嵩之、丁大全、贾似道等权相接二连三地出现，而且他们所实施的相党政治变得稳固多了，在稳固的相党政治下，文人士大夫的锐气却越来越少。[②] 可见，在宋季，文学进入了一个与其他阶段有很大区别的新的时期，这对宋季文学的发展与嬗变会产生深刻而持久的影响。

---

① 徐畅：《文学生态视野下的晚宋诗集序研究》，硕士学位论文，重庆大学，2018，第 13 页。
② 沈松勤：《南宋文人与党争》，人民出版社，2005，第 5 页。

一　权相政治与朋党斗争

权相政治古已有之，两宋也并非鲜见，相比之下，北宋宰相的权力是受到很多制约的，很少有权相出现。但到南宋，权相政治成为南宋政治的一个显著特点。关于南宋时期比北宋权相增多的原因，有不少学者对此进行过比较深入细致的探讨，邓之诚先生认为："南宋宰相，兼总兵财，权莫与比，一人得政，俨然首辅，其他执政，陪位画诺而已。"[1]林天蔚则指出："宋代相权本轻，然突而产生权相者，缘由于独相者多，继世为相及再相者众，及加'平章军国事'衔，位于宰相之上，兼枢密使，兼制国用使等五种因素造成。"[2]南宋权相辈出，当由多种因素造成。宋高宗时期的秦桧，宋宁宗后期的韩侂胄，宋理宗前期的史弥远，宋理宗后期度宗时期的贾似道，几乎是一个紧接一个地出现在当时的政治权力中心，对南宋的政治生态和历史进程产生了重要而深远的影响。

北宋建国初期，统治者吸取唐代相权过大乱政、藩镇不受节制倾国的历史教训，精心设计出一套在理论上显得更为科学合理的政权结构体系：以皇权为中心，宰执与台谏、侍从权力一分为三，各负其责，相互监督制衡，从而使宰相在权力的使用上受到很多制约。但在实际操作层面，这种权力结构所产生的制衡作用十分有限，因为它的存在有一个前提，那就是皇权至上。所以皇帝个人的道德素质和领袖能力，决定了相权使用和发挥的效果，如果皇帝滥用权力，就会造成宰相无权；反之，则会造成宰相强权的情况。总体而言，北宋诸帝对宰相权力的控制和使用基本上还显得合理，出现了很多名相，如寇准、吕夷简、晏殊、王珪、司马光、王安石等，除王安石外，基本上没有出现过明显的权相政治。但到南宋高宗朝，秦桧两居相位，凡十九年，且大部分时间独相专

---

[1]　邓之诚：《中华二千年史》卷四，中华书局，1983，第291页。
[2]　林天蔚：《宋代权相形成之分析》，《宋史研究集》第8辑，中华丛书编审委员会，1976，第141页。

权，开启了两宋政治史上史无前例的权相政治。

当然，秦桧看似颇受宋高宗信任，权力甚大。但宋高宗仍然牢固地掌控朝政，并没失去对政治局势的主导权。虽然之后的宋宁宗体弱多病，宋理宗出身于宗族弱枝，宋度宗智力低下，导致韩侂胄、史弥远和贾似道等专擅朝政，但终究对赵宋政权本身没有造成大的危害。其原因与南宋的政治文化、体制制度、自然地理等都有关联。从政治文化看权相擅政可以发现，"政治文化是政治参与者在政治生活中形成的政治思维方式和政治行动风格，对政治参与者的政治行为有重要的影响，深刻地影响着权相的政治行为，构成了南宋权相政治形成的重要背景"①。宋代实行的是皇族与士大夫共治天下的文官政治体制，其参与者主要是帝王和文人士大夫官僚群体，宰相相当于中央朝廷管理团队的"首席执行官"，而掌握绝对权力的只有皇帝。虽然南宋历史上因各不相同的原因造成多次权相擅政的情况，但权相并不能随心所欲地左右皇帝和控制基层政权，而党争也成为制衡权相滥用权力的一种重要手段，南宋宁宗、理宗统治时期，以朱熹及其弟子后学为代表的道学派，便成为反对韩侂胄、制约史弥远和贾似道的关键力量。权相政治与朋党之争成为南宋政治史上一道独特的风景。

本书所限定的宋季虽然涉及的皇帝有宋宁宗、宋理宗、宋度宗、宋恭宗、宋端宗和宋怀宗，但宋恭宗、宋端宗和宋怀宗都是幼年登基，且在位时间极短，可以略而不论。因此关于权相政治与朋党斗争主要集中在前三位皇帝在位时期，尤其是宋宁宗和宋理宗在位时期。关于宋季权相政治与党争，事实上主要集中在两个人和两个群体身上，两个人是指权相史弥远和贾似道；两个群体则指权相一党与道学群体。宋季围绕政治、军事、文化以及意识形态的争论基本不会超出此范围。

宋宁宗在位共 31 年（1194～1224），史家评价他："帝谦仁恭俭，出于自然。蚤亲师儒，留意学问。……在位三十余年，池台苑囿，无所

---

① 李光伟：《南宋权相政治研究》，硕士学位论文，山东大学，2012，第 24 页。

增益，府库之财，未尝妄费。裤履虽敝，或加补濯，而爱民之念，始终弗替，一遇水旱，忧见颜色。御众临下，率从宽简，故吴曦以世将据蜀，不劳斧钺而授首；江淮湖岭之区，寇盗或作，旋即底定，皆履信思顺之所致也。"① 其仁孝之德，深得朝野推服，算得上是一个生活简朴、仁厚待民的有德皇帝；《宋史·宁宗本纪》对他的评价为："宋世内禅者四，宁宗之禅，独当事势之难，能不失礼节焉，斯可谓善处矣。初年以旧学辅导之功，召用宿儒，引拔善类，一时守文继体之政，烨然可观。中更侂胄用事，内蓄群奸，至指正人为邪，正学为伪，外挑强邻，流毒淮甸。频岁兵败，乃函侂胄之首，行成于金，国体亏矣。既而弥远擅权，幸帝耄荒，窃弄威福。至于皇储国统，乘机伺间，亦得遂其废立之私，他可知也。"②

在知人善任、对待学术方面宋宁宗也是功过参半。一方面他任用赵汝愚为相，引进大批理学正直人士入朝，尊重理学学术，促进了南宋中后期学术思想的繁荣；另一方面，当韩侂胄一党以伪学之名发动"庆元党禁"之际，宋宁宗又任由韩侂胄培植党羽，指正为邪，祸乱朝政；轻启边衅，导致北伐失败。可见，他是一位在位时间长而功过都非常鲜明的皇帝。

从南宋社会发展的整个历程来看，嘉定元年（1208）算得上是一个具有里程碑意义的年份。其意义主要表现在两个方面。第一，开禧北伐失败后，宋金"嘉定和议"随之达成，这标志着自北宋灭亡以来维系众多爱国人士的"恢复之志"从此烟消云散，自此以后，"暖风熏得游人醉，直把杭州作汴州"成为南宋士民当时普遍的社会心理和生活态度，南宋前期抗金复国的基本国策以彻底失败而告终，岳飞、李纲、张元干、陆游、辛弃疾、朱熹、姜夔等几代人为之奋斗的北定中原的理想也随之灰飞烟灭。第二，作为两宋最重要学术的流派——理学，经过数

① 佚名撰，李之亮校点《宋史全文》，黑龙江人民出版社，2005。
② （元）脱脱等：《宋史》卷四十，中华书局，1985，第781页。

度沉浮终于进入看似一帆风顺的发展"黄金时期"，并在各方力量的共同推动下，于宋理宗统治后期登上国家意识形态的宝座，取得至高无上的学术独尊地位，而这都与权相史弥远有密切关系。

史弥远（1164~1233），字同叔，鄞县（今浙江宁波）人，他自嘉定二年（1209）独相以后，前后历经宋宁宗和宋理宗两朝，秉政长达26年，是两宋历史上独揽大权时间最长的人。他在宁宗后期任宰相之初，为了打击韩侂胄余党，收买人心，为曾在"庆元党禁"中受迫害的理学人士赵汝愚、朱熹及其追随者平反，对已逝者"或褒赠易名，或录用其后，召还故人于外"①，如赵汝愚被赐谥"忠定"，朱熹被赐谥"文"，其他人如朱熹学生蔡元定、吕祖谦弟吕祖俭分别获得赠官；活着的或官复原职，或提拔到朝廷担任要职，对当年被列入《伪学逆党籍》的59人"一切擢用，悉至显官，无一人遗者"。② 在史弥远的亲自主持下，嘉定三年（1210）朝廷"追赠朱熹官，中大夫、宝谟阁直学士"③，从而使曾遭受重创的道学士人渐趋活跃起来。应该说，道学地位在宋宁宗后期得到极大的提升，史弥远功不可没。

宋理宗登基，史弥远因有拥戴之功，再次拜相，拥有更大的权力。史弥远提携理学，更多是出于政治目的，而非他真正信仰理学本身。他所考虑的是理学如何为政治所用，而不是理学的学术建设，这造成史弥远执政后期与理学士人之间的矛盾越来越激烈。

> 丞相诛韩之后，所以潜消祸变者，其于大本不谓无助。惟其惩意外之变，遂专用左右亲信之人，往往得罪于天下之公议。世之君子遂从而归咎于丞相，丞相不堪其咎，断然屏逐而去之，而左右亲信者其用愈专矣。④

---

① （元）脱脱等：《宋史》卷四十，中华书局，1985，第12417页。
② （宋）俞文豹撰，张宗祥校订《吹剑录全编》，古典文学出版社，1958，第97页。
③ 佚名编，汝企和点校《续编两朝纲目备要》，中华书局，1995，第221页。
④ （宋）黄榦：《勉斋先生黄文肃公文集》卷九《与金陵制使李梦闻（九）》，清抄本。

特别是在宋理宗时期"济王事件"中，史弥远与理学家之间的冲突反复出现，矛盾越来越大。济王赵竑被害，朝野正直之士群情激奋，朝廷以理学士人为主体的士大夫纷纷为济王鸣不平，真德秀、魏了翁、洪咨夔、胡梦昱、邓若水等不断上书，要求为济王平反昭雪，甚至提出诛杀史弥远及其党羽。面对理学家的抗议，史弥远采取高压措施，利用手中权力让趋炎附势的谏官们罗织罪名，以"欺世盗名，朋邪谤国""党附叛逆"等罪名，将真德秀、魏了翁、洪咨夔等人，或逐出朝廷，或削籍流放。另外他还通过"江湖诗祸"等文字狱钳制舆论，打击迫害反对者。所谓"成也萧何败也萧何"，史弥远于道学发展既有大功也有大过。尽管如此，权相与理学家们始终保持着微妙的关系，作为政治高手，史弥远恩威并施，始终利用宋理宗坚持以理学来笼络世道人心、维护其统治；而理学家们也必须通过融入政治实现自己经世致用的社会目标。理学群体与史弥远相党保持着既彼此合作，又相互斗争的复杂关系。

绍定六年（1233），随着史弥远的病逝，一代权臣的统治戛然而止，南宋迎来"端平更化"的有利时机，宋理宗召还真德秀、魏了翁、崔与之、洪咨夔、杜范、王遂等一大批有声望的学者，从而形成了被称为"小元祐"的文化繁荣局面。在此期间，理学地位获得巨大提升，在淳祐元年（1241）成为钦定的官学。

贾似道（1213~1275），字师宪，号悦生、秋壑，浙江天台人，早年以父荫为嘉兴司仓、籍田令，后考中进士，因自身能力和外戚关系的双重加持而进入朝廷中枢，成为南宋末年宋理宗和宋度宗最为倚重的一代权相。如果说史弥远大权在握是因为其对宋理宗登大位有拥戴之功，理宗不得不倚仗他应付来自各方面的危险，包括应对理学家的批评；那么，贾似道擅权既有宋理宗晚年倦于政事的原因，也有宋季人才凋零、贾氏又的确有政治、经济、军事多方面才干的原因，无论对内在制外戚、抑北司、葺学校等方面，还是对外在组织对蒙古的战争与和谈等事宜上，贾似道都表现出处理危机的突出能力。他在宋理宗晚期大权独揽是由多种原因造成的。而到宋度宗，贾似道的地位到了无人可及的地步。《宋史·贾似道传》载："理宗崩，度宗又其所立，每朝必答拜，称之曰师臣，而不名。"① "朝退，帝必起避席，目送之出殿廷始坐。"② 清代赵翼也说他"威权震主，至度宗为之下拜，其权更甚于桧与弥远"。③ 这种滔天权势，在两宋历史上绝无仅有。更可悲的是，在史弥远执政时尚有诸多理学家群起而攻之，逼迫史相行事必须有所收敛的局面；而当贾似道威福肆行时，朝野上下几乎万马齐喑，只剩下长达十年不绝于耳的颂扬之声，就连颇讲道德节操、守正不阿的理学诗人刘克庄，也写谀颂诗歌表达对其所谓有功社稷的赞扬，而以清流自居的宋末太学生竟上书朝廷，以当世"周公"称之。④

南宋政治的紊乱与腐败，其实不能完全归罪于史弥远、贾似道等权臣，那些号称"正人之士"的理学大儒也"与有荣焉"，难辞其咎。宋季理学家在政治上存在的主要问题表现在两个方面：一是善于高谈阔论，却无行政能力；二是危言激行，以此达到沽名钓誉之目的。先说第一个问题，周密在《癸辛杂识》前集《真西山入朝诗》中有一段颇为精彩且有影响的记载可说明这一问题：

> 真文忠负一时重望，端平更化，人徯其来，若元祐之涑水翁也。是时楮轻物贵，民生颇艰，意谓真儒一用，必有建明，转移之间，立可致治。于是民间为之语曰："若欲百物贱，直待真直院。"及童马入朝，敷陈之际，首以尊崇道学，正心诚意为第一义，继而复以《大学衍义》进。愚民无知，乃以其所言为不切于时务，复以俚语足前句云："吃了西湖水，打作一锅面。"⑤

---

① （元）脱脱等：《宋史》，中华书局，1985，第13783页。
② （元）脱脱等：《宋史》，中华书局，1985，第13784页。
③ （清）赵翼著，王树民校证《廿二史劄记校证》，中华书局，2013，第569页。
④ （宋）周密：《癸辛杂识》，中华书局，1988，第66~67页。
⑤ （宋）周密：《癸辛杂识》，中华书局，1988，第43页。

理学大儒们在国家民族危亡之际，不谈如何解决当务之急，而去讨论形而上的玄虚理论，自然让民众大失所望。更严重的是，真氏代表的不是个案，而是道学家的整体政治取向：

> 凡治财赋者，则目为聚敛；开阃捍边者，则目为粗材；读书作文者，则目为玩物丧志；留心政事者，则目为俗吏。其所读者，止《四书》《近思录》《通书》《太极图》《东西铭》《语录》之类，自诡其学为正心、修身、齐家、治国、平天下。①

由这些记载和评论可以看出，宋季理学家在国家治理方面表现得相当幼稚和脱离实际，留给后人以不识时务、眼高手低的可笑印象。

理学本来就是一种以逻辑思辨为特色的系统化哲学，善于辩论且出语激烈自然也是道学之士的特长，而身处台谏的士人更是将此道发挥到极致。"端平诸贤，无论是台谏官，还是非台谏官，都以善论、好论著称，为达目的，或连篇累牍论奏，或互相配合论奏，或合台论奏，或与三学联合论奏，一人因论奏去，则全体相继请去。"② 廖寅的相关论述，极其精炼地描绘了宋季政坛上以理学士人为主体的官僚阶层出于私利，不顾及国家安危，一意自逞其能、沽名钓誉的丑行。

二 士风败坏与奔竞成风

所谓士风，简而言之就是士人风气。汉学家余英时先生认为，士风牵涉难以截然区分的两个方面：一是知识分子的思想；二是知识分子的行为。③ 在中国古代，士乃四民之首，它的行藏出处关系甚大，所谓

---

① （宋）周密：《癸辛杂识》续集下《道学》，中华书局，1988，第 169 页。
② 廖寅：《"小元祐"考——论南宋后期学术对政治的影响》，《宋史研究论丛》第 6 辑，河北大学出版社，2005，第 265 页。
③ 余英时：《士与中国文化》，上海人民出版社，1987，第 401 页。

"士风之盛衰，风俗之枢机系焉"。① 恰是对士风重要性的精准概括。而宋代是历史上少有的帝王"与士大夫共治天下"的时代，士人风气与状态的好坏与社会的治乱、政治的清浊、王朝的盛衰都有着极为密切的关系。

士风是一个极为复杂的问题，内涵十分丰富，有学者将宋季士风分为"隐逸之风""奔竞之风""奢靡之风""政争之风""空谈之风""变节之风""忠义之风"等类型②。从总体上看，北宋士人特别强调人格气节，范仲淹、欧阳修、司马光、苏轼等都被后世视为士人典范。但到了南宋，随着权相政治的出现和党争的频繁发生，社会风气每况愈下，而宋季士风颓败的严重程度，两宋称最。理学家黄震在参加修撰宋宁宗、宋理宗两朝实录时曾总结道："当时之大弊：曰民穷，曰兵弱，曰财匮，曰士大夫无耻。"③ 但这种情况并非不期而至、空穴来风，它是长期积累的结果，只是到晚宋时期表现得特别突出而已。早在南宋中期，面对当时学术界和政坛中弥漫的"耽于浮词空言"的风气，"东南三贤"之一的著名理学家吕祖谦就提出过严厉批评与指责："今人为学，多尚虚文，不于着实处下工夫，到临事之际，种种不晓。学者须当为有用之学。"④ 而同时代的另一位著名学者——事功学派代表陈亮则对正统派理学崇尚玄虚、高谈性命予以不留情的批评。

> 今世之儒士，自谓得正心诚意之学者，皆风痹不知痛痒之人也。举一世安于君父之大仇而方且扬眉拱手。以谈性命，不知何者谓之性命乎！周公谨有言，世有一种浅陋之士，自视无堪以为进取之地，辄亦自附于道学之名。襃衣博带，危坐阔步。或钞节语录以

---

① 佚名撰，李之亮校点《宋史全文》（下）卷二十六下，黑龙江人民出版社，2005，第1854页。

② 参见喻学忠《晚宋士风研究》，博士学位论文，四川大学，2002。

③ （元）脱脱等：《宋史》卷四百三十八，中华书局，1985，第12992页。

④ （宋）吕祖谦：《令尹荐艾猎城沂使封人虑事》，《吕祖谦全集》第五卷，浙江古籍出版社，2008，第68页。

资高谈，或低眉合眼号为默识，而试叩其所学，则古今无所闻知；考验其所行，则义利无所分别。此圣门之大罪人也。①

陈亮的描述也许有些夸大其词，但这种现象是肯定存在的，且到南宋后期越来越严重，宋季士风的败坏不仅表现为学风不正、好高骛远，而且体现出文人阶层道德的全方位堕落。

关于南宋后期士风的败坏，我们可以从正反两个方面来看，即当理学处于被排斥地位时，文人纷纷变节改行；而当理学登上官学地位后，又无耻攀缘以图仕进。

南宋文人士风全面堕落的一个重要转折点，就是宋宁宗后期的"庆元党禁"，它严重毒化了官僚阶层的心灵，导致士林道德水准的大幅度下降。据沧州樵叟《庆元党禁》记载：

> 自熹获罪，党禁益哗，稍称善类，斥逐无遗。至荐举考校，皆为厉禁。奸贪狼籍，暴慢恣肆之徒，纷纭并起，填塞要途。士知修饬廉隅者，例取姗侮，或及于祸。一时从游，特立不顾者屏伏丘壑，依阿懦懦者更名他师，过门不入，甚至变易衣冠，狎游市肆，以自别其非党。②

朱熹的大弟子黄榦在《董县尉墓志铭》中亦描绘过相似的情景：

> 伪学之禁方严，有平日从学而不通书问者，有讳言其学而更名他师者，有变节改行、狂歌痛饮、佻达市肆而自污者，有昔尝亲厚、恨不荐己而反挤之者。至其深相爱者，亦勉以散遣生徒，为远

---

① （宋）陈亮：《上孝宗书》，载曾枣庄、刘琳主编《全宋文》第 279 册，上海辞书出版社、安徽教育出版社，2006，第 112 页。
② （宋）李心传：《道命录》，《丛书集成初编》，中华书局，1985，第 20 页。

害计。诸生虽从学，亦有为之摇动，欲托辞以告归者。[①]

就连与真德秀过从甚密的江湖诗人叶绍翁亦对此颇有微词：

> 当文公之向用也，其门人附之者众。及党议之兴，士之清修者，深入山林以避祸，而贪荣畏罪者，至易衣巾，携妓女于湖山都市之间以自别。虽文公之门人故交，尝过其门，凛不敢入。[②]

面对党锢之祸，真假道学原形毕现，无处遁形。由此也可看出，由权相韩侂胄发起的针对道学人士的"庆元党禁"对士风造成的伤害是巨大而且广泛的。以清高自许的道学之士尚且如此趋利避害，普通文人就更不讲文行出处等所谓的大节了。

对于"庆元党禁"之后，道学后生所暴露出来的嘴脸，真德秀在《跋东坡书归去来辞》一文中通过与北宋文人的对比，对其做了入木三分的刻画：

> 东坡谪岭南，故旧少通问者，在蜀惟巢元修，在吴则僧契顺，皆徒步万里，访之于荒陬绝徼之外……近岁有尝登大儒先生之门者，既而党论起，其人畏祸匿迹，过门不敢见，则以书谢曰："非不愿见也，惧为先生累耳。"先生答曰："予比得一疾奇甚，相见则能染人，不来甚善。"闻者代为汗下。吁，之人也，盖以通经学古自名，而其行义顾出一浮屠下，昌黎墨名儒行之说，渠不信然？因戏书于后，以发千古一笑。[③]

---

① 曾枣庄、刘琳主编《全宋文》第 288 册，上海辞书出版社、安徽教育出版社，2006，第 467 页。

② （宋）叶绍翁：《四朝闻见录》，中华书局，1989，第 149 页。

③ 曾枣庄、刘琳主编《全宋文》第 313 册，上海辞书出版社、安徽教育出版社，2006，第 196~197 页。

这段颇带讽刺意味的记录，通过理学师徒之间的对话将二人的尴尬关系描写得惟妙惟肖，是难得的宋季士林风习图景再现。

如果说宁宗朝道学信徒面对理学遭受打击而变节改行是为了远祸避害，尚有几分值得同情的话，那么理宗朝文人攀缘理学、攀附权贵则是典型的趋炎附势，让人不得不感叹其羞恶不立、士风不竞、廉耻丧尽了。

关于宋季士风的具体表现，或许身处其间的晚宋文人的相关描述当更有说服力，我们不妨借几位儒学大师的相关论述来重回历史现场进行考察。真德秀在《除江东槽十一月二十二日朝辞奏事札子一》中曾批评在权相韩侂胄淫威下士大夫的不齿表现：

> 往者侂胄弄权，以威罚钳天下之口，浸淫既久，附和成风，北伐一事，中外人知其非，而莫敢言其效。①

因慑于权相韩侂胄的淫威，宋季士人对北伐这样"中外人知其非"的事情，却"莫敢言其效"，宋代文人经过数代人一百多年努力，才树立起来的守正直言精神和仗节死义之风，岂料于顷刻间坍塌瓦解，风光不再。另一位理学大儒魏了翁也有类似的说法：

> 今之为士踪迹诡秘，见利则趋……小则卖友以求免，大则卖国以偷生……平居无直谅多闻之友，立朝无正色犯颜之士，临难无伏节死义之臣，虽利在盗贼，利在夷狄，亦委己听命而已。②

从众多学者，特别是理学家的相关陈述或记载中可以清晰看到，从宋宁宗到宋理宗，文人士大夫颓靡之气蔚然成风，较朱熹在世之时，有

---

① 曾枣庄、刘琳主编《全宋文》第 312 册，上海辞书出版社、安徽教育出版社，2006，第 212 页。
② （宋）魏了翁：《论敷求硕儒开阐正学》，《鹤山集》，文渊阁《四库全书》本，第 1172 册，台湾商务印书馆，1986，第 210 页。

愈演愈烈之趋势：

> 当乾道淳熙间，有位于朝者，以馈遗及门为耻；受任于外者，以苞苴入都为羞。今熏染成风，恬不之怪。①

通过比较可以看出，宋孝宗时期的理学家多惟其公、志于义；而宋季文人则惟其私、志于利，全无羞耻之心。而完整经历过宋季整个阶段的刘克庄感受更深，他的抨击也更具深刻性和代表性：

> 近世学士大夫，同流以媒进，枉己以希福，滔滔皆是，至于独立以决去，直道以触祸，则吾未见人焉。②

宋季士大夫品格低下、士风败坏的现状昭然若揭。更具讽刺意味的是，正是这位义正词严指斥钻营投机者的刘克庄，竟然也晚节不保，与权臣贾似道往来密切，并加入宋季为贾氏歌功颂德的浪潮中，让人颇为感慨。

我们知道，宋理宗一生所做的在历史上影响最大的一件事情，就是将程朱理学提升到官学地位，对此，史学家盛赞其功劳，《宋史·理宗本纪》云：

> 宋嘉定以来，正邪贸乱，国是靡定，自帝继统，首黜王安石孔庙从祀，升濂洛九儒，表章朱熹《四书》，丕变士习，视前朝奸党之碑、伪学之禁，岂不大有径庭也哉！身当季运，弗获大效，后世有以理学复古帝王之治者，考论匡直辅翼之功，实自帝始焉。庙号曰"理"，其殆庶乎！③

---

① （元）脱脱等：《宋史》卷四百三十七，中华书局，1985，第 12961 页。
② （宋）刘克庄：《后村先生大全集》卷六〇，《四部丛刊初编》，商务印书馆，1922。
③ （元）脱脱等：《宋史》卷四十五，中华书局，1985，第 889 页。

宋理宗亲政后将理学推上官方意识形态的崇高地位，借理学沽名钓誉、获名利之人如过江之鲫。晚宋理学家黄震曾在一篇文章中对当时社会的状况作过这样的总结：

> 至若士大夫，又多狃于流俗，渐变初心，既欲享好官之实，又欲保好人之名，兼跨彼此之两间，自以和平为得计，而不知几成西汉之风矣。①

另一位道学家欧阳守道更是对道学士子的浅薄和社会风气的败坏深表忧虑：

> 前日邻邑有某氏子者过予，坐甫定，则谈理学，出入乎儒先语录者盖数十氏……今书肆之书易得，有铜钱数百，即可得语录若干家，取视之，编类整整，欲言性，性之言千万，欲言仁，仁之言千万，而又风气日薄，机警巧慧之子，所在不绝产，被以学子之服，而读四书数叶之书，则相逢语太极矣，自先圣所删定诗书，已有置之不读，盖无问其他……呜呼，其不为俗化一大厄欤？②

总体看来，宋季士风一直呈现持续恶化的趋势，直到宋朝灭亡，也没能扭转过来。

这种社会风气对宋季文学所产生的消极影响甚大，正如某位学者所言："与士人的心态与行为一起沉沦的还有宋季文坛。"③ 其主要表现在

---

① （宋）黄震：《戊辰轮对札子》，《黄氏日抄》卷六九，文渊阁《四库全书》本，台湾商务印书馆，1983。
② （宋）欧阳守道：《送黄信叔序》，载曾枣庄、刘琳主编《全宋文》第346册，上海辞书出版社、安徽教育出版社，2006，第387~388页。
③ 刘婷婷：《南宋社会变迁、士人心态与文学走向研究》，中国社会科学出版社，2015，第256页。

道学文学观念充斥文坛，古法荡然无存。《四库全书总目》云："文章至南宋之末，道学一派，侈谈心性；江湖一派，矫语山林。庸沓猥琐，古法荡然。理极数穷，无往不复。"（《道园学古录》提要）① 说明晚宋文坛在理学影响之下呈现出明显的分裂状态：或道学作家以诗言理学，不及其余；或江湖诗人远离社会，以诗写山水。有学者将道学主流化的宋季文坛概括为"以诗言理学"与"诗在山林"，"鸣道之文"与"驰骛场屋之文"的二元化局面②，其总结还是相当准确和精炼的。

三　理学独尊与学术僵化

在中国古代学术发展史上，两宋是儒学发展最为重要的阶段之一，也是继先秦诸子百家之后又一个百家争鸣、流派纷呈的学术时代。北宋仁宗时期是文化极其繁荣的时代，宋代学术也从此开始展现出新的面貌，经宋神宗发展到宋哲宗前期，宋学进入高潮。

> 哲宗即位，宣仁后垂帘同听政，群贤毕集于朝，专以忠厚不扰为治，和戎偃武，爱民重谷，庶几嘉祐之风矣。然虽贤者不免以类相从，故当时有洛党、川党、朔党之语。洛党者，以程正叔侍讲为领袖，朱光庭、贾易等为羽翼；川党者，以苏子瞻为领袖，吕陶等为羽翼；朔党者，以刘挚、梁焘、王岩叟、刘安世为领袖，羽翼尤众。③

可见当时文坛群贤毕至、众星闪耀。学界普遍认为，两宋儒学的发展存在两个繁荣阶段，第一个阶段是北宋的元祐年间，第二个阶段是指南宋的淳熙年间。这两个阶段彼此之间既有联系，也体现出不同的特

---

① （清）永瑢等：《四库全书总目》卷一百六十七，中华书局，1965，第1440页。
② 参见刘婷婷《南宋社会变迁、士人心态与文学走向研究》，中国社会科学出版社，2015，第275~282页。
③ （宋）邵伯温：《邵氏闻见录》卷十三，中华书局，1983。

征。以下试对此作一些具体分析。

先看第一阶段的学术发展。北宋时期，随着国家统治的需要，重建儒家道德秩序成为十分紧迫的任务。在传统思想重建过程中，出于对儒家思想的不同理解，这一时期出现了多个学术流派，例如，王安石的新学、司马光的温公之学、三苏的蜀学、周敦颐的濂学、二程的洛学、张载的关学，邵雍的象数之学等各擅胜场、争奇斗艳，学术上呈现生机繁荣的局面，各学派延续的时间有长有短，影响的范围也有广狭之分。但就其主流而言，王安石新学与二程洛学的影响力此消彼长，而洛学最终成为官方学术。

王安石是新学的创立者，他在宋神宗熙宁年间掌握朝政之后，便向皇帝上呈自己主编的《三经新义》（亦称《三经义》，包括《诗义》《书义》《周礼义》），利用其政治权力推行自己的政治改革主张和学术变革思想。宋神宗对《三经新义》给予高度评价，不仅认为"今谈经者言人人殊，何以一道德！卿所撰经义，使学者归一"[1]，肯定此书是统一道德和学术思想的重要著作，而且以朝廷的名义颁之学官，作为天下士人学习儒家经典和科举应试的依据，使之成为官方意识形态。终北宋一朝，虽然其间经历过多次反复的新旧党争，但从总体上看，王安石的"新学"基本上自始至终掌握着学术界的话语权并占据着科举阵地的优势地位，所谓"安石新义行，士子以经试于有司，必宗其说，少异，辄不中程"[2]，充分说明其在当时科举场上的独尊地位。而在新学繁荣昌盛之时，周敦颐、二程的濂洛之学，张载的关学，邵雍的象数之学虽然各有追随者，也在不同地域范围产生一定影响，但总体上处于被官方排斥压抑的地位，这在南宋理学学者胡安国所写的一篇奏状中说得非常明白：

---

[1]（清）毕沅：《续资治通鉴》卷七十一，神宗熙宁八年六月己酉条，中华书局，1957，第 1776~1777 页。

[2]（清）毕沅：《续资治通鉴》卷七十一，神宗熙宁八年六月辛亥条，中华书局，1957，第 1777 页。

本朝自嘉祐以来，西都有邵雍、程颢及其弟颐，关中有张载。此四人者，皆道学德行，名于当世；会王安石当路，重以蔡京得政，曲加排抑，故有西山、东国之阨。其道不行，深可惜也。①

当然，由于有司马光、吕公著等当世大儒的举荐与宣扬，二程洛学在民间拥有巨大的影响力，杖履相从者甚众：

（程颢）既不用于朝廷，而以奉亲之故，禄仕于笕库以为养。居洛几十年，玩心于道德性命之际，有以自养其浑浩冲融，而必合乎规矩准绳……在仕者皆慕化之，从之质疑解惑；同里士大夫皆高仰之，乐从之游；学士皆宗师之，讲道劝义……于是先生身益退，位益卑，而名益高于天下。②

这段叙述虽然有夸大其词之嫌，但也反映出其学说独具魅力，影响者众。然而二程理学当时仅处民间，还无法与荆公的"新学"一决高下。

时至南宋，王安石新学和二程洛学的地位就如宋代历史的转折也来了个大反转，荆公新学因北宋灭亡而受到朝野上下的一致攻击，就连宋高宗也对王安石颇有看法：

（王居正）进言道："臣闻陛下深恶安石之学久矣，不识圣心灼见弊安在？敢请。"上曰："安石之学杂以伯道，取商鞅富国强兵。今日之祸，人徒知蔡京、王黼之罪，而不知天下之乱，生于安石。"③

当新学遭受全方位抨击时，以二程洛学为主的理学则迎来发展的历

---

① （宋）程颢、程颐：《二程集》，中华书局，2004，第349页。
② （宋）程颢、程颐：《二程集》，中华书局，2004，第332页。
③ （宋）李心传：《建炎以来系年要录》卷八十七，中华书局，1956，第1449页。

史机遇，二程的学生、"程门立雪"典故的主人公杨时成为上承二程、下启朱子，促使理学由洛学转为闽学的关键人物，在二程洛学南迁、道学南渡上具有举足轻重的作用。

> 道统者，治统之所在也。尧以是传之舜，舜以是传之禹、汤、文、武、周公、孔子。孔子没，几不得其传百有余年，而孟子传焉。孟子没，又几不得其传千有余年，而濂、洛、周、程诸子传焉。及乎中立杨氏，而吾道南矣。既而宋亦南渡矣，杨氏之传，为豫章罗氏、延平李氏、及于新安朱子。[①]

陶宗仪的这段论述，极其简明地指出了杨时在二程理学南传过程中无与伦比的巨大贡献。天降大任于是人，杨时在南宋建立伊始即被朝廷委以重任，从而给道学的未来创造了巨大的发展空间。杨时在南宋初可谓风头无两，成为天下理学共主 [东南学者推（杨）时为程氏正宗[②]]。由于他在朝中的重要地位，洛学中人辐聚庙堂，就连洛学子孙亦借此名义被朝廷大量引用，"好伊洛之学"几乎成为当时政治正确的一种标志，而程颢于宋高宗绍兴元年（1131）获诏赠直龙图阁更是洛学复兴的一个象征。作为程门最得力的高足，杨时一生高举理学大旗，捍卫师说，不遗余力地攻击荆公新学，"遂为南渡洛学大宗"。[③]

一般认为，二程洛学得以南传主要依靠两位学者，一是其嫡传弟子杨时，二是其私淑弟子胡安国。胡安国的思想"自得于（二程）《遗书》者为多"[④]，由他开端、其子胡宏确立基本思想的"湖湘学派"，在

---

① （元）陶宗仪：《南村辍耕录》卷三，中华书局，1959，第37页。
② （元）脱脱等：《宋史》卷四百二十八，中华书局，1985，第12741页。
③ （清）黄宗羲原著，（清）全祖望补修，陈金生、梁运华点校《宋元学案》第二册，卷二十五《龟山学案》，中华书局，1986，第944页。
④ （清）黄宗羲原著，（清）全祖望补修，陈金生、梁运华点校《宋元学案》第二册，卷三十四《武夷学案》，中华书局，1986，第1170页。

胡宏弟子、有"东南三贤"之称的张栻的影响下，成为南宋第一个特色鲜明且具有地域色彩的理学学派。湖湘学派对南宋理学的繁荣发展贡献巨大，束景南先生总结道："二程洛学，一脉由杨时到罗从彦、李侗，发展成为东南闽学，以《中庸》为入道之要；一脉由谢良佐到胡安国父子，发展成为湖湘学，以《论语》为入道之要。"① 除杨时的洛学正宗、胡安国的洛学私淑之外，周行己、许景衡、刘安节等"永嘉九先生"亦在江浙一带传承二程洛学，开创了"永嘉学派"，此学派传至南宋中期的陈傅良、叶适而达到顶峰，成为与以朱熹为代表的"理学"、以陆九渊为领袖的"心学"鼎足而立的南宋中期最著名的三大学术派别之一。清代学者全祖望说："乾（道）、淳（熙）诸老既殁，学术之会，总为朱（熹）、陆（九渊）二派，而水心（叶适的号）断断其间，遂称鼎足。"② 其评价准确而恰当。由此可见，南宋前中期的学术继北宋元祐学术的繁荣之后，迎来又一个百家争鸣的时期，而程朱理学也逐渐走上宋代学术的前台，在与其他学术流派的交锋论辩中脱颖而出，抢占到先机，从而为宋季理学获得官方地位奠定了坚实的基础。

但理学的发展并非一帆风顺。在南宋前中期，理学不仅存在着内部的学术分歧和学派之间的理论纷争，更为严酷的是，由于理学的意识形态特性，其学术不可避免地会卷入学者们生活时代的政治、党派纠葛之中。宋宁宗庆元年间的党禁对理学的发展就是一次极其严重的打击。"庆元党禁"的直接原因是外戚韩侂胄与宰执赵汝愚争夺政治权力，赵氏当政时大量起用朱熹、叶适等道学人士，韩氏要击败赵汝愚，必然要剪除这些羽翼，最终大量的道学人士被卷入两派政治斗争中而成为牺牲品。"而更可怕的是，许多政客为了自身的政治利益和权力升迁，变本加厉地将学术与政治混为一谈，通过政治手段打击压制学术，成为中国

---

① 束景南：《朱子大传》，福建教育出版社，1992，第 70 页。
② （清）黄宗羲原著，（清）全祖望补修，陈金生、梁运华点校《宋元学案》第三册，卷五十四《水心学案》，中华书局，1986，第 1738 页。

历史上的文化痼疾……这种以政治压制打击学术的直接后果就是败坏了人心，使士人的心灵受到了扭曲，因为科举是士人入仕的基本渠道，在党禁的日子里，凡应举士子则不能学习理学，尤其不能以理学义理来应试，这种对士人灵魂的摧残是深层的，它使得人们言行不一，对所学习的东西并无真正的信服，这与后来崇理学，科举应试中以理学信条为准则其后果是相似的。"① "庆元党禁"（1195～1201）虽然时间并不太长，但对学术和士风的破坏力则是非常巨大的。

峰回路转，宋宁宗嘉定元年（1208）理学迎来命运彻底改变、走向巅峰的时刻。而让理学脱颖而出、最后荣登官学地位的政治人物主要有两个：一是史弥远；二是宋理宗。

由韩侂胄发起的"开禧北伐"尽管得到了包括辛弃疾、陆游等主战派人物的充分肯定和大力支持，但由于宋军仓促出兵、金军又早有准备，北伐终遭惨败，而韩侂胄也成为"嘉定和议"的牺牲品。主和派的礼部侍郎史弥远在与杨皇后密谋杀害韩侂胄、促成和议之后，升迁为右丞相兼枢密使，集军政大权于一身，不仅在宁宗朝独相17年（1208～1224）之久，而且因为拥立之功，又在理宗朝独相9年（1225～1233），史弥远独揽朝纲26年，虽然政治建树刊之书册者无几，但于理学的再盛却贡献良多。例如，在嘉定年间解除"庆元党禁"，恢复部理学人士的官爵，为朱熹、周敦颐、二程、张载等理学家请谥号等；在理宗朝大量起用理学正人，如真德秀、魏了翁等入朝，追封朱熹太师和信国公（后改封徽国公）爵位，表彰朱熹《四书集注》等。无论史弥远出于何种目的，他推崇理学的行为，客观上对理学官方化地位以及文学权力的最终获得做出了巨大贡献。

此外，无论历史学家还是当时那些迂腐的理学大儒如何批评宋理宗获取皇帝大位缺乏正当性，但应该庆幸的是，历史选择了以崇尚儒学、胸怀大志的皇子赵昀（宋理宗），而淘汰了那位心胸狭隘、目光短浅的

---

① 石明庆：《理学文化与南宋诗学》，中国社会科学出版社，2006，第19页。

太子赵竑（济王）。宋理宗"少慕道学，尊崇濂闽"，即位的前十年，虽然受权臣史弥远的挟制而难有作为，但仍然一力维护理学；亲政后则起用真德秀、魏了翁、洪咨夔等理学正人，为理学先儒赐谥，令理学大师配享从祀孔庙，亲制《道统十三赞》赐国子监，将朱熹《四书集注》赐予学官，作为科举的标准教科书等。正是在宋理宗君臣的全力推动下，理学得以最终确立起儒学正统的官学地位，成为宋季统治者治理天下、统一道德人心的官方意识形态。

谈到理学的官方化，就理学宗派自身而言，人们总会特别指出宋季理学大儒真德秀、魏了翁的贡献。的确，真、魏二人在朝廷被宋理宗重用之时，在阐扬程朱理学、争取学术地位的过程中贡献良多。如《宋史·真德秀传》对其在学术上的诸多贡献给予了非常高的评价："自侂胄立伪学之名以锢善类，凡近世大儒之书，皆显禁以绝之。德秀晚出，独慨然以斯文自任，讲习而服行之。党禁既开，而正学遂明于天下后世，多其力也。"[1]

清代四库馆臣评魏了翁《鹤山全集》时亦云："南宋之衰，学派变为门户，诗派变为江湖。了翁容与其间，独以穷经学古，自为一家。"[2] 胡昭曦先生也曾对宋季魏了翁的学术成就作过总结："魏了翁尊奉周、程、朱、张（栻），执着和倡崇程朱理学，而又对蜀中学术甚为熟悉，因而在继承濂洛一派学统，吸收朱陆理学的同时，也接受了范氏蜀学、苏氏蜀学的影响，加以研究、融和、发展，既集宋代蜀学之大成，而又融合蜀学、洛学，使蜀学的主要流派完成了义理化的进程。"[3] 但同时也不要忘记，其他宋季理学家，尤其是朱熹的嫡传弟子在理学官方化过程中也发挥过重要作用。在朱熹去世之后，作为闽中学派的掌门人的黄榦，对朱熹理学思想的弘扬和理学文化的转型上有很多新的推进。"在南宋

---

① （元）脱脱等：《宋史》卷四百三十七，中华书局，1977，第12964页。
② （清）永瑢等：《四库全书总目》卷一百六十二，中华书局，1965，第1391页。
③ 胡昭曦：《诗书持家，理学名门：宋代蒲江魏氏家族研究》，《胡昭曦宋史论集》，西南师范大学出版社，1998，第344页。

文化建设可虑及的层面上，从文本、仪礼到组织建设，黄榦都做了非常踏实的工作，使朱学成功地由思想向文化转型……黄榦在努力推进思想向文化转型的同时，对于朱熹思想也同样是作了进一步的展开。"① 何俊等的论述就充分肯定了黄榦在朱学由思想到文化的转型过程中所做出的贡献。

但随着程朱理学获得官方意识形态的独尊地位，朱子理学原有的创新意识逐渐淡化，而其自身固有的矛盾和弊病却逐渐显露出来。朱子学术虽具有融汇各家之长的长处，但给后来的学者带来了烦琐、迂阔的弊端。正如魏了翁对朱学的评价："论说益明，适以为藻饰词辩之资；流传益广，适以为给取声利之计。"② 理学逐渐流于教条或形式化，成为人们博取名声、收获利益的手段，而其"道问学""正人心"的作用却越来越小。而到宋季，空谈"正心诚意"的心性之学，面对风雨飘摇的南宋政权和各种各样的社会复杂问题更是一筹莫展，被视为高蹈虚空的无用之学，包括真德秀等在内曾被时人寄予厚望的大儒，也是眼高手低，无力解决现实问题。因此人们对官学化之后理学及理学家逐渐失望。

此外朱学本属于民间学术，在南宋后期因缘际会上达朝廷，成为官学。但其本来目的无非满足致道成圣的精神追求，虽然有"治国平天下"的实质性内涵，但其为学以崇道为本，而不直接与个人进退出处相关联，穷则独善其身，达则兼济天下，唯求道之心不改。遗憾的是，在朱熹后学中很少有人继承其崇道的精神，更多的则是以朱学为招牌谋取仕进，舍本逐末，淡化学术精神，追求外在的功利价值。本是以讲究思辨而著称的形而上学竟然落魄成了教育时尚的标签、文人沽名钓誉的工具和求取功名者的进身阶梯，这也许是朱熹等建构理学体系的思想家和

① 何俊、范立舟：《南宋思想史》，上海古籍出版社，2008，第 201 页。
② （宋）魏了翁：《宝庆府濂溪周元公先生祠堂记》，载曾枣庄、刘琳主编《全宋文》第310 册，上海辞书出版社、安徽教育出版社，2006，第 444 页。

真德秀、魏了翁等提升理学地位的政治家所始料未及的吧。

综上所述，从南宋理学的遭遇看，从来没有哪个时代的政治与学术的关联像宋代这样紧密，从文学角度看，也似乎没有一个时代的文学像宋季一样，几乎是全方位地受到理学的直接渗透或间接影响，就连以纯粹诗人自诩的江湖诗人亦未能幸免，更不用说士大夫文人和精英阶层的其他作家了。

第二节　理学文化权力的获得及其对宋季文学的影响

一　文化权力与文学发展之关系

文学与权力具有密切的关系，权力强势影响文学是文学史上存在的普遍现象，中外文学概莫能外。可以说，由政治权力、经济权力、传播方式、文化资本以及话语交往等构成的庞大"文学权力网"，从不同角度对文学的发展产生重大影响。"换言之，文学者，盛也权力，衰也权力。"[1] 关于宋代文学，历史上有多不胜数的各种评价。评论者往往站在不同立场加以言说，得出不同甚至相反的结论。后之学者因各取所需，形成了当今研究界对两宋文学众说纷纭、难有定论的批评局面。但宋代文学重视才学、强调义理的特点得到了后世学者的一致认可。而这一突出特征的确立，与宋学尤其是理学的发展与繁荣密切相关，作为自诩儒家经典的唯一正统传承者，理学家们利用自己理论体系系统化的学术优势和正统化的文化权力，最终在南宋后期实现了对宋代文学的全方位渗透与干预，控制和决定着宋季文学发展的历史走向。

宋代是一个打破权威、重塑经典的时代。对于宋代文学来说，文学

---

[1] 朱国华：《文学合法性的批判性考察·序二》，载〔澳〕马克·吉布森《文学与权力》，北京大学出版社，2014。

经典早已不是单一美学维度上的自主性产品，它与官方意识形态、政治权力、美学、文化资本等息息相关，是特定的历史语境和文化语境下的产物，是权力话语在文学领域的体现。仅从治道层面而言，可以说政治对文学的干预贯穿了两宋始终，北宋中期的"乌台诗案"，其后的"车盖亭诗案"，以及南宋后期的"江湖诗祸"等，无一不是政治权力直接进入文学场域、对文学施以强力干预的生动例子。萧华荣的《中国古典诗学理论史》认为："一般文化、学术思想对诗学的影响，常常表现为不同的途径与方式：或直接的，或间接的，或仅仅为诗学思想的发展开辟着道路，开拓着空间。直接的影响带有强制的色彩，要求以诗的形式径直阐发宣扬某种思想原则和人生哲理……在儒家理学期，表现为明心见性的'性理诗'及相关的理论主张。"① 作为宋代最有影响的学术思想，理学正是通过政治和意识形态权力的获得而直接影响甚至干预晚宋文学的形成与发展。关于权力概念的界定，西方学者有过诸多不同的诠释，其中马克斯·韦伯所提出的"权力意味着在一种社会关系里哪怕是遇到反对也能贯彻自己意志的任何机会，不管这种机会是建立在什么基础之上的"② 著名论断为多数社会学家和文化学者所接受。而文学作为一种语言艺术，其权力的运作必然要依赖话语这一工具。因此，法国哲学家米歇尔·福柯提出了"话语权力"这一对后世产生极大影响的概念，他说："在任何社会中，话语的生产是根据一定程序被控制、选择、组织和再分配。这些程序的功能就在于消除话语的力量和危险，处理偶然事件，避开它沉重而恐怖的物质性。"③ "依据法国哲学家福柯的观点，话语权力指话语中蕴含的强制力量或支配力量。话语通

---

① 萧华荣：《中国古典诗学理论史》，华东师范大学出版社，2005，第3页。
② 〔德〕马克斯·韦伯：《经济与社会》（上卷），林荣远译，商务印书馆，1998，第81页。
③ 转引自黄华《论"话语的秩序"——福柯话语理论的一次重要转折》，《北京行政学院学报》2006年第2期。参见 Michel Foucault, *The Archaeology of Knowledge & The Discourseon Language*, New York：Pantheon Books, 1972, p. 216。

过语言的表述来达到价值和规范的建构，进而将这种价值与规范强加于或以潜移默化的方式传送给参与者，从而规范他们的思想行为与价值观念。权力通过话语渗透到社会生活的各领域之中，规范并驯服主体，使其服从并被整合到社会秩序之中。"① 由于权力需要通过话语来传播其影响，话语便成为权力争夺的对象。中国历代王朝对权力话语的掌控是千古不变的传统，从秦始皇通过焚书坑儒禁锢人们思想到汉武帝"罢黜百家，独尊儒术"的思想统一，从宋明理学高居官学地位到清代文字狱接连不断，"统绪绵远，相传奕世"，完美体现了统治者的权力意志对民众思想文化控制的深入程度。而文学自然也从来就不是一个单纯的存在，它与时代的政治、经济和文化有着纠缠不休、挣脱不断的密切联系。文学创作并不仅是作者艺术追求的美学呈现，也不仅体现了某一时代的文学规范和审美理想，同时也或潜在或显豁地表征着这个时代的文化权力。文学与政治、学术以及意识形态有着相生相克、既互相对立又彼此依存的共生关系，文学参与学术、政治教化和意识形态的建设，通过对道德、社会价值的艺术阐释，确立自身的合法性意义和文学规范。对文学经典乃至道统、文统的捍卫、解构和重构莫不如此。从民间走向官方的程朱理学必然要与南宋后期的官方权力意志结成牢固的政治同盟，生成强大的权力话语系统，从而全方位地影响着宋季文学创作与诗学批评。

宋季是理学官方化的时代。两宋文学发展到这一阶段，由于理学正统地位的获得，其对文学的影响力和控制力达到一个其他时代难以企及的高度，也显示出作为一种意识形态对文学的空前控制能力。这一时期的理学家借助与文学家和其他学术流派的论争，逐步确立起自身话语的权威性，并借助朝廷的力量，将其他话语或予以排斥，或整合进自己的话语系统，从而建立起新的文学规范。学界普遍认为这一时期的文学，处于衰歇期，特别是诗文等传统文学在这一时期呈现出"中小作家腾喧

---

① 闫欢：《话语权力与文学经典建构》，硕士学位论文，东北师范大学，2009，第3页。

齐鸣而文学大家缺席"① 的尴尬局面。同时学界也强调这一衰歇期的产生与理学对文化的消极影响有直接关系。从某种意义上说，这一判断大体合乎当时的文学情状。但同时我们似乎还应该看到其有意义的一面，即理学家借助手中的文化权力，合理利用各种手段影响文坛，建立有别于传统文学的规则规范和学术统绪，文学随着理学正统化而开始了新的嬗变，理学文学在一定程度上主导着宋季文坛的发展方向，开创了古代文学发展的新局面。

有鉴于此，我们有必要对宋季理学文化权力争夺方式进行深入分析，尽力探讨理学对宋季文学嬗变所产生的积极与消极的影响。

二 两宋理学对文化及文学权力的争夺

理学是宋代最著名的学术流派，它经历了从民间学派到官学的曲折发展历程。从两宋学术史来看，宋学流派纷呈，王安石新学、三苏蜀学、程朱理学、陆九渊心学、叶适等的事功之学彼此交锋，在两宋政治、经济、文化、学术等各个方面展开对学术话语权的争夺。但最终真正取得官学地位的，前有王安石新学，后有程朱理学，从宏观层面看，其他学派不过是这两大学派在不同时期的陪衬而已。理学在与其他学术流派的论争中，对话语权的争夺是全方位的，但其争夺重点应该体现在以下几个方面。

（一）学术地位之争

毫无疑问，程朱一派的理学是两宋时期最重要的学术思想。作为宋代思想界百家争鸣中的一家，理学经过"北宋五子"（周敦颐、张载、程颢、程颐和邵雍）的不断发展和精心建构，逐渐成为与荆公新学、三苏蜀学鼎足而立的代表性学术流派。虽然随着新旧党争的发展，各家学

---

① 王水照：《南宋文学的时代特点与历史定位》，《文学遗产》2010 年第 1 期，第 51 页。

派的影响此消彼长，各家学说各有所长，而且诸家学说各有一定数量的追随者。王安石、苏轼皆以其学行于朝廷，胡瑗和二程亦以其学传之学者，各自在不同领域产生影响。但在南宋孝宗乾道、淳熙以前，基本上是王氏新学一家独尊，其他学派则多处于民间学术流派地位。然而，王氏学说的官学地位在南宋孝宗朝开始动摇，这从众多朝臣在孝宗乾道、淳熙年间屡次上书请求取消王安石父子从祀孔庙便可以得到明显证据。此后新学便只是作为与蜀学、理学同时存在的诸多学派中的一支，并在学术竞争中因缺乏得力的传承人而式微并最终被淘汰。

王氏新学渐衰，以二程为代表的理学却得到迅速发展。为了争夺话语权力，理学家们一方面加强其思想的系统化和理学的统序；另一方面注意借助朝廷和民间等外部力量，为自己的学术思想张本，获得更广泛的支持和认同。就前者而言，二程派的理学家们先后编撰《诸儒鸣道集》《伊洛渊源录》《道命录》等道学谱系中重要的著作，以自我认定的方式强化其学术的正统地位。

《诸儒鸣道集》是现存唯一一部由宋人自己撰写的道学丛书，编撰者不详。集中收录了周敦颐、司马光、张载、程颢、程颐、谢良佐、刘安世、杨时、张九成等南宋中期以前宋代知名人物的著作。它的价值之一便是将司马光纳入北宋道学谱系之中，承认其先驱者的作用，这与后来经过朱熹"重建道学范畴"之后所建构的理学体系有较大的区别，通过这部著作可以更深入地了解道学初期多元化发展的学术面貌。

《伊洛渊源录》是由朱熹与吕祖谦合作编纂而成的"尽载周、程以来诸君子行实文字"的理学史著作，它清楚体现朱熹等人考察理学发展衍变、梳理理学历史源流的学术追求，欲从学术渊源上追寻周、程伊洛之学与孔子洙泗之学之间的历史联结，肯定伊洛之学绍继儒学道统的正宗地位。

《道命录》是南宋后期史学家李心传完成于宋理宗嘉熙三年（1239）的著作，该书以时间为线索，运用编纂文件与注文论述结合的方式，记录了程朱一派学术发展的经历，展现宋代140多年道学"三起三落"的兴衰历程。

道学在南宋的发展虽然经历数次沉浮，但总体上是以一种重要的学术思想影响着当时的政治与社会生活。从政治层面言，秦桧为相时重用荆公之学，而作为"竞争者"的二程洛学自然遭到打压。当然现实发展并非如此泾渭分明，大势之下也有细微的不同，程学一派也并没有被全部"驱逐"。绍兴二十六年（1156），担任秘书省正字的叶谦亨曾在一封上奏宋高宗的奏折中建议：

> 学术粹驳，系于主司去取之间，向者朝论专尚程颐之学，有立说稍异者，皆不在选。前日大臣则阴佑王安石，而取其说稍涉程说者，一切摈弃。夫理之所在，惟其是而已。取其合于孔、孟者，去其不合于孔、孟者，可以为学矣，又何拘乎？愿诏有司，精择而博取，不拘一家之说，使学者无偏曲之弊，则学术正而人才出矣。①

对此建议，宋高宗的回应体现出灵活的态度："赵鼎主程颐，秦桧尚安石，诚为偏曲，卿所言极当。"② 并颁布诏令，从而给理学提供了一个相对轻松自由的发展空间。到宋孝宗乾道、淳熙年间，道学思想获得更大发展空间，其追随者甚多，学术活动也更频繁。王十朋写于孝宗乾道元年（1165）的《送叶秀才序》对当时二程洛学的流行情况进行了较为详细的叙述：

> 吾乡谊理之学甲于东南，先生长者闻道于前，以其师友之渊源见于言语文字间，无非本乎子思之中庸、孟子之自得，以诏后学。

---

① （宋）李心传：《建炎以来系年要录》卷一百七十三，中华书局，1988，第2847页。
② （宋）李心传：《建炎以来系年要录》卷一百七十三，中华书局，1988，第2847页。

士子群居学校，战艺场屋，笔横渠而口伊洛者纷如也。取科第，登仕籍，富贵其身，广大其门者，往往多自此途出，可谓盛矣。①

可见，在王十朋的家乡温州，孝宗时期已出现"笔横渠而口伊洛"的盛况，此后二程洛学的发展更是星火燎原，呈现向全国蔓延之势：

昔周（敦颐）、张（载）、二程（程颢、程颐）考古圣贤微义，达于人心，以求学术之要，世以其非笺传旧本，有信有不信，百年之间，更盛衰者再三焉。乾道五六年，始复大振，讲说者被闽浙，蔽江湖，士争出山谷，弃家巷，赁馆贷食，庶几闻之。②

与此同时，该派还出现朱熹、吕祖谦、张栻等德行超拔、学问卓绝的大儒。

从学术传承层面看，理学在北宋时期，从周敦颐到二程兄弟一脉相承，从学弟子络绎不绝；二程弟子杨时等则为程氏学说的南传不遗余力，居功甚伟：

时在东郡，所交皆天下士，先达陈瓘、邹浩皆以师礼事时。暨渡江，东南学者推时为程氏正宗。与胡安国往来讲论尤多……凡所论列皆切于世道，而其大者，则辟王氏经学，排靖康和议，使邪说不作。凡绍兴初崇尚元祐学术，而朱熹、张栻之学得程氏之正，其源委脉络皆出于时。③

---

① （宋）王十朋：《送叶秀才序》，载曾枣庄、刘琳主编《全宋文》第208册，上海辞书出版社、安徽教育出版社，2006，第383~384页。
② （宋）叶适：《郭府君墓志铭》，载曾枣庄、刘琳主编《全宋文》第286册，上海辞书出版社、安徽教育出版社，2006，第161页。
③ （元）脱脱等：《宋史》卷四百二十八，中华书局，1985，第12743页。

周、程之学经过杨时、尹焞、谢良佐等人的不断弘扬，至孝宗朝迅猛发展：

> 乾道、淳熙间，儒风日盛，晦庵朱公在闽，南轩张公在楚，而东莱吕公讲道婺女。是时以学问著述为人师表者，相望惟三先生，天下共尊仰之。[①]

其中朱熹的贡献尤其巨大，影响也最为深远。"朱熹在建构思想的过程中，文本的建设是始终贯彻、相辅相成的工作。朱熹对文本的建设是从北宋诸儒入手，清理南宋前期洛学传衍中所表现出的思想混乱；进而便进入《四书》的诠释；最后是以《四书》为阶梯，进入《五经》。经的诠释虽然仍是朱熹的最终目标，但《四书》显然被强烈地凸显了出来。"[②] 其在朝野的影响之广之久，陈亮的一段记录可资证明：

> 二十年之间，道德性命之说一兴，迭相唱和，不知其所以来。后生小子读书未成句读，执笔未免手颤者，已能拾其遗说，高自誉道，非议前辈以为不足学矣。[③]

经过"东南三贤"的传承发展，理学作为宋代最为精致、系统性最强的学术思想占据了南宋中期民间学术的中心地位。

当然，在学术思想界的独秀于林并不能理所应当地直接取得政治上的独尊地位，理学与新学此消彼长的过程也并非想象中的一帆风顺。魏了翁在《江东漕使兄约游钟山分韵得泠字》中感叹："相承至章蔡，九

---

① （宋）楼钥：《东莱吕太公祠堂记》，载曾枣庄、刘琳主编《全宋文》第 279 册，上海辞书出版社、安徽教育出版社，2006，第 5 页。
② 何俊、范立舟：《南宋思想史》，上海古籍出版社，2008，第 196 页。
③ （宋）陈亮：《送王仲德序》，载曾枣庄、刘琳主编《全宋文》第 330 册，上海辞书出版社、安徽教育出版社，2006，第 237 页。

州半膻腥。历年百七十，众寐未全醒。三经犹在校，从祀犹在庭。"①
说明直到宁宗庆元年间，王安石的学术著作依然是官学的主要参考书，
而理学仍然处于民间学术的地位，在官方政治生活和科举文化中尚未产
生直接影响。不仅如此，程朱理学在南宋屡遭打击和压制。例如，在孝
宗朝针对朱熹而禁道学，宁宗朝的"庆元党禁"更是将道学视作"伪
学"在政治上排斥异己、打击正道直行之士。直到"庆元党禁"解禁
之后，道学人士才逐步借助政治力量进一步倡导理学，通过表彰朱熹、
荐引诸贤、刊行理学著作等方式积极争取正统化。

自打压道学人士的权臣韩侂胄倒台后，继任者为收拾天下士人之
心，采取多重手段对道学家予以褒奖。理学官学地位的确立是通过诸子
赐谥、褒奖《四书集注》、诸子从祀等形式逐步完成的。

一是赐谥。嘉定二年（1209），宁宗朝廷赐朱熹谥号为"文"，称
"朱文公"，以文人的最高荣誉向朱子致敬；次年再次追赠朱熹为中大
夫，宝谟阁直学士。嘉定八年（1215），朝廷追谥张栻曰"宣"；嘉定
九年（1216），追谥吕祖谦曰"成"，"东南三贤"以学术之功得到朝廷
认可。嘉定十三年（1220），根据魏了翁等理学人士的请求，朝廷将对
理学先儒的表彰推及北宋，追谥北宋理学家周敦颐曰"元"、程颢曰
"纯"、程颐曰"正"；嘉定十六年（1223），追谥张载曰"献"。至此，
基本完成对正宗理学大儒的"国家认定"。

二是对理学著作的褒奖。根据《宋史》的相关记载，宋宁宗嘉定
三年（1210），任国子司业的刘爚上书"请以熹所著《论语》《中庸》
《大学》《孟子》之说以备劝讲，正君定国，慰天下士大夫之心……又
请以熹《白鹿洞规》颁示太学，取熹《四书集注》刊行之"。②嘉定五年
（1212），接受李道传、刘爚等人的上书请求，朝廷同意将朱熹《四书
集注》中的《论语集注》《孟子集注》立于学官，成为官方法定的国子

---

① 北京大学古文献研究所编《全宋诗》第 56 册，北京大学出版社，1998，第 34919 页。
② （元）脱脱等：《宋史》卷四百一，中华书局，1985，第 12171 页。

监、太学、州学、县学及其他官办学校学生的读本。宝庆三年（1227）正月，宋理宗特下诏："朕观朱熹集注《大学》《论语》《孟子》《中庸》，发挥圣贤蕴奥，有补治道。朕励志讲学，缅怀典刑，深用叹慕。可特赠熹太师，追封信国公。"① 嘉熙元年（1237），宋理宗又下诏国子监刊印朱熹所撰史学著作《通鉴纲目》。经过宁宗、理宗两朝学者的共同努力，理学家朱熹的著作取得至高地位。

三是诸子从祀。淳佑元年（1241）正月，宋理宗欲亲临太学视学，颁诏让周敦颐、张载、程颢、程颐和朱熹从祀，而将王安石排除出从祀之列，从而正式肯定从二程到朱熹一脉是孔孟以来道统的正宗继承人。从祀是完善儒门道统的需要，"诸儒从祀于孔门者，非有功于斯道不可"。朝廷让理学大儒从祀孔子廷庙，表彰其传道卫道之功，宣示了程朱理学从儒家道统道体上得到官方的正式认可。

综上所述，在朱熹之前，理学的地位虽在持续不断上升，但在南渡之后在朝野的影响力也不大，总体看来，"理学不过是得到了一个自由发展的宽松环境，还并未完全压倒'新学'和'蜀学'而取得儒学之正宗地位"②。直到宋理宗主政时期，以程朱为代表的理学才真正从民间走进朝堂，成为封建正统思想和钦定的官方学术，其标志性事件是，宋理宗于淳佑元年（1241）正月十五日下诏对理学诸子加以表彰：

> 朕惟孔子之道，自孟轲后不得其传，至我朝周敦颐、张载、程颢、程颐，真见实践，深探圣域，千载绝学，始有指归。中兴以来，又得朱熹精思明辨，表里浑融，使《大学》《论语》《孟子》《中庸》之书，本末洞彻，孔子之道，益以大明于世。朕每观五臣论著，启沃良多，今视学有日，其令学官列诸从祀，以示崇奖之意。③

---

① （元）脱脱等：《宋史》卷四十一，中华书局，1985，第789页。
② 范立舟：《理学的产生及其历史命运》，陕西人民出版社，2001，第323页。
③ （元）脱脱等：《宋史》卷四十二，中华书局，1985，第821页。

此外，宋理宗还亲临太学进谒孔子，颁布绍定三年（1230）亲撰的《道统十三赞》。至此，理学终于确立起官方学术的权威地位，成为凌驾于其他学术思想之上的主流意识形态。

（二）教育科举权力之争

程朱理学之所以能够从民间精英学术而登上官学尊位，除了上述政治因素外，更重要的是理学家们充分发挥自身的教育优势。从某种意义上讲，掌握教育资源是理学获得社会话语权的重要方式，理学家们通过著述、讲学、辩学和授徒等途径传播学术、扩大影响。"从学术的角度看，道学的确在不止一个方面要比其同时代的竞争者高明。而它之所以臻于显位，在很大程度上要归功于该学派对传播的倾力投入。"[①] 理学家多为教育家，其思想传播方式主要通过官学活动、书院教育和讲学授徒等。

首先，理学大儒借助为皇帝讲经说文的方式而获得学术解释权力，如北宋大儒程颐一生以著书讲学为主，因其"力学好古，安贫守节，言必忠信，动遵礼法"[②] 而被司马光等上书举荐，后被授崇政殿说书，成为帝王之师。他的学生尹焞、杨时及再传弟子朱熹、张栻等都先后作为学者被推举为帝王讲官，为皇帝说文讲经，从而为理学获得空前的声誉打牢政治基础。

其次，理学家作为学术界的代表，不仅具有天然的学术、教育的优势与声望，而且热心教育。程颐被排挤出经筵后，曾长期管勾西京国子监；程门弟子刘绚曾为京兆府教授和太学博士，游酢曾任职太学博士和颍昌府教授，杨时曾任荆州教授；朱熹门人李燔曾教授襄阳府，黄灏曾担任隆兴府教授；吕祖谦、叶适、陆九渊、陆九龄亦皆有太学任教的经历。据统计，"《宋史·道学传》记载了24位理学家的生平，其中15

---

① 刘子健：《中国转向内在：两宋之际的文化内向》，江苏人民出版社，2002，第26页。

② （元）脱脱等：《宋史》卷四百二十七，中华书局，1985，第12719页。

人有过在州县官学和太学、经筵中讲学的经历，5 位曾亲任皇帝的老师，3 位曾极有可能或已经实际上担任了帝王师的角色，5 位在太学和国子监中担任博士或祭酒，5 位在州学中担任教授，5 位有记载曾经在郡学讲学过"①。

最后，理学家通过大力创办书院和讲学的方式，宣扬理学思想，传播理学文化。书院是两宋理学传播理学教育的重要阵地，理学与书院互为依托、荣辱与共。朱熹在南宋书院的恢复和兴建过程中起到关键作用，正是由于他成功申请兴修白鹿洞书院，才为岳麓书院、石鼓书院等官办书院的兴复树立了榜样与传统，同时也使得民间私办书院成为一种风尚。更为重要的是，宋代著名书院里几乎都有理学大家及其门人主持或讲学，如朱熹重修白鹿洞书院并亲自讲学；张栻主持岳麓书院，曾邀请朱熹、陆九渊等登台讲学。

教育和科举是紧密相连的，掌握了教育权力无疑就获得了科举场上的主动权。北宋理学尚处于民间学派的地位，无法与王安石的新学争锋。而随着南宋政权的建立，理学家渐次被朝廷起用，理学的影响便逐步介入科举，尤其在宋高宗绍兴初年赵鼎、张浚为相时，他们大量举荐道学名流入朝为官，并任命廖刚、朱震等理学家主持科举考试，"伊洛之学从此得昌"②。而理学也首次对科举取士产生重大影响，以致"殿试策，不问程文善否，但用（程）颐书多者为上科"③。由于宋高宗对程学和王学采取平衡的态度，整体上理学在高宗朝的高光时刻只能算昙花一现，但对后来理学进一步介入科举奠定了基础。宋孝宗、宋光宗二朝，虽然凭借朱熹的潜心努力，理学建立起更为精致和系统化的体系，其学术思想和文风对当时的科举考试产生了深远的影响。但是，这一时期由于政治上存在着以理学与反理学为标志的两派势

---

① 李娟：《宋代程朱理学官学地位研究》，东北师范大学出版社，2015，第 77 页。

② （清）黄宗羲原著，（清）全祖望补修，陈金生、梁运华点校《宋元学案》第二册，卷四十四《赵张诸儒学案》，中华书局，1986，第 1411 页。

③ （宋）李心传：《建炎以来系年要录》卷八十八，中华书局，1988，第 1545 页。

力的斗争，理学与科举的关系也处于动荡之中，读书人或因尚程朱义理之学而取高第，或因"庆元党禁"而在取士时"稍涉义理，悉见黜落"，甚至在庆元二年科举考试中出现"语涉道学者，皆不预选"① 的情况。这种局面在宋宁宗嘉定元年发生逆转，韩侂胄因"开禧北伐"失败被杀后，在"庆元党禁"中遭受迫害的理学人士都受到褒奖或授予官职，宋宁宗不仅批准将朱熹的《论语集注》《孟子集注》列为官学教材，而且同意以理学为评判科举程文的标准。宋理宗更是奉理学为正统，理学著作亦成为科举考试的主要内容，理学彻底占据宋季选拔人才的科举阵地。

（三）文学经典之争

文学作品是一种语言艺术，鉴于语言会对人类的思想和行为产生广泛而深远的影响，因此，掌握语言的表达技巧并对语言的使用从道德上加以控制，是文学创作与诗学批评首先需要解决的问题。把语言视为权力，乃是古今中外统治者和思想家的共识。孔子曾告诫其子："不学《诗》，无以言。"这充分说明《诗》的经典意义，掌握了《诗》，便获得某种程度上的话语权力。因此，经典地位的争夺与获得，实际上代表文化权力的控制。文学经典被刘勰称为"恒久之至道，不刊之鸿教"②，是人们为满足社会需要、解决现实问题而建构起来的文学典型和规范，其中融贯着浓厚的皇权意志和社会价值的主导作用。所谓文学经典指的是文学领域中具有合法性与权威地位的文学作品。一旦拥有了文学经典的生产与阐释权，即文学经典的命名权，便意味着拥有了这一领域的支配权。文学经典与文化权力具有密不可分的共生关系。"文学经典总是变动不居、时起时落的。有的作品历来被奉为文学经典，但它也许有朝一日被看作毫无价值的东西，命运一落千丈，遭到冷落和拒斥；而有些

---

① （元）脱脱等：《宋史》卷一百五十六，中华书局，1985，第3635页。
② （南朝梁）刘勰著，周振甫注《文心雕龙注释》，人民文学出版社，1981，第18页。

作品在文学造诣、审美价值上未必算得上乘之作，但其恰逢风云际会、时机合适，也能风靡一时，荣登'文学经典'的宝座。"① 可见，文学经典并非与生俱来或恒定不变的，它的命运必定会随着相关文化权力的更迭与转化而沉浮。宋代的文学经典的变迁亦应作如是观。

经过晚唐五代大混乱而重新获得统一的宋代，亟须重塑价值观念和重建道德秩序，换句话说，通过"陈桥兵变"这种非常规方式获得政权的赵宋朝廷，亟须通过国家话语、主流意识形态的调整获得文化权力。统一经典是统一思想的一种形式表达。宋神宗熙宁年间，王安石主持变法，罢诗赋取士而用五经试士，将其亲自主持编著的《三经新义》（包括《周礼义》二十二卷、《诗义》二十卷、《书义》十三卷）颁发给学校，成为科举中经义考试的标准文本。王安石主政时期，朝廷极力用新的正统理论取代旧的经学注疏，虽然结果遭到失败②，但为后来理学成为正统学说、朱熹《四书章句集注》等作为科举用书奠定了基础。文学作为中国封建文化极为重要的组成部分，是统治者意志的体现。为了加强文化话语权的控制，对于文学经典标准的重新阐释自然是官方重建文化秩序的题中之义。从某种意义上说，宋代文人一直走在寻找文学典范的路上，从宋初"白体派"对白居易诗的提倡、"晚唐派"对贾岛等诗的追随、"西昆派"对李商隐诗的推崇，再到此后对陶潜、杜甫诗的最终选择，无一不在说明文学经典之争的激烈。

文学选本作为一种富含批评意义的文学文本，是中国古代文学批评的重要形式，"采摘孔翠，芟剪繁芜"③ 的原则，对一个时代的文学创作具有指向作用。经过宋代文人和理学家的共同努力，五经之一的《诗经》的经典地位毋庸置疑。而从文学发展史上看，由南朝梁太子萧统主

---

① 姚文放：《文学经典之争与文化权力的博弈》，《社会科学战线》2013 年第 2 期，第135 页。

② 袁征：《宋代教育：中国古代教育的历史性转折》，广东高等教育出版社，1991，第26 页。

③ （唐）魏徵等：《隋书》卷三十五，中华书局，1973，第 4 册，第 1089 页。

持编撰的《文选》是一部以"事出于沈思，义归乎翰藻"① 为标准编选的规模宏大、选择严格的诗文总集，集中了梁代以前正统作家的文章精华，它对唐代以后的文学产生了巨大而深远的影响。由于文人的大力推崇和科举诗赋取士的政策导向，《文选》一直是唐宋之世读书人家弦户诵的必备教科书，受到当时士子的普遍重视，并因之成就了一门影响久远的专门学问——"文选学"。钱锺书先生《管锥编》对《文选》有过许多精彩论述：

> 昭明《文选》，文章奥府，入唐尤家弦户诵，口沫手胝……词人衣被，学士钻研，不舍相循，曹宪、李善以降，"文选学"专门名家（参观阮元《揅经室二集》卷二《扬州文选楼记》）。词章中一书而得为"学"，堪比经之有"《易》学"、"《诗》学"等或《说文解字》之蔚成"许学"者，惟"《选》学"与"《红》学"耳。寥落千载，俪坐俪立，莫许参焉。②

陆游《老学庵笔记》则道出了《文选》在宋初文人和科举中的突出地位：

> 国初尚《文选》，当时文人专意此书。故草必称"王孙"，梅必称"驿使"，月必称"望舒"，山水必称"清晖"……方其盛时，士子至为之语曰："《文选》烂，秀才半。"③

但两宋时期随着文人对传统文学经典质疑的风潮出现，《文选》的经典地位受到空前挑战：

---

① （南朝梁）萧统：《文选序》，（南朝梁）萧统编，（唐）李善注《文选》，上海古籍出版社，1986，第 3 页。
② 钱锺书：《管锥编》（四），中华书局，1986，第 1400～1401 页。
③ （宋）陆游：《老学庵笔记》卷八，中华书局，1979，第 100 页。

　　建炎以来，尚苏氏文章，学者翕然从之，而蜀士尤盛，亦有语曰："苏文熟，吃羊肉；苏文生，吃菜羹。"①

　　陆游的这段记录，清晰揭示出《文选》由大盛逐渐走向衰落的演进轨迹，逐渐被新的经典所取代。

　　一般认为，欧阳修领导的北宋诗文革新运动是造成《文选》由盛转衰的首要因素，而王安石等熙丰变法之"科举罢诗赋"乃宋代"《选》学"兴衰的分水岭。关于欧阳修等对《文选》盛衰的影响，日本学者冈村繁在《文选之研究》中指出："北宋中期庆历四年（1044）三月癸亥（十三日），因当时任知制诰的欧阳修（1007~1072）的提议，并由欧阳修亲手作成的改革科举制度的诏书正式公布，进士科的科目随之大幅度变更；以此为契机，当时的文坛开始由崇尚六朝以来精巧丽雅的诗赋骈文转而趋向于重视明快达意的古文……从两宋时代科举制的角度概观当时文坛趋势的话，可以说北宋前期的 80 多年间，大体继承了隋唐以来的崇尚文选的传统，文选所代表的精巧丽雅之形式和风格一直被视为理想；而自北宋中期的庆历年间以后，以科举制度的根本性改革为契机，以往的《文选》被视为'陈腐'作风的代表受到唾弃，特别是进入南宋时代以后，参加科举考试的人们全然转向倾心投入学习苏轼古文一面。"②

　　一方面欧阳修等借助朝廷力量，从顶层科举制度设计上改变隋唐以来崇尚《文选》的传统；另一方面，欧阳修等北宋古文家用自己的创作实践矫正唐宋以来学习《文选》产生的流弊。正如清代阮元在《书梁昭明太子〈文选序〉后》中云：

　　自唐、宋、韩、苏诸大家，以奇偶相生之文为"八代之衰"而矫之，于是昭明所不选者，反皆为诸家所取。故其所著，非经即

① （宋）陆游：《老学庵笔记》卷八，中华书局，1979，第 100 页。
② 〔日〕冈村繁：《文选之研究》，上海古籍出版社，2002，第 375 页。

子，非子即史，求其合于昭明序所谓文者鲜矣，合于班孟坚《两都赋序》所谓文章者鲜矣……其不合之处，盖分于奇偶之间。经、子、史多奇而少偶，故唐、宋八家不尚偶；文选多偶而少奇，故昭明不尚奇。①

关于王安石变法对《文选》的影响，王应麟在《困学纪闻》中指出：

> 李善精于《文选》，为注解，因以讲授，谓之文选学。少陵有诗云："续儿诵《文选》"，又训其子"熟精《文选》理"，盖选学自成一家。江南进士试"天鸡弄和风"诗，以《尔雅》天鸡有二，问之主司，其精如此。故曰"《文选》烂，秀才半"。熙丰之后，士以穿凿谈经，而选学废矣。②

王安石熙丰变法，科举改制，罢诗赋而"以新经试士"，"《选》学"遂废。对这一情况，骆鸿凯的《文选学》曾有如下论述：

> 宋初承唐积习，《选》学之风未沫。盖宋亦以辞科取士，是书之见重艺林，犹之唐也……王氏（应麟）谓熙丰以后，《选》学遂废，殆谓自荆公以新经试士后，帖括代兴，学者趋义疏之空疏，弃辞章于弗问矣。③

整体看来，自北宋诗文革新运动之后，宋代文学家先是通过"扬杜（甫）崇陶（潜）"建立新的诗歌典范和注解韩（愈）文建构新的文章

---

① 舒芜等编《近代文论选》，人民文学出版社，1959，第 107 页。
② （宋）王应麟：《困学纪闻》卷十七，文渊阁《四库全书》本，台湾商务印书馆，1986。
③ 骆鸿凯：《文选学》，中华书局，1989，第 74 页。

经典，然后文人在诗文创作上进一步改革创新，"将古文的某些特点引入诗歌创作，使诗歌章法、句法散文化、内容议论化，即'以文为诗'，这类作品被统称为'文人之诗'"①。前引陆游《老学庵笔记》中有所谓"建炎以来，尚苏氏文章，学者靡然从之"的说法；曾季狸《艇斋诗话》亦云："东湖（徐俯）尝与予言'近世人学诗，止于苏黄……'"又云："近世论诗，未有令人学《选》诗。"② 宋人由此建构起以苏轼、黄庭坚等的诗歌，欧阳修、三苏等的文章为代表的宋代文学经典体系，以"宋调"取代"唐音"。尤其是江西诗派领袖黄庭坚的诗歌被南渡前后的诗人视为诗歌经典而加以推崇；其后由于大儒叶适对"永嘉四灵"的反复揄扬，《四灵诗选》得以广泛流传，声名远播。其"绎寻遗绪，日煅月炼，一字不苟下"③ 的诗歌创作模式弥漫晚宋诗坛，成为下层诗人竞相追慕的对象。严羽《沧浪诗话·诗辩》有云："近世赵紫芝翁灵舒辈，独喜贾岛姚合之诗，稍稍复就清苦之风。江湖诗人多效其体，一时自谓之唐宗。"④ 宝庆元年（1225），陈起刊印《江湖集》，集中诗人多四灵之徒也。戴复古《论诗十绝》（其一）明确指出宋代不断寻找诗歌经典的过程：

> 文章随世作低昂，变尽风骚到晚唐。
> 举世吟哦推李杜，时人不识有陈黄。⑤

特里·伊格尔顿是英国当代著名文学理论家，关于文学经典，他有

---

① 祝尚书：《论宋人的"诗人诗""文人诗"与"儒者诗"之辨》，《北京大学学报》2009 年第 2 期，第 57 页。

② （宋）曾季狸：《艇斋诗话》，丁福保辑《历代诗话续编》，中华书局，1983，第 296~297 页。

③ 王梓材、冯云濠编撰，沈之盈、梁运华点校《宋元学案补遗》，中华书局，2012，第 3197 页。

④ （清）何文焕辑《历代诗话》，中华书局，1981，第 688 页。

⑤ （宋）戴复古著，金芝山点校《戴复古诗集》，浙江古籍出版社，2012，第 230 页。

独特的看法。他认为，文学经典得以形成的价值评定因历史的变化而变化，而且，这些价值评定本身与社会意识形态有着紧密的联系。它们最终不仅指个人爱好，还指某些社会阶层得以对他人行使或维持权力的种种主张。[①] 由于文学经典往往是作为文化权力的表象而被建构起来的，所以文学经典之争实际上是文学权力的博弈。两宋文人热心于各种诗文选本的编纂，试图借助编纂形态各异、层出不穷的文学选本，达成影响文坛的目的。从选本形式看，或为单纯的诗歌集、散文集，或为多体文学合编，如北宋杨亿所编的《西昆酬唱集》，李昉等编的《文苑英华》，姚铉编纂的《唐文粹》，王安石编纂的《唐百家诗选》《四家诗选》，郭茂倩编纂的《乐府诗集》等；南宋诗文选本更是层出不穷，据统计，宋人编纂有 360 余种诗文选本，其中南宋诗文选本就占了 2/3；而在现存的 70 余种宋人诗文选本中，出于南宋编者之手的更是占了九成以上[②]，其中影响较大的有《观澜文集》《皇朝文鉴》《古文关键》《崇古文诀》《文章正宗》《古文标准》《妙绝古今文选》《古文集成》《古今文章正印》《文章轨范》《三苏文选》《坡门酬唱集》《中兴群公吟稿戊集》《论学绳尺》《瀛奎律髓》等。这些选本从体例上看编排方式灵活多变，或分体编录、以人系篇，或采用分门别类、以类相从；就编选目的而言，这些文选或"文藻相乐于升平之世"[③]，或有补于治道，或服务于场屋。编选者都试图利用手中所掌握的文化资源和权力，重新构建自我认同的时代文学经典，以取代唐宋以来《文选》在士子心目中的经典地位。

在这一过程中，理学家在不断完善道学思想体系的同时，也不同程度地参与到文学经典重建的活动中，试图通过编选文学选本的方式，建立起道学认可的文学统绪。他们借助宋代文学发展的巨大力量，消解了

---

① 〔英〕特里·伊格尔顿：《文学原理引论》，文化艺术出版社，1987，第 19~20 页。

② 参见祝尚书《宋人总集叙录》，中华书局，2004；卞东波《南宋诗选与宋代诗学考论》，中华书局，2008。

③ 田锡：《咸平集》，巴蜀书社，2008，第 41 页。

《文选》的经典作用，虽然其本身没有立即获得进入文学中心的"通行证"，但他们以自己的方式和标准，建立起一套有别于纯粹文学家的诗学观念：一是重新分配传统经典在士人学习资料中的比重，将"四书"视为道学正典的核心内容，置于比"五经"更重要的位置；二是提倡创作"学者之诗"，否定"文人之诗"和"诗人之诗"；三是建立符合道学规范的文学经典。早在北宋时期，"北宋五子"之一的邵雍就有"自从删后更无诗"的说法，他视《诗经》为道德与文辞完美统一的典范，否定《诗经》之外的一切文学作品，并创作出以义理为本、修辞为末、"脱然于诗法之外"的"邵康节体"诗，试图建立一套新的诗歌写作模式。南宋理学集大成者朱熹虽然在一定程度上承认先秦以来诗歌的价值，但认为有高下之分：

> 尝闲考诗之原委，因知古今之诗凡三变。盖自《书》《传》所记，虞夏以来，下及魏晋，自为一等；自晋宋间颜、谢之后，下及唐初，自为一等；自沈、宋之后，定著律诗，下及今日，又为一等。然自唐初以前，其为诗者，固有高下，而法犹未变。至律诗出，而后诗之与法，始皆大变，以至今日，益巧益密，而无复古人之风矣。①

如果说北宋理学家因其政治地位不显，还用收效甚微的排斥文学、消解汉唐文学神圣性话语权的简单方式进行话语权争夺的话，那么南宋理学家则能够充分利用手中拥有的各种政治、学术和文化资源，开始着手文学经典的重建工作，且成就不俗。朱熹虽将诗分为三类，并开始走上重建经典的道路，但尚未亲手完成选本编定工作。与他同时期的文章家吕祖谦于乾道年间选编了一部供举子学习的古文选本——《古文关

---

① （宋）朱熹：《朱子全书》，载曾枣庄、刘琳主编《全宋文》第249册，上海辞书出版社、安徽教育出版社，2006，第219~220页。

键》，选入了包括韩愈、柳宗元、欧阳修、"三苏"、曾巩和张耒等 8 位古文作家的 62 篇作品。此书虽然是为举业而编，但其"真正用意和最终目的，是要通过讲授举业，切磋学问，由此发现和培养一些有志于学问和有志于'成己成物'的人物"①。

后来者在编纂诗文选本时多受朱熹和吕祖谦等的影响，并以之为标准，在构建理学文学经典体系时融入自我认识。随着理学取得官学地位，真德秀的《文章正宗》、谢枋得的《文章轨范》以及宋末元初金履祥的《濂洛风雅》等都是这一文学观念嬗变的历史产物。而单就理学文学文本而言，真德秀的《文章正宗》和金履祥的《濂洛风雅》最为知名。

真德秀在编《文章正宗》时，按照"明义理、切世用"的基本原则，收入了宋代以前作家的诗赋作品，共计三卷。他在该书《纲目》中，明确表明自己选择诗文的标准和态度：

> 夫士之于学，所以穷理而致用也。文虽学之一事，要亦不外乎此。故今所辑，以明义理切世用为主。其体本乎古，其指近乎经者，然后取焉。否则，辞虽工亦不录。②

这种重义理、轻文辞的文学观正是南宋后期理学家们所提倡的正统文学思想。

金履祥（1232~1303）编选的《濂洛风雅》被称为第一部宋代理学家诗歌专集，编入宋代理学家诗歌 500 余首，所谓"濂洛风雅者，仁山先生以风雅谱婺学也。吾婺之学，宗文公、祖二程，濂溪则其所自出也。以龟山为程门嫡嗣，而吕、谢、游、尹则支；以勉斋为朱门嫡嗣，

---

① 巩本栋：《南宋古文选本的编纂及其文体学意义——以〈古文关键〉〈崇古文诀〉〈文章正宗〉为中心》，《文学遗产》2019 年第 1 期，第 54 页。
② （宋）真德秀：《文章正宗纲目》，文渊阁《四库全书》本，台湾商务印书馆，1986。

而西山、北溪、执堂则支；由黄而何而王，则世嫡相传，直接濂洛。程门之诗以共祖收，朱门之诗以同宗收，非是族也，则皆不录，恐乱宗也"。① 凸显其明确的宗派意识和正统观念。因此金履祥同样强调"率皆天籁自鸣，出入风雅，无一不根于仁义，发于道德"② 的选录标准，体现出鲜明的重义理轻艺术、重古体轻近体的倾向，这些文学文本虽然在艺术造诣、审美价值上并非上乘之作，但因适逢理学官方化的历史机遇而风靡一时，得以荣登当世"文学经典"的宝座。此外，宋季刘克庄亦以"切情诣理"为标准编选《唐五七言绝句》《本朝五七言绝句》《中兴五七言绝句》《唐绝句续选》《本朝绝句续选》《中兴绝句续选》等6种绝句选本（今不存），作为时人学习的典范。宋季文坛道学家和文人之间展开的文学经典之争，实际上是一场文化权力的博弈。当程朱理学在理宗朝取得独尊地位以后，理学家们便掌控了文学的话语权，借助这一权力，理学得以从各个方面对文学进行渗透。

三　理学官方化对宋季文学的影响

以程、朱为代表的理学获得官学地位以后，便以强大的辐射能力渗透到宋季政治、文化、社会风气等各个方面，以至于"通天下读朱文公之书，尊文公之道，其始生之乡、侨居之里、宦游之邦，与乾、淳诸老盍簪倾盖讲贯切磋之处，往往肖其像，庋其书，聚成学之士，敬事而传习焉"③。一方面，理学家利用已经掌握的文学创作与批评的主流话语权力，主动引导和规范文学的创作方向；另一方面，在浓厚的理学氛围中成长起来的文人也必然会受其影响。在新的历史条件下，从北宋中期至南宋中叶普遍存在的"文学家不讲所谓心性之学，理学家多不工文"的状况有了巨大改观，理学和文学之间的壁垒渐被打通，对立渐趋缓和，二者相

---

① （宋）金履祥：《濂洛风雅》王崇炳序，中华书局，1985。
② （宋）金履祥：《濂洛风雅》胡凤丹序，中华书局，1985。
③ （宋）刘克庄：《泉山书院》，载曾枣庄、刘琳主编《全宋文》第330册，上海辞书出版社、安徽教育出版社，2006，第350页。

向而行，共同绘就了晚宋文坛的奇异图景。

（一）诗学观念上的调适文道关系

文道关系是有宋一代文人特别关注的诗学核心问题，在两宋大部分时间里，文学家和理学家在此问题上态度尖锐对立，矛盾几乎不可调和。文学家提倡"文道并重"，而理学家则强调"文以载道"，极端者如程颐甚至认为"作文害道"。但随着理学学术体系逐渐精微化，到南宋中后期，理学家的文道观念不断向着更加深入、更加理性的方向发展，特别是在宁宗后期至理宗、度宗的宋季，由于理学家逐渐掌握了文坛话语权，他们对文学的态度已不像过去"小程子及其弟子"那样偏执极端，而是表现出一定程度的灵活性和包容性，在"文"与"道"的关系上，宋季理学家有意识地调和二者的关系，从而对"文"有了一定程度的重视。如以发扬朱学自任的宋季大儒真德秀，其诗学观念虽然相对保守，但他依然反对诗歌直接宣扬义理，提出了"以诗人比兴之体，发圣贤理义之秘"[1] 的理学诗歌功能论，强调诗歌在表达义理的同时，亦应注意比兴寄托的艺术手法。

而另一晚宋理学大师魏了翁则以更为宽容的态度对待文人与文学作品：

> 人之言曰："尚辞章者乏风骨，尚气节者窘辞令。"某谓不然，辞虽末伎，然根于性，命于气，发于情，止于道，非无本者能之……眉山自苏长公以辞章自成一家，欧尹诸公赖之以变文体，后来作者相望，人知苏氏为辞章之宗也，孰知其忠清鲠亮，临死生利害而不易其守，此苏氏之所以为文也。[2]

---

[1] （宋）真德秀：《咏古诗序》，载曾枣庄、刘琳主编《全宋文》第313册，上海辞书出版社、安徽教育出版社，2006，第149页。

[2] （宋）魏了翁：《杨少逸不欺序》，载曾枣庄、刘琳主编《全宋文》第310册，上海辞书出版社、安徽教育出版社，2006，第68~69页。

他从本体论角度肯定了"文"的功用和文人创作的意义；而理学诗人包恢认为诗歌应该"自咏情性，自运意旨"，他强调："然诗歌……后世略不能自咏情性、自运意旨以发越天机之妙，鼓舞天籁之鸣，动必规规焉。"① 所谓不拘于前人体格而"发越天机"，实际上就是承认诗歌主体具有独立存在的价值。可见，在取得理学官方化地位的背景下，宋季理学家在强调义理优先的同时，在一定程度上也注重"文"的特性，从而缓和了宋代文坛"文"与"道"长期存在的紧张对立局面，对宋季文学的发展起到一定补偏救弊的积极作用。

在理学家部分肯定"文"的价值的同时，宋季文学家亦在诗学观念上主动向理学靠近，强调"道"的统治地位。戴复古是宋季与刘克庄相提并论的少数几位有成就的作家之一，也是江湖诗派最重要的诗人之一，其诗学观念在宋季有一定的典型意义。他在《谢东仓包宏父三首癸卯夏》（其一）中有言：

> 诗文虽两途，理义归乎一。
> 风骚凡几变，晚唐诸子出。
> 本朝师古学，六经为世用。
> 诸公相羽翼，文章还正统。
> 晦翁讲道馀，高吟复超绝。
> 巽岩许其诗，凤凰飞处别。②

倡导要以儒家经典和理学义理来统贯诗歌，其恪守儒家正统的诗学态度和价值取向是十分鲜明的。严羽《沧浪诗话》是自刘勰《文心雕龙》以来最具系统性的诗学专著，他以严谨的理论体系和独特的诗学主张对当时诗坛上流行的"江西诗派"和"理学诗人"提出严厉批评，

---

① （宋）包恢：《弊帚稿略》，文渊阁《四库全书》本，台湾商务印书馆，1986。
② 北京大学古文献研究所编《全宋诗》第 54 册，北京大学出版社，1998，第 33460 页。

《沧浪诗话》也被认为是崇唐抑宋的典型诗论，但严羽仍然承认诗歌讲究性命义理的重要性："诗有词理意兴。南朝人尚词而病于理，本朝人尚理而病于意兴，唐人尚意兴而理在其中。汉魏之诗，词理意兴，无迹可求。"[1] 而被视为宋末文坛领袖的刘克庄，虽然对理学过分干预文学而造成诗歌创作缺乏艺术性的文坛现状十分不满，认为"为洛学者皆崇性理而抑艺文，词尤艺文之下者也"[2]。但其诗学亦颇受理学影响，其论诗以"有补世教"为标准，往往以理学的基本价值观和美学标准评价文人作品："词不诣理，工无益也；学不尽性，博无益也。"[3]"虽然，诗之内等级尚多，诗之外义理无穷，先民有言：德成而上，艺成而下。前辈亦云：愿郎君损有余之才，补不足之德。"[4] 其强调气节道德为先、文辞艺术为后的态度与正统理学家并无根本不同。当然，针对晚宋客观存在的江西派与晚唐派诗歌风格的尖锐对立，他也明确表明自己的批评态度："余尝病世之为唐律者，胶挛浅易，窘局才思，千篇一体；而为派家者，则又驰骛广远、荡弃幅尺，一嗅味尽。"[5] 作为宋季最杰出的作家和批评家，刘克庄能够以相对通达包容的态度，主张调和江西派与晚唐派在诗歌风格上的矛盾，倡导"简淡微婉，轻清虚明"的诗歌风格，力图确立一种新的作诗典范，这体现出其诗学的开放性和包容性特征。

（二）文学创作上的攀附洛闽道学之风

如果说南宋中期以前理学家"侵入"文学领域还属于"单打独斗"的话，那么到南宋后期，理学诗人队伍不断壮大，更重要的是，随着对

---

① （清）何文焕辑《历代诗话》，中华书局，1981，第696页。
② （宋）刘克庄：《黄孝迈长短句》，载曾枣庄、刘琳主编《全宋文》第329册，上海辞书出版社、安徽教育出版社，2006，第373页。
③ （宋）刘克庄：《风月窝记》，载曾枣庄、刘琳主编《全宋文》第330册，上海辞书出版社、安徽教育出版社，2006，第253页。
④ （宋）刘克庄：《陈户曹诗卷》，载曾枣庄、刘琳主编《全宋文》第329册，上海辞书出版社、安徽教育出版社，2006，第190页。
⑤ （宋）刘克庄著，辛更儒笺校《刘克庄集笺校》，中华书局，2011，第3970页。

政治、学术和文学话语权的掌握，他们对当时以"江湖诗派"为主体的异己力量展开了批评和抵制，从而或直接或间接地改变了宋季文学发展的历史走向。在文学家与理学家文道观念趋于相对一致的情况下，晚宋文坛的文学创作也呈现出新的发展态势，即多数文学家在进行创作实践时，或主动或被动地遵从"道德至上"的诗学原则，体现出一种"唯道学是从"的总体倾向。对此，钱锺书先生一语道破以道学为诗的宋季文坛真相：

> 山谷已常作道学语，如"孔孟行世日杲杲"、"窥见伏羲心"、"圣处工夫"、"圣处策勋"之类，屡见篇什……曾茶山承教于胡康侯，吕东莱问道于杨中立，皆西江坛坫而列伊洛门墙……名家如陆放翁、辛稼轩、洪平斋、赵章泉、韩涧泉、刘后村等，江湖小家如宋自适、吴锡畴、吴龙翰、毛珝、罗与之、陈起辈，集中莫不有数篇"以诗为道学"，虽闺秀如朱淑真未能免焉。至道学家遣兴吟诗，其为"语录讲义之押韵者"，更不待言。①

由此观之，南宋后期无论诗坛大家，还是江湖小家，或是江西末流，都喜作"道学语"，"攀附洛闽道学"乃成为南宋后期的文坛风气。这在江湖诗派的诗歌中表现得尤为明显，且具有典型意义。

因杭州书商陈起刊刻的《江湖集》而得名的"江湖诗派"是南宋后期诗坛的一支重要力量，一定程度上代表了这一时期的诗歌成就。虽然多数论者认为江湖诗派是作为理学诗的对立面而存在的，江湖诗人作诗多学晚唐贾岛、姚合和许浑等，以近体五言律诗和七言绝句为主，其主题表达和审美风格都与理学诗大异其趣。然而，由于江湖诗派的许多成员或有着理学家传，或与理学之士有交往，加上理学在这一时期对文学话语权的主导，他们的诗歌无法完全摆脱理学的影响。因此江湖派诗

---

① 钱锺书：《谈艺录》（补订本），中华书局，1984，第 405 页。

人在对抗理学的同时，也不得不迎合理学，以换取自己生存的空间，这就导致江湖诗人与理学之间存在着"剪不断，理还乱"的复杂关系。笔者试图以刘克庄、戴复古、林希逸三个具有代表性的江湖派诗人来论述这一关系。

刘克庄被视为江湖诗派的领袖，他不仅家学与理学渊源颇深，深得理学家赵汝谈、傅伯成等人的赏识，而且一生交游师从于叶适、真德秀、袁燮等理学名家。这种特殊的身份和经历，使得刘克庄一方面在《恕斋诗存稿跋》中以理学的标准极力称赞理学家吴恕斋的诗歌："恕斋吴公深于理学者，其诗皆关系伦纪教化，而高风远韵，尤于佳风月、好山水，大放厥辞，清拔骏壮。"① 另一方面在自己的创作实践中也写出"妙在心通与理融，卓然有见是英雄。大儒晚作韩考异，往哲曾非墨尚同。折角争希郭有道，须眉求似狄梁公。可怜老学孤无助，月落参横读未终"（《对卷》）② 这样充满道学趣味的理学诗。

戴复古是江湖诗派的另一代表性诗人，其诗多发挥理学义理，呈现一种冲淡平和、体格纯正的儒家气象。作为理学家的包恢对戴复古的诗歌颇为赏识，他认为：

> 石屏（戴复古）以诗鸣东南半天下……第尝私窃评之，古诗主乎理，而石屏自理中得古诗尚乎志，而石屏自志中来古诗贵乎真，而石屏自真中发。此三者皆源流之深远，有非他人之所及者。理备于经，经明则理明。尝闻有语石屏以本朝诗有不及唐者，石屏谓不然，本朝诗出于经，此人所未识，而石屏独心知之。故其为诗正大醇雅，多与理契，志之所至，诗亦至焉。③

---

① （宋）刘克庄著，辛更儒笺校《刘克庄集笺校》，中华书局，2011，第4596页。

② 中国社会科学院文学研究所编《全宋诗》第58册，北京大学出版社，1998，第36485页。

③ （宋）戴复古著，金芝山点校《戴复古诗集》，浙江古籍出版社，1992，第323页。

"正大醇雅，多与理契"的评语，充分说明戴复古在创作诗歌时具有向理学靠近的自觉意识。

而"以道学名一世"①、身兼理学家和江湖诗人双重身份的宋季诗人林希逸，由于濡染理学甚深，其为诗多谈义理，如《论文有感》《答友人论学》《玄扃》《列子口义成》《至学》《物理六言》等都是将道学与诗学融会贯通的典型作品。总体而言，林诗具有较高的艺术价值，堪称宋季以理语作诗之最工者。而更多晚宋诗人所创作的义理诗则是刘克庄所批评的"率是语录讲义之押韵者"，不仅在内容上因过分追求"有补于世道"而显得迂腐乏味，而且意境枯淡平庸。从某种意义上来说，这种类型的作品的确为诗之一"厄"。

综上所述，理学在理宗朝获得官学的独尊地位以后，理学家们便利用手中掌握的政治、文化权力和学术资源，从诗学观念、创作主题、审美取向等各个方面，对晚宋文学进行渗透，极大地改变了宋代文学发展的历史走向。在理学的强力干预下，一方面理学文学以前所未有的繁荣姿态被推上文学的前沿，进入主流文学中心，与纯文学"双峰并峙"，成为晚宋文坛重要的组成部分；另一方面，理学亦在与传统文学的尖锐对立中，试图通过加强作品文艺性的方式寻找新的平衡点。这种努力客观上繁荣了宋季的说理性文学，但重道轻文的整体趋向，造成了文学艺术性的弱化，对后世文学的发展也造成了一定影响。

---

① （清）永瑢等：《四库全书总目》，中华书局，1965，第1409页。

第二章

理学官方化与宋季诗学

第一节　理学与诗学概述

一　理学诗学的内涵

理学（或称道学）是宋代出现的儒学新形态，它是以先秦孔孟传统儒家思想为基础，同时借鉴佛教的思辨结构和道家的宇宙论、思维方式，从而形成的一种新儒学。它以探讨道体为核心，以"存理灭欲"为存养功夫，以"修齐治平"为践行目标，以"成圣"为目的。因此，从本质上说，理学是一种形而上的道德哲学，它是通过将传统儒学所关注的伦理道德之善，上升为天理（或"道"）的本体存在，从而解决人的存在和社会治理问题。真、善、美是人类所追求的价值目标，也是传统儒学所关心的核心道德范畴。关于三者关系的讨论，自然也为理学所关注。在理学的思想体系中，"善"是被置于其哲学中心予以研讨的问题，其地位明显比"真"和"美"更崇高。而"美"则是文学艺术探讨研究的核心。诗歌是关于人之心灵的文学样式，其主要功能是抒发人的感情，表达人的志向，也就是所谓的"抒情"与"言志"。而散文虽然包含的内容十分广泛，但注重表达人的情感，始终是其题中应有之义。

本章所云诗学，主要是指研究诗歌，同时也包括部分散文在内的文学创作规律的学问，属于文学审美的研究范畴。哲学和文学虽然属于不同的学科门类，但在中国古代，哲学、历史和文学彼此交融在一起，中心虽然明确，但边界并不明显。宋代哲学自然也会以自己独特的方式，对文学进行渗透和影响。"由于理学融会了佛道思想，尤其是在心性理论、修养方法和人生境界等问题上对人的心、情感以及心物关系等都作了深入的思考，故在文艺美学方面也有相当的影响。将理学的本体论、心性论、功夫论、境界论与诗学的本质论、创作论、作品论、鉴赏批评论等联系起来进行深入思考和比较，就可以凸显理学对诗学的深入影响。"① 理学虽然仅是中国古代诸多学术流派中的一派，是儒学发展史上的一个重要阶段，但经历两宋近三百年的发展，理学由民间学术流派，逐步走向引领学术发展的中心，并在宋季被推崇到官学的独尊地位，其对政治、文化、学术、社会生活、世道人心，甚至对文人诗文创作的影响都是全面而深入的。因此，当我们谈到南宋后期的理学这一形态时，就不能仅将其视为单纯的学术思想来思考和研究，而更应该将其作为一种文化思潮、一种在宋季占绝对崇高地位的思想潮流来看待。它的影响绝不仅限于思想史，而是广泛地作用于政治、学术、文学、艺术以及社会生活等各个方面。

二　理学与诗学的关系

南宋末年理学家吴渊（1190~1257）在为魏了翁的文集所作的《鹤山集序》中说：

　　艺祖救百王之弊，以道理为最上一语开国，以用读书人一念厚苍生，文治彬郁，垂三百年，海内兴起未艾也。而文章亦无虑三变，始也厌五季之萎薾而昆体出，渐归雅醇，犹事织组，则杨、晏为之倡；已而回澜障川，黜雕返朴，崇议论，励风节，要以关世教、达国体为急，则欧、苏擅其宗；已而濂溪周子出焉，其言重道德，而谓文之能艺焉耳，于是作《通书》，著《极图》，大本立矣。余有所及，虽不多见，味其言蔼如也。由是先哲辈出，《易传》探天根，《西铭》见仁体，《通鉴》精纂述，《击壤》豪诗歌，论奏王、朱而讲说吕、范，可谓和顺积中而英华发外矣。后生接响，谓性外无余学，其弊至于志道忘艺，知有语录而无古今，始欲由精达粗，终焉本末俱舛，然则言之无文，行之不远，亦岂周子之所尚哉！此予于鹤山公之文而重有感也。南渡后

---

① 　石明庆：《理学文化与南宋诗学》，中国社会科学出版社，2006，第 3 页。

惟朱文公学贯理融，训经之外，文膏史馥，骚情雅思，体法毕备。又未几而公与西山真公出焉。予生晚，不及见考亭之典刑，独幸接二公之绪论……窃惟公天分颖拔，早从诸老游，书无不读，而见道卓，守道约，故作为文率深衍闳畅，微一物不推二气五行之所以运，微一事不述三纲九法之所以尊，言己必致知力行，言人必均气同体，神怪必不语，老佛必斥攘，以至一纪述，一咏歌，必劝少讽多，必情发礼止，千态万变，卒归于正。及究其所以作，则皆尚体要而循法度，浩乎如云浮空而莫可状，凛乎如星寒芒而莫可干，蔚乎如风激波而皆自然也。其理到之言欤！其有德之言欤！程、张之问学而发以欧、苏之体法欤！公文视西山而理致同，醇丽有体同，而豪赡雅健则所自得。故近世言文者曰真、魏，要皆见道君子欤！①

　　吴渊此序将宋代诗歌的发展嬗变分为三个阶段：一是西昆诗派的由萎靡渐归雅醇阶段；二是诗文革新派的黜雕返朴阶段；三是理学诗派的重道德性理阶段。而晚宋大儒魏了翁、真德秀等倡导以"程、张之问学而发以欧、苏之体法"，从而实现"和顺积中而英华发外"的文道合一理想。可见，理学家的文学创作和诗学理论以自己的独特面貌，与宋代其他诗人的创作和诗学批评一起，共同构成了两宋文学的繁荣局面。

　　在审视宋季理学与诗学的关系时，我们一方面必须要充分考虑到理学作为一种学术思想和流派的复杂性；另一方面也要思考中国传统文学观念的多元性特点；同时还要明确理学对诗学的影响方式也具有多样性。有鉴于此，我们在讨论宋季理学诗学这一问题时，必须从直接影响和间接影响的角度，分几个层面加以辨析：一是宋季理学家的诗学思

---

① 曾枣庄、刘琳主编《全宋文》第 334 册，上海辞书出版社、安徽教育出版社，2006，第 24~25 页。

想，包括以陈淳、真德秀、何基、王柏、金履祥等朱子后学为代表的理学主流学派的诗学思想，以包恢、杨简等陆九渊后学为代表的心学学派的诗学思想，以叶适等为代表的"永嘉学派"的诗学思想，以及被归于江湖派而实际受理学影响甚深的刘克庄、林希逸等人的诗学思想；二是关注坚持纯文学立场的江湖诗人，在理学以官学身份全面强力干预文学的境况下是如何应对文化思潮变化的；三是关注一般文人士大夫在理学官方化时代潮流的裹挟下，是如何或主动或被动地攀附洛闽之学，从而影响了宋季诗学发展的历史走向的。

由于其本身是一个非常复杂的理论体系，加上在宋季获得官学地位，以及对其他相近或相关学术流派思想的兼容并包，到宋季，理学的体系就变得更加庞杂，其与文学相关的诗学理论也包罗万象，梳理起来十分困难。鉴于本书的研究对象是宋季理学诗学如何影响这一时期的诗文发展变化，而非专门研究晚宋理学诗学，因此，无须对其发展面貌进行细致入微的剖析，故决定选取几个最为关键的理学诗学问题加以讨论，提纲挈领地展现理学官方化时期理学诗学的核心观念。

第二节　本体论：从重道轻文到道艺双修

宋季是理学诗学发展的一个重要阶段，它在吸收前代理学家，尤其是在朱熹诗文批评基本精神的基础上，对过去偏颇甚至激进的理学诗论加以修正，在一定程度上弥合了理学家和文学家在诗歌的生成论、价值论、修养论以及艺术论等方面的分歧。宋季理学诗论是在理学官方化时代理学家诗学思想的直接体现，也是理学从哲学层面进入美学和文学批评范畴的中介。"传统儒家文艺思想主要是一种文艺社会学，理学作为儒学的新阶段也承袭了这一特点，但由于理学融会了佛道思想，尤其是在心性理论、修养方法和人生境界等问题上对人的心、情感以及心物关系等都作了深入的思考，故在文艺美学方面也有相当的影响。将理学的本体论、心性论、功夫论、境界论与诗学的本质论、创作论、作品论、鉴赏批评论等联系起来进行深入思考和比较，就可以凸显理学对诗学的深入影响。"①

　　与传统诗学一样，理学诗学所关注的问题很多，其所涉及的概念或范畴的系统性和复杂性，也难以在较短的篇幅里被辨析明确。本节试图通过对几个核心范畴进行讨论，以呈现宋季理学诗学的独特面貌，进而探索这种嬗变的历史价值和文学史意义。

一　理学视域中的文与道

　　文与道是中国文学史和文学批评史上的核心概念，而文道关系也始终是两宋理学家和文人共同关注的诗学核心问题。一般而言，宋代文学家虽然也赞同中唐韩愈等提出的"文以明道"的观念，即在重视道的前提下并不轻视文，所谓"文道并重"是其抱持的基本态度；但理学家给人的印象则是普遍都重道轻文，如理学开山祖师周敦颐在《通书·文辞第二十八》中首倡"文以载道论"：

　　　　文所以载道也，轮辕饰而人弗庸，徒饰也。况虚车乎？文辞，艺也；道德，实也。笃其实，而艺者书之，美则爱，爱则传焉。贤者得以学而至之，是为教。故曰："言之不文，行之不远。"然不贤者，虽父兄临之，师保勉之，不学也；强之，不从也。不知务道德而第以文辞为能者，艺焉而已。②

　　在他看来，"文"只不过是承载道德义理的工具而已，没有独立存在的价值和意义。他的学生程颐对"文"的态度则更加偏激，乃至认为"作文害道"：

---

　　①　石明庆：《理学文化与南宋诗学》，中国社会科学出版社，2006，第3页。
　　②　（宋）周敦颐：《周敦颐集》，岳麓书社，2007，第78页。

　　问："作文害道否？"曰："害也……《书》云玩物丧志，为文亦玩物也……古之学者，惟务养情性，其他则不学。今为文者，专务章句悦入耳目。既务悦人，非俳优而何？"①

　　这些将"文"与"道"置于对立状态的说法，对南宋理学家特别是二程嫡传弟子一系的影响颇大。朱熹是正宗程门后学弟子，也是理学的集大成者。关于文与道的关系问题，他在吸收周敦颐、二程说法的同时，也针对北宋理学家在处理文道关系时所存在的矛盾，做了一定程度的修正。一方面，他仍然坚持"道"为本体，认为"道者，文之根本；文者，道之枝叶。惟其根本乎道，所以发之于文，皆道也"。② 这是"道本文末"的另一种表述，文与道的地位是不平等的。另一方面，他又从"理一分殊"、万物源于一理的思想高度来谈文与道的关系，提出"这文皆是从道中流出"③ 的新见解，它既从本体论角度确定了"道"的理论高度，又从理一分殊的角度承认了"文"的归属性，说明"文"并非游离于道之外的工具，而是具有"自主性"。这就从哲学的层面论证了"文"所具备的独立价值，相比周敦颐"文以载道"的工具论、程颐"作文害道"的极端言论，朱熹的说法更显精微，更具理论的逻辑性。当然这里有个前提：只有"有本之文"才有存在的价值，"大意主乎学问以明理，则自然发为好文章"④，而那些只是"研钻华采之文，务悦人者"⑤ 的浮华无实作品则毫无意义。

　　在南宋中期道统地位得到高度强化的程朱理学，在宋季被推上官学地位，朱熹的文道观念也在晚宋学术界、诗学界获得定于一尊的话语权力。莫砺锋先生基于"文"与"道"两个词具体所指的不同，分析朱

---

① （宋）程颢、程颐：《二程集》，中华书局，2004，第239页。
② （宋）黎靖德编《朱子语类》卷一百三十九，中华书局，1986，第3319页。
③ （宋）黎靖德编《朱子语类》卷一百三十九，中华书局，1986，第3305页。
④ （宋）黎靖德编《朱子语类》卷一百三十九，中华书局，1986，第4312页。
⑤ （宋）黎靖德编《朱子语类》卷一百三十九，中华书局，1986，第4312页。

熹的文道观有四个层次：第一个层次"道"指永世长存的"天道"，"文"指典章制度；第二个层次"道"指"儒家学说"，"文"指一切文化学术；第三个层次"道"指人伦秩序，"文"指文字；第四个层次"道"指文章的思想内容，"文"指文章即文学的形式。① 宋季关于文道关系的论述也就是围绕朱子丰富的文道观而多角度展开的。

关于宋季理学家对程朱理学文道论的继承与发展，大致可以分为两种情况：一是严守师说，强调道本文末；二是文道融会，倡导道艺双修。

二　重道轻文，严守师说

理学官方化的过程，也是其强化"正宗""正统"意识的过程。宋季理学官员不仅通过促使朝廷为周敦颐、二程、朱熹等理学大师赐谥，将朱熹《四书集注》等确定为学校教材、科考工具书等方式建立道统与学统，而且在文学方面也力图构建起理学所认定的文统，以解决长期存在的道统与文统分离的矛盾。作为后期严守朱子学说的一代大儒真德秀，第一个以理学的标准编选诗文，有意建立理学文学统绪，并得到官方认同。他所编的《文章正宗》《续文章正宗》意图十分明显，他在《文章正宗序》里曾如此描述其编选思想：

> "正宗"云者，以后世文辞之多变，欲学者识其源流之正也……夫士之于学，所以穷理而致用也。文虽学之一事，要亦不外乎此。故今所辑，以明义理、切世用为主。其体本乎古，其旨近乎经者，然后取焉。否则，辞虽工亦不录。②

---

① 参见莫砺锋《朱熹的文道观》，《文艺理论研究》1988 年第 5 期。
② （宋）真德秀：《文章正宗序》，载曾枣庄、刘琳主编《全宋文》第 313 册，上海辞书出版社、安徽教育出版社，2006，第 176~177 页。

　　他在序中把"明道"作为选择诗文的标准，所谓"明义理、切世用"就是要求文章以"道（理）"为本。他认为，只有先立其"本"，然后才谈得上文辞等形式问题。他还在《跋欧阳四门集》一文中批评道："自世之学者离道而为文，于是以文自命者，知黼黻其言而不知金玉其行，工骚者有登墙之丑，能赋者有涤器之污。"① 文中所提到的宋玉《登徒子好色赋》中的东邻女登墙、司马相如与卓文君私奔涤器谋生，本来都是描写男女相悦的美好爱情，但在捍卫传统道德的理学家眼中，这都是违道悖礼的行为。真德秀因为不认同宋玉和司马相如的道德，便认为其文学作品乃"饰奸之具"，文道不统一。由此可见，他更注重对作者的道德评判而轻视其文采，甚至在一定程度上也认同"作文害道"这一观念，显然与北宋理学家，特别是二程思想一脉相承，只是程度有轻重之别而已。

　　何基（1188~1268）是黄榦的学生，朱熹的再传弟子，与王柏、金履祥、许谦并称"金华四先生"（或"北山四先生"）。他一生坚守程、朱正学，践行儒道。

　　在文道关系的问题上，他现存文集中虽然没有专文予以论述，但在其为师祖朱熹组诗《斋居感兴》二十首所作的阐释中有相关的表述：

　　　　今讲学求道，是欲善其身心、修其德业，此是本原也。而乃荣华其言语，巧好其文章，则是盛其枝叶。失其本根，于学焉得有功！惟发愤而痛加刊落，则是绝其二三之利，而一其本原。②

　　主张无论是求道讲学还是写诗作文，都应该培植根本，刊落浮华。他谨守朱子"文从道出"的诗学思想，肯定自然而无雕琢的诗歌。其

---

① 曾枣庄、刘琳主编《全宋文》第 313 册，上海辞书出版社、安徽教育出版社，2006，第 193 页。

② （宋）何基：《何北山先生遗集》，《丛书集成初编》，中华书局，1985，第 23 页。

思想与乃师黄榦一脉相承，十分纯粹。

三 文道融会，道艺双修

以真德秀、何基等为代表的朱门嫡传学者恪守师训，在文道关系问题上仍然主张道本文末，重道轻文的倾向十分明显。但宋季也有诸多理学人士挣脱道学派轻文观念的桎梏，在一定程度上承认文的价值，给予文相应的地位。

在理学逐步登上独尊地位、成为官方意识形态的宋季，文道融会也在一定程度上成为文坛的基本共识，不仅文学家倡导文道并重，就连许多道学人士，或受理学浸染甚深的学者亦如此。事实上，早在南宋中后期，"东南三贤"之一的吕祖谦（1137~1181）就试图调和文与道之间的矛盾。

> 自元祐后谈理者主程，论文者宗苏，而理与文分为二。吕公病其然，思融会之。故吕公之文，早葩而晚实。①

可见吕祖谦既注重文章，又强调义理，体现了一种融合程、苏的努力，虽迈出融合理学与文学的第一步，但遗憾的是，他最终还是没能真正解决好文道分离的问题。

叶适（1150~1223）是跨越南宋中后期的学术领袖和文坛宗师。从学术层面看，《宋元学案·水心学案》对其地位评价道："乾、淳诸老既殁，学术之会，总为朱、陆二派，而水心断断其间，遂称鼎足。"②朱熹、陆九渊、叶适堪称南宋中期三大学术领袖，其中陆九渊与朱熹分别于1193年、1200年去世，而叶适直到宋季依然活跃在文坛和学术领

---

① （宋）陈耆卿：《筼窗集》提要，文渊阁《四库全书》本，第1178册，台湾商务印书馆，1986，第4页。

② （清）黄宗羲原著，（清）全祖望补修，陈金生、梁运华点校《宋元学案》，中华书局，1986，第1738页。

域，是南宋中后期学术界的泰斗级人物。从文学角度而言，其诗学思想与哲学思想互为表里，既是宋季广义的理学诗学的重要组成部分，又与朱熹的理学和陆九渊的心学有明显的不同，其在文道关系的处理上有独特的见解，本着道不离器（物）的思想观念，形成了"合周程欧苏之裂"①的文道融合观。他对文道观有清醒认识和冷静的分析，他认为韩愈、欧阳修等文人气太重，不利于重振斯文；而二程、张载等又过分关注性、理而忽视文辞，走向另一个极端。据此，他提出道是文的内在追求，文是道的外在形式，相辅相成，不可分离。在叶适看来，三代礼文是文道统一的最高典范：

> 故虽尧舜之盛，必有典谟之篇，然后扬名于后世，冠德于百王。②

> 三代时，人主至公侯卿大夫皆得为之。其文则必皆知道德之实而后著见于行事，乃出治之本，经国之要也。③

当然，在他的话语系统里，文与道还是存在主次关系、体用关系的，"文出于道中"的原则，必然指向"由文合道，则必深明统纪"④的诗学要求。

> 余尝怪五言而上，往往世人极其材之所至，而四言虽文词巨伯辄不能工，何也？按古诗作者无不以一物立义，物之所在，道则在焉，物有止，道无止也，非知道者不能该物，非知物者不能至道。

---

① （元）刘埙：《隐居通议》，文渊阁《四库全书》本，第 866 册，台湾商务印书馆，1986，第 34 页。
② （宋）叶适：《习学记言序目》，中华书局，1977，第 333 页。
③ （宋）叶适：《习学记言序目》，中华书局，1977，第 711 页。
④ （宋）叶适：《习学记言序目》，中华书局，1977，第 696 页。

> 道虽广大，理备事足，而终归之于物，不使散流，此圣贤经世之业，非习为文词者所能知也。①

在叶适看来，"道"只有通过"物"才能得到体现，而诗歌正是物的反映，通过体物方能使诗中所蕴含的道有所附丽。在论述物、情、理的关系时，他认为，"物"是第一性的，"情"是第二性的，是"物"外在形态的表现，而"理"则是统一物与情的本体。

> 诗之兴尚矣。夏、商以前，皆磨灭而不传，岂其所以为之者至周人而后能欤？夫形于天地间，物也；皆一而不同者，物之情也；因其不同而听之，不失其所以一者，物之理也。②

魏了翁作为理学后进，一生与真德秀一起为程朱理学的推广传播甚是努力。但他同时也受陆九渊心学的影响，强调"心"的作用。在诗学观念上，他与真德秀颇为近似，但更为宏阔。

魏了翁与真德秀一样，虽有重道轻文的倾向，但他对文和道的理解与真氏有所不同。他的诗学思想是在朱熹的诗学理论基础上形成的，因此他也提倡人必须先立其本，本立而后学文，而文须载道经世，否则文再好也无益。

> 书以载道，文以经世。以言语代赏罚、笔舌代鞭朴，其所立之法，虽俨然南面之尊有不能与之争衡者……非用空言而徒为记载也。③

---

① （宋）叶适：《习学记言序目》，中华书局，1977，第 700 页。
② （宋）叶适：《水心别集》，刘公纯、王孝鱼、李哲夫点校《叶适集》（下），中华书局，2010，第 699 页。
③ （宋）魏了翁：《唐王为一法论》，载曾枣庄、刘琳主编《全宋文》第 310 册，上海辞书出版社、安徽教育出版社，2006，第 238 页。

这和真德秀的观点没有多少差别，但值得重视的是他在《杨少逸不欺集序》中的一段论述：

> 人之言曰："尚辞章者乏风骨，尚气节者窘辞令。"某谓不然，辞虽末伎，然根于性，命于气，发于情，止于道，非无本者能之。①

他认为，辞虽然只是诗歌的艺术形式，但它"根于性，命于气，发于情，止于道"，是"从道中流出"的，故有本之"文"具有独特价值。这体现了魏了翁诗学思想的包容性。

这种包容性还表现在其他方面。魏了翁有诗云："理义本心如皦日，词章末伎谩流萤。"（《和蒋成甫见贻生日韵二首·其一》）② 将"理义"和"本心"并论，体现了他对朱、陆思想的融合。真德秀和魏了翁二人在对"道"的理解和阐释上有所差别，对此，有学者做出过如下概括："魏了翁所谓的道，主要是学理化的，他著《九经要义》，对这些儒家经典的探讨，着重于其经学层面的微言大义，是学术性的探究。而真德秀的道，则是政教合一的，是政治化的道。"③ 也就是说，相比之下，真德秀比较注重"道"的政治意义，魏了翁则较为重视"道"的学术意义，二人在价值取向上有比较明显的差别。

关于文道关系中的"文"，魏了翁总体上抱持"词章末伎"的态度，但对寓道之文则给予很高的评价，在《大邑县学振文堂记》中回答成都李君某有关"振文"问题时有非常详细的论述：

> 吾请试言夫所谓文者，而子姑听之。且动静互根而阴阳生，阳变阴合而五行具，天下之至文实始诸此。仰观俯察，而日月之代

---

① 曾枣庄、刘琳主编《全宋文》第 310 册，上海辞书出版社、安徽教育出版社，2006，第 68~69 页。

② 北京大学古文献研究所编《全宋诗》第 56 册，北京大学出版社，1998，第 34974 页。

③ 张文利、陶文鹏：《真德秀与魏了翁文学之比较》，《苏州大学学报》2008 年第 4 期。

明、星辰之罗布、山川之流峙、草木之生息，凡物之相错而粲然不可紊者，皆文也。近取诸身，而君臣之仁敬、父子之慈孝、兄弟之友恭、夫妇之好合、朋友之信睦，凡天理之自然而非人所得为者，皆文也。尧之荡荡不可得为名，而仅可名者文章也。夫子之言性与天道不可得而闻，而所可闻者文章也。然则尧之文章乃荡荡之所发见，而夫子之文章亦性与天道之流行，谓文云者，必如此而后为至。文王既殁，文不在兹，孔圣后死，斯文未丧，此非后世所谓文也……圣人所谓斯文，亦曰斯道云耳，而非文人之所以玩物肆情、进士之所以哗众取宠者也。侯诚有意于斯，则所当表章风厉，使为士者以勤学好问为事，以孝弟谨信为本，积日累月，自源徂流，以求夫尧之所以可名不可名、夫子之所以可闻不可闻者果为何事。近取诸身而秩乎有叙，远取诸物而粲然相错，仰观诸天，俯察诸地，而离离乎其相丽，皇皇乎不可紊。斯所谓文者，既有以深体而嘿识之，则将动息有养，触处充裕，无少欠阙。迨其涵泳从容之久，将有忽不自知其入于圣贤之域者矣。①

在这段论述中，一方面，魏了翁认同道为根本，文为枝叶；另一方面，他又强调文必须从道中自然而然地流出。在此，他为我们描绘出一幅道与文完美融合的理想图景，从理论上完整地阐述了朱子"道从文中流出"的文学观念。这是他继承程朱诗学"道本文末"的思想，与朱熹、真德秀一致的地方，也就是强调有本之文。

但相比真德秀的谨守师训、不重文辞，魏了翁所持态度的确更加具有开放性和包容性。他并没有像大多数理学中人那样否定文辞的作用，而是继承传统诗教"言之无文，行之不远"的观点，只是要求其"根于性，命于气，发于情，止于道"，在有"本"的前提下体现文辞的价值：

---

① 曾枣庄、刘琳主编《全宋文》第 330 册，上海辞书出版社、安徽教育出版社，2006，第 293~294 页。

古之学者，自孝弟谨信，泛爱亲仁，先立乎其本，迨其有余力也，从事于学文。文云者，亦非若后世哗然从众取宠之文也。游于艺以博其趣，多识前言往行以蓄其德，本末兼该，内外交养，故言根于有德而辞所以立诚。先儒所谓"笃其实而艺者书之"，盖非有益于为文也。后之人稍涉文艺，则沾沾自喜，玩心于华藻，以为天下之美尽在于是，而本之则无，终于小技而已矣。然则虽充厨盈几，君子奚贵焉？①

前面提到真德秀《文章正宗》对那些不讲道德义理、只注重形式的作品，他的态度是"辞虽工亦不录"。与之一致，魏了翁也强调，那些仅"玩心于华藻"的"无本"之作是没有任何价值的。所不同的是，他给予诗文语言、形式一定的位置，认为在"先立乎其本"的基础上，也要适当考虑文辞，体现了魏了翁诗学的融会特质。

王柏（1197~1274）是一位爱好诗歌的理学家，可称为"理学家中的诗人"。王柏早年曾醉心于艺文，金履祥在《鲁斋先生文集目后题》中对王柏文学态度的转变有这样的叙述：

（鲁斋）早孤，年长以壮，谓科举之学不足为也，而更为文章偶俪之文；又以偶俪之文不足为也，而从学于古文诗律之学。工力所到，随习辄精，今存于《长啸醉语》者，盖存而未尽去也。公意不谓然，因阅家书而得师友渊源之绪。间从拃堂先生刘公、船山先生杨公、克斋先生陈公，考问朱门传授之端，而于杨公得闻北山何子恭父之名，于是寻访盘溪之上，尽弃所学而学焉。②

---

① （宋）魏了翁：《坐忘居士房公文集序》，载曾枣庄、刘琳主编《全宋文》第310册，上海辞书出版社、安徽教育出版社，2006，第5页。
② （宋）金履祥：《仁山文集》卷四，文渊阁《四库全书》本，台湾商务印书馆，1986。

这段专学诗文的经历，不仅为王柏的诗歌创作打下坚实的基础，也使得其诗学观较其他道学诗论具有相当程度的开放性。这不仅体现在他喜欢写诗，而且也表现在他对待诗人和诗歌的态度上。其《古贤像赞》为25位先贤画像题赞，其中包括韩愈、柳宗元、白居易、林逋、欧阳修、苏轼等以文学著称于世的人物，且对这些人物的文章多有赞美，如赞韩愈"唐文三变，至公而止。日光玉洁，八代披靡"；赞柳宗元"文章贞元，铿锵皇雅。绝壑峻崖，古匦玉辂"；赞欧阳修"学授孟母，一代文宗。追琢大雅，划涤浇踪。谏疏直笔，雪壑霜空"；赞苏轼"世外文章，笔头风月"；赞林逋"梅侑逸兴，香满诗囊"。此外，他的文集中还有许多为前人或时人所写的"序"或"跋"。如《雅歌序》《题碧霞山人王公文集后》《跋邵絜矩诗》《跋昌黎文萃》《朱子诗选跋》等。

而在文道关系上，王柏恪守先师"道本文末"遗训，提倡"文以载道"：

> 文章有正气，所以载道而纪事也。古人为学，本以躬行，讲论义理，融会贯通，文章从胸中流出，自然典实光明，是之谓正气。后世专务辞章，雕刻篡组，元气漓矣。①

而且在王柏看来，朱子所作，皆是推源本根、阐究微眇，一归于义理之正：

> 先生道德学问为百世宗师，平生所著述以幸学者不为不多，而学道者不必求之诗可也。然道亦何往而不寓？今片言只字，虽出于肆笔脱口之下，皆足以见其精微之蕴、正大之情。凡天道之

---

① （宋）王柏：《发遣三昧序》，载曾枣庄、刘琳主编《全宋文》第338册，上海辞书出版社、安徽教育出版社，2006，第162页。

备于上，人事之決于下，古今之治乱，师友之渊源，至于忠君爱
国之诚心，谨学修己之大要，莫不从容洒落，莹彻光明，以至山
川草木、风云月露，虽一时之所寄，亦皆气韵疏越，趣味深永，
而其变化阖辟，又皆古人尽力于诗者莫能闯其户牖，亦未必省其
为何等语矣。①

从其相关论述中可以看出，一方面他依然谨守程朱"道本文末"
的文学观念，另一方面，他又主张借山川草木彰显道之精微，强调
"气韵""趣味"，而非直接阐道说理，从而给予"艺文"以一定的
地位。

朱学中坚黄震为朱熹四传弟子。全祖望在《东发学案》中说："四
明之传，宗朱氏者，东发为最。"钱穆先生亦主此说："后儒治朱学，
能深得朱子奥旨者，殆莫逾于黄氏。"② 他认为，"盖黄东发之学，专崇
朱子，其学博，即承自朱子之教而来；其于朱子成说亦时有纠正，不娓
娓姝姝务墨守……朱子论学极尊二程，亦时于二程有所纠正。东发之能
纠正朱子，乃正见其善学也"。③ 黄震不仅上接朱学，也对朱学有所修
正与发明，颇有自得之处，黄宗羲称赞《东发日抄》"折衷诸儒，即于
考亭亦不肯苟同，其所自得者深也"。④

黄震和同时代的其他道学家一样，也将立身修德作为个人人生的
最高追求予以坚持，并认为只有载道的文学才能真正成为体现人格修
养和道德情操的文学，而那些追求浮华之辞的作品则没有存在的价值
和意义：

---

① （宋）王柏：《朱子诗选跋》，载曾枣庄、刘琳主编《全宋文》第338册，上海辞书出
版社、安徽教育出版社，2006，第246~247页。
② 钱穆：《黄东发学述》，《图书季》1971年第3期。
③ 钱穆：《中国学术思想史论丛》（六），安徽教育出版社，2004。
④ （清）黄宗羲原著，（清）全祖望补修，陈金生、梁运华点校《宋元学案》，中华书
局，1986，第2886页。

> 文所以达理，理者文之本，法度则其枝条，词藻则其华实，无非自然而然，初无定形，要归于阳和畅达。自近世以刻楮为工，而知意味者绝少。①

这段论述阐明了黄震"文以理先""自然为文，褪尽雕饰"的创作观，厘清了内容与形式之间的本末关系，对近世诗文创作专注于华丽辞藻的锻炼提出批评。他在为他人文集作序（跋）时，总是以"本于理"为标准，反复强调"道（理）为文之本"的指导原则：

> 吾宗借庵先生文章光明发越，无一不本于理。如《驱蚊》一篇，虽似出戏作，而声其不仁之罪凡四，且谓虎犹可德感，鳄犹可文驱，蚊最不灵，乃为血肉一饱，不灭其身不止。其借以垂世戒，亦辞严义正矣……然慈湖杨先生，乡之儒先领袖也，尝作《夜蚊》诗，以蚊之傍耳皆雅奏，其触面皆深机，谆谆诲人而顽铟莫晓，又若谓为蚊为最灵，然岂别有见欤？②

他强调只要坚持"文以理胜"的原则，哪怕看似游戏之作，也能"谆谆诲人"，警醒顽愚。

黄震的文道观也一定程度体现出融会意识。针对文坛"求义理者，必于伊洛；言文章者，必于欧苏"③的对立分裂现状，他认为"学者惟其所之焉，不必指此为彼尔"。

真德秀的弟子对文章的独立性及重要性有了进一步的认识，如其弟子郑圭为《续文章正宗》作跋时云："性命文章，岂二途哉！夫文自七

---

① （宋）黄震：《跋耘溪惭藁》，载曾枣庄、刘琳主编《全宋文》第348册，上海辞书出版社、安徽教育出版社，2006，第228页。
② （宋）黄震：《跋姜山黄借庵集》，载曾枣庄、刘琳主编《全宋文》第348册，上海辞书出版社、安徽教育出版社，2006，第225页。
③ （宋）黄震：《戊辰转对札子》，文渊阁《四库全书》本，台湾商务印书馆，1986。

篇之后，以鸣者莫善于韩子《原道》等作，性命具焉，其由文之道乎？"① 他虽然认为应将道置于优先考虑的地位，但同时也认为应把文章放到与性命联系密切的重要位置，不可忽视。

林希逸（1193~1271）是南宋理学流派之一的闽中艾轩学派的第四代传人。艾轩学派自林光朝开始，就有重视艺文的传统。

> 尧、舜、禹、汤、文、武、周公、仲尼之道，吾于程子不敢有毫厘异同之论。然伊川之门谓学文害道，似其说未必然也。盖自有天地以来，文章学问并行而不相悖，周公、仲尼，其兼之者乎？自是而后，分为两途，谈道者以子思、孟轲为宗，论文者以屈原、宋玉为本。此周公、仲尼之道所以晦而不明、阙而不全者也……六经之道，穷情性，极天地，无一毫可恨者。六经之文，则春容蔚媚，简古险怪，何者为耳目易道之语？是古之知道者，未尝不精于文也。苟工于文章而不知学问，则大道根源必闇然无所识；通于学文而不知文章，则古人句读亦不能无窒碍，是皆未可以谈六经也。②

艾轩学派虽然是伊洛之学的追随者和倡导者，但对程颐将文与道割裂为二、"作文害道"的观念深表怀疑和不满，认为如此会导致孔孟思想的隐晦不彰。认为学问与文章二者彼此相通，道与文互为表里，其理论体现出明显的折中色彩。此文虽将"学文害道论"归于程子门人，乃为尊者讳，但对这种极端论调的否定是显而易见的。这种折中理念对林希逸的影响很大，他在处理文与道之间的关系时，秉持"性与天道不在文章外"的观念，提倡"文寄于道"：

---

① （宋）郑圭：《续文章正宗跋》，载曾枣庄、刘琳主编《全宋文》第352册，上海辞书出版社、安徽教育出版社，2006，第454页。

② （宋）林亦之：《伊川子程子》，载曾枣庄、刘琳主编《全宋文》第259册，上海辞书出版社、安徽教育出版社，2006，第361~362页。

> 士莫难于知道，文直寄焉尔。因其所寄，而后知者存焉，然则文亦不可忽也。茫茫宇宙，知道者能几？苟有矣，存而用不见于时，没而文不垂于后，是非尚论人物者所惜哉！①

可见，在林希逸的文道理论体系中，道是隐秘抽象的，只有通过文才得以显现，让人能感受到"道"的存在，所以文"不可忽也"。由此可见，林希逸是宋季主张文道并重的理学诗人。

刘克庄是公认的宋季文坛仅有的"大家数"，是诗文词赋各体文学都有成就和影响的重要作家，在诗学方面也颇有贡献，有《后村诗话》存世。当代著名文学理论批评家郭绍虞先生认为此书"网罗众作，见取材之博；评衡惬当，见学力之精"②，评价颇高。刘克庄关于文道关系的论述虽然不多，但其观点相对公允，较少见理学家普遍存在的偏执极端。

> 六经，圣人载道之文也。孔子没，独子思、孟轲氏述遗言以持世，斯文以是未坠。汉诸儒于经，始采掇以资文墨，郑司农、王辅嗣辈又老死训诂，谓圣人之心真在句读而已。涉隋唐间，河汾讲学已不造圣贤阃域。最后韩愈氏出，或谓其文近道尔。盖孔氏之道赖子思、孟轲而明，子思、孟轲之死，此道几熄，及本朝而又明。濂溪、横渠、二程子发其微，程氏之徒阐其光，至公而圣道粲然矣……呜呼！师友道丧，人各自尊。公力扶圣绪，本末宏阔，而弄笔墨小技者以为迂；瘴于山泽，与世无竟，而汩没朝市者以为矫；自童至耄，动以礼法，而跅弛捐绳墨者，姗笑以为诞。③

---

① （宋）林希逸：《陈西轩集序》，载曾枣庄、刘琳主编《全宋文》第335册，上海辞书出版社、安徽教育出版社，2006，第325页。

② 郭绍虞：《宋诗话考》，中华书局，1979，第112页。

③ （宋）刘克庄：《侍讲朱公覆谥议》，载曾枣庄、刘琳主编《全宋文》第330册，上海辞书出版社、安徽教育出版社，2006，第188～189页。

从对朱熹"力扶圣绪，本末宏阔"的高度赞美和对"弄笔墨小技者"等的批评看，刘克庄对文道关系中"道"的优先地位是十分强调的，肯定载道之文，而视专务辞藻为笔墨小技，换一种说法，就是德本文末。

> 虽然，诗之内等级尚多，诗之外义理无穷，先民有言：德成而上，艺成而下。前辈亦云：愿郎君损有余之才，补不足之德。①

其诗学思想与程朱一派的观念颇有相通之处。所不同的是，刘克庄对诗歌的态度相对开放包容，他在肯定"道"的基础上，给予"文"一定的独立空间和存在价值，例如，他对吴恕斋的诗文有如此评价："恕斋吴公，深于理学者，其诗皆关系伦纪教化，而高风远韵，尤于佳风月、好山水，大放厥辞，清拔骏壮。"② 这段记述一方面肯定吴恕斋诗歌在内容上"皆关系伦纪教化"，符合道的要求，另一方面也赞扬其"清拔骏壮"的高风远韵，具有美的价值，是善与美的结合。这一文学批评，体现出刘克庄文道互补的诗学追求。

从以上的分析可以看出，宋代文人和学者虽然都有关于文道关系的论述，甚至普遍存在"重道轻文"或"文道并重"的选择问题，若与前辈学者相比，宋季道学家的文道观念更加圆融，从某种意义上看具有相向而行的发展趋势。但是，有两点必须强调。第一，文学家与道学家对"文"的理解是有很大差别的，文学家所谈论的"文"，其含义比较狭窄，主要指艺文，就是有文学审美特色的文章，他们关于文道关系的理论主要建立在对中唐韩、柳为代表的古文运动总结的基础上。而以程朱理学为代表的道学家的所谓"文"，是广义上的文体概念，它包括序、史、传、记、谣、辞命、诏书、论谏、奏疏、章表、赞颂、碑铭等

---

① （宋）刘克庄：《陈曹户诗卷》，载曾枣庄、刘琳主编《全宋文》第330册，上海辞书出版社、安徽教育出版社，2006，第190页。
② （宋）刘克庄：《恕斋诗存稿》，载曾枣庄、刘琳主编《全宋文》第330册，上海辞书出版社、安徽教育出版社，2006，第78页。

几乎一切用文字创作出来的作品，如《文章正宗》就分辞命、议论、叙事、诗赋四个部分，鲜明地体现了道学家对"文"的认识。第二，虽然文学家与道学家都认同文之于道具有相对的独立性，但二者的区别还是颇为明确的，文学家认为文可以载道，但文不是道的附庸（或枝叶），而是形式和内容的关系，具有相对平等性；而在道学家的价值体系中，文是载道的工具，其意义在于让人更容易接受道（或义理），离开道，文是没有独立存在价值的。朱熹在其《通书解》中是这样阐释周敦颐"文以载道"论的：

> 文所以载道，犹车所以载物……故为车者必饰其轮辕，为文者必善其词说，皆欲人之爱而用之。然我饰之而人不用，则犹为虚饰，而无益于实……况不载物之车，不载道之文，虽美其饰，亦何为乎？①

朱熹认为，文的目的是"欲人之爱而用之"，所以载道之文是有存在价值的；与道没有关系的文则没有存在的意义，当然就没有必要创作它。因此，当我们谈论宋季部分理学家提倡"合周程欧苏之裂"，虽在一定程度上缓解了与文学家文道观的矛盾，但从本质上说，二者对文道关系的态度是有根本差异的。

第三节　创作论：以诗人比兴之体，发圣贤义理之秘

创作论所要讨论的是作品何以产生、写什么、怎样写的问题。诗歌创作是主客体相互作用的结果，它需要文学情感、创作动机以及生活素

---

① （清）王梓材、冯云濠编撰，沈芝盈、梁运华点校《宋元学案补遗》，中华书局，2012，第 1109 页。

材的积累等多方面配合。知识储备是一个人进行文学创作的基础。作家通过对生活阅历、文学修养的重新整合，将从外界接收的复杂信息进行选择与加工。创作个体在受到外界某个契机的激发时，就能够调动自身的经验系统进行创作。

一　宋季理学的比兴观

真德秀主张"以诗人比兴之体，发圣贤理义之秘"①。他虽从内容上强调以义理为主，但在写作方法上，依然倡导"比兴"手法的运用。这似乎与我们印象中的"宋人罕言比兴"有较大出入。的确，"罕言比兴"已成为诗学学者评价宋诗的通识，成为宋诗的一个标签。如元初刘埙说"宋人诗体多尚赋而比兴寡"②；明杨慎《升庵诗话》言"宋人不知比兴"③；当代学者钱锺书先生于宋诗研究用功甚深，他也认为"宋人多数不懂诗是要形象思维的，一反唐人规律，所以味同嚼蜡"④，萧华荣先生亦批评道："宋人既罕言比兴，又不喜体物，则对'缀风月弄花草'的不满结果只能走向取消风月花草。"⑤ 感物起兴是先秦至唐代诗人共同遵循的作诗原则，但宋代普通文人之诗强调学问、议论，道学诗人更是提倡创作语录体韵语诗。既然如此，我们究竟如何理解真德秀所说的"诗人比兴之体"呢？

宋诗虽然从总体上具有"比兴寡"的特征，但包括理学家在内的宋代学者对儒家文学经典《诗经》非常重视，自然对其"赋""比""兴"等艺术手法有相当程度的了解与领悟。"比兴"本是《诗经》"六艺"之一，属于诗歌的艺术表现手法。宋代理学家的《诗经》研究具有强

---

① （宋）真德秀：《咏古诗序》，载曾枣庄、刘琳主编《全宋文》第313册，上海辞书出版社、安徽教育出版社，2006，第149页。

② （元）刘埙：《隐居通议》，文渊阁《四库全书》本，第866册，台湾商务印书馆，1986。

③ （明）杨慎著，王大厚笺证《升庵诗话新笺证》，中华书局，2008，第853页。

④ 钱锺书：《宋诗选注》，人民文学出版社，2005。

⑤ 萧华荣：《中国诗学思想史》，华东师范大学出版社，1996，第167页。

烈的理学化倾向，即只关注道德义理，而于艺术技巧几乎不作探讨。朱熹是《诗经》研究的集大成者，其《诗集传》被公认为代表了"《诗经》学"的最高成就。他是理学家中少有的愿意关注诗歌形式技巧的人，其关于"赋、比、兴"的阐释被历代批评者采用：

> 赋者，敷陈其事而直言之者也；比者，以彼物比此物也；兴者，先言他物以引起所咏之词也。①

强调比兴是一种修辞手段和语言技巧，从诗歌的审美角度说明了"赋、比、兴"作为艺术表现手法的基本特征。受朱熹比兴理论的影响，宋季罗大经（1196~1262）的《鹤林玉露·诗兴》从艺术呈现效果上对"兴"的特征有以下阐释：

> 盖兴者，因物感触，言在于此而意寄于彼，玩味乃可识，非若赋、比之直言其事也。故兴多兼比赋，比赋不兼兴，古诗皆然。②

这里有两点值得重视，第一，"兴"与"赋""比"的直陈其事不同，它意在言外，需要仔细"玩味"才能理解；第二，"兴兼赋、比"，可以部分替代"赋、比"的表现功能。但宋人在评论诗歌时，往往将"比兴"作为一词连用。

回溯"比兴"理论的演进历史可以看出，宋代理学诗学对"比兴"的理解不同于汉、唐传统诗学思想。概括言之，汉、唐两代论诗特重"比兴"，将《诗经》特别是十五国风的主旨归于美刺讽谏，强调其治道和教化的功能；而宋代理学家在阐释《诗经》时，则把重心放在对人的心性修养方面，在他们看来，诵读《诗经》的目的不是愉悦身心，

---

① （宋）朱熹集撰，赵长征点校《诗集传》，中华书局，2017，第 2 页。
② （宋）罗大经：《鹤林玉露》，中华书局，1983，第 185 页。

而是能够"感发善心""使人长一格价",使个体的道德修养"有所兴起"。与传统诗学"比兴观"相比,宋代理学提出颇有独创性的比兴观念,即"比兴深者通物理"①。与汉儒将虫鱼草木鸟兽等自然物象通过比兴手法导向美刺讽喻不同,宋代理学家则主要借助自然万象来"格物穷理",或以之"观我生观其生",进而"复见天地之心"②。萧华荣先生曾言:"如果说汉、宋诗学的龃龉主要是在'性理'的层面,思想取向的层面,则唐、宋诗学的龃龉主要是在'物理'的一面,艺术取向的层面。"③ 简言之,"唐人诗主情,去《三百篇》近;宋人诗主理,去《三百篇》却远矣"④。唐人把景物描写作为人之情绪的对应物和象征,通过对景物的描写营造一种浓郁的诗意和迷离的美感。宋人则以景物描写为说理的工具,所谓"'多识于鸟兽草木之名',所以明理也"⑤"圣人言诗而终于鸟兽草木之名,盖为诗者始乎此,而由于此而深求之,莫非性命之理、道德之意也。"⑥ 故对唐诗多风云月露之状颇为不满,批评其为"闲言语"。即使是理学家也并不完全否定"兴"在文学中的作用,他们往往凭借对自然风物的描绘来蕴道寓理,如朱熹《春日》有"等闲识得东风面,万紫千红总是春"之句。对此钱锺书有颇为独到的认识:"以山水通于理道,自亦孔门心法"⑦,"惟宋明理学诸儒,流连光景,玩索端倪"⑧,"盖宋儒论道,最重活泼泼生机……感春亦道学家分内事也。"⑨

之所以如此,是因为在道学家看来,天人融通,既定的社会秩序、

---

① 吴文治主编《宋诗话全编》第 2 册,凤凰出版社,1998,第 1190 页。
② 参见罗大经《鹤林玉露》,中华书局,1983。
③ 萧华荣:《中国诗学思想史》,华东师范大学出版社,1996,第 161 页。
④ (明)杨慎:《升庵诗话》,中华书局,1985。
⑤ (宋)程颢、程颐:《二程集》,中华书局,1981,第 323 页。
⑥ (宋)蔡卞:《毛诗名物解》卷十七,文渊阁《四库全书》本,台湾商务印书馆,1986,第 7 页。
⑦ 钱锺书:《谈艺录》(补订本),中华书局,1984,第 239 页。
⑧ 钱锺书:《谈艺录》(补订本),中华书局,1984,第 236 页。
⑨ 钱锺书:《谈艺录》(补订本),中华书局,1984,第 230 页。

宇宙本体与人的本质是合二为一的，在青山绿水中体验道之本意，在鸟语花香里领悟生命的自足之乐，正是理学家的本色。钱锺书所谓"拈形而下者，以明形而上；使寥廓无象者，托物以起兴"①，清楚指出了比兴手法正是理学家利用诗歌等艺术形式载道明理的妙方。

采用比兴手法写诗，可以达到意内言外、温柔敦厚的效果，宋季理学大儒真德秀、魏了翁都主张温柔敦厚的风格论。在《次韵永平令江叔文鹤山书院落成》诗中，魏了翁一方面高度评价屈原和贾谊的忠君忧国之心，另一方面也对其提出批评，认为他们"虽云忠愤语伤激，律以洙泗犹津迷"②。也就是说，如果严格按照儒家传统的温柔敦厚诗教观加以衡量，屈原和贾谊的作品显然还是不够含蓄温婉，缺乏温柔敦厚之旨。以这样特别苛刻的道学标准来规范文学大家苏轼，自然亦无法做到全身而退，他指责苏轼于贬居之地所写作品"不患不伟，患其伤于太豪，便欠畏威敬恕之意。如兹游奇绝、所欠一死之类，词气不甚平"③。真德秀亦持同样主张，他赞扬王梅溪"至于为诗为文……倦倦忠笃之意亦随寓焉"④，只是注重其诗文的"忠笃之意"，而于艺术则全然不顾。温柔敦厚的文学风格论是自先秦以来儒家文人坚守的传统诗教，宋代理学家自然会完全服膺这一理论并发扬光大，真德秀和魏了翁对这一风格的态度也充分证明了这一点。

在宋季理学诗人中，林希逸称得上是最提倡"雅重兴寄"的作家，他认为，诗歌乃是诗人因外物的感发而兴起的情绪表达。他通过对屈原《离骚》等的研究来呈现自己的"兴寄"观：

---

① 钱锺书：《谈艺录》（补订本），中华书局，1984，第 228 页。
② 北京大学古文献研究所编《全宋诗》第 56 册，北京大学出版社，1998，第 34900 页。
③ （宋）刘克庄：《答叶子》，载曾枣庄、刘琳主编《全宋文》第 309 册，上海辞书出版社、安徽教育出版社，2006，第 358 页。
④ （宋）真德秀：《跋梅溪续集》，载曾枣庄、刘琳主编《全宋文》第 313 册，上海辞书出版社、安徽教育出版社，2006，第 192~193 页。

求《骚》以文者，不若求之以《诗》；求《骚》以义者，不若求之以情。①

在对《离骚》的解读过程中，他特别注意通过其比兴手法的运用来探寻《离骚》之文的寄托深意：

非真有涉于神仙之迹。且其要灵氛，召太卜，属辞拂策，驾意卜居，其事若信矣，而终篇乃有龟策不能事之语，则其所以若虚若诞者，假辞设问之类耳，非真有涉于鬼神之事。演而神之，触而长之，则其所以谓浇羿姚娥、驱云役神者，皆诗人之寄兴者也。②

与刘勰仅仅看到《离骚》"至于托云龙，说迂怪，丰隆求宓妃，鸩鸟谋娀女，诡异之辞也；康回倾地，夷羿彃日，木夫九首，土伯三目，谲怪之谈也"③的议论不同，林希逸认为，屈原是通过所谓浮词丽藻、神鬼传说以寄寓自己思君忧国、眷念故土的浓厚情愫，同时也含蓄表达出对君王的讽谏，其手法与《诗经》所普遍采用的比兴之义完全一致。在他看来，《离骚》继承《诗经》传统，在情感表达的蕴藉幽深和艺术表现的比兴典雅方面深得其精髓，堪称诗人创作的最高典范。

二　有补于世

学术界有一个普遍认同的观点，南宋以后，讲求心性功夫的"内圣"之学占据学术思想的主流，理学家们总结王安石熙宁变法失败和北宋灭亡的教训，深信"外王"必须建立在"内圣"的基础之上。如朱

---

① （宋）林希逸：《离骚》，载曾枣庄、刘琳主编《全宋文》第335册，上海辞书出版社、安徽教育出版社，2006，第385页。
② 曾枣庄、刘琳主编《全宋文》第335册，上海辞书出版社、安徽教育出版社，2006，第383~384页。
③ （南朝梁）刘勰著，周振甫注《文心雕龙注释》，人民文学出版社，1981，第36页。

熹就认为王安石因"高谈性命","学术不正当，遂误天下"①。主张道德修养是实现"外王"理想的正确途径。在以朱熹、吕祖谦、张栻、陆九渊等人的理学思想引导和推动下，宋代理学学术的重心开始转向研究"内圣"的一面，讲学论道成为比从政问俗更重要的课题。但是，南宋处于极其特殊的历史阶段，不仅领土面积小，自然资源有限，而且外有强敌环伺，内部阶层分化严重，阶级矛盾激烈，时刻有亡国灭族的危险。尤其是到南宋中后期，情况更为严重。内忧外患的现实迫使士大夫文人必须面对现实，将学术目光从对玄虚的形上本体的探讨，移到对现实社会和人生的观照。从诗学上来讲，强调文学创作要"有补于世"，这也成为宋季理学家普遍认同的共识。

叶适是南宋事功学派——永嘉学派的代表人物之一和集大成者，其诗学思想与他经世致用的学术思想具有一脉相通之处：

> 读书不知接统绪，虽多无益也；为文不能关教事，虽工无益也；笃行而不合于大义，虽高无益也；立志不存于忧世，虽仁无益也。今世之士曰：知学矣。夫知学未也。知学之难，可也。知学之难，犹未也，知学之所蔽，可也。（《赠薛子良》）②

> 文之废兴，与治消长，亦岂细故哉！（《题陈寿老文集后》）③

他还呼吁不仅散文要关注现实，诗歌也要求承担起载道的任务：

> 自有生人，而能言之类，诗其首矣。古今之体不同，其诗一也。孔子诲人，诗无庸自作，必取中于古，畏其志之流，不矩于教也。

---

① （宋）黎靖德编《朱子语类》卷一百二十七，中华书局，1986，第3046页。
② （宋）叶适：《叶适集》，中华书局，2010，第607~608页。
③ （宋）叶适：《叶适集》，中华书局，2010，第609页。

后人诗必自作，作必奇妙殊众，使忧其材之鄙，不矩于教也。（《跋刘克逊诗》）①

他所提出的"矩于教"就是对理学诗教"文以载道"意义的进一步强调。

叶适提出为文应该关乎教化世事、与现实社会治理紧密联系的诗学主张，决定了他一贯注重文章的功用价值，要求文学创作以有用于世为准则，也正因如此，他对同时代的另一著名学者、抗战派代表人物之一的陈亮表达经济怀抱的诗文表现出十分欣赏的态度，给予其高度赞美：

《同甫集》有《春秋属辞》三卷，放今世经义破题，乃昔人连珠急就之比，而寄意尤深远。又有长短句四卷，每一章就，辄自叹曰："平生经济之怀，略已陈矣！"余所谓微言，多此类也。（《书龙川集后》）②

而叶适自己的创作正是他经世致用诗学思想的体现。明代王直在《黎刻〈水心文集〉序》中如此评价叶适作品：

先生之学，浩乎沛然，盖无所不窥……思行道于当时而见之功业，不但为文而已也。③

说明叶适的学术和文学都有重视治道功能的特点，表现出与理学、心学多重视内在修养迥异的学术取径。

宋季政治腐朽、国势衰颓、世风败坏的社会现实，促使逐渐获得政

---

① （宋）叶适：《叶适集》，中华书局，2010，第613页。
② （宋）叶适：《叶适集》，中华书局，2010，第597页。
③ （宋）叶适：《叶适集》，中华书局，2010，第3页。

治和学术话语权的理学学者更加重视对淑世精神的践履与春秋大义的倡导。作为陆九渊最重要弟子——"甬上四先生"之一的心学大儒袁燮为其中代表，真德秀对其有如下评价：

> 自少有志经济之业，每谓为学当以圣贤自期，仕宦当以将相自任。故其所讲明者，由体而用，莫不兼综，谓学不足以开物成务，则于儒者之职分为有缺。自六艺百家与史氏所记，莫不反复绅绎，而又求师取友以切磋讲究之。东莱吕成公接中原文献之正传，公从之游，所得益富；永嘉陈公傅良明旧章，达世变，公与从容考订，细大靡遗①。

故其学术思想很少纯粹义理的阐述，而多与现实政治和社会生活紧密相连。正如著名学者程珌在《祭袁侍郎》中所言：

> 至论当世之事（袁燮）尤为激烈，且言自古圣贤有志当世惟孟子尤为有用之才……为国者能使商贾愿出于市，耕者愿耕于野，仕者愿立于朝，则国乌得而不理？为天下者必莅中国而抚四裔，则远人安得而不服？有天下者犹运之掌，则天下乌得而不太平？其气直而勇，其言壮而明，盖不惟其学深于孟子，而其姿禀实似孟子也。②

袁燮的这种淑世精神，我们可以通过其相关学术论述更深入地加以了解，如他在解释汉儒《诗大序》时就指出：

---

① （宋）真德秀：《显谟阁学士致仕赠龙图阁学士开封府袁公行状》，载曾枣庄、刘琳主编《全宋文》第314册，上海辞书出版社、安徽教育出版社，2006，第47页。
② （宋）程珌：《洺水集》卷十二，文渊阁《四库全书》本，第1171册，台湾商务印书馆，1986，第1页。

　　《大序》之作，所以发挥诗人之蕴奥……诗人作之以风其上，太师采之以献诸朝，以警君心，以观民风，以察世变，一言一句皆有补于治道。人君笃信力行，则可以立天下风化之本，公卿大夫精思熟讲，则可以感人君心术之微，诗之功用如此。①

　　明确强调诗之功用在于"有补于治道"，为现实社会治理服务。他所作四卷《絜斋毛诗经筵讲义》便是这一观念的产物，依据《大序》说《诗》；经与史互为对比阐释，不单纯空谈义理；推本溯源，借史论今，以期"一言一句皆有补于治道"；按照人之常情解说《诗》，不故作惊人之语。《四库全书总目》对其服务现实的特点作出高度评价：

　　其中议论切实，和平通达，颇得风人本旨。且宋自南渡以后，国势屏弱，君臣皆懦怯偷安，无肯志存远略，而燮独以振兴恢复之事望其君。经帷敷陈，再三致意，如论《式微》篇，则极称太王勾践转弱为强，而贬黎侯无奋发之心。论《扬之水》篇，则谓平王柔弱为可怜，论《黍离》篇，则直以汴京宗庙宫阙为言，皆深有合于纳约自牖之义。昔人讥胡安国《春秋传》意主复仇，割经义以从己说，而燮则因经旨所有而推阐之，其发挥尤为平正，虽当时宁宗暗弱，不能因此感悟，而其拳拳忠尽之意，亦良足尚也。②

　　四库馆臣还对其诗文所体现的补世精神亦甚为推赏：

---

① （宋）袁燮：《絜斋毛诗经筵讲义》，文渊阁《四库全书》本，台湾商务印书馆，1986，第5页。
② （清）永瑢等：《四库全书总目》卷十五，中华书局，1965，第333页。

燮诗文淳朴质直，不事粉绘而真气流溢，颇近自然，其剖析义理、敷陈政事亦极剀切详明，足称词达理举。盖儒者之言语无枝叶，固未可概以平近忽之也。①

认为他的诗文重视"剖析义理"，"敷陈政事"，淳朴自然，都是有为而作。而"甬上四先生"中的其他人也表现出鲜明的淑世精神，黄宗羲《宋元学案·广平定川学案》云："广平之集，久不传矣，近得之其子孙。所论常平茶盐、保长、义仓、荒政，皆凿凿可见之行事，而言学者甚寡。"② 说明甬上学者以天下为己任，凡攸关国计民生之事，必用文字予以表达，以期有补于治道。

真德秀是南宋后期最著名的理学大儒之一，也是将理学推上至尊地位的几个关键人物，其学术影响和政治地位都让当时一般学者难望其项背，刘克庄曾以"先生廊庙姿，非直藩翰才"（《陪西山游鼓山一首》）③ 的诗句来称赞他的政治才能和文学才华。但其也因学术空疏难以解决现实问题、欠缺行政能力而遭受许多非议，如周密在《真西山入朝诗》中有如此描述：

真文忠公负一时重望，端平更化，人徯其来，若元祐之涑水翁也。是时楮轻物贵，民生颇艰，意谓真儒一用，必有建明，转移之间，立可致治。于是民间为之语曰："若欲百物贱，直待真直院。"及章马入朝，敷陈之际，首以尊崇道学，正心诚意为一义，继而复以《大学衍义》进。愚民无知，乃以其所言为不切于时务，复以俚语足前句云："吃了西湖水，打了一锅面。"④

① （清）永瑢等：《四库全书总目》卷十五，中华书局，1965，第333页。
② （清）黄宗羲原著，（清）全祖望补修，陈金生、梁运华点校《宋元学案》第三册，卷七十六《广平定川学案》，中华书局，1986，第2548页。
③ 北京大学古文献研究所编《全宋诗》第58册，北京大学出版社，1998，第36277页。
④ （宋）周密：《癸辛杂识》，中华书局，1988。

周密虽然对理学家们缓不救急、迂腐无能给予了尖锐批评，但我们并不能因此就认为宋季理学完全是蹈入虚空的不实之学。真德秀的为学虽然直承程朱，但也受永嘉功利之学的影响，在强调格物穷理的同时，也重视致用，上文所提及的进《大学衍义》一事，乃是他实现致君尧舜、推行"新政"的具体措施，不能以空谈的虚言一概否定。对此，《大学衍义》提要说得比较明白：

> 大旨在于正君心、肃宫闱、抑权幸。盖理宗虽浮慕道学之名，而内实多欲，权臣外戚，交煽为奸，卒之元气凋弊，阅五十余年而宋以亡。德秀此书成于绍定二年，而进于端平元年。皆阴切时事以立言，先去其有妨于治平者，以为治平之基。故《大学》八条目，仅举其六。然自古帝王正本澄源之道，实亦不外于此。①

可见真德秀进《大学衍义》是针对现实的有感而发。他的《西山读书记》《政经》等书的写作宗旨也大致如此。基于南宋后期的现实需要，真德秀的学术将"性命道德之学"与"古今事变之学"相结合，提倡学以致用的"实学"。

> 惟其以实学见实用，以实志起实功，卓然有益于世，而又闻之以君子之文，于是为可贵尔。②

> 夫理不达诸事，其弊为无用；事不根诸理，其失为无本，吾未见其可相离也……用之不离乎理，理之未始不宜于用，道之全体，

---

① （清）永瑢等：《四库全书总目》，中华书局，1965，第785页。
② （宋）真德秀：《沈简肃四益集序》，载曾枣庄、刘琳主编《全宋文》第313册，上海辞书出版社、安徽教育出版社，2006，第153页。

盖在是矣。①

> 若舍器而求理，未有不蹈于空虚之见，非吾儒之实学也。所以
> 《大学》教人以格物致知，盖即物而理在焉，庶几学者有着实用功
> 之地，不至驰心于虚无之境也。②

这一系列的相关论述中，真德秀始终强调一个关键词——"实学"，唯有"有益于世""达诸事""着实用功"的诗文，才是有体、有本之作，否则，艺术性再强也没有意义。他编纂《文章正宗》的目的就是"发挥义理，有补世用"。对真德秀来说，以诗反映现实正是题中应有之义。他在《咏古诗序》中曾对此问题进行过讨论："古今诗人，吟讽吊古多矣，断烟平芜、凄风淡月，荒寒萧瑟之状，读者往往慨然以悲。工则工矣，而于世道未有云补也。"③ 于世无补的创作，虽多无益。"有补于世"包括的内涵很丰富，道德教化自然应该是其核心内容。真德秀诗中多对伦理道德堪称典范之人的赞扬，如其为官潭州时曾写下《长沙赠高年陈氏母子》：

> 陈氏春秋一百一，儿女年皆过七十。
> 一门慈孝更雍愉，四老真堪入画图。
> 长官申闻太守喜，召至阶庭加盛礼。
> 老莱彩服作儿啼，今视古人更过之。
> 老莱一身娱戏耳，况有三儿奉甘旨。

---

① （宋）真德秀：《周敬甫晋评序》，载曾枣庄、刘琳主编《全宋文》第 313 册，上海辞书出版社、安徽教育出版社，2006，第 156 页。

② （宋）真德秀：《问〈大学〉只说格物不说穷理》，载曾枣庄、刘琳主编《全宋文》第 313 册，上海辞书出版社、安徽教育出版社，2006，第 346 页。

③ 曾枣庄、刘琳主编《全宋文》第 330 册，上海辞书出版社、安徽教育出版社，2006，第 149 页。

　　　　人言潭俗不古如，君看此事天下无。

　　　　一门高寿何由得，慈孝之人天所惜。

　　　　我愿湘民胥效之，从此九州皆寿域。①

　　他作此诗以赠，也是为了对孝道的弘扬，以图天下尽孝、天下尽寿，发挥诗歌有补于世的教化作用。

　　魏了翁强调时代的盛衰、政治的清浊、国家的兴亡对诗人的情感起决定作用。他在《程氏东坡诗谱序》中谈道："杜少陵所为号诗史者，以其不特模写物象，凡一代兴替之变寓焉。"②因此魏了翁诗歌中反映民间疾苦和揭露社会腐败的作品就是这种创作态度的集中体现。魏了翁作为官僚群体中的代表人物，其诗歌中反映出了不少史实，折射出诗人至死不渝的社会责任感，同时尖锐地揭露了晚宋时期士风日下、朝政腐败的社会现实，对国家的兴亡和人民的疾苦表示了深刻的关注与同情。魏了翁作为反对独裁统治的官僚代表，用自己的诗歌深刻揭露了官场的腐败。其中有对唐玄宗后期沉迷酒色，不理朝政的事实进行讽喻，如《题上亭驿》；还有的诗讽刺朝中庸吏无能，如《次韵李参政湖上杂咏录寄龙鹤坟庐》；《送宇文侍郎（绍节）知庐州》深刻揭露了朝廷军队中官兵素质低下、不学无术、唯利是图的腐败作风。讥讽朝廷无能，反对割地求和，如《书所见闻示诸友》（五首）。此外，他以史笔概括描绘出作者面对家乡四川地区正受到蒙古的疯狂进攻，一片纷乱衰败的景象，表现出自己内心的哀怨与无奈。《十一月九日新滩李□示余开禧三年四月九日所跋外舅杨宪使滩字韵诗为次韵》中写道：

---

　　① 北京大学古文献研究所编《全宋诗》第56册，北京大学出版社，1998，第34835页。
　　② 曾枣庄、刘琳主编《全宋文》第310册，上海辞书出版社、安徽教育出版社，2006，第1页。

忆从筮仕岁涒滩，三十余年阅暑寒。

抚事无成人潦倒，怀人有梦涕汍澜。

家山扰扰胶胶里，庙社嘻嘻出出间。

欲上青天愁险绝，谁能为我斩楼兰。①

黄震主张为文要有补于世，要切于正理。《宋史·黄震传》中记载："震尝告人曰：'非圣人之书不可观，无益之诗文不作可也。'"②这与程朱理学"作诗无益"的观点完全一致，虽然标准显得极为苛刻，但在国家衰败、民族危亡的特殊时期，提出这样的要求亦不为过。黄震在评文与自身创作之中贯彻最为彻底的原则就是"不为虚谈，不为空文"。他肯定作文要"有补于世"的文用论，同时也以"圣人之所谓文"为论文的标准、典范和原则。在他的观念中，所谓"文"的含义至少应有两层：一是圣君由之教化天下之"文"，与"关乎人文以化成天下"之"文"同义；二是"孔子孟子之书于策"之"文"，也就是有形有质的"四书五经"等经典著作。所以对于理学家黄震而言，"文"的最高境界就是"圣人之所谓文"，这类文的主旨非常明确，就是"教化"天下，而以"四书五经"的形式呈现。

在宋代，由林光朝创立的艾轩学派是一个非常重视躬行践履的学术流派。《文节公艾轩先生》一文中称赞艾轩学派创始人林光朝云："专心践履之学，言动必以礼。"③ 作为艾轩学派的第四代嫡传弟子，林希逸提出"文宜世用"的诗学主张④，强调文章经世致用的实用价值；他在《汉之为天数者如何》中对此观点作了进一步发挥：

---

① 北京大学古文献研究所编《全宋诗》第 56 册，北京大学出版社，1998，第 34975 页。

② （元）脱脱等：《宋史》卷四百三十八，中华书局，1985，第 12994 页。

③ （明）杨应诏辑《闽南道学源流》卷六，《四库存目丛书》，齐鲁书社，1996，第 75 页。

④ （宋）林希逸：《回黄掌祠生日启》，载曾枣庄、刘琳主编《全宋文》第 335 册，上海辞书出版社、安徽教育出版社，2006，第 317 页。

论一代步占之学，而取其有益后世者言之，此儒者著书之盛心也。夫步占之学，其传尚矣，自史氏之书志作，而其人始详。苟非学术之精微可以推行于千百载之下，岂肯私其姓氏而著录之哉？①

他认为，儒家学者无论是著书还是立说，必须以关乎世教、有益于治世为其根本出发点和归宿，从文学角度来说，就是要求诗文创作要关注现实，要注重文与道的结合，而文人所创作的那些纯粹雕章琢句、吟风弄月的无道之作，只是毫无意义的"闲言语"。这些说法，从本质上看与程朱理学一派的诗学观点一致，只是程度上有所不同。

最后谈谈有宋季"文宗"之称的刘克庄。他在《有感》中感叹宋蒙战争连绵不断，国内却无保家卫国的文臣武将。作为诗人，只能以文学的方式忧时伤世，反映社会现实：

　　残羯如蜂暂寄窠，十年南北问干戈。
　　穹庐昔少曾居汴，莫府今犹未过河。
　　越石不生谁可将，奉春再出亦难和。
　　忧时原是诗人职，莫怪吟中感慨多。②

他强调诗歌的教化、世用功能是儒家诗教的本质特征，也是历代文人不断强化的诗学原则。作为深受儒家思想影响的一代文人，刘克庄自然会赞同儒家诗教关注时政、重视教化的诗学主张：

　　古诗皆切于世教。"吁谟定命，远犹辰告"，大臣之言也；"敬之敬之，命不易哉"，谏臣之言也；"之子于征，有闻无声"，将率

---

① 曾枣庄、刘琳主编《全宋文》第335册，上海辞书出版社、安徽教育出版社，2006，第404页。
② 北京大学古文献研究所编《全宋诗》第58册，北京大学出版社，1998，第36178页。

之言也；"岂弟君子，民之父母"，君国子民之言也。禹之训，皋陶之歌，周公之诗，大率达而在上者之作也。谓穷乃工诗自唐始，而李、杜为尤穷而最工者。然甫旧谏官，白亦词臣，岂必皆窭生寒人，饥饿而鸣哉！①

受此影响，刘克庄强调今人之诗也应该继承诗教传统，关注现实生活以有益于世教。

> 观其送人去国之章，有山人处士疏直之气；伤时闻警之作，有忠臣孝子微婉之义；感知怀友之什，有侠客节士生死不相背负之意。处穷而耻势利之合，无责而任善类之忧。其言多有益世教，凡教慢亵狎、闺情春思之类，无一字一句及之。②

在这篇为同乡亡友翁定作品集所作的序中，他将"世教"观从"教化"这一相对狭小的道德伦理范围，延伸到更为广泛的政治和社会生活领域，其功能也发生了重大转变。他的教化、用世诗观既有原始儒家诗学传统的继承，也受南宋后期道学关心时政、关注民瘼、重视义理教化等时代风气的影响，是南宋特殊环境下文人的"淑世"精神、忧患意识在文学上的反映。

关于文章与世用的关系问题，刘克庄提出"文章与政事同一关键"的主张。他在《跋吴帅卿杂著·恕斋平心录》中说："曾子固发明理学在伊洛之先，与欧齐名，为宋儒宗。然集中如越州粜济、齐州保甲丁夫帐目、洪

---

① （宋）刘克庄：《王子文诗序》，载曾枣庄、刘琳主编《全宋文》第 329 册，上海辞书出版社、安徽教育出版社，2006，第 93 页。
② （宋）刘克庄：《瓜圃集序》，载曾枣庄、刘琳主编《全宋文》第 329 册，上海辞书出版社、安徽教育出版社，2006，第 81 页。

州使院行移期限，虽微必载，岂文章政事同一机键耶!"①文中所论及的学者欧阳修、曾巩、吴恕斋等人，不仅学植深厚，而且将学问用于社会实践，解决现实问题。他企图以此说明，真正的学者文人必然关注现实，而非一味沉潜于玄虚的学问、文字的雕琢之中。所以，刘克庄尽管受理学影响很大，自身有着很厚实的理学学术根基，但他对理学并不像一般人那样盲从依附，而对那些只知道一味空谈心性义理、没有治理国政真正才干的理学人士敢于提出尖锐的批评，而称赞能够将学术与政事结合的人物：

> 自义理之学兴，士大夫研深寻微之功不愧先儒，然施之政事，其合者寡矣。夫理精事粗，能其精者顾不能其粗者，何欤？是殆以雅流自居而不屑俗事耳。御史唐公则不然，方其与朋友讲学也，一字之差，一义之疑，反复论辩累数千言。及其为百姓决讼也，察见情伪，出入条令，罢讼之人皆骇伏，舞文之吏不能变，可谓本末具举，精粗无间者矣。②

此文先列举一些精于义理而无治世能力的腐儒，他们往往以"雅流不屑俗事"为借口来掩盖自己的无能，而真正的儒者则应该是像唐公这样能文能武、"本末具举，精粗无间"的有用人才。在此，他将有补于世的观点从文章写作延伸到人才培养，强调不仅为文，而且做人都要有益于世。

第四节 修养论：养气重学

将人格和文格看作同源同体，甚至认为文格即人格，认为有德者必

---

① 曾枣庄、刘琳主编《全宋文》第330册，上海辞书出版社、安徽教育出版社，2006，第78页。

② （宋）刘克庄：《跋唐察院判案》，载曾枣庄、刘琳主编《全宋文》第329册，上海辞书出版社、安徽教育出版社，2006，第215页。

有言（辞），是自先秦以来儒家传统的文学观念。而人格的培养塑造是需要通过"养气"来实现的。"气"由此便成为儒家诗学美学的一个重要范畴，而诗人的人格气质和文学创作之间的关系，也成为古代批评家关注的重要问题。刘勰在《文心雕龙·体性》中有过一段对后人影响极大的论述：

> 然才有庸俊，气有刚柔，学有浅深，习有雅郑，并情性所铄，陶染所凝。是以笔区云谲，文苑波诡者矣。故辞理庸俊，莫能翻其才；风趣刚柔，宁或改其气；事义浅深，未闻乖其学；体式雅郑，鲜有反其习。各师成心，其异如面。①

对诗人个性和作品风格产生影响的要素很多，主要包括才、气、学、习等诸多因素。本节主要从"气"和"学"的角度谈谈宋季学者的修养论。

一　养气与文学创作的关系

关于"气"的解释，自先秦开始，历代有诸多不同的说法，童庆炳先生在其著作《中国古代文论的现代意义》中曾经对其作过概括。他认为，古人所谓"气"大致包含四种含义：首先是作为物理属性，指有别于固体、液体的气体；其次是指生物属性，一切生物有"气"则生，"气"亡则死；再次是指生成万物的"元气"，天地万物因气而生，人则秉和气而成；最后，气指一种精神力量，即孟子所谓"浩然之气"，此气中已包含主观道德伦理因素。由于人秉"六气"而生"六情"，故物理之"气"可以转化为精神之浩然正气。钟嵘《诗品·序》所谓"气之动物，物之感人"、曹丕《典论·论文》中的"文以气为主"以及韩愈之"气盛言宜"论等，都是将"气"与文学结合的理论

---

① （南朝梁）刘勰著，周振甫注《文心雕龙注释》，人民文学出版社，1981，第308页。

探讨，"用以说明文学的语言层必须充满宇宙本原和诗人作家生命力的颤动，就是说诗人作家必须有旺盛的生命力，才能感应到天地宇宙之气，精神状态才能处于活跃的状态中，这样写出来的语言才是生动的、传神的、蕴含丰富的"①。文学创作是一种特殊的活动，它是作家个体生命力的创造和展现，正如刘熙载《艺概》所言："文得元气便厚。《左氏》虽说衰世事，却尚有许多元气在。"② 气是一切文学艺术作品的主宰。

既然"文以气为主"，则"为文养气"就成必然。宋代理学家把澄明本心作为其道德修养的终极目标，而涵养本心最基本的方法就是治心养性，"务重其身而养其性"是包括理学家在内的宋代文人最重视的诗外功夫。

由于"动乎血气者，其怒必迁"③，"凡有血气，皆有争心，故利不可强，思义为愈"④，血气一方面能使人勇敢而奋发有为，另一方面也让人鲁莽而缺乏理智。"养气是要变化气质，要在人的血气心智里体认到超越自我欲望的至大至刚的浩然之气，把个体内在的仁义扩充到与天地万物同德问心无愧的境地"⑤，因此孟子提出对浩然之气的培养。我们知道，孟子所谓的浩然之气具有特别的意义：

> 其为气也，至大至刚，以直养而无害，则塞于天地之间。其为气也，配义与道；无是馁也，是集义所生者，非义袭而取之也。行有不慊于心，则馁矣。⑥

---

① 童庆炳：《中国古代文论的现代意义》，北京师范大学出版社，2001，第37~38页。
② （清）刘熙载撰，袁津琥校注《艺概注稿》，中华书局，2009，第8页。
③ （宋）程颢、程颐：《二程集》，中华书局，2004，第129页。
④ 杨伯峻：《春秋左传注》，中华书局，1990，第1317页。
⑤ 张毅：《儒家文艺美学》，南开大学出版社，2004，第5页。
⑥ （先秦）孟轲：《孟子·公孙丑章句上》，朱熹注《孟子》，上海古籍出版社，1987，第21页。

人若有了这浩然之气，就可以做到富贵不淫，贫贱不移，威武不屈，就能达至圣人之境界。

宋代理学家向来以孔孟的正宗传人而自居，尤其是对孟子的学说多有研究，故在人格修养方面特别强调浩然之气的培养。二程在其著作中曾反复论述养气的重要性："凡人有欲则不刚。至大至刚之气，在养之可以至焉。"① " '配义与道'，谓以义理养成此气，合义与道。方其未养，则气自是气，义自是义。及其养成浩然之气，则气与义合矣。"② 理学家所提出的养气，主要是指人的道德修养，通过养气变化气质，达到更高的精神境界。

文如其人。文人所养之浩然正气，可以灌注到他们所创作的诗文作品之中："夫心之所养，发而为言，言之所发，比而成文。人之邪正至观其文则尽矣，决矣，不可复隐矣。"③ 故养气对诗风、文风的形成有极为重要的作用，所谓"有德者必有言"，理学家强调文欲正，必先养其正气。这一思想观念经过周敦颐、二程、朱熹等理学家得到了进一步强化，并成为宋季道学诗人谨守的金科玉律。

二 宋季理学诗人对修养理论的强调

历史发展到南宋后期，在真德秀、魏了翁等士大夫理学家不遗余力地大力提倡和阐扬，以及各方力量的共同推动下，程朱理学终于在理宗朝正式成为封建统治者认可的正统学术和意识形态。而以治心养气为人格修养之要的理学思想也就名正言顺地成为人们论文衡艺的正统意识。④ 因此，重视作家的道德修养是南宋后期文学理论的一个突出特点。

---

① （宋）程颢、程颐：《二程集》，中华书局，2004，第 108 页。
② （宋）程颢、程颐：《二程集》，中华书局，2004，第 206 页。
③ （宋）陆游：《上辛给事书》，载曾枣庄、刘琳主编《全宋文》第 222 册，上海辞书出版社、安徽教育出版社，2006，第 230 页。
④ 张毅：《宋代文学思想史》，中华书局，2004，第 263 页。

袁燮（1144~1224）曾师事陆九渊，是浙东四明学派的代表人物之一，真德秀曾为他写行状。作为心学家，袁燮特别强调主体之心学修养，其诗学所追求的浑然天成境界便是以自身的道德修养为根基。其子袁甫曾在为袁燮文集所作后序中说："浑然天成者，有道有德之言也。道德不足，言辞虽工，所为天者已不全矣。君子奚尚焉？我先君子之属辞也，吐自胸中，若不雕镂，而明洁如星河，粹润如金玉，真所谓浑然天成者乎！"① 赞扬其作品皆"吐自胸中"，不事雕琢却"明洁如星河，粹润如金玉"，达到浑然天成的境界，以此说明创作主体保养本心、涵养志气对艺术创作所具有的决定性作用。这种看法在袁燮的诗中也时有体现，如《题豢龙图》（节选）：

> 人生天地间，良心实为主。
> 利欲汩其真，甘与俗子伍。
> 胡不鉴此图，保养虚明府。
> 道义有真乐，不羡圭与组。
> 于我如浮云，服膺圣师语。②

对心学家来说，良心乃人之立于天地的根本，维护"真心"不受物欲污染，以追求道义为乐，这是创作者必备的道德修养。创作主体的心性修养被他们提升到超越艺术技巧的崇高地位。

曾丰（1142~1224）是叶适的门人，亦是真德秀的老师。他在诗歌创作方面特别强调作者浩然之气的涵养和培育，如《郡斋与龚济叔刘薰卿谈诗》：

---

① （宋）袁甫：《絜斋集后序》，文渊阁《四库全书》本，第 1175 册，台湾商务印书馆，1986，第 329 页。

② （宋）袁燮：《絜斋集》，文渊阁《四库全书》本，第 1157 册，台湾商务印书馆，1986，第 313 页。

其奈鱼虫草木何，诗之机械也无多。

气犹动志平心养，声可成文泛口哦。

玄酒太羹君子淡，蒉桴土鼓圣人和。

鬼神天地与吾一，相感相通岂在他。①

在他的思想逻辑中，由于天地与人相感相通，而诗歌又是人情志的表达，故创作者涵养心性、培养浩然之气对创作具有重要作用。他认为，诗歌从内容到形式都可以从心性存养的功夫中来，如《吾郡之望罗彦方过听以余有诗癖古风特枉杰作》：

声生于气诗之体，于气要穷所从起。

事制于义诗之理，于义要穷所从止。

一元开辟三才矣，万世纲维十伦尔。

我初传此无上宗，君今示我未到工。

胸中周召次毕公，笔端雅颂余国风。

不容阴阳作穷通，可与天地为始终。②

此诗从艺术上看颇显随意草率，缺少诗歌起码应有的韵味，但对心性修养在诗歌创作中的作用和意义却作了充分的阐述，一如既往地体现了道学诗的特点。

涵养正气，对诗歌创作者而言，涵养自己的浩然之气不仅是非常重要、具有本质特征的，必须置于优先位置；而且是一个不可中断的过程，要时时刻刻培植正气，不能半途而废，如赵蕃《论诗寄硕父五首》（其三）：

---

① 北京大学古文献研究所编《全宋诗》第 48 册，北京大学出版社，1998，第 30308 页。

② 北京大学古文献研究所编《全宋诗》第 48 册，北京大学出版社，1998，第 30223 页。

学诗如学道，先须养其气。

植苗无它术，务在除荒秽。

滔滔江汉流，源从滥觞至。

要作千里行，无为半涂滞。①

真德秀堪称理学修养论的集大成者。在修养论方面，他一方面发挥理学宗师朱子思想中心有虚义、虚能包性情的理学思想，同时借鉴先秦孟子和唐宋古文家的养气理论，构建出自己养心以养正气的系统思想：

"乾坤有清气，散入诗人脾"，此唐贯休语也。予谓天地间清明纯粹之气，盘薄充塞，无处不见，顾人所受何如耳。故德人得之以为德，材士得之以为材，好文者得之以为文，工诗者得之以为诗，皆是物也。然才德有厚薄，诗文有良窳，岂造物者之所畀有不同邪？《诗》曰："瑟彼玉瓒，黄流在中"，玉瓒，至宝也，黄流，至洁也，夫必至宝之器，而后能受至洁之物。世人胸中扰扰，私欲万端，如聚蛲蛔，如积粪壤，乾坤之英气，将焉从入哉？故古之君子，所以养其心者，必正必清，必虚必明。惟其正也，故气之至正者入焉，清也、虚也、明也亦然。予尝有见于此久矣。方其外诱不接，内欲弗萌，灵襟湛然，奚虑奚营。当是时也，气象何如哉？温然而仁，天地之春；肃然而义，天地之秋。收敛而凝，与元气俱贞；伴奂而休，与和气同游。则诗与文有不足言者矣。②

这段论述包含作者极为丰富的修养理论，他在继承朱熹理气思想的基础上，提出人因禀阴阳清浊之气以生，故与生俱来便气质各有不同。

---

① 北京大学古文献研究所编《全宋诗》第 49 册，北京大学出版社，1998，第 30474 页。

② （宋）真德秀：《跋豫章黄量诗卷》，载曾枣庄、刘琳主编《全宋文》第 313 册，上海辞书出版社、安徽教育出版社，2006，第 180~181 页。

故后天要变化气质之性，就必须养其心，加强个人清明纯粹之气的培养，最后达到"外诱不接，内欲弗萌，灵襟湛然"的澄明之境。真德秀认为，将这种修养引入诗歌创作之中，最后就能达到理学家所孜孜以求、津津乐道的仁者与天地上下同流的天人合一境界。在此境界中所创作出来的诗文，自然呈现出高妙姿态。

关于心性修养与文学创作之间的关系，真德秀还提出以"诚"做人和以"诚"为文的主张：

> 士以一身之微而欲穷天地万物之理，生千载之下，欲考古昔圣贤之心，岂易为力哉？然而以诚求之，则无不可得。盖天地之所以为天地，圣贤之所以为圣贤，亦曰诚而已矣。世之学者昧操存持养之实，而徒事于语言文字之工，是其心既不诚矣。以不诚之心而窥天地、圣贤之蕴，犹持尘昏之镜而鉴万物也。求其近似，岂可得哉？①

> 公何以获此于人哉？蔽之以一言，曰诚而已矣。盖公之为人，襟度精明，表里纯一。其立朝事君，空臆尽言，撄龙鳞而不悔者，此诚也。居官牧民，矜怜摩抚，若父母之于赤子者，此诚也。至于为诗与文，绝去雕琢，浑然天质，一登临、一燕赏，以至赋一卉木、题一岩石，惓惓忠笃之意亦随寓焉。②

两段主张都谈到一个"诚"字。以诚敬之心对待世间一切，这是自理学开山祖师周敦颐提出"诚"这一概念以来，理学家普遍极为重视的心性修养功夫和境界，真德秀的贡献在于，他将"诚"从理学心

---

① （宋）真德秀：《临斋遗文序》，载曾枣庄、刘琳主编《全宋文》第313册，上海辞书出版社、安徽教育出版社，2006，第146页。
② （宋）真德秀：《跋梅溪续集》，载曾枣庄、刘琳主编《全宋文》第313册，上海辞书出版社、安徽教育出版社，2006，第192~193页。

性修养的层面扩展到创作者文学修养的范围，体现出理学家文学思想和诗学观念的特色。

"有德者必有文"，坚持道德至上原则的真德秀在讨论文人作品的价值时，始终强调的是作者的道德品性修养，如对西昆诗人杨亿，前人多将其作为宋初擅长诗文者予以褒贬，但真德秀则以完全不同的视角看待其人其诗：

> 当咸平、景德间，公之文章擅天下，然使其所立独以词翰名，则亦不过与骚人墨客角逐争后先尔。惟其清忠大节，凛凛弗渝，不义富贵，视犹涕唾，此所以屹然为世之郭郭也欤！①

他认为杨亿之所以垂名当世，是因为他"清忠大节，凛凛弗渝，不义富贵，视犹涕唾"，在道德节操上远胜时人。他对同时代的其他著名人物亦是如此。如门生刘克庄，虽然他早已是名满天下的著名文人，但真德秀在《建阳县学四君子祠记》中却只强调其德操而不提及其文学；他激赏时人周伯起（自号江峰野夫）的文集，不在其文，而在其为人立世之节操：

> 周君之文，诸公品题甚悉，然予之所以贵重君者，不在是也……周君尝官赤县，会中贵人以事至，有司挟权势求必胜，君毅然弗之顾，率明辨曲直而后已。夫身在下僚，而能矫矫自立如此。②

他在《跋陈正献公诗集》中对孝宗朝名相陈俊卿的道德文章予以高度评价，强调其内在心性修养对其作文的重要影响。都体现出重道德轻文艺的审美判断标准。

---

① （宋）真德秀：《跋杨文公书玉谿生诗》，载曾枣庄、刘琳主编《全宋文》第 313 册，上海辞书出版社、安徽教育出版社，2006，第 200 页。

② （宋）真德秀：《跋江峰文集》，载曾枣庄、刘琳主编《全宋文》第 313 册，上海辞书出版社、安徽教育出版社，2006，第 206 页。

丞相正献陈公，道德风烈，为阜陵名相第一，高文大册，固已流布华裔，而娱戏翰墨，亦皆蔼然仁义之言，积中形外，自不可掩。[①]

魏了翁在针对友人张伯西关于其《续诗选》的编选标准有所疑惑时，曾作过如下解答："下谕《续诗选》，窃惟是书之作，当以铨品人物为上，而语言之工者次之。"[②] 他认为，作者道德人品的高下是选诗的首要标准，而诗歌语言艺术的工拙，只能居于次要地位，这表明，魏了翁是用理学家的道德标准而非文学标准来编选《续诗选》的，诗人的道德品质和诗歌的道德品位的上下决定作品地位的高低，故"以学问名世者"和"以名节名世者"的文学地位要超越以文章名世者。即使对诗坛大家数，比如对江西诗派领袖人物黄庭坚，魏了翁所看重的自然不是他善于点铁成金、脱胎换骨的艺术功夫，而是"虑澹气夷，无一毫憔悴陨获之态，以草木文章发帝杼机，以花竹和气验人安乐"；而之所以表现出这种诗歌气象和面貌，则是因为他"阅理益多，落华就实，直造简远"，换句话说，是由于黄庭坚个人的道德修养使其如此。"余惧世之以诗知山谷也"[③]，魏了翁希望读者不要仅把黄庭坚看作一个诗人，而且要体验其诗歌所蕴含的和乐气象。和真德秀一样，魏了翁对前辈名相陈俊卿也是敬重有加，他在为陈氏诗集所作序中称赞说："公所为诗，宽裕而理，造次仁义，无一毫纂组雕琢之习。呜呼！是岂一朝夕之致哉？祖宗涵濡之泽，山川清明之禀，师友渐益之功，其根既厚，其叶滋沃。诗乎诗乎，可以观德，可以论世，而无

---

① （宋）真德秀：《跋陈正献公诗集》，载曾枣庄、刘琳主编《全宋文》第313册，上海辞书出版社、安徽教育出版社，2006，第234页。

② （宋）魏了翁：《答名山张监茶书》，载曾枣庄、刘琳主编《全宋文》第309册，上海辞书出版社、安徽教育出版社，2006，第319页。

③ （宋）魏了翁：《黄太史文集序》，载曾枣庄、刘琳主编《全宋文》第310册，上海辞书出版社、安徽教育出版社，2006，第32页。

本者能之乎?"① 之所以有此评论，是因为陈公的诗是由其道德修养的深厚而造成的，是有德者之言。

《杨少逸不欺集序》则从本体意义上探讨了道德修养与文辞的关系：

> 人之言曰："尚辞章者乏风骨，尚气节者窘辞令"，某谓不然。辞虽末伎，然根于性，命于气，发于情，止于道，非无本者能之。且孔明之忠忱，元亮之静退，不以文辞自命也，若表若辞，肆笔脱口，无复雕缋之工，人谓可配《训》《诰》《雅》《颂》，此可强而能哉？唐之辞章称韩、柳、元、白，而柳不如韩，元不如白，则皆于大节焉观之。苏文忠论近世辞章之浮靡，无如杨大年，而大年以文名，则以其忠清鲠亮，大节可考，不以末伎为文也。眉山自长苏公以辞章自成一家，欧、尹诸公赖之以变文体，后来作者相望，人知苏氏为辞章之宗也，孰知其忠清鲠亮，临死生利害而不易其守？此苏氏之所以为文也。②

在这篇为前辈同乡杨不欺的诗文集所作序中，魏了翁列举唐宋以来以辞章自成一家的著名作家，认为他们都是以气节、精神品德著称于世的，并非以末伎为文。由此，魏了翁提出，气与道、性、命、情等一样，都是文辞的根本，作者气象的大与小，决定其诗境界的阔与狭，文从气中流出，所以涵养浩然之气，对诗的创作具有决定性意义。

理学家王柏同样也是养气论的倡导者，在诗歌创作上强调创作主体的存养功夫："性无不善，同此良心。苟得其养，气定神清。持守一懈，

---

① （宋）魏了翁：《陈正献公诗集序》，载曾枣庄、刘琳主编《全宋文》第310册，上海辞书出版社、安徽教育出版社，2006，第46页。
② （宋）魏了翁：《杨少逸不欺集序》，载曾枣庄、刘琳主编《全宋文》第310册，上海辞书出版社、安徽教育出版社，2006，第68~69页。

倏焉放失。"① 养气可以使人气定神清，从而进入良好的创作状态。他在《题碧霞山人王公文集后》中更详细论证了文与道、气的关系：

> 文以气为主，古有是言也；文以理为主，近世儒者常言之。李汉曰"文者贯道之器"，以一句蔽三百年唐文之宗，而体用倒置不知也。必如周子曰"文者所以载道也"，而后精确不可易。夫道者形而上者也，气者形而下者也，形而上者不可见，必有形而下者为之体焉，故气亦道也，如是之文始有正气。气虽正也，体各不同。体虽多端，而不害其为正气足矣。盖气不正，不足以传远。学者要当以知道为先，养气为助。道苟明矣，而气不充，不过失之弱耳。道苟不明，气虽壮，亦邪气而已，虚气而已，否则客气而已，不可谓载道之文也。②

他认为文如其人，文是创作者道德精神的体现。要创作出有价值的文章，文章能够体现出作者的正气，创作者必须具备两个条件：首先要知道，即知晓道德义理，如此才能创作出理学家所倡导的"载道之文"；其次要养气，气分阴阳邪正，只有通过修养让正气充盈其身，才能创作出气象浑融、气势宏阔的文章。"知道"与"养气"一体两面，互相依存，二者缺一不可。

宋季诗坛领袖刘克庄也特别强调养气的重要性，他在《跋林合诗卷》中论述道：

> 古之善鸣者必养其声之所自出，静者之辞雅，躁者之辞浮，哲者之辞畅，蔽者之辞碍，达者之辞和，狷者之辞激。盖轻快则邻于

---

① （宋）王柏：《夜存斋铭》，载曾枣庄、刘琳主编《全宋文》第 338 册，上海辞书出版社、安徽教育出版社，2006，第 357 页。

② （宋）王柏：《题碧霞山人王公文集后》，载曾枣庄、刘琳主编《全宋文》第 338 册，上海辞书出版社、安徽教育出版社，2006，第 193 页。

浮，僻晦则伤于碍，刻意则流于激。石塘两生之诗独不然，同用事
琢对如斤妙而鼻垩不伤，合运思炼句如韶奏而乐悬皆谐，大率无轻
快僻晦刻意之病……两生之修于家也。以圣贤父兄为师友，以山林
皋壤为城阙，以禽鱼花木为宾从，养之厚然后鸣，故其声有和者，
有畅者，其尤高者几于《雅》矣。①

此段论述重点在于说明，创作主体性格品行的修养决定文学创作实
践，作者什么样的性格修养就会有什么样特点的诗歌。"静者之辞雅，
躁者之辞浮，哲者之辞畅，蔽者之辞碍，达者之辞和，狷者之辞激"，
充分展现了三种对立的性格所形成的完全不同的语言风格。很明显，作
者推崇静者、哲者、达者的典雅、和顺、畅达之辞。这是典型的文如其
人、德决定文的道德至上理论。

而关于养气，刘克庄的认识也颇有独到之处。其《晚觉闲稿序》
有云：

　　近时诗人竭心思搜索，极笔力雕镌……虽穷搜索雕镌之功，而
不能掩其寒俭刻削之态。惟晚觉翁之作则不然，其贯穿融液，夺胎
换骨，不师一家，简缛穠淡，随物赋形，不主一体……至其大篇险
韵，窘狭处运奇巧，平易中现光怪，如决河啮防而注，强弩持满而
发，不极不止，非心思笔力可为也。夫子曰："辞达而已矣。"翁
其辞达者欤！韩子曰："气盛则言之短长与声之高下者皆宜。"翁
其气盛者欤！②

刘克庄虽继承孟子、韩愈、苏轼等有关养气的理论，但与之有所不

---

① （宋）刘克庄：《跋林合诗卷》，载曾枣庄、刘琳主编《全宋文》第 329 册，上海辞书
　　出版社、安徽教育出版社，2006，第 375 页。
② （宋）刘克庄：《晚觉闲稿序》，载曾枣庄、刘琳主编《全宋文》第 329 册，上海辞书
　　出版社、安徽教育出版社，2006，第 140~141 页。

同的是，他将这些理论转化为诗歌之气论。他认为，晚觉翁的诗歌之所以能达到"窘狭处运奇巧，平易中现光怪"的境界，不在于其搜索雕镂之功，而在于其正气充沛，因为气盛，所以言之短长与声之高下者皆宜。同样体现出气先文后、道本文末的理学诗学观念。

三 "气完而学粹"的为学修养观

前面提到刘勰《文心雕龙》将影响文人个体性格的因素概括为才、气、学、习四个方面。宋代理学家对四因素中的"学"也非常重视，将其作为实现艺术修养的根本途径。那么，学与气、文之间存在怎样的关联？在理学修养论中，学又扮演着怎样的角色？

关于艺术修养论中气、学、文三者的关系，真德秀在《日湖文集序》中有非常细致的论述：

> 昔河汾王氏尝谓文士之行可见，因枚数而评之，曰："谢灵运小人哉，其文傲；沈休文小人哉，其文治。君子哉思王，其文深以典。"至于狷也、狂也、夸也、诡也，皆以一言蔽其为人。夫文者，技之末尔，而以定君子小人之分，何耶？抑尝思之，云和之器不生茨棘之林，仪凤之音不出鸟鸢之口……盖圣人之文，元气也，聚为日星之光耀，发为风尘之奇变，皆自然而然，非用力可至也。自是以降，则眂其资之厚薄与所蓄之浅深，不得而遁焉。故祥顺之人其言婉，峭直之人其言劲，嫚肆者亡庄语，轻躁者无确词，此气之所发者然也。家刑名者不能析孟氏之仁义，祖权谲者不能畅子思之中庸。沉涵六艺，咀其菁华，则其形著亦不可掩，此学之所本者然也。是故致饰语言不若养其气，求工笔札不若励于学，气完而学粹，则虽崇德广业亦自此进，况其外之文乎？此人之所可用力而至也。[1]

---

[1] （宋）真德秀：《日湖文集序》，载曾枣庄、刘琳主编《全宋文》第313册，上海辞书出版社、安徽教育出版社，2006，第158页。

真德秀认为，与"气"这一本体相比，文虽然为技之末，但透过它却能感受到作文之人的精神境界和品德。文是人之道德修养的体现，有什么样的人品，就会呈现什么样的文品。所以对作家来说，与其把精力放在文辞的精雕细刻和形式的完美上，还不如抓住本质，涵养道德，学习儒家义理，一旦"气完而学粹"，则自然诗艺精进，创作出内容和形式完美融合的佳作，文、气、学三者关系密切，缺一不可。他强调通过养气和励学实现文的审美价值。

同时我们必须认识到，他所谓"气"乃人所秉之气，有清浊之分，只有得到至清之气的人，才能创作出醇雅有味之诗："清气不入其中，则虽求片言之有味，且不可得，况能摹写大化，罗络万象，道人所不到者乎？"① 这种清气需要通过涵养才能获得。他所谓"学"，是指对儒家道德义理的修养和学习。对此，他在《文章正宗序》中有一段非常清晰明确的表述："夫士之于学，所以穷理而致用也，文虽学之一事，要亦不外乎此。"② 其《周敬甫晋评序》说得更加清楚："儒者之学有二，曰性命道德之学，曰古今世变之学。"③ 不仅要了解学习的对象，他还强调学习表现要持之以恒，坚持不懈："士之于学岂直处庠序为然哉？鸡鸣夙兴，向晦宴息，皆学之时……若夫足践黉舍之阈，口吟课试之文，而曰吾之学如是而止，则非愚所敢知。"④ 学习不仅仅局限于学校阶段，和养气一样，它也是一个终身必须坚持的事情，只有如此，才能作出好文章。在真德秀的修养理论体系中，学是培养外功，养气是修炼内功，只有内外结合，方能成就道学家的文学事业。

---

① （宋）真德秀：《跋郑大惠饭牛集》，载曾枣庄、刘琳主编《全宋文》第313册，上海辞书出版社、安徽教育出版社，2006，第184页。

② （宋）真德秀：《文章正宗序》，载曾枣庄、刘琳主编《全宋文》第314册，上海辞书出版社、安徽教育出版社，2006，第176页。

③ （宋）真德秀：《周敬甫晋评序》，载曾枣庄、刘琳主编《全宋文》第313册，上海辞书出版社、安徽教育出版社，2006，第155页。

④ （宋）真德秀：《政和县修学记》，载曾枣庄、刘琳主编《全宋文》第313册，上海辞书出版社、安徽教育出版社，2006，第433~434页。

魏了翁则在修养论方面提出了自己独到的见解与看法。与真德秀以道德修养为中心、将养气与为学并列作为道德内外兼修有所区别，魏了翁修养理论的独到之处在于，他主张精神修养与艺术修养并举，诗人的精神修养要通过养气来实现，而艺术修养则可以借助"重学"来完成，各有侧重。

魏了翁认为"气"是文学创作的原动力，这气既有自然物质之"气"，也有人的精神之"气"。要创作出优秀的诗歌作品，首先必须培养出创作主体的浩然正气。他在《游诚之墨斋集序》中从哲学本体的高度论述了文与气、志、学彼此之间的关系：

> 文乎文乎，其根诸气、命于志、成于学乎？性寓于气，为柔为刚，此阴阳之大分也。而柔刚之中有正有偏，威仪文词之分常必由之。昔人所谓昭晰者无疑，优游者有余，其根若是，其发也必不可掩。然而气命于志，志不立则气随之，志成于学，学不讲则志亦安能以立？是故威仪之词，古人所以立诚定命，莫要焉。①

志有大小，气有厚薄，辞有邪正，这一切都要归之于学的精粹与驳杂。所谓"气命于志""志成于学"，不仅辨析清楚了志、气、学、文之间的关系，而且用"学"把古文家强调的作家气节、心学家关注的文人气志和理学家注重的修身养性统一起来。这可以看作理学家魏了翁在修养理论方面的贡献。

魏了翁还提出以"学"为本的理论主张。其《浦城梦笔山房记》云：

> 了翁每惟由周而上，圣贤之生鲜不百年，盖历年弥久则德盛仁熟，故虽从心所欲，周有择言，皆足以信今贻后。《诗》三百，圣贤

---

① （宋）魏了翁：《游诚之墨斋集序》，载曾枣庄、刘琳主编《全宋文》第 310 册，上海辞书出版社、安徽教育出版社，2006，第 59 页。

忧愤之所为者十六七。六艺之作，七篇之书，亦出于历聘不遇，凡皆坦明敷畅，日星垂而江河流也。圣人之心如天之运纯亦不已；如川之逝不舍昼夜，虽血气盛衰所不能免，而才壮志坚，纯终弗贰，曷尝以老少为锐惰，穷达为荣悴者哉！灵均以来，文词之士兴，已有虚骄恃气之习。魏、晋而后，则直以纤文丽藻为学问之极致。方其季盛气强，位亨志得，往往时以所能哗世眩俗。岁蹉月迈，血气随之，则不惟形诸文词衰飒不振，虽建功立事蓄缩顾畏，亦非复盛年之比。此无他，非有志以基之、有学以成之，徒以天资之美、口耳之知，才驱气驾而为之耳……夫才命于气，气禀于志，志立于学者也，此岂一梦之间，他人所得而予乎？穷当益坚，老当益壮，而他人亦可以夺之乎？为此言者，不惟昧先王梦祲之义，亦未知先民志气之学。①

他认为，人的血气会随着年龄的增大衰老而变得衰颓，这是自然规律无法避免的；然而"才命于气，气禀于志，志立于学"，只要以坚定的志向打好基础，以不断地学习成就志向，就能做到"穷当益坚，老当益壮"，就不会出现因年龄的渐趋衰老而"江郎才尽"的状况。

魏了翁把诗看作客观性理和主观气志相结合的产物，而二者统一结合的基础便是"学"，即以"学"为本。

　　盖辞根于气，气命于志，志立于学，气之薄厚，志之小大，学之粹驳，则辞之险易正邪从之。②

他从性、气、志、学、文五者之间的逻辑关系出发，说明学的重要性。从中我们看到，他所提倡的以"学"为本具有特殊的含义，所谓

---

① （宋）魏了翁：《浦城梦笔山房记》，载曾枣庄、刘琳主编《全宋文》第 310 册，上海辞书出版社、安徽教育出版社，2006，第 439~440 页。

② （宋）魏了翁：《攻媿楼宣献公文集序》，载曾枣庄、刘琳主编《全宋文》第 310 册，上海辞书出版社、安徽教育出版社，2006，第 75 页。

"学"，主要指学道养德与心性义理，其核心为推明义理、涵养气节，是典型的理学修养论。

相比真、魏二人对学的重视，王柏似乎别有心解。他在《发遣三昧序》中言：

> 文章有正气，所以载道而记事也。古人为学，本以躬行。讲论义理，融会贯通。文章从胸中流出，自然典实光明，是之谓正气。后世专务辞章，雕刻篆组，元气漓矣。间有微见义理，因得以映带点缀于言语之中，是之谓倒学。至于书疏尺牍，亦日用之不可缺者，尤宜尔雅。笔势欲圆而畅，笔力欲简而严，非学问不足以至之。学得其本，此为易事；学既浅陋，不得不假借而袭取之也。以是为学，抑末矣。[1]

他强调学儒家义理，而非学其文采辞章，这是对正统理学家"有德者有文"观念的承袭，对王柏这种以程、朱之学为宗的理学家来说，道德可以显化为文之气势，自然发为好文章，所谓"万事无不由学而至，惟诗未必尽由于学。其工可学也，其气骨实关于人品"[2]，文章是人品、学问和道德的综合体现，因此他认为"诗未必尽由于学"。

从以真德秀、魏了翁等为代表的宋季理学家关于文学修养的诸多阐释中可以看出，在理学取得官方学术地位之后的宋季诗坛，人们更加强调道德修养在文学创作中的优先地位，同时也对养气、重学和文学创作之间的关系进行了较为深入的讨论。虽然其诗学思想有比较大的局限，但这种探讨将道德修养与文学修养结合起来，也一定程度揭示了文学创作的某些规律，具有一定的诗学意义。

---

① （宋）王柏：《发遣三昧序》，载曾枣庄、刘琳主编《全宋文》第338册，上海辞书出版社、安徽教育出版社，2006，第162页。

② （宋）王柏：《汪功父知非稿》，载曾枣庄、刘琳主编《全宋文》第338册，上海辞书出版社、安徽教育出版社，2006，第246页。

第五节　风格论：自然平淡与锻炼而达浑成

平淡是两宋诗歌艺术的一致追求。理学家之所以强调平淡自然，其原因主要有两个方面。

首先，从学理上言，理学以"理（道）"为万物之本体，在理学家看来，"理（道）"是淡泊冲和、无为无造的。二程曾云："冲漠无朕，万象森然已具，未应不是先，已应不是后，如百尺之木，自根本至枝叶，皆是一贯，不可道上面一段事，无形无兆，却待人旋安排引入来，教人途辙。既是途辙，却只是一个途辙。"[1]"理（道）"本身就是自然而然的存在，无须人力安排。朱熹亦云："若理则只是个净洁空阔底世界，无形迹，他却不会造作。"[2] 由于理是自然冲和之道，而文又是从道中流出，所以文是道的一种表现形式。

其次，从关注对象上来说，理学家认为人生的主要目的就是通过格物致知、正心诚意的修养功夫达至圣人境界，如果过多地在语言形式上花时间，就会影响情性修养，所以程颐认为"作文害道""作诗妨志"：

问："作文害道否？"曰："害也。凡为文，不专意则不工。若专意则志局于此，又安能与天地同其大也？《书》曰'玩物丧志'，为文亦玩物也。吕与叔有诗云：'学如元凯方成癖，文似相如始类俳。独立孔门无一事，只输颜氏得心斋。'古之学者，惟务养情性，其他则不学。今为文者，专务章句，悦人耳目。既务悦人，非俳优而何？"曰："古者学为文否？"曰："人见《六经》，便以谓圣人亦作文，不知圣人亦摅发胸中所蕴，自成文耳。所谓'有德者必有言'也。"

---

[1] （宋）程颢、程颐：《二程集》，中华书局，2004，第153页。
[2] （宋）黎靖德编《朱子语类》，中华书局，1994，第3页。

故宋代理学家论诗，多主平淡而自然，尊陶诗则成为力主平淡最突出的标志。

两宋诗人确立的诗歌平淡典范是陶渊明和杜甫。与儒家温柔敦厚的诗学旨趣相一致，朱熹倡导平淡雅正的诗歌风格，其诗文中有许多关于这方面的讨论，他将"萧散冲澹"作为诗歌创作的最高境界，故而对陶渊明、杜甫、韦应物、柳宗元等前辈的诗非常推崇，对此他多次论及，如他在《与内弟程洵帖》中云：

> 作诗须从陶、柳门庭中来乃佳。不如是，无以发萧散冲澹之趣，不免于局促尘埃，无由到古人佳处也。如《选》诗及韦苏州诗，亦不可不熟观。①

除称赞陶、柳、韦诗"萧散冲澹"的风格外，朱熹进一步举例说：

> 杜子美"暗飞萤自照"语只是巧。韦苏州云："寒雨暗深耕，流萤度高阁"，此景色可想，但则是自在说了。因言《国史补》称："韦为人高洁，鲜食寡欲，所致之处，扫地焚香，闭阁而坐。"其诗无一字做作，直是自在，其气象近道，意常爱之。②

若单从平淡一面看，朱子甚至认为韦应物的诗歌成就要高于杜甫、王维、孟浩然等：

> 韦苏州诗高于王维、孟浩然诸人，以其无声色臭味也。③

---

① （宋）魏庆之：《诗人玉屑》卷十五，中华书局，2007，第105页。
② 吴文治主编《宋诗话全编》第6册，江苏古籍出版社，1998，第6112页。
③ 吴文治主编《宋诗话全编》第6册，江苏古籍出版社，1998，第6112页。

比较而言，宋人似乎更推崇东晋诗人陶渊明，而他的诗便是以自然平淡为基本特征。如果说韦苏州的诗是"近于道"，则陶渊明的诗便是"合于道"。因此，理学家几乎无一例外地对陶渊明其人其诗予以高度肯定，如朱熹在《题霜杰集》（节选）中赞美陶渊明：

> 平生尚友陶彭泽，未肯轻为折腰客。
> 胸中合处不作难，霜下风姿自奇特。①

称赞其不肯折腰督邮的高风节操，并认为"渊明诗平淡出于自然，后人学他平淡便相去远矣"②。理学家所谓"平淡"，以"自然"为其基调，无须刻意为之，也无法通过模仿而得到，"渊明诗所以为高，正在不待安排，胸中自然流出。东坡乃篇篇句句依韵和之，虽其高才，似不费力，然已失其自然之趣矣"③。朱熹在此将陶渊明和苏轼诗进行比较，进一步肯定"合道"的陶诗，而认为苏诗"失其自然之趣"。他不仅提倡诗歌平淡，而且要求在平淡中有雅正之义，要符合儒家温柔敦厚的诗教原则。因此他在《楚辞集注·序》中批评屈原："其辞旨虽或流于跌宕怪神，怨怼激发而不可以为训"④，他认为"所谓'可以怨'，便是'喜怒哀乐发而皆中节'处……如屈原之怀沙赴水，贾谊言：'历九州而相其君兮，何必怀此都也！'便都过当了"⑤。心学家陆九渊虽在学术上与朱熹有分歧，但在崇尚平淡诗风方面，与朱熹颇有默契相通之处。他也称赞陶诗"来自天稷，与众殊趣，而淡泊平夷"⑥。朱熹、陆九渊等对陶、韦的推崇，势必影响到了南宋后期学者对其人其诗的选

---

① 北京大学古文献研究所编《全宋诗》第 44 册，北京大学出版社，1998，第 27690 页。
② （宋）黎靖德编《朱子语类》，中华书局，1986，第 3324 页。
③ （清）陶澍集注《靖节先生集·诸本评陶汇集》，《四部备要》，中华书局，1935，第 106 页。
④ 吴文治主编《宋诗话全编》，江苏古籍出版社，1998，第 4008 页。
⑤ （宋）黎靖德编《朱子语类》，中华书局，1994，第 2070 页。
⑥ （宋）陆九渊著，钟哲点校《陆九渊集》，中华书局，1980，第 103 页。

择，也关系到宋季诗坛整个诗风的选择。提倡淡雅天然、摈弃雕刻藻饰成为晚宋理学诗学的主体倾向。

一 "浑然天成"和"刻画不露"兼美

宋季诗坛以理学人士为主体的诗论家围绕诗歌的平淡风格，大致上可以分为两大阵营：一是以陆九渊心学后进为主力的批评家，既推崇自然天成之美，也提倡胜天然的刻画之美；二是以程朱正统理学继承者为代表的诗评家，倡导自然浑成，反对人为雕琢。

（一）浑然天成

袁燮（1144~1224）是南宋中后期著名学者，心学派领袖陆九渊的高足。他在《跋林郎中巨然画三轴》中云：

> 仆尝论技之精者，与人心无不契合。庖丁之解牛，轮扁之斫轮，痀偻之承蜩，其实一也。今观此轩所藏巨然墨妙凡三轴，有无穷之趣，而无一点俗气，浑然天成，刻画不露，深有当于人心，可谓精矣，是以君宝之。①

此段论述将理学所追求的审美境界总结为"浑然天成"和"刻画不露"两种类型。"浑然天成"就是天籁自鸣，无须雕琢的境界，堪称审美境界的至境；"刻画不露"则是经过人力的精心刻画，但达到不露痕迹的程度，是人工浑然。很显然，宋季理学家更强调对"浑然天成"境界的追求；但对"刻画不露"的诗歌也给予充分肯定。

叶适论诗注重浑然天成之美，故对陶渊明、韦应物等人的诗歌评价特别高，将他们视为诗歌的大家典范而加以学习、模仿，尤其是陶、韦

---

① （宋）袁燮：《絜斋集》，文渊阁《四库全书》本，第 1157 册，台湾商务印书馆，1986，第 104 页。

等人诗中"浑脱圆成"的境界得到叶适的高度认可:

> 盖自风雅骚人之后,占得大家数者不过六七,苏、李至庾信通作一大家,而韦苏州皆兼有之,陶元亮则又尽弃众人家具而独作一大家者也。从来诗人,不问家数大小,皆模拟可到。独渊明、苏州,纵极力仿像,终不近似。惟韦诗中有数首全似渊明者。江淹作渊明《田居》,语若类而意趣全非。今子至以平日研精之深,一旦悟入,自然得其七八,可谓古今至难之事。若由此进而不已,浑脱圆成,继两大家,真为盛矣。近世独李季章、赵蹈中笔力浩大,能追古人,虽承平盛时亦未易得。然子至遂谓如天机自动,天籁自鸣,不待雕琢,证此地位,则其不然![1]

他称颂陶诗"天籁自鸣,不待雕琢",语工而自然,平淡却有韵味。但他并不否定"人工浑然"的作品,他称赞学习晚唐苦吟派的四灵诗人徐照:

> 有诗数百,斫思尤奇,皆横绝欹起,冰悬雪跨,使读者变踸慄栗,肯首吟叹不自已;然无异语,皆人所知也,人不能道尔。[2]

他高度评价刘克逊诗时曾言:

> 克庄始创为诗,字一偶,对一联,必警切深稳,人人咏重。克逊继出,与克庄相上下,然其闲淡寂寞,独自成家,怪伟伏平易之

---

[1] (宋)叶适:《答刘子至书》,载曾枣庄、刘琳主编《全宋文》第 285 册,上海辞书出版社、安徽教育出版社,2006,第 133 页。

[2] (宋)叶适:《徐道晖墓志铭》,载曾枣庄、刘琳主编《全宋文》第 286 册,上海辞书出版社、安徽教育出版社,2006,第 234 页。

中，趣味在言语之外，两谢、二陆不足多也。①

他所看重的正是徐照"人所知而不能道"的精心雕刻而不露痕迹的艺术功力；赞美刘克逊作诗能够做到"怪伟伏平易之中，趣味在言语之外"②，即梅尧臣所谓"状难写之景，如在目前，含不尽之意，见于言外"②，看似语言平淡，却意蕴深远。

和叶适一样，袁燮也十分推崇浑然天成、不露痕迹的诗歌风格。其《题魏丞相诗》曰：

> 古人之作诗，犹天籁之自鸣尔。志之所至，诗亦至焉。直已而发，不知其所以然，又何暇求夫语言之工哉……魏晋诸贤之作，虽不逮古，犹有春容恬畅之风。而陶靖节为最，不烦雕琢，理趣深长，非余子所及。故东坡苏公言："渊明不为诗，写其胸中之妙尔。"唐人最工于诗，苦心疲神以索之，句愈新巧，去古愈邈。独杜少陵雄杰宏放，兼有众美，可谓难能矣。然"为人性僻耽佳句，语不惊人死不休"，子美所自道也。诗本言志，而以惊人为能，与古异矣。后生承风，熏染积习，甚者推敲二字，毫厘必计。或其母忧之，谓是儿欲呕出心乃已。镌磨锻炼，至是而极，孰知夫古人之诗，吟咏情性，浑然天成者乎？③

天籁自鸣、不烦雕琢的恬畅风格是袁燮所追求的诗歌至境，而陶诗是这一境界的最高典范。与此同时，袁燮也不轻视巧夺天工的人工自然：

---

① （宋）叶适：《跋刘克逊诗》，载曾枣庄、刘琳主编《全宋文》第 285 册，上海辞书出版社、安徽教育出版社，2006，第 200 页。
② （宋）欧阳修：《六一诗话》，载（清）何文焕辑《历代诗话》，中华书局，1981，第267 页。
③ （宋）袁燮：《絜斋集》，文渊阁《四库全书》本，第 1157 册，台湾商务印书馆，1986，第 96 页。

　　欧阳公言语妙天下，浑然精粹，无片言半辞舛驳于其间，可
谓至矣。而张之壁间，往复观之，一字未安，改之乃已。譬之美
玉，极雕琢之工，而后莹乎其可观也。今观西园公之诗亦然，精
丽高雅，无辛苦迫切之态，若不甚经意者，而阅其稿则窜定
多矣。①

　　"极雕琢之工"而又"若不甚经意"，依然可以达到"浑然精粹"
的效果，欧阳修诗堪称巧夺天工的人间一流作品。在袁燮诗学观念中，
平淡和自然乃一体两面，二者是相互依存的关系，平淡包含在浑成之
中。用这样的标准来看待宋人的作品，袁燮对楼钥诗文给予了非常高的
评价："属辞叙事，以意为主，不事雕镂，自然工致。旧有诗声，晚造
平淡，而中有山高水深之趣。"② 认为其诗不经任何雕琢，却能够做到
自然工致，平淡的外表下面包含着深长的韵味。

（二）刻画不露

　　到晚宋阶段，随着理学独尊地位的获得，其诗学观念逐渐变得具有
更大的包容性，以包恢、刘克庄、林希逸等为代表的诗论家调和朱、陆
在诗学上的矛盾，以融合的姿态论述平淡风格理论，对雕刻藻绘等艺术
追求抱持更加开放的态度。如包恢在《答傅当可论诗》一文中有一段
著名的论述：

　　诗家者流，以汪洋澹泊为高。其体有似造化之未发者，有似造
化之已发者，而皆归于自然，不知所以然而然也。所谓造化之未发
者，则冲漠有际，冥会无迹，空中之音，相中之色，欲有执著曾不

----

① （宋）袁燮：《跋西园诗集》，文渊阁《四库全书》本，第1157册，台湾商务印书馆，
　1986，第99页。
② （宋）袁燮：《资政殿大学士赠少师楼公行状》，文渊阁《四库全书》本，第1157册，
　台湾商务印书馆，1986，第150页。

可得，而自有尸居而龙见，渊默而雷声者焉。所谓造化之已发者，真景见前，生意呈露，混然天成，无补天之缝纴；物各传物，无刻楮之痕迹。盖自有纯真而非影，全是而非似者焉。故观之虽若天下之至质，而实天下之至华；虽若天下之至枯，而实天下之至腴。①

他提出"汪洋澹泊"的"自然"风格是诗美的最高境界，而这种风格又分为"造化之未发"和"造化之已发"两种情况，这是用心学的理论解释诗歌的境界。包恢是陆学弟子，强调心即理，所谓"造化之未发已发"即心之未发已发，是对《中庸》所谓"喜怒哀乐之未发，谓之中；发而皆中节，谓之和。中也者，天下之大本也；和也者，天下之达道也"的心学化阐释。用之于诗歌创作，未发为中，是冥会无迹而超语言的，是不可言说的理想境界，它只能是理论上的存在；而已发之诗，乃脱口而出，是"状理则理趣浑然，状事则事情昭然，状物则物态宛然，有穷智极力之所不能到者，犹造化自然之声"②的圆融和谐的至美之作，是来自天稷完美诗歌，只有陶渊明诗庶几似之。

难能可贵的是，与一般理学人士重道轻文不同，包恢除了推崇"犹造化自然之声"的诗歌境界外，同时也十分重视"看似寻常最奇崛，成如容易却艰辛"的作诗功夫。他从其心统万物的本体论出发，承袭诗以言志的诗学传统，强调人心志的高低对诗歌创作所具有的决定作用：

况在心为志，发言为诗，今人只容易看过，多不经思。诗自志出者也，不反求于志，而徒外求于诗，犹表邪而求其影之正也，奚

---

① （宋）包恢：《敝帚稿略》，文渊阁《四库全书》本，第1178册，台湾商务印书馆，第1页。
② （宋）包恢：《答曾子华论诗》，文渊阁《四库全书》本，第1178册，台湾商务印书馆，第3页。

可得哉！志之所至，诗亦至焉，岂苟作者哉？后世诗之高者，若陶与李杜者难矣。陶之冲澹闲静，自谓是羲皇上人，此其志也。《种豆南山》之诗，其用志深矣。《羲农去我久》一篇，又直叹孔子之学不传，而窃有志焉。惟其志如此，故其诗亦如之。今人读其诗，不知如何而读之哉？如李如杜，同此其选也。李之"宴坐寂不动，湛然冥真心"。杜之"愿闻第一义，回向心地初"。虽未免杂于异端，其志亦高于人几等矣。宜其诗至于能泣鬼神，驱疟疠，非他人之所敢望也。今之言诗者，不知其果何如哉？近世名公尝有言曰："人心惟危，天命不易。学者于日用之间，如排浮萍，画流水，随止合，则见于纸上，山小水浅，无足疑者。"此可以言志与诗矣。①

　　他认为，无论作诗还是读诗，都应该仔细揣摩诗歌所包含的情志，陶渊明、李白、杜甫的诗看似冲澹闲静、寻常容易，但其中内涵深刻，用志深隐，可以"泣鬼神，驱疟疠"，具有巨大的感染力量。这是绚烂至极之后的平淡，是经过精心结撰、打磨之后达到的人工浑然之美。

　　刘克庄是宋季最著名的诗人，也是公认的宋代诗坛最后一位"大家数"和宗主，主盟文坛数十年。在诗歌风格的追求方面，他受理学影响甚深。与朱熹一样，他也认为陶渊明、韦应物等是真正的本色派诗人，其诗体现出人性的冲澹，与道相通；风格平淡自然而不空疏，代表着诗歌的最高成就。他推崇的诗歌最高境界是"无意而工，自然天成"：

　　　　不锻炼而精粹者，天成也，或以人力为之，勉强而不近矣。②

<hr/>

① （宋）包恢：《答曾子华论诗》，载《敝帚稿略》，文渊阁《四库全书》本，第1178册，台湾商务印书馆，第3页。
② （宋）刘克庄：《赵孟安诗跋》，文渊阁《四库全书》本，台湾商务印书馆，1986。

诗至中山不可加，直将幽澹扫秾华。①

贯穿融液，夺胎换骨，不师一家，简缛穠淡，随物赋形，不主一体。②

可见，其对诗歌至境的追求，与袁燮、包恢在本质上是一致的。

从表面上面看，刘克庄非常反对与自然相对的"人巧"，且认为只有消灭了人为之巧，才能恢复万事万物的本然天真状态。他对有损自然的诗人诗歌多有批评，如对晚唐派诗人孟郊、贾岛的作品指责道："万卷胸中融化成，却怜郊岛太寒生。"③ "其冲澹平和可荐之郊庙，非如孟郊、贾岛鸣其穷愁而已。"④ 在他看来，孟郊诗因其过于艰涩而有损自然，而贾岛诗则以其雕琢过甚而破坏了自然之美，故认为"贾太雕镌……去韦、柳尚差等级。"⑤ 他同时也批评本朝"昆体过于雕琢，去性情寖远，至欧、梅始以开拓变拘狭，平澹易纤巧"⑥ 显示出他否定刻意为工的态度。但与此同时，他对用工而不露痕迹的作品也很赞赏：

古今作者旨趣大率有意于求工者，率不能工，惟不求工而自工者为不可及。求工不能工者，滔滔皆是，不求工而自工者，非有大气魄大力量不能。⑦

---

① （宋）刘克庄：《诸人颇有和余百梅诗者各赋一首》，文渊阁《四库全书》本，台湾商务印书馆，1986。

② （宋）刘克庄：《晚觉翁稿序》，文渊阁《四库全书》本，台湾商务印书馆，1986。

③ （宋）刘克庄：《题六二弟诗卷》，文渊阁《四库全书》本，台湾商务印书馆，1986。

④ （宋）刘克庄：《张尚书集序》，载曾枣庄、刘琳主编《全宋文》第329册，上海辞书出版社、安徽教育出版社，2006，第89页。

⑤ （宋）刘克庄：《后村诗话》，中华书局，1983，第205页。

⑥ （宋）刘克庄：《刁通判诗卷跋》，文渊阁《四库全书》本，台湾商务印书馆，1986。

⑦ （宋）刘克庄：《回信庵书》，文渊阁《四库全书》本，台湾商务印书馆，1986。

　　不求工而自工，是必须具备深厚学力和弘大气魄才能达至的高境，这是一种"若不经意而穷天下之思索若不修辞而极文章家之巧妙"① 的境界。因此，他在提倡无意而工的唐诗的同时，也强调精思锤炼，认为"炼"是诗歌达至"浑成"的必要条件。他在评价前辈理学诗人林光朝的诗歌时曾言："艾轩先生始好深湛之思，加锻炼之工，有经岁累月缋一章未就者，尽平生之作不数卷。"② 指出艾轩诗的最重要特点便是擅长精思锤炼。这是他一改江西诗风，变"文人之诗"为"诗人之诗"所做的努力，在宋代诗歌发展史上具有重要意义。作为宋季诗坛宗主，刘克庄对道艺关系的包容性态度，使诗歌这一文体在"率是语录讲义之押韵者"的晚宋时代最大限度保留和延续其审美特性，从这个意义上说，刘克庄功不可没。

　　林希逸是艾轩学派最后一位理学大诗人，也是刘克庄一生交往甚密的朋友，二人在诗歌风格与审美追求方面有诸多一致之处。他虽然也极力推崇无意而工、自然天成的诗歌境界，但作为一位有丰富创作实践经验的诗人，他在理论上比一般理学家更关注诗歌艺术，推崇精思的功夫，提倡熔炼而出的自然浑成。他在《跋赵次山云舍小稿》中说：

　　　今江西诸吟人，又多祖陶、谢矣。陶、谢，诗之典刑也，不假铅华，不待雕镌，而态度浑成，趣味闲适，一字百炼，而无炼之之迹，学者亦难矣。③

　　该跋中提到的"一字百炼，而无炼之之迹"就是所有诗人梦寐以求的诗歌境界。而如何达到这一境界，林希逸提出的方法就是"炼"，

---

① （宋）刘克庄：《真窨遗文跋》，文渊阁《四库全书》本，台湾商务印书馆，1986。
② （宋）刘克庄：《竹溪诗序》，载曾枣庄、刘琳主编《全宋文》第329册，上海辞书出版社、安徽教育出版社，2006，第92页。
③ 曾枣庄、刘琳主编《全宋文》第335册，上海辞书出版社、安徽教育出版社，2006，第367页。

而"炼"的基础有二：一是要有广博的学问；二是要注意观察生活。在此基础上，锤炼字句，协调音韵，最终达到浑成的效果。林希逸在继承前代论诗重学的同时，又强调生活实践的重要性；将道德义理的表达和形式技巧结合起来，体现出对文质彬彬儒家美学境界的追求。

二 肆笔脱口、不烦绳削的"淳古淡泊"

理学家大多具有"重道轻文"的思想倾向，其"轻文"表现不仅体现在对文学创作活动本身的轻视，而且对写诗作词也不愿意多费时间精力，即使对诗歌有兴趣，也只是肯定其载道言志的工具作用，而视文辞为枝叶，对注重文辞文采的作家作品多有否定。真德秀就是宋季理学家中明确持此态度的代表。他在《跋梅溪续集》中提出以"诚"为诗文的主张：

> 蔽之一言曰：诚而已矣。盖公之为人襟度精明，表里纯一，其立朝事君，空臆尽言，撄龙鳞而不悔者，此诚也。居官牧民，矜怜摩抚，若父母之于赤子者，此诚也。至于为诗与文，绝去雕琢，浑然天质，一登临，一燕赏，以至赋一卉木，题一岩石，惓惓忠笃之意亦随寓焉。①

他不仅认为写诗作文的目的在于弘扬儒学道义，而且强调语言文字要"绝去雕琢"，朴实自然。

> 六朝隋唐文人，动百数十篇，秾华纤巧，极其雕饰，或卒无一语可传。然则文之为文，岂必多且丽乎哉？②

---

① （宋）真德秀：《跋梅溪续集》，载曾枣庄、刘琳主编《全宋文》第313册，上海辞书出版社、安徽教育出版社，2006，第192~193页。
② （宋）真德秀：《跋秘阁太史范公集》，载曾枣庄、刘琳主编《全宋文》第313册，上海辞书出版社、安徽教育出版社，2006，第261页。

而被宋代文人视为典范的唐诗，在他眼里不过是一些"秾华纤巧，极其雕饰"之作，没有流传的价值。理学家抱持道德义理优先的原则，认为"词章之靡丽者易工，而义理之精微者难究"。[①] 所以真德秀在编选他心目中的文学经典——《文章正宗》时，将刘克庄所选艺术性较强的诗文淘汰大半，另外增加许多陶渊明的作品。显而易见，他是以平淡质朴为审美标准。其在《赠萧长夫序》中曰：

> 始余少时，读六一居士序琴之篇，谓其忧深思远，有舜与文王、孔子之遗音，而淳古淡泊，与尧舜三代之言语、孔子之文章、《易》之忧患、《诗》之怨刺无以异。为之喟然，抚卷太息曰：琴之为技，一至此乎！[②]

由此可见，"淳古淡泊"是他所倡导的艺术风格。他在一篇为福建同乡余焕的书法所作的序中言："予尝叹世变所趋，大抵自厚而薄，自简质而浮华，自庄重而巧媚。凡文章技艺以至器用之末，何莫不然？"[③] 通过"简质""庄重"与"浮华""巧媚"的对比，旗帜鲜明地表达出自己对简质、庄重风格的追求。

宋季理学家大多主张平淡的诗歌风格，而对陶渊明诗的极端推崇成为这种主张最突出的标志，而且将推崇邵雍"击壤体"与崇陶相结合，甚至将陶、邵相提并论，魏了翁就是其中的代表。他对邵雍诗评价颇高，从他为其诗集所作《跋康节诗》中可以明确感受到这一点：

---

① （宋）真德秀：《傅景裴文编序》，载曾枣庄、刘琳主编《全宋文》第313册，上海辞书出版社、安徽教育出版社，2006，第144页。
② 曾枣庄、刘琳主编《全宋文》第313册，上海辞书出版社、安徽教育出版社，2006，第106页。
③ （宋）真德秀：《赠篆字余焕序》，载曾枣庄、刘琳主编《全宋文》第313册，上海辞书出版社、安徽教育出版社，2006，第110页。

> 理明义精，则肆笔脱口之余，文从字顺，不烦绳削而合。彼月锻季炼于词章而不知进焉者，特秋虫之吟、朝菌之媚尔。①

强调将"义理"处于绝对优先地位，是诗歌创作之根本。如果将精力都花在词章的雕琢上，既没有价值，也难以传之久远。他在《费元甫陶靖节诗序》中说：

> 其称美陶公者，曰荣利不足以易其守也，声味不足以累其真也，文词不足以溺其志也。然是亦近之，而公之所以悠然自得之趣，则未之深识也。《风》《雅》以降，诗人之词乐而不淫、哀而不伤，以物观物而不牵于物，吟咏情性而不累于情，孰有能如公者乎……先儒所谓经道之余，因闲观时，因静照物，因时起志，因物寓言，因志发咏，因言成诗，因诗成音者，陶公有焉。②

在此魏了翁借用邵雍的"观物"理论来对陶渊明的诗歌加以审视，体现了他对二人诗风一脉相承的认同，由此也能看出其对"吟咏情性"、平淡自然风尚的倡导。

而这种崇尚"平淡"的诗歌风格本是宋代文学的审美风尚，通过理学家的进一步推动，这一倾向又从两方面得到了加强，一是以《诗经》为本，在平易古朴中求平淡，即古淡，因此对古诗（尤其是汉魏诗）情有独钟；二是学习邵雍的诗歌，即康节体，并进而形成一个所谓"击壤派"。《诗人玉屑》甚至将邵雍作为较重要的诗人列出，《诗林广

---

① 曾枣庄、刘琳主编《全宋文》第310册，上海辞书出版社、安徽教育出版社，2006，第140页。
② 曾枣庄、刘琳主编《全宋文》第310册，上海辞书出版社、安徽教育出版社，2006，第19页。

记》也多采邵雍等理学家的诗作。① 从整体倾向上看，宋代正统理学家一致主张"文以理为准，理到则辞达"② 的创作理念，也就是"击壤派"所倡导的"以修辞为末""不论工拙"，其鄙薄词华、推崇平淡的突出特点在宋季成为时代风尚，从而促进"击壤体"、语录体诗歌的盛行。

---

① 邓莹辉：《平淡：理学文学的审美基调》，《西南民族大学学报》2007 年第 9 期，第 177 页。
② （宋）梁椅：《续文章正宗跋》，载（清）陆心源编《皕宋楼藏书志》卷一一四，浙江古籍出版社，2016。

第三章

理学官方化与宋季诗文

　　宋宁宗嘉定元年（1208）是本书确定的宋季文学的开端，在这一年前后，文坛上以杨万里、刘过、辛弃疾、陆游等为代表的著名诗词大家先后谢世，南宋文坛由此便进入一个被学者称为"中小作家腾喧齐鸣而文学大家缺席的时代"①。如何描述这一时期的诗歌图景，如何评价理学诗人群体和江湖诗人群体在这一时期诗歌发展中各自产生的作用和影响，都是值得认真思考和深入探讨的问题。

　　对于晚宋诗坛，历代评论者所关注的重点毫无例外都集中于江湖诗派，四库馆臣在《梅屋集》提要中便认为"终南宋之世不出此派"②，但是江湖诗人的诗歌创作却饱受诟病，他们已然被打上了末流诗人的历史烙印。在文学批评史上，对以"江湖诗"为代表的晚宋诗歌一直评价不高，就像风雨飘摇中的赵宋王朝，从渐呈衰颓之势终至全面衰败之境。

　　然而，从文学生态学的角度来审视晚宋文学可以看出，晚宋诗坛呈现出与其他阶段迥然不同的状态，是一个异常活跃的阶段，在这一阶段诗歌以自身特有的方式，在错综复杂的关系网络中深刻地影响和改变着士人的社会生活。纵观这一时期的诗文创作实绩不难发现，与此前各阶段相比，诗歌创作数量并没有明显减少，但诗集编刻却蔚然成风，《江湖集》《江湖后集》《文章正宗》《濂洛风雅》等就是这一风潮中的成果，而诗集序言的创作也极为兴盛。

　　一般认为，晚宋诗坛，江西诗派虽然存在相当大的影响，但整个诗歌创作界则是以理学诗人群体和江湖诗人群体为主要力量。实际上，从创作人员来看，宋季诗人大体可分为三大群体：一是沿袭"资书以为诗"的江西诗派后进；二是强调宣扬义理的理学诗人和受理学影响比较大的士大夫诗人；三是提倡"捐书以为诗"的江湖诗人。

　　宋宁宗后期至宋理宗时期，理学在朱熹等人的共同努力下，已经发

①　王水照：《南宋文学的时代特点与历史定位》，宋代文学第六届年会会议论文。
②　（清）永瑢等：《四库全书总目》，中华书局，1965，第1405页。

展为具有成熟系统的学术思想，宋理宗年轻时就通过自己的老师郑清之等接受了比较系统的理学思想，认为以朱熹为代表的理学能够"发挥圣贤蕴奥，有补治道"①。当他登基做皇帝后，更是重视理学，将大批理学人士提拔到朝廷担任要职，如郑清之曾四度出任宰相，大儒真德秀、魏了翁等被推荐入朝为官。这些身居清要的士大夫理学家出于政治教化的需要，借助已经取得的政治权力，通过改革科举考试制度、刊刻官方指定的诗文书籍等形式，将理学所倡导的"文以载道""道文合一"的文学观渗透到士人阶层乃至整个社会。

宋季理学官方化之后，其对文学特别是诗歌的影响，主要通过两大途径实现：一是利用朝廷的权威，借助科举改革的平台，自上而下实现理学对整个社会的全覆盖，对文学的强力渗透；二是借助民间更广泛的理学学术资源，利用官办、民办的地方书院，对更多学子进行性命义理之学的教育，将理学的文学观念潜移默化地植入士人的思想观念中，让理学思想深入人心。

理学家们的文学主张是一个庞大的理论系统，反映在诗学领域，就是重视义理性命、道德教化等内容，以朴实平淡为美，而对文体艺术形式、语言锻炼等不愿多花精力，认为是"闲言语"。因此这类诗歌很容易流为刘克庄所谓的"语录讲义之押韵者"，或钱锺书先生所说的"坦直说理之韵语"②。宋季理学家有相当数量的诗歌徒有诗之形式，而少含诗之韵味。因此理学诗人群体虽然代表着宋季官方提倡的正统之音，但被古今批评者视为偏离文学发展正常轨道的诗之"厄"，是宋季诗歌走向衰落的"元凶"。学界主流观念认为，真正代表宋季诗歌创作主流的还是江湖诗人群体。虽然诗歌发展到南宋，整体上看已成强弩之末，江湖诗人的作品也有诗境狭小、万人一律等缺点，但这一诗人群体反对理学诗人的以明经穷理为务，而是执着于对诗歌本身的艺术探索，他们

① （元）脱脱等：《宋史》卷四十一，中华书局，1985，第821页。
② 钱锺书：《谈艺录》，中华书局，1984，第230页。

的诗被称作"诗人之诗"，从纯文学的角度看，江湖诗人代表着宋季诗歌创作的正宗流派。

然而，这些看似合理，且从古到今一以贯之的看法是否真的符合晚宋诗歌发展的真实面貌？在长达六七十年的时间里，士大夫诗人真的像文学史家所告诉我们的那样全体"缺席"或"隐身"于诗坛？作为儒家传统的诗歌阵地是否在宋季彻底"沦陷"？带着这些问题，我们不妨走进宋季这一"历史场景"，拨云见雾，尽力呈现一幅真实的宋季诗歌"影像"。

第一节　宋季诗坛的真实图景

关于宋季诗坛，学术界有一个基本判断，那就是该时期处于"大家缺席，小家腾喧"的极度衰落阶段，除刘克庄、戴复古等少数几个诗人外，其他作家几乎可以略而不论。如果一定要对这一时期的诗歌进行整体描绘，"江湖诗派"中的一众小诗人尚属略有特点、聊可一谈的诗人群体，他们在当时占据诗坛主流，主导着宋季诗歌的艺术发展方向，其他诗人（包括理学诗人）基本处于被遮蔽、被忽视的地位。这从历代批评家的相关论述中不难得出结论。

一　宋季诗坛概述

新中国成立以来，关于中国古代文学，官方编订了不少通用教材，游国恩主编的《中国文学史》、中国社会科学院文学研究所中国文学史编写组编写的《中国文学史》、袁行霈主编的《中国文学史》、袁世硕主编的《中国古代文学史》、程千帆等著的《两宋文学史》等是其中影响较大的古代文学通史或断代史著作。这些文学史著作虽然在选择作家作品、评价作品价值和意义的标准颇有不同，但对宋季诗歌的体认却呈现出空前的一致性，即都仅关注江湖诗人的创作，而对其他作家，特别是对精英阶层文人的诗歌创作选取不足。下面对几部文学史分别加以辨析。

游国恩先生主编的《中国文学史》（三）第五编"宋代文学"第八章"南宋后期文学"中论及南宋后期诗歌时，用了一节（第二节）的篇幅，介绍了"四灵和江湖诗人"，一节（第四节）介绍"文天祥和宋末爱国诗人"。"所谓江湖诗人，大多是一些落第的文士，由于功名上不得意，只得流转江湖，靠献诗卖艺来维持生活"。[①] 重点介绍了戴复古、刘克庄等人的创作，而此一阶段士大夫文人的创作受到遮蔽。

中国社会科学院文学研究所编的《中国文学史》（二）的观点与游先生基本一致，所不同的是，它表述成"四灵和江湖诗派"，体现出流派意识，并说："这一派（江湖诗派）的人除刘克庄、方岳等而外，大都是所谓'山人''食客'以文字游食的人。"[②] 将研究对象聚焦在"江湖诗人"群体。

新时期袁行霈先生亦采用"永嘉四灵和江湖诗派"的标题来概括宋季诗歌创作全貌，认为"江湖诗派成员众多，人品流杂"[③]，"江湖诗人大多未能自成一家，只有刘克庄与戴复古较能自出机杼，成就也较为突出"[④]，江湖诗派代表着南宋后期诗坛风尚。

袁世硕先生主编的《中国古代文学史》是最新出版的"马克思主义理论研究和建设工程重点教材"，对南宋后期的诗歌，同样采用"四灵诗派与江湖诗派"的标题概括宋诗诗坛整体状况。文学通史如此，而作为断代文学史的《两宋文学史》也没有摆脱这一传统观念，对宋季诗歌的描绘同样只是呈现"永嘉四灵和江湖诗派"的创作概观，而对其他诗人的创作关注不多。

因此，论及宋季诗歌，几乎所有重要的中国文学史（无论是断代文

---

① 游国恩主编《中国文学史》（三），人民文学出版社，1984，第 129 页。
② 中国社会科学院文学研究所编《中国文学史》，人民文学出版社，1983，第 675 页。
③ 中国社会科学院文学研究所编《中国文学史》，人民文学出版社，1983，第 206 页。
④ 中国社会科学院文学研究所编《中国文学史》，人民文学出版社，1983，第 207 页。

学史还是文学通史）都将注意力集中在永嘉四灵和江湖诗派身上，而对其他研究对象的诗歌缺少兴趣。倒是域外汉学家能够以不同的视野观照宋代文学，对宋季诗坛有新的看法。由孙康宜、宇文所安主编的《剑桥中国文学史》一反中国文学史传统的表述方法，注意到道学（理学）对文学的冲击，其上卷第六章中以"南宋后期：道德自我的诗学"为题，对南宋后期复杂多变的诗歌局面加以分析①，与国内文学史的书写思路和方式颇有差异。

虽然囿于文学史只能凸显文学场域主体"景观"、无法全景呈现文学史风貌的情况，宋季理学诗人的创作被遮蔽成为常态。但我们对宋季理学文学的研究仍然具有必然性和文学史意义。

事实上，正如清代郭绥之所言："诗道之坏坏于宋，击壤江湖两派分。"② 南宋后期诗歌发展并非只有江湖一派，除江西诗派依然产生着影响外，理学诗派（击壤派）的力量不仅不可忽视，而且从某种意义上是更重要的组成部分，代表着宋季诗坛的发展方向。由于理学的大盛，其诗学观念对诗歌创作的影响越来越广泛，在理学官方化的大势驱使下，文人会主动或被动地呼应理学，将理学的道德义理之言纳入诗歌的创作之中。因此，以阐述义理性命等理学思想为主题的诗歌被归为理学诗。两宋理学家中，北宋的邵雍和南宋的朱熹是留存作品最多、艺术成就最高、影响最大的两位理学诗人。由于邵雍所创作的《击壤集》被理学诗人视为典范，宋季理学文人仿效其作诗的风格，从而形成与江湖诗人风格截然不同的"击壤派"，所以，在批评家看来，理学诗派即"击壤派"，名称不同而已。此派诗人的部分作品，正如宋季批评家刘克庄在《跋吴帅卿杂著·恕斋诗存稿》中所云："近世贵理学而贱诗，

---

① 〔美〕孙康宜、〔美〕宇文所安主编《剑桥中国文学史》，生活·读书·新知三联书店，2013，第546~550页。

② （清）郭绥之：《偶述六绝句》，载郭绍虞、钱仲联、王遽常《万首论诗绝句》，人民文学出版社，1991，第1595页。

间有篇咏，率是语录、讲义之押韵者耳。"① 他所批评的，正是受邵雍《击壤集》影响的理学诗歌，即"击壤派"的诗歌。与追求诗歌形式美和格律和谐的江湖诗人不同，"击壤派"诗歌在内容上强调道德义理，在语言形式上追求明白直切，不讲究韵律，其末流则沦为"坦直说理之韵语"②。理学诗派代表宋季文坛的正统之音。可以说，宋季理学与宋诗的高度结合达到了历史的巅峰。

与理学诗人相对立且在宋季诗坛上影响更大的，是被称为"江湖诗派"的一群处于社会底层的文人，即江湖诗人。一般认为，江湖诗派得名于南宋书商陈起所编刻的《江湖集》，它使得江湖诗人以一个群体的方式出现在宋季诗坛。如胡云翼《宋诗研究》说："江湖派的由来是这样的：最初宝庆初年，有钱塘书贾陈起者能诗，凡江湖诗人，俱与之善，因取江湖之士以诗著者，凡六十二家，刊为《江湖小集》，后来这些《江湖小集》里的作家，都被称为江湖派。"③ 但宋季是否真正存在一个所谓的"江湖诗派"，《江湖集》所收录的作者是否都能称作江湖诗人，都是一些可以争论和辨别的问题。笔者认为，把《江湖集》等同于"江湖派"，把《江湖集》中的作者都称为"江湖诗人"的做法是简单粗暴的行为，缺乏最基本的逻辑和依据。例如，被纳入"江湖派"的韩元吉、韩淲、刘克庄等诗人实际上都是进士出身、为官一方的士大夫文人，他们和那些卖文为生的下层知识分子有着截然不同的人生经历和命运。因此，本书以"江湖诗人群体"来指称这些与士大夫诗人相对立的处于民间下层的诗人。当然无论"江湖诗派"是否成立，这些诗人作为一个群体对宋季诗歌产生过的重要影响都是毋庸置疑的。总体而言，与理学诗人群体过分强调"以明经穷理为务"、不重视形式技巧不同，江湖诗人执着于诗歌艺术的探索，从纯粹文学的角度看，江湖诗

---

① （宋）刘克庄：《后村先生大全集》卷一百一十一，四川大学出版社，2008。
② 钱锺书：《谈艺录》，中华书局，1984，第230页。
③ 胡云翼：《宋诗研究》，商务印书馆，1930，第184~185页。

人的创作代表宋季诗歌发展的真正主流。宋季江湖诗人在诗学倾向上与"永嘉四灵"基本一致,虽有感于江西诗派的"资书以为诗"理念,提倡"捐书以为诗",主张向晚唐诗人学习,以写近体诗为主,特别是五言律诗和五、七言绝句。但其诗境狭小,万人一律。从艺术上看,江湖诗人的作品风格卑下,给人以冗沓琐碎、气含蔬笋、格意不高之感。

宋季理学诗人和江湖诗人在诗学的价值取向上泾渭分明:"南宋季年,文章凋敝,道学一派以冗沓为详明,江湖一派以纤佻为雅隽。"[①]"南宋末年,道学一派惟以语录相传习,江湖一派惟以近体相倡和。"[②]但宋季两大诗人群体的对立其实并没有想象中那么尖锐,往往会呈现出你中有我、我中有你、彼此交融的局面,在许多诗人身上都呈现出两大群体诗学融会的特征。

在宋季诗人中,具有双重身份的诗人不少,据统计,被认定为江湖诗派的138位诗人中,至少有13人被收入黄宗羲的《宋元学案》,其中刘克庄、林希逸等具有代表性。以刘克庄为例,他的诗歌被陈起收入《江湖集》,被认为是江湖诗人中与戴复古齐名的诗坛大家;但从学术渊源来看,他既是道学之艾轩学派的第四代家学弟子,又曾就学于晚宋理学大儒真德秀,因而被《宋元学案》录入理学家学派。而林希逸既是理学流派之一——艾轩学派的三传弟子,学界又将其归于江湖诗派,张宏生的《江湖诗派研究》基于《江湖后集》录入林希逸的作品,故将其列入江湖诗派中。

二 宋诗演进史中的宋季诗坛

宋代诗歌是在唐代诗歌走向巅峰后的再出发。虽然有所谓"宋人生唐后,开辟颇难为"的困境,但经过无数学者型诗人锲而不舍的努力,宋人硬是开拓出一片能够与唐诗并驾齐驱却风格迥异的诗歌疆域。关于

---

① (清)永瑢等:《四库全书总目》,《松乡集》提要,中华书局,1965。
② (清)永瑢等:《四库全书总目》,《剡录》提要,中华书局,1965。

宋代诗歌的嬗变与演进历史，自南宋末至清朝的学者多有论述。兹选取严羽《沧浪诗话》、刘克庄《后村诗话》、方回《送罗寿可诗序》、戴表元《洪潜甫诗序》、袁桷《书汤西楼诗后》、宋荦《漫堂说诗》、全祖望《宋诗纪事序》、永瑢等《四库全书总目》等历史上较有影响的诗学评论，通过分析宋季诗歌的特点和在两宋诗歌发展中的地位、作用，来呈现其诗学价值和文学史意义。①

（一）严羽《沧浪诗话》

严羽是宋季著名诗论家和诗人，其成书于南宋理宗年间的《沧浪诗话》是近古中国最有成就、影响最大的一部诗学专著，全书分为《诗辩》《诗体》《诗法》《诗评》《考证》五个部分。《沧浪诗话·诗辩》对宋代诗歌发展历史做了概括性的回顾：

> 国初之诗，尚沿袭唐人，王黄州学白乐天，杨文公、刘中山学李商隐，盛文肃学韦苏州，欧阳公学韩退之古诗，梅圣俞学唐人平淡处。至东坡、山谷始自出己意以为诗，唐人之风变矣。山谷用工尤为深刻，其后法席盛行，海内称为江西宗派。近世赵紫芝、翁灵舒辈，独喜贾岛、姚合之诗，稍稍复就清苦之风。江湖诗人多效其体，一时自谓之唐宗。不知止入声闻、辟支之果，岂盛唐诸公大乘正法眼者哉？嗟乎！正法眼之无传久矣。②

其中关于宋季诗歌仅论及"永嘉四灵"和"江湖诗派"。严羽站在盛唐诗歌的立场，认为"四灵""江湖"所作，只是唐诗的"旁门左道"，非诗坛正宗。其对宋季诗歌整体上予以否定的态度十分明显。

---

① 参见吴亚娜《〈四库全书总目〉宋代文学批评研究——以宋人别集与词集提要为中心》，博士学位论文，西南大学，2017。

② （清）何文焕辑《历代诗话》，中华书局，1981，第 688 页。

（二）刘克庄《后村诗话》

刘克庄不仅是宋季一代诗宗，也是著名的诗论家，其《后村诗话》是宋季堪与《沧浪诗话》媲美的诗学专著，《后村诗话》提要认为此诗话"论诗则具有条理……大旨则精核者多，固迥在南宋诸家诗话上也"①；郭绍虞先生认为《后村诗话》"网罗众作，见取材之博，评衡惬当，见学力之精"②，堪比《沧浪诗话》。虽然其系统性逊于《沧浪诗话》，但在对宋季诗歌真实图景的认识上，却颇多新见，且更加全面。

首先，刘克庄从总体上把唐诗与宋诗加以比较。其《竹溪诗序》云：

> 唐文人皆能诗，柳尤高，韩尚非"本色"。迨本朝则文人多，诗人少。三百年间，虽人各有集，集各有诗，诗各自为体，或尚理致，或逞辨博，少者千篇，多至万首，要皆经义策论之有韵者尔，非诗也。③

可见，他对宋代诗歌评价不高，认为唐诗抒情，体现诗歌的本质，是诗人之诗；宋人诗多言义理，是文人之诗，缺乏美感韵味。

其次，刘克庄对宋季"理学诗"和"江湖诗"两大诗派分别进行了相对公正客观的评价。关于理学诗，他在《林子显诗序》中言道："近世理学兴而诗律坏，惟永嘉四灵复为言，苦吟过于郊、岛，篇帙少而警策多。"④ 批评理学家专于义理而忽视诗歌的形式美，故提倡唐律，从艺术上对学习晚唐贾岛、姚合的"四灵"诗歌讲究抒情、重视韵味予以肯定。而关于江湖诗，刘克庄也明确指出其存在的突出问题，其《刘坼父诗序》云："余尝病世之为唐律者，胶挛浅易，僻局才思，千

---

① （清）永瑢等：《四库全书总目》，中华书局，1965。
② 郭绍虞：《宋诗话考》，中华书局，1979，第112页。
③ （宋）刘克庄：《后村先生大全集》，四川大学出版社，2008，第2438页。
④ （宋）刘克庄：《后村先生大全集》，四川大学出版社，2008，第2540页。

篇一体。"① 所谓"唐律",就是晚唐体,江湖诗人重视格律,但诗意浅易,气象局促,为时人所诟病。他还说:"近时小家数,不过点对风月花鸟,脱换前人别情闺思,以为天下之美在是。然力量轻,边幅窄,万人一律。"(《听蛙诗序》)②"近岁诗人,杂博者堆队仗,空疏者窘材料,出奇者费搜索,缚律者少变化。"③ 认为江湖诗歌讲求对偶,刻意求新,在形式上颇有特点,但内容却十分贫乏,千篇一律。江湖诗虽然精美巧妙,但缺乏恢宏气象,无法与雄浑刚健、境界宏阔的盛唐诗歌相比。

(三) 方回《送罗寿可诗序》

方回(1227~1305)是宋末元初的诗人和诗学批评家,曾编选唐宋近体律诗总集《瀛奎律髓》,在后世颇有影响。《四库全书总目》对他的评价整体上比较高,认为他"学问议论,一尊朱子,崇正辟邪,不遗余力,居然醇儒之言"。因其论诗力主江西派,被视为江西诗派殿军。关于宋代诗坛,其《送罗寿可诗序》有详细论述:

> 诗学晚唐不自四灵始。宋刬五代旧习,诗有白体、昆体、晚唐体。白体如李文正、徐常侍昆仲、王元之、王汉谋。昆体则有杨、刘《西昆集》传世,二宋、张乖崖、钱僖公、丁崖州皆是。晚唐体则九僧最逼真,寇莱公、鲁三交、林和靖、魏仲先父子、潘逍遥、赵清献之父。凡数十家,深涵茂育,气极势盛。欧阳公出焉,一变为李太白、韩昌黎之诗,苏子美二难相为颉颃,梅圣俞则唐体之出类者也,晚唐于是退舍。苏长公踵欧阳公而起,王半山备众体,精绝句、古五言或三谢。独黄双井专尚少陵,秦、晁莫窥其

---

① (宋) 刘克庄:《后村先生大全集》,四川大学出版社,2008,第 2424 页。
② (宋) 刘克庄:《后村先生大全集》,四川大学出版社,2008,第 2510 页。
③ (宋) 刘克庄:《后村诗话》,中华书局,1983,第 31 页。

藩。张文潜自然有唐风，别成一宗。惟吕居仁克肖。陈后山弃所学学双井。黄致广大，陈极精微，天下诗人北面矣。立为江西派之说者，铨取或不尽然，胡致堂诋之。乃后陈简斋、曾文清为渡江之巨擘。乾淳以来，尤、范、杨、陆、萧其尤也。道学宗师于书无所不通，于文无所不能，诗其余事，而高古清劲，尽扫余子，又有一朱文公。嘉定而降，稍厌江西。永嘉四灵，复为九僧旧，晚唐体非始于此四人也。后生晚进不知颠末，靡然宗之，涉其波而不究其源，日浅日下。然尚有余杭二赵、上饶二泉，典刑未泯。今学诗者不于三千年间，上沂下沿，穷探邃索，而徒追逐近世六七十年间之所偏，非区区所敢知也。①

方回学术源于理学，诗学承袭江西，故此段论述站在理学和江西诗派的立场上对宋代江西诗派、理学诗人和江湖诗派的传承、嬗变及彼此的关联溯源探流，进行细致分析。从整个两宋诗歌发展演进的角度探讨宋季诗歌的特点和价值，显示出方回独特的诗学史观。

（四）戴表元《洪潜甫诗序》

戴表元（1244~1310）是宋末元初文学家，被称为"东南文章大家"。他对宋末学者萎靡文风深感不满，提倡"唐风"，反对理学高谈性命之诗和场屋破碎之文。其《洪潜甫诗序》云：

> 始时汴梁诸公言诗，绝无唐风。其博赡者谓之义山，豁达者谓之乐天而已矣。宣城梅圣俞出，一变而为冲淡，冲淡之至者可唐，而天下之诗，于是非圣俞不为。然及其久也，人知为圣俞而不知为唐。豫章黄鲁直出，又一变而为雄厚。雄厚之至者尤可唐，而天下

---

① （宋）方回：《送罗寿可诗序》，文渊阁《四库全书》本，第 1193 册，台湾商务印书馆，1986，第 662 页。

之诗，于是非鲁直不发。然及其久也，人又知为鲁直而不知为唐。非圣俞、鲁直之不使人为唐也，安于圣俞、鲁直而不自暇为唐也。迩来百年间，圣俞鲁直之学皆厌。永嘉叶正则倡"四灵"之目，一变而为清圆。清圆之至者亦可唐，而凡枵中捷口之徒，皆能托于"四灵"而益不暇为唐。唐且不暇为，尚安得古？[①]

针对晚宋为江西诗派所牢笼而"不知为唐"的诗坛衰敝与江湖诗派的卑弱之气，戴表元主张通过宗唐得古以达到"力变宋季余习"[②] 的目的。

（五）袁桷《书汤西楼诗后》

元代文学家袁桷（1266~1327）从戴表元学，后师事于王应麟，以能文而著称于世。由于与宋代相去不远，且与宋末诗人颇有交往，故袁桷对宋诗非常熟悉。关于宋代诗歌的发展历史，他在《书汤西楼诗后》中有很详细的论述：

> 玉溪生往学草堂诗，久而知其力不能逮，遂别为一体。然命意深切，用事精远，非止于浮声切响而已也。自西昆体盛，襞积组错，梅、欧诸公发为自然之声，穷极幽隐，而诗有三宗焉：夫律正不拘，语腴意赡者，为临川之宗；气盛而力夸，穷抉变化，浩浩焉沧海之夹碣石也，为眉山之宗；神清骨爽，声振金石，有穿云裂竹之势，为江西之宗。二宗为盛，惟临川莫有继者，于是唐声绝矣。至乾、淳间，诸老以道德性命为宗，其发为声诗，不过若释氏辈条达明朗，而眉山、江西之宗亦绝。永嘉叶正则始取徐、翁、赵氏为

---

① （宋）戴表元：《洪潜甫诗序》，文渊阁《四库全书》本，第 1194 册，台湾商务印书馆，1986，第 115 页。

② （清）顾嗣立：《送旨上人西湖并寄邓善之》，《元诗选》初集上，中华书局，1987，第 248 页。

四灵，而唐声渐复。至于末造，号为诗人者，极凄切于风云花月之摹写，力屠气消，规规晚唐之音调。而三宗泯然无余矣。[1]

其观点与戴表元较为接近，以"唐声"的盛衰为线索，探寻两宋诗歌的发展演进。袁桷认为，北宋江西诗派兴而唐音衰；南宋道学诗派兴而江西绝；宋季"永嘉诗派"起而"唐声渐复"；至宋末江湖诗人全面占领诗坛，王安石的临川宗、苏轼的眉山宗和黄庭坚的江西宗遂绝。在他看来，理学诗、江湖诗都是对宋调的反拨，其说法颇有创见。但一派兴而必然导致另一派绝的说法未免绝对，且不符合当时诗坛实际。

（六）宋荦《漫堂说诗》

宋荦（1634～1713）是清初重要诗人。前期创作取径唐诗，主张学习杜甫；后期转向学宋，取法苏轼，最终摆脱束缚而自成一家。其《漫堂说诗》谈论宋代诗曰：

> 宋初晏殊、钱惟演、杨亿号西昆体。仁宗时欧阳修、梅尧臣、苏舜钦谓之"欧梅"，亦称"苏梅"。诸君多学杜、韩，王安石稍后亦学杜、韩。神宗时苏轼、黄庭坚谓之"苏黄"。又黄与晁补之、张耒、陈师道、秦观、李廌称"苏门六君子"。庭坚别开江西诗派，为江西初祖。南渡后，陆游学杜、苏，号为大宗；又有范成大、尤袤、陈与义、刘克庄诸人，大概杜、苏之支分派别也。其后有江湖四灵徐照、翁卷等，专攻晚唐五言，益卑卑不足道。[2]

从其观点看，宋荦一方面崇唐，另一方面亦有宗宋的倾向，而宋代

---

[1]　（元）袁桷：《书汤西楼诗后》，文渊阁《四库全书》本，第1203册，台湾商务印书馆，1986，第631页。

[2]　（清）王夫之等撰《清诗话》，上海古籍出版社，1978，第420页。

主要诗人和诗派都是从唐代诗人变化而来。对于宋季江湖诗歌，作者则认为其每况愈下，"卑不足道"，保持基本否定的态度。

（七）厉鹗《宋诗纪事》

《宋诗纪事》是清代著名诗人厉鹗（1692～1752）所辑撰的一部古代规模最大的宋代诗歌总集。因为对宋代诗歌颇有偏爱，因此厉鹗一生于宋诗研究甚勤，是清代诗歌宗宋派的代表人物。全祖望在其《宋诗纪事序》中言：

> 宋诗之始也，杨、刘诸公最著，所谓西昆体者也。说者多有贬辞，然一洗西昆之习者欧公，而欧公未尝不推服杨、刘，犹之草堂之推服王、骆，始知前辈之虚心也。庆历以后，欧、梅、苏、王数公出，而宋诗一变。坡公之雄放，荆公之工练，并起有声。而涪翁以崛奇之调，力追草堂，所谓江西派者，和之最盛，而宋诗又一变。建炎以后，东夫之瘦硬，诚斋之生涩，放翁之轻圆，石湖之精致，四壁并开。乃永嘉徐、赵诸公，以清虚便利之调行之，见赏于水心，则"四灵"派也，而宋诗又一变。嘉定以后，《江湖小集》盛行，多"四灵"之徒也。及宋亡，而方、谢之徒相率为急迫危苦之音，而宋诗又一变。①

全氏将宋代诗歌的发展演变划分为四个阶段：从西昆诗派到欧阳修等人为第一次转变；然后是以黄庭坚为代表的江西诗派的崛起，一直延续到南宋中兴诗人；随着叶适对"永嘉四灵"的奖掖，江湖诗盛行，风格再变；宋末元初，遗民诗人以悲苦之音写亡国之痛，诗风再次转变。

---

① （清）全祖望撰《鲒埼亭集》外编卷二十六，商务印书馆，1936，第1018页。

（八）永瑢等《四库全书总目》

永瑢（1744~1790）等编写的《四库全书总目》对宋代诗歌的发展也有比较详细的梳理，在以下几则"提要"中有相对集中的反映：

> 宋承五代之后，其诗数变，一变而西昆，再变而元祐，三变而江西。江西一派，由北宋以逮南宋，其行最久。久而弊生，于是永嘉一派以晚唐体矫之，而"四灵"出焉。(《云泉诗》提要)①

> 盖宋代诗派凡数变。西昆伤于雕琢，一变而为元祐之朴雅。元祐伤于平易，一变而为江西之生新。南渡以后，江西宗派盛极而衰。江湖诸人欲变之，而力不胜。于是仄径旁行，相率而为琐屑寒陋，宋诗于是扫地矣。载生于诗道弊坏之后，穷极而变，乃复其始。风规雅赡，雍雍有元祐之遗音。(《杨仲弘集》提要)②

> 唐诗至五代而衰，至宋初而未振。王禹偁初学白居易，如古文之有柳、穆，明而未融；杨亿等倡西昆体，流布一时。欧阳修、梅尧臣始变旧格，苏轼、黄庭坚益出新意，宋诗于时为极盛。南渡以后，击壤集一派参错并行，迁流至于四灵、江湖二派，遂弊极而不复焉。(《御定四朝诗》提要)③

以上几则提要虽然表述略有差异，角度有所不同，但都为我们勾勒出了两宋诗文发展演进的基本线索和特点。从诗歌演进轨迹来看，宋诗经历四个发展阶段：宋初针对晚唐五代的衰敝诗风，"白体""晚唐体"

---

① （清）永瑢等：《四库全书总目》卷一六五，中华书局，1965，第1410页。
② （清）永瑢等：《四库全书总目》卷一六七，中华书局，1965，第1441页。
③ （清）永瑢等：《四库全书总目》卷一九〇，中华书局，1965，第1725~1726页。

"西昆体"三体代兴，从唐人处寻找诗歌典范；宋代中期，欧阳修等倡导复古创新，以诗反映现实，初步建立宋诗以文字为诗风尚；北宋后期江西诗派兴起，延续至南宋中期一派独盛；南宋后期江西派流弊丛生，江湖诗人推崇晚唐体，倡清新素朴之风，却染上五代衰飒之气，破碎尖酸之病。

从以上几家关于两宋诗歌发展历史的相关论述可以看出，其对宋诗嬗变的轨迹描绘十分清晰，但对诗坛各种流派、风格彼此纠缠、渗透的复杂性却认识不够。而关于宋季诗歌，都是以永嘉四灵和江湖诗人作为这一时期最活跃的群体来加以评判的，只有方回的《送罗寿可诗序》和永瑢等的《四库全书总目》将道学诗人放在整个宋代诗坛予以观照，并给予它一定的文学描述空间。

三　宋季理学与诗歌

梁昆在《宋诗派别论》中将两宋诗歌分为 11 个派别，分别是香山派、晚唐派、西昆派、昌黎派、荆公派、东坡派、江西派、四灵派、江湖派、理学派、晚宋派。作为众多流派中的一个分支，理学诗派虽然无法与西昆派、江西派、江湖派等诗坛主流相抗衡，但在宋代诗史中依然占有一席之地，尤其是在南宋后期诗坛上，甚至具有左右文学发展方向的决定性作用。关于两宋理学诗的发展，王利民认为理学诗派有五祖一宗、二流三派，逻辑发展过程可分为六阶段。五祖为邵雍、周敦颐、张载、程颢、程颐；一宗为朱熹；二流指雅流和俗流；三派指放旷派、洒落派、敬谨派。第一阶段是崛起期，代表人物为邵雍、周敦颐、张载、程颢等；第二阶段是过渡期，代表人物是杨时、游酢、尹焞、罗从彦、胡安国、周行己等；第三阶段是繁荣期，代表人物为刘子翚、胡寅、胡宏、张九成等；第四阶段是巅峰期，代表人物为朱熹、张栻、陆九渊、吕祖谦等；第五阶段为流衍期，代表人物为杨简、袁燮、叶适、黄榦、陈淳等；第六阶段为总结期，代表人物为真德秀、魏了翁、王柏、陈

著、金履祥等。① 在宋代理学诗发展衍变过程中，很显然朱熹是一位具
有划时代意义的大诗人，其性理诗寓物说理而不腐，追求理趣，被视为
理学诗的正音。在他的影响下，宋季理学家"酣畅道德之中，歆动风雩
之意"，将理学诗创作推向一个新的阶段。"大抵朱子前理学诗体仅限
于理家为之，朱子后理家遍天下，咸以理家规准，选为诗文总集，如
《宋文鉴》《文章正宗》《濂洛风雅》等，相继以出，于是诗人而从理家
说者愈众，理学诗体之势力遂不可侮。"②

　　从两宋诗歌发展的历程看，北宋理学家多心无旁骛，专注学术，除
邵雍的《击壤集》有 1000 多首诗之外，"北宋五子"中的其他人于诗
歌创作用力甚少，尤其是程颐因认为"作诗妨志"而几乎不作诗，理
学与文学歧为二途：儒者潜心于义理；诗人则沉溺于辞章。互相影响不
大。而到南宋中后期，"理学逐渐成为整个社会文化的精神内核，时人
多受其浸润。就诗歌创作主体而言，有的与理学家多有交往，如王炎、
韩元吉与朱熹过从甚密；有的是理学家的门人，如黄榦、陈淳都曾向朱
熹问学；有的本身就是理学家，如魏了翁、真德秀、杨万里等；有的与
理学家或宗奉理学之士相与唱和，如袁说友与杨万里唱和，王阮与张孝
祥唱和，赵蕃年过五十又从学于朱熹且与杨万里唱和等。受此影响，很
多理学家或诗人的诗歌作品，都表现出理学家的哲思情感，抒写理学义
理和理学范畴的诗歌主题，以及学习、追摹包括'邵康节'体在内的
北宋五子的诗境建构方式，逐渐蔚成风气"③。理学家的诗歌虽然整体
上体现出较为明显的重道轻文倾向，但毋庸置疑的是，他们也在一定程
度上肯定诗歌怡情冶性、弘道述理的作用。关于理学与诗歌的关系，当
代学者许总先生在其《宋明理学与中国文学》中提出："理学家虽然重

① 参见王利民《濂洛风雅的主潮及其余波流衍》，《中国文化研究》（春之卷），2019，
　第 65～66 页。
② 梁昆：《宋诗派别论》，商务印书馆，1938，第 164 页。
③ 王培友：《论两宋"理学诗派"的文学特征及其历史地位》，《中国文化研究》（春之
　卷），2011，第 72 页。

道轻文，但由于自己述理的需要，特别是儒家圣人孔子对文学表现圣贤气象的肯定，使得理学家又具有重文的一面。理学家不仅在实践上大量涉足文学创作，而且在理论上引导文坛风气，从而促使理学与文学自始至终构成全方面的深刻的互渗和联结。"① 宋季理学利用自身所拥有的政治、学术和文学权力，全方位渗透到诗歌创作的各个层面，左右着诗人、批评者乃至接受者的审美价值取向，从而构建出宋季诗坛的独特面貌。

　　一般认为，从内容上说，理学诗以阐发儒家"三纲五常"的道德伦理为主题，以悟道、求道为旨归；从风格上言，"诗文淳朴质直，不事雕绘，而真气流溢，颇近自然"（《絜斋集目录》）②，不太注意押韵、对偶、格律等形式方面的要求，在诗歌意趣情境的建构方面比较缺乏，较多作品不过是借用诗歌形式宣扬理学义理而已。但这种看法只是部分呈现了宋季理学诗歌的真实状态，代表了如陈淳、杨简等严守师门规矩的理学家的创作倾向。而更多的理学诗人如魏了翁、赵蕃、刘克庄、林希逸等，则以一种兼容并包的态度看待诗歌，创作了大量文道合一、道艺双修的作品，使儒者之诗与诗人之诗在新的历史背景下得以有机融合，从而开创了属于自己时代的诗歌历史。

第二节　程朱派正宗理学家的诗歌创作

　　理学，又称道学。"理学"之名起于南宋，有广义和狭义之分。广义的理学包括以朱熹为代表的理学、以陆九渊为代表的心学，以及以叶适为代表的永嘉之学。而狭义的理学则是指以二程、朱熹为代表的理学，又被称为"道学"。虽然宋宁宗时期的"庆元党禁"直接将"道学"视为"伪学"，在"庆元党禁"中被打入"逆党"的不仅有朱熹这样的理学家，陆氏心学的主要传人和永嘉学派的主要代表也成为打击

---

① 许总：《宋明理学与中国文学》，百花洲文艺出版社，1999，第76页。
② （清）永瑢等：《四库全书总目》，中华书局，1965，第1377页。

对象，但朱熹一派正宗理学中人仍然是所谓的"逆党"主体。本节试图通过狭义上的理学概念（即道学）来阐述宋季正统理学家的诗歌创作。

勾承益先生的《晚宋诗歌与社会》讨论了宋季诗歌对社会现实的反映："官僚群体，由于他特殊的身份和处境，以及他看待当时政治问题的态度，使他们的诗歌与当时江湖派诗人之间存在明显的差异。无论是针对国内矛盾还是针对南北间对抗的问题，很多有价值的史料往往埋藏在他们诗歌的字里行间。"① 在一定程度上揭示出晚宋时期非江湖诗人诗歌作品的价值和意义，这是颇有见地的。事实上，作为宋季文学话语权的真正掌控者，士大夫官僚文才是那个时代诗坛的主导力量。而随着宋理宗时期理学官方化地位的获得，宋季道学家在政治上也获得更多机遇，成为官僚体制中重要的组成部分，其特殊的地位和境遇，使他们在诗歌领域里，也起到一种引领方向的作用。

关于宋季道学家的诗歌创作，可以从不同角度加以观照：一是按照时间划分；二是按学术关系划分。

按照时间，我们可以把宋季道学诗人的创作分为三个阶段：第一阶段主要活动于宋宁宗后期与宋理宗前期，以黄榦（1152～1221）、陈淳（1159～1223）、袁燮（1144～1224）、杨简（1141～1226）、真德秀（1178～1235）、魏了翁（1178～1237）等为代表；第二阶段主要活动在宋理宗、宋恭帝统治时期，代表人物主要有包恢（1182～1268）、刘克庄（1187～1269）、何基（1188～1268）、王柏（1197～1274）、欧阳守道（1208～1272）、陈著（1214～1297）等；第三阶段主要活动于宋元之交，以金履祥（1232～1303）、方回（1227～1305）等遗民诗人为代表。

按照学术关系，我们可以把宋季诗人分为正统派理学诗人，凡收入金履祥《濂洛风雅》中的宋季诗人都属于这一组成部分；非正统理学诗人，指有学术传承、且不同程度受到程朱理学影响的一批宋季诗人。

---

① 勾承益：《晚宋诗歌与社会》，电子科技大学出版社，2001，第 4 页。

关于理学诗人的入选对象，大致可以参照以下几种著作：金履祥的《濂洛风雅》，脱脱等的《宋史》中的《道学传》和《儒林传》，黄宗羲的《宋元学案》。《濂洛风雅》收录的是朱学正宗派的诗歌，也是最具有语录讲义体诗特征的作品；《宋史·道学传》收录的自然是程朱正统一系，而《儒林传》共计八部分，其中五部分都是给理学家作传，且多与朱熹有关；《宋元学案》作为一部记述宋元时期学术思想及其流派的学案体学术史著作，对两宋理学的学术渊源与传承有非常清晰的描绘。根据这几部著作，并参照《全宋诗》等的相关介绍，我们大致确定在《全宋诗》中留存 5 首以上诗歌的宋季理学诗人如表 1 所示。

表 1　宋季理学诗人诗歌在《全宋诗》中收录情况

诗人	字	号/世称	籍贯	生卒年	《全宋诗》存诗数量
杨简	敬仲	慈湖先生	慈溪（今浙江宁波）	1141~1226	1 卷（163 首）
曾丰	幼度	撙斋	江西乐安	1142~1224	15 卷
赵蕃	昌父	章泉	江西上饶	1143~1229	27 卷
袁燮	和叔	絜斋先生	庆元府鄞县	1144~1224	2 卷
叶适	正则	水心居士	永嘉（今浙江温州）	1150~1223	3 卷
黄榦	直卿	勉斋	闽县（今福建福州）	1152~1221	1 卷
陈文蔚	才卿	克斋先生	上饶（今江西上饶）	1154~1247	4 卷
陈淳	安卿	北溪先生	龙溪（今福建漳州）	1159~1223	4 卷
蔡渊	伯静	节斋	建州建阳（今属福建）	1156~1236	4 首
曹彦约	简甫	昌谷	都昌（今属江西）	1157~1228	2 卷
蔡沉	复之	复斋居士	建阳（今属福建）	1159~1237	10 首

续表

诗人	字	号/世称	籍贯	生卒年	《全宋诗》存诗数量
徐侨	崇甫	毅斋	婺州义乌（今属浙江）	1160~1237	1 卷
度正	周卿	—	合州巴川县	1166~1235	4 卷
蔡沈	仲默	九峰	建阳（今属福建）	1167~1230	1 卷
真德秀	景元	西山	浦城（今属福建）	1178~1235	2 卷
魏了翁	华父	鹤山	邛州浦江（今属四川）	1178~1237	14 卷
包恢	宏父	宏斋先生	江西南城	1182~1268	1 卷
阳枋	正父	大阳先生	巴川（今四川铜梁）	1187~1267	2 卷
刘克庄	潜夫	后村	莆田（今属福建）	1187~1269	49 卷
何基	子恭	北山先生	婺州金华（今属浙江）	1188~1268	22 首
饶鲁	伯与	双峰	江西余干	1193~1264	6 首
林希逸	肃翁	鬳斋/竹溪	福清（今属福建）	1193~1271	9 卷
王柏	会之	鲁斋	婺州金华（今属浙江）	1197~1274	5 卷
方岳	巨山	秋崖	徽州祁门	1199~1262	36 卷
陈著	子微	本堂	鄞县（今浙江宁波）	1214~1297	34 卷
姚勉	成一	雪坡	新昌（今江西宜丰）	1216~1262	11 卷
许月卿	太空	山屋先生	徽州婺源	1217~1286	6 卷
刘黻	声伯	蒙川先生	乐清（今属浙江）	1217~1276	3 卷

续表

诗人	字	号/世称	籍贯	生卒年	《全宋诗》存诗数量
王偘	刚仲	立斋	婺州金华（今属浙江）	？～1267	7首
金履祥	吉父	仁山先生	婺州金华（今属浙江）	1232～1303	83首
陈普	尚德	惧斋	福州宁德	1244～1315	7卷

　　四库馆臣对理学诗歌有十分精到的批评："夫德行，文章，孔门即分为二科；儒林、道学、文苑，《宋史》且分为三传。言岂一端，各有当也。以濂、洛之理责李、杜，李、杜不能争，天下亦不敢代为李、杜争。然而天下学为诗者，终宗李、杜，不宗濂、洛也。此其故可深长思矣。"① 这段论述宋代诗人的文字不多，但言简意赅，概括了理学诗派的基本特性。

　　从内容上看，"奠定'理学诗派'诗歌范型的北宋诸人，其诗歌都是以抒写其理学思理和理学命题为旨归，'理学'的诸多命题和范畴都成为其诗学的命题与范畴，举凡乐意主题、咏写天地万物一体的主题、强调仁为天地万物之本的主题等，这些诗歌主题都是理学命题和范畴的诗化表达"②。"北宋理学家因为对创作主体产生影响而在诗歌作品中表现出来的迹象并不是特别明显，大量的诗人并没有在诗歌中表现出他们的理学思想，理学诗派也没有产生多大的影响。这说明，整个北宋时期，士人们的道统、诗统观还主要按照各自的固有路径发展前进。这种情况一直到南宋以杨时、张栻、胡宏、吕祖谦、陆九渊、朱熹等成为理学翘楚之后，才得以改观。"③ 理学家以诗写理、写情、写志趣为主，

① （清）永瑢等：《四库全书总目》，中华书局，1965，第 2672 页。
② 王培友：《论两宋"理学诗派"的文学特征及其历史地位》，《中国文化研究》（春之卷），2011，第 71 页。
③ 王培友：《论两宋"理学诗派"的文学特征及其历史地位》，《中国文化研究》（春之卷），2011，第 72 页。

同时也利用诗歌形式写国事、写民生、写山川景物，体现出一定的现实关怀。总体而言，理学家之诗对内圣的追求超过外王。理学对北宋诗歌尚未产生实质的深层次影响，而到南宋，理学对诗歌的渗透逐渐加深，至宋季而达高潮，其诗歌创作表现出鲜明的理学化特征。

以下分别从正宗理学诗人的创作和有学术渊源的其他道学派诗人两个方面展开对宋季道学诗歌的分析。此节先分析程、朱正统理学派诗人的创作。

在中国儒学的发展史中，南宋时朱熹总结前辈的思想，建立了系统而又庞大的理学体系。朱熹最重要的弟子是黄榦，其对朱熹学说的解释，代表了朱学的正宗。黄榦的后学主要分为三派：江西一派、北方一派和浙江一派。江西的一支是由黄榦传饶鲁，饶鲁传程若庸，程若庸传吴澄，受象山心学影响较大。北方一支是赵复、姚枢、刘因、许衡之学，章句之学的气息较重。浙江一支是由黄榦传何基，何基传王柏，王柏传金履祥，金履祥传许谦，此即"北山四先生"，也称"金华四先生"。何基是首庸，王柏是宗师，金履祥是维护朱学的干城，许谦是朱学大师。宋元时期，以"北山四先生"所传承的儒学最为纯粹，全祖望曾言"勉斋之传，得金华而益昌"①，由此成为朱学正宗和嫡脉。

谈到宋季道学诗，其创作人员大致可以分为两个部分，一是严格意义上的正宗理学（即程、朱一系嫡传）诗人，二是与理学有较为密切联系的一些诗人。

朱熹是宋代理学的集大成者，宋季官方化的理学主要是程、朱一系，被视为最严格意义上的正宗理学。朱熹弟子非常多，但对后世影响最大的嫡传弟子还是黄榦传何基所形成的北山学派（又称"北山四先生学派"），明代章一阳的《四书正学渊源》概括四人成就时言："孔

---

① （清）黄宗羲原著，（清）全祖望补修，陈金生、梁运华点校《宋元学案》第四册，卷八十二《北山四先生学案》，中华书局，1986，第2725页。

孟未发奥得朱注而朗于日星，朱注未尽意义又得四先生阐明殆尽。"①
金履祥也以朱熹的嫡传子孙而自居，故编《濂洛风雅》以传理学文学，
以诗立制，为宋末元初诗歌创作树立标准，实现"风雅垂教"的目的。
其《濂洛风雅》"以师友渊源为统纪"②，所作"濂洛风雅诗派图"清
晰勾勒出濂洛诗派的正统世系传承：周敦颐——二程——杨时——罗从
彦——李侗——朱熹——黄榦——何基——王柏。入选诗人标准也极其
严格："吾婺之学，宗文公，祖二程，濂溪则其所出也。以龟山为程门
嫡嗣相传，而吕、谢、尹则支；以勉斋为嫡嗣，而西山、北溪、挥堂则
支；由黄而何而王，则世嫡相传，直接濂洛。程门之诗以共祖收，朱门
之诗以同宗收。非是族也，则皆不录，恐乱宗也。"③ 其宗派意识非常
强烈。本书所谓正宗理学派诗人，就是指金履祥选入《濂洛风雅》中
的作家，一共 48 人。其人员名单如下：周敦颐、程颢、程颐、张载、
邵雍、游酢、杨时、吕大临、尹焞、吕希哲、张绎、谢良佐、胡安国、
罗从彦、陈瓘、邹浩、徐俯、吕居仁、曾几、胡寅、胡宏、刘彦冲、李
侗、朱松、林之奇、朱熹、吕祖谦、张栻、黄榦、陈淳、徐侨、杨与
立、刘炎、赵蕃、方士繇、范念德、曾极、真德秀、李仲贯、巩丰、时
澜、蔡元定、蔡渊、叶采、刘圻、何基、王柏、王偁。

而从时间上看，可归于宋季这一阶段的理学诗人包括赵蕃（1143～
1229）、巩丰（1148～1217）、黄榦（1152～1221）、蔡渊（1156～1236）、
时澜（1156～1222）、陈瓘（1057～1124）、陈淳（1159～1223）、徐侨
（1160~1237）、曾极（生卒年不详）、真德秀（1178~1235）、何基（1188~
1268）、王柏（1197～1274）、杨与立（生卒年不详）、刘炎（生平事迹不
详）、王偁（？～1267）、叶采（生卒年不详，1241 年进士）16 人。另外金
履祥作为《濂洛风雅》的编选者，毫无疑问应该被并入宋季濂洛诗派。

---

① （明）章一阳：《四书正学渊源》，文渊阁《四库全书》本，台湾商务印书馆，1986。
② （宋）金履祥：《濂洛风雅》唐良瑞序，《丛书集成初编》，中华书局，1985。
③ （宋）金履祥：《濂洛风雅》王崇炳序，《丛书集成初编》，中华书局，1985。

《濂洛风雅》共选诗453首，从内容上看，主要是分为山水题咏诗、交游感事诗、哲理诗等类型；从体裁上看，既推尊古体，也不排斥近体。《濂洛风雅》作为一部专收程朱一派正宗理学家诗歌的选集，体现了理学诗歌的独特价值。对此，清光绪三年胡凤丹为《濂洛风雅》所作序中有言：

> 风骚以降，诗人林立，大都雕刻花月，藻绘山川。求其蔼如仁义之言，蔚然道德之气，自杜、韩数子以降，十盖不得一二。夫浴沂风雩，不废吟咏；孺子沧浪，圣人有取。因物观时，因时见道，谓讲学家不娴韵语。岂通论哉！今读仁山先生所辑濂洛诸子诗，率皆天籁自鸣，出入风雅，无不根于仁义，发于道德。①

以下我们将选取濂洛派诗人中诗名较著、影响较大的代表性作家，并结合此派中的其他诗人加以研究，以展示理学诗歌的不同面貌和独特价值，揭示理学官方化对宋季诗歌的影响。

一　"北方正学"赵蕃的诗歌

（一）赵蕃的学术和诗学渊源

赵蕃（1143~1229）字昌父，号章泉，又号难斋。据《宋史》记载：

> （赵蕃）以旸致仕恩，补州文学，调浮梁尉、连江主簿，皆不赴。为太和主簿，受知于杨万里……受业于刘清之，清之守衡州，乃求监安仁赡军酒库，因以卒业。至衡，而清之罢，蕃即勾祠，从清之归。其后，真德秀书之国史曰："蕃于师友之际如此，肯负国乎？"……年五十犹问学于朱熹……②

---

① （宋）金履祥：《濂洛风雅》胡凤丹序，《丛书集成初编》，中华书局，1985。
② （元）脱脱等：《宋史》卷四百四十五，中华书局，1985，第13146页。

从这段记载可以看出，赵蕃的学术源自朱熹，从学于著名理学家刘清之，与真德秀同为程、朱正统理学的重要传承人，真德秀有《和赵章泉》（节选）称其学术为"北方正学"：

> 天教一老立堂堂，步武婴姗尽未妨。
> 元始故家典刑在，北方正学派流长。①

《宋元学案》将其归于"清江学案"刘清之门下。作为南宋中后期著名诗人，其诗学源于江西宗派，有明确的江西宗派意识：

> 少陵衣钵在涪翁，传述东莱得正宗。
> 闻道曾经亲授记，不求印可谁更从。②

《寄周内翰》云："江山我敢涪翁后，事业公真六一余。"③ 四灵之一的徐照在其《题信州赵昌甫林居》中也说他"谱接江西派，声名过浙间"。他和当时居住在上饶的韩淲（号涧泉）齐名，号称"上饶二泉"，二人都被时人视为江西诗派的殿军人物。二人合作编选的《唐诗绝句》在宋元之间曾广为流传，大受欢迎。《全宋诗》收其诗二十七卷，共计3734首，在南宋中后期理学家中，他是作品数量比较多、影响比较大的作家，被视为南宋中后期诗坛"大家数"：

> （上饶）南涧、方斋之文，稼轩之词，皆名世。至章泉、涧泉，又各以其诗号为大家数。（《赵庭原诗》）④

---

① 北京大学古文献研究所编《全宋诗》第56册，北京大学出版社，1998，第34847页。
② （宋）赵蕃：《寄刘凝远峦四首》其三，《淳熙稿》卷二十，《丛书集成初编》，中华书局，1985。
③ 北京大学古文献研究所编《全宋诗》第49册，北京大学出版社，1998，第30719~30720页。
④ （宋）刘克庄：《后村先生大全集》卷九十七，《四部丛刊初编》，上海书店出版社，1989，第8页。

　　中兴而后，学道诸公多率于诗，吕居仁、曾吉甫、刘彦冲其卓然者。乾、淳间，薛季宣、陈君举尤工。至四灵虽尝游水心之门，而无得于其学，故是时学道而工诗者惟先生，大江以南推二泉，其一谓韩氏涧泉也。①

　　说明在乾、淳之后的诗坛上，既受理学思想影响同时又能工诗者，赵蕃堪称其中的翘楚。另外《全宋词》录存其词二首，《全宋文》收其文章六篇。《濂洛风雅》本着"明义理，切世用"的原则，收录其七言律诗《哭蔡西山》、七言古诗《柳》二首言义理吟性情的作品。

（二）赵蕃对江西诗派的继承与发展

　　赵蕃诗学江西，但又不被江西诗派所牢笼。其诗歌内容比较丰富，既有感时伤国情怀的表达，也有清高超逸情操的流露，还有安贫乐道情愫的抒写。从艺术上看，体现出平易朴实、古淡瘦硬的风格。

　　赵蕃的故乡江西上饶本是人文荟萃之地，诗家迭出之乡，也是两宋规模最大、持续时间最长、影响最持久的诗派——江西诗派的发源之所。北宋灭亡后，北方文人士大夫南渡，多聚集上饶："建炎初，中原缙绅家多居是州。"② 赵蕃对前辈诗人十分敬仰："诸到江西得正宗，后来曾吕出群雄。大阳遗履归何处，端欲从公一破聋。"（《投曾秀州逢四首·其一》）③ 受其影响，赵蕃的诗歌是对江西诗派的继承与发展。试举数例。

---

① （清）黄宗羲原著，（清）全祖望补修，陈金生、梁运华点校《宋元学案》第三册，卷五十九《清江学案·文节赵章泉先生蕃》，中华书局，1986，第1945页。
② （元）袁桷：《梅亭记》，文渊阁《四库全书》本，第1203册，台湾商务印书馆，1986，第268页。
③ 北京大学古文献研究所编《全宋诗》第49册，北京大学出版社，1998，第30770页。

如《雨中不出呈斯远兼示成甫》：

> 湖外频年客，江东迟日归。
> 欲知年事迫，看取鬓毛非。
> 寄意虽梅柳，关心在蕨薇。
> 令予倒芒屦，须子叩柴扉。①

方回《瀛奎律髓》评价此诗云："此等诗，老杜、后山之苗裔欤？"②
从此诗的主题、情感表达的方式，乃至语言的运用上，都不难看出有杜
甫、陈师道等人诗歌的印迹。

又如《晚晴四首》（其一）：

> 残风落日蝉乱鸣，细屦小园欣晚晴。
> 投林倦鸟分暝色，满地落叶无秋声。
> 卫尉一钱曾不直，阮郎几屐毕此生。
> 三十六中第一策，脱却世故甘佣耕。③

方回论此诗："聱牙细润，吴体也。读至尾句，乃与山谷逼真。此章
泉学诗妙言也"。④ 可见赵蕃作诗模仿江西而能自出机杼，可谓善学也。

（三）赵蕃诗与理学

赵蕃成长于道学极为繁盛时期，他长期潜心于理学，与当时著名儒

---

① 北京大学古文献研究所编《全宋诗》第 49 册，北京大学出版社，1998，第 30632 页。
② （宋）方回选评，李庆甲集评校点《瀛奎律髓汇评》中册卷十七，上海古籍出版社，1986，第 688 页。
③ （宋）赵蕃：《淳熙稿》卷十二，凤凰出版社，1985，第 30714 页，《全宋诗》题目为《晚晴四首》，此为第一首。
④ （宋）方回选评，李庆甲集评校点《瀛奎律髓汇评》中册卷十七，上海古籍出版社，1986，第 709 页。

家学者多有往来，其中与朱熹的联系尤其引人注目。由于对朱熹的推崇钦佩，他竟然以年已五十的"高龄"就学于朱熹，成为朱子的弟子门人。而朱熹对他也评价颇高："昌父志操文词，皆非流辈所及……欲其刊落支叶，就日用间深察义理之本然，庶几有所据依以造实地，不但为骚人墨客而已。"（《答徐斯远书》）① 据统计，赵蕃与老师朱熹之间往还赠答的作品就达 20 多首，如《赣县道中有怀晦庵用江东日暮云为韵作五诗寄之》《闻晦庵罢宜春留南昌亟往见之将至贵溪逆风大作》《寄晦庵二首》《成父弟书来报朱先生过玉山留南山一日且有题名余不及从杖履为恨辄成鄙句寄斯远彦章且示成父》《呈晦庵二首》《告别晦庵晦庵有惜别语因用张志和答陆羽问作诗呈之》《题方士繇伯谟五丈所居三首》等。淳熙八年（1181），朱熹任职南康军，面对严重的干旱灾害，他因时因地制宜，制定了抗灾措施，被时人誉为"大江南北荒政第一"。赵蕃作《春雪四首》（其一）赞其功绩：

> 旱历三时久，荒成比岁连。
> 只疑吾邑尔，复道数州然。
> 懔懔沟虞坠，嗷嗷釜苦悬。
> 县官深恻怛，长吏阙流宣。
> 赈米多虚上，蠲租岂尽捐。
> 处心诚昧己，受赏更欺天。
> 敢谓皆如此，其间盖有贤。
> 大江分左右，万口说朱钱。②

此诗在反映现实的基础上，通过强烈对比，一方面描写许多官吏常常借赈灾之机大发国难财，只有朱熹真心关心百姓，为他们提供帮助。

---

① （宋）朱熹：《晦庵先生朱文公文集》卷五十四，国家图书馆出版社，2006。
② 北京大学古文献研究所编《全宋诗》第 49 册，北京大学出版社，1998，第 30898 页。

赵蕃在此诗末有自注云：朱、钱"谓南康朱熹元晦使君，江西钱佃仲耕运使"。对朱熹的敬仰之情在字里行间有显著体现。

"庆元党禁"对理学人士的打击是十分沉重的，许多文人面对这场政治风波选择明哲保身，与党籍中的人士保持距离。赵蕃则仗义执言，不惧罹祸，对党争中受迫害者予以深切的同情。

如《挽赵丞相汝愚》：

> 吾王不解去三思，石显端能杀望之。
> 未到浯溪读唐颂，已留衡岳伴湘累。
> 生前免见焚书祸，死后重刊党籍碑。
> 满地蒹葭谁敢哭，漫留楚些作哀辞。①

这首七律表达了对道学派政治领袖赵汝愚蒙冤去世的哀叹，对奸臣误国的痛恨。感情真挚，语言朴实。而另一首悼念理学家蔡元定的诗歌《哭蔡西山》更是写得哀婉动人，长歌当哭。《诗人玉屑》赞其曰："当时哭诗，推此篇为冠。"② 刘克庄认为其诗"宜为一世所宗"③ 体现出赵蕃威武不能屈的高尚节操。

好言义理是理学诗人区别于其他诗人创作的重要特点，作为正宗理学诗人，赵蕃自然也有许多阐述道家学说的义理诗。如《论诗寄硕父五首》其一：

> 诗人例多穷，我穷亦何因。
> 频年走道路，一饥累其身。

---

① 北京大学古文献研究所编《全宋诗》第 49 册，北京大学出版社，1998，第 30918~30919 页。
② （宋）魏庆之：《诗人玉屑》卷十九，上海古籍出版社，1978。
③ （宋）刘克庄：《后村先生大全集》卷十八，四川大学出版社，2008。

　　　箪瓢岂非福，天理元自均。

　　　俯仰苟不愧，此心犹昔人。

其三：

　　　学诗如学道，先须养其气。

　　　植苗无它术，务在除荒秽。

　　　滔滔江汉流，源从滥觞至。

　　　要作千里行，无为半涂滞。①

《自作》：

　　　素仰儒先德，兼闻内助人。

　　　齐家真有道，相敬俨如宾。

　　　女已节义著，儿仍经行醇。

　　　他年书附传，落落众星陈。②

《呈宋伯潜》：

　　　学有南轩派，文仍二宋家。

　　　泉源端有本，玉立更无瑕。

　　　傥遂成三径，当从读五车。

　　　朋游有如此，未恨落长沙。③

---

① 北京大学古文献研究所编《全宋诗》第 49 册，北京大学出版社，1998，第 30474～
　30475 页。

② 北京大学古文献研究所编《全宋诗》第 49 册，北京大学出版社，1998，第 30550 页。

③ 北京大学古文献研究所编《全宋诗》第 49 册，北京大学出版社，1998，第 30553 页。

《俞孝杨殖斋》：

> 士患不知学，既学思有终。
> 一年农作计，十稔圃收功。
> 四业独为重，九经皆寓中。
> 勉哉期岁晚，禹稷与颜同。[1]

《仁智堂》：

> 公乎仁且智，意托山与水。
> 唱道本龙门，遗尘仍栗里。[2]

《感怀五首》（其五）：

> 我生天地间，亦是天地民。
> 造物苦见欺，轻薄随时人。
> 抱道鄙富贵，徇势陵贱贫。
> 声名自青史，骨肉终黄尘。[3]

以上这些诗歌所书写的全是与道学相关的内容，诗中充斥着诸如"天理""养气""有本""九经""仁智""抱道"等理学术语，作者虽然在一定程度上注意表达的形象性，但也不乏"语录、讲义之押韵者"。理学提倡格物致知、即物而穷其理。因此，通过对自然之物的描写来说明道理便成为道学诗人经常采用的方式。

---

[1] 北京大学古文献研究所编《全宋诗》第 49 册，北京大学出版社，1998，第 30590 页。

[2] 北京大学古文献研究所编《全宋诗》第 49 册，北京大学出版社，1998，第 30749 页。

[3] 北京大学古文献研究所编《全宋诗》第 49 册，北京大学出版社，1998，第 30851~30852 页。

赵蕃的诗歌创作中，除那些直接以理学语入诗来谈论性命义理外，还有一些作品通过自然景物的描写，形象地说明抽象的人生哲理。如《和折子明丈闲居杂兴十首》其二：

> 江清山照影，山净水为容。
> 纵复俯仍仰，难分边与中。
> 云兴绘后素，雨合听思聪。
> 安得渔舟去，于斯作钓翁。①

其三：

> 赏识元非易，登临政尔难。
> 要须穷应接，宁可肆讥弹。
> 胜践千年近，高风六月寒。
> 由来炯水玉，固愈耀朱丹。②

其四：

> 水汇终趋海，葵倾必向阳。
> 欲行疑或使，将下盍先翔。
> 听尔玄嘲白，从渠本校黄。
> 生平志濠濮，老去客沅湘。③

---

① 北京大学古文献研究所编《全宋诗》第 49 册，北京大学出版社，1998，第 30628 ~ 30629 页。
② 北京大学古文献研究所编《全宋诗》第 49 册，北京大学出版社，1998，第 30628 ~ 30629 页。
③ 北京大学古文献研究所编《全宋诗》第 49 册，北京大学出版社，1998，第 30628 ~ 30629 页。

再如《柳》：

> 松菊犹存岁晚期，五株柳树复奚为。
> 风流不在春风日，要看秋风摇落时。①

此诗是被选入《濂洛风雅》的一首绝句，借物言志，在自然山水中体察义理，融理于景，显得自然流畅，辞意俱佳，是一首比较富有理趣的作品。

与赵蕃关系密切的诸多诗人中，信州玉山的徐斯远算得上是南宋中后期一位比较著名的人物。当时文宗叶适在《徐斯远文集序》中介绍此人与赵蕃的关系时曾说："斯远与赵昌父、韩仲止，扶植遗绪，固穷一节，难合而易忤，视荣利如土埂，以文达志，为后生法。"② 此集中二人唱和最多。赵蕃在《斯远生日》中有这样的句子："文得南涧赏，经从晦翁传。味有陆子同，誉由吾辈宣……潜鱼必求深，鸣鹤终闻天。君当茂明德，食菊仍佩荃。"③ 歌颂徐斯远不仅学宗朱、陆，品格清高，而且诗名远著，文道兼备。与那些用枯谈义理的"语录、讲义之押韵者"相比，赵蕃的诗歌还是比较重视艺术表达的温柔敦厚，具有较高的文学性。

另外，他通过托物寄兴的手法，抒发自己的感受，表达自己的志向，充满浩然正气和崇高气节，如《途中阅曾运使所况文清集得四绝句寄之》：

> 玉山冰水是吾家，城郭屡过三姓茶。
> 满庭修绿谁人种，高节岁寒仍有加。④

---

① 北京大学古文献研究所编《全宋诗》第 49 册，北京大学出版社，1998，第 30628~30945 页。
② （宋）叶适著，刘公纯、王孝鱼、李哲夫点校《叶适集》（第二册），中华书局，1961，第 214~215 页。
③ 北京大学古文献研究所编《全宋诗》第 49 册，北京大学出版社，1998，第 30462 页。
④ 北京大学古文献研究所编《全宋诗》第 49 册，北京大学出版社，1998，第 30772 页。

托物寄意，借梅、竹等自然之物抒写自己清高出尘、自然劲拔的品格，表现自己的道德追求。赵蕃的诗歌受其老师朱熹和刘清之的影响，以"明道""见性"为主题，即把诗作为涵养道德、阐述义理和吟咏情性的工具。刘宰在为赵蕃所写的《章泉赵先生墓表》中曾云："（章泉）自少喜作诗，答书亦或以诗代，援笔立成，不经意而平淡有趣，读者以为有陶靖节之风。"① 将其诗与陶渊明相比，评价不可谓不高。

赵蕃是南宋中后期道学家中诗名颇高的代表性诗人之一，与之齐名的"二泉"之一韩淲评价其诗"句句芳华字字香，章泉巨擘意深长"（《赵推官诗卷昌甫数称许之》）②；甚至有人称其为诗坛盟主："一生官职监南岳，四海诗盟主玉山。"（《寄赵昌父》）③ 宋末元初倡导江西诗风的方回对赵蕃更是推崇备至，认为"蕃平生恬淡，而诗尚瘦劲，不为晚唐，亦不为江西。隐然以后山为宗"④。黄宗羲则言："（乾淳间）学道而工诗者惟先生，大江以南推二泉，其一谓韩氏涧泉也。"⑤ 可见，赵蕃在南宋后期诗坛的地位还是很高的。

二　"朱子嫡传"黄榦的诗歌

黄榦（1152～1221）字直卿，号勉斋，黄瑀第四子。祖籍长乐县，徙居闽县（今福州市）。早年得刘清之书荐，受学于朱熹。深得朱熹赏识，朱熹以仲女为其妻。其学问精深渊博，是朱子学术的正宗传承者。朱熹竹林精舍建成后曾致书黄榦，请其"代即讲席"，可见对其学问的认同和重视。庆元二年（1196），朝廷兴起"党禁"，视朱熹道学为"伪学"，朱熹罢祠落职，其门人因害怕受牵连而避之唯恐不及。黄榦

---

① （宋）刘宰：《章泉赵先生墓表》，《漫塘文集》卷三二，文物出版社，1982。

② 北京大学古文献研究所编《全宋诗》第 52 册，北京大学出版社，1998，第 32672 页。

③ （宋）刘克庄：《后村先生大全集》卷八九，四川大学出版社，2008。

④ （宋）方回：《桐江集》卷四，宛委别藏本，台湾商务印书馆，1972。

⑤ （清）黄宗羲原著，（清）全祖望补修，陈金生、梁运华点校《宋元学案》第三册，卷五九《清江学案》，中华书局，1986，第 1945 页。

则于建阳建潭溪精舍，为其讲道著书之地，同时作为朱熹往来憩息之所。朱熹临终前将其学术托付与他并言："吾道之托在此，吾无憾矣。"[1]朱熹去世，黄榦亲自为其守丧三年。他为官清正廉洁，视民如子，颇得士民称赞。致仕后专事讲学，成为传播、推广朱子之学最有力的学者。其门人弟子众多，在浙江传朱子之学与何基，何基传王柏，王柏传金履祥，金履祥传许谦，形成著名的"金华学派"，号称"北山四先生"；在江西传弟子饶鲁，成为朱学在江西的源流。黄榦在朱熹学说的推广和理学官方化方面居功甚伟。

黄榦一生著述颇丰，著有《朱熹行状》《勉斋集》《书传》《易解》《孝经本旨》《四书通释》《仪礼通解》等，既有学术研究，也有艺术创作，题材比较丰富。其《勉斋集》四十卷中有诗一卷。《四库全书总目》对他文章的评价比较中肯和客观："其文章大致质直，不事雕饰。虽笔力未为挺拔，而气体醇实，要不失为儒者之言焉。"[2]金履祥《濂洛风雅》收录其诗共6首，分别为五律《访高金判所居》，七律《和江西王仓使中秋》，五古《答曾伯玉》，七古《寿山寺》《双髻峰》《读史记荆卿传》。

（一）阐述义理

黄榦性格内敛持重，宅心仁厚；一心向学，不乐时趋。曾有《生平》诗述其性格："生平因寡合，岁晚交更少。非干世俗薄，自是志量小。"诗中表现自己抱道自守、气象平稳的特点。从其诗歌题材看，包括往来赠答、咏史、抒怀、写景等，内容尚较为丰富。无论何种题材，借诗言理仍然是其作品的最基本特质。

---

① （元）脱脱等：《宋史》卷四百三十，中华书局，1985。
② 傅璇琮总主编《中国古代诗文名著提要》宋代卷，河北教育出版社，2009，第479页。

如《凡今之人莫如兄弟诗》①：

物理须深玩，人心定不凡。

棣华春竞秀，鸿影暮相衔。

天性人为贵，同胞岂异心。

疾行迷后长，思昔更伤今。

忆昔孩提日，堂前聚戏嬉。

利心驱逸马，分背欲何之。

富贵真余事，儿孙亦后身。

四支先自贼，骈拇若为人。

矢束折应难，叶密根无托。

斯道固昭然，叹息人何莫。

儒衣而儒冠，满口谈诗书。

君看阋墙心，异类诚不如。

我行箕山颠，上有贤弟兄。

高节振颓俗，余芳丐后生。

二父及诸郎，异世真一体。

此诗是黄榦针对在箕山所遇曾姓隐君子兄弟"相敬如父子，相欢如朋友"的相爱之情，感叹在世风不古、富室"争钱财相斗阋"的当下，强调人伦之爱意义重大，可以正人心，警世玩，振颓俗，重建社会道德秩序。像这类关注社会风气、阐述道德义理的作品还有很多。如："登山如学道，可进不可已。"（《游鼓山登大顶峰》）②"轩冕直能惊俗子，

---

① 北京大学古文献研究所编《全宋诗》第 50 册，北京大学出版社，1998，第 31471~31472 页。

② 北京大学古文献研究所编《全宋诗》第 50 册，北京大学出版社，1998，第 31472 页。

采薇千古不消磨。"(《双髻峰》)① "说与男儿莫爱身，箪瓢陋巷不为贫。"(《读史记荆卿传》)② "逢人但说忠与孝，自有达者能知音。察形察色君所解，直须洞烛贤愚心。屈伸寿夭亦命尔，公平正直神所钦。"（《勉都干权君》）③

这些关于儒家道德义理的作品，语言清新雅正，平和含蓄，温柔敦厚，颇有圣哲气象。与当时众多理学家多用语录体写诗不同，黄榦的说理诗比较委婉，具有一定理趣。如选入《濂洛风雅》的《答曾伯玉》（《答曾伯玉借长编》）④、《寿山寺》（《寿山》）⑤ 都是道艺兼美的成功之作。前者具有清新活泼、自然朴实的乐府民歌韵味。

《寿山》则云：

> 石为文多招斧凿，寺因野烧转荧煌。
>
> 世间荣辱不足较，日暮天寒山路长。

人生命运难测，祸福相依，所以不要斤斤计较一时的得与失，要以更长远的眼光看待世事变化。此诗通过自然事物的变化来阐释人生道理，说理透彻而有韵味。

（二）写景抒情

黄榦的山水田园诗较多，或古或律，各具特色。描写山水景物者如《道间观瀑布》《十日值雨》《十二日复归桃枝岭》等，先以大篇幅描写外在景致，至结尾点明主旨，语言清新自然，风格平和雅正，颇有儒者

---

① 北京大学古文献研究所编《全宋诗》第 50 册，北京大学出版社，1998，第 31473 页。
② 北京大学古文献研究所编《全宋诗》第 50 册，北京大学出版社，1998，第 31473 页。
③ 北京大学古文献研究所编《全宋诗》第 50 册，北京大学出版社，1998，第 31479~31480 页。
④ 北京大学古文献研究所编《全宋诗》第 50 册，北京大学出版社，1998，第 31469 页。
⑤ 北京大学古文献研究所编《全宋诗》第 50 册，北京大学出版社，1998，第 31471 页。

醇厚气象。其被金履祥选入《濂洛风雅》的五言律诗《访高金判所居》堪称写景诗中的典范之作：

> 远树分高下，平洲半有无。
> 短亭低密竹，小艇隐寒芦。
> 转浪鱼深入，斜阳鸦乱呼。
> 自惭贵公子，未老赋归欤。①

该诗将高金判居所周围的景色描写得如诗如画，如世外桃源一般。不仅色彩鲜明，而且动静有致。语言清新活泼，含蕴高雅。结尾表达自己皈依山水、怡情养性的愿望。另外，他写了一系列田园诗，如《和魏元明四月菊》《和刘实之喜雨》《再和刘实之喜雨呈正之》《甲子语溪闵雨四首》《喜雨用前韵》等，表现出作为儒者对民生疾苦的关注，对百姓生活的关切，也说明宋季理学家并不只是高谈阔论的腐儒，也是关注现实的道德践行者。

就抒情而言，黄榦由于性格内敛，用情深致，所以在诗歌中真情流露而不过分张扬，这在其挽诗中表现得尤其突出。

如《拜文公先生墓下》：

> 暝投大林谷，晨登崒如亭。
> 高坟郁嵯峨，百拜双泪零。
> 白杨自萧萧，宿草何青青。
> 悲风振林薄，猿鸟为悲鸣。
> 音容久寂寞，欲语谁为听。
> 空使千载后，儒生抱遗经。②

---

① 北京大学古文献研究所编《全宋诗》第 50 册，北京大学出版社，1998，第 31477 页。
② 北京大学古文献研究所编《全宋诗》第 50 册，北京大学出版社，1998，第 31474 页。

黄榦与朱熹的关系非同一般，在学术上，黄榦是朱熹的大弟子，是朱学的嫡传；从人伦关系看，黄榦是朱子的女婿。朱熹之于黄榦，不仅有知遇之情，而且有提携之恩，感情非一般人能比。因此当朱熹遭遇"庆元党禁"而不幸去世后，黄榦在祭拜丈人加恩师时，"悲风振林薄，猿鸟为悲鸣"，耳中所闻、眼中所见皆如此惨淡凄凉；"音容久寂寞，欲语谁为听"，一代宗师溘然长逝，这世上还有谁能为自己答疑解惑呢？抒情能够做到哀而不伤，温柔敦厚，而蕴含在内的力量则是强大的。像这样抒情真诚、自然含蓄的作品还有《宿芙蓉寺》《噫嘻示儿》《挽潘孺人》等。

与动辄几千首甚至上万首作品的宋代诗人相比，黄榦仅存几十首诗歌，在群星璀璨的两宋诗歌发展史上，他只能算一个没有多少存在感的小小诗人。但他却以理学家的表达方式记事说理、写景抒情，思想深刻，语言典雅含蓄，风格清新洒落，较好地实现了文与道的融合，在宋季理学诗中占据一席之地。

三 "闽学干城"陈淳的诗歌

陈淳（1159~1223）字安卿，龙溪（今福建漳州）人，学者称北溪先生。他与黄榦同为朱熹弟子，一生专心治学，恬淡自守。在学术上坚守乃师绳尺，是南宋中后期程朱正统理学派的代表人物之一。著有《北溪大全集》五十卷等，在《宋史》有传。《北溪大全集》提要用了较长篇幅论说他的诗文创作：

> 其生平不以文章名，故其诗其文皆如语录。然淳于朱门弟子之中，最为笃实。故发为文章，亦多质朴真挚，无所修饰。元王环翁序以为"读其文者，当如布帛菽粟，可以济平人之饥寒。苟律以古文律度，联篇累牍，风形露状，能切日用乎否"云云。是虽矫枉过直之词，要之儒家实有此一派，不能废也。又淳以朱子终身与陆九渊如水火，故生平大旨，在于力申儒、释之辨，以针砭金豀一派之

失。集中如《道学体统》等四篇，《似道》《似学》二辨，皆在严陵时所作。反覆诘辨，务阐明鹅湖会讲之绪论。亦可谓坚守师传，不失尺寸者矣。①

四库馆臣称其诗文"皆如语录"，一方面说明他的诗歌多阐释儒家道德义理，另一方面强调其诗艺术性颇为欠缺。《全宋诗》存诗四卷，数量远超黄榦。《濂洛风雅》*收入其诗四首：《和陈叔余韵勉之》（五律）；《林户求明道堂诗二首》（七律）；《晦庵先生赞》（古体）；《陈宪仁智堂西友清轩》（五言古风）。

从内容上看，陈淳诗中与道德义理相关的作品占据极大分量。有纯粹阐述义理的。如《闲居杂咏三十二首》塾训体诗②，分别以仁、义、礼、智、孝、悌、忠、信、父子、君臣、夫妇、兄弟、朋友、耳、目、口、手、足、心、博学、审问、谨思、明辨、笃行、隆师、亲友、迁善、改过、礼维、义维、廉维、耻维等为题，可谓"篇篇探心法之渊源，字字究性学之蕴奥"③。

如《谨思》：

> 论学取诸友，举隅发之师。
> 欲自得其传，要在谨厥思。

《明辨》：

> 利与善之间，微似未易断。
> 欲无毫厘差，要在明厥辨。

---

① （清）永瑢等：《四库全书总目》卷一百六十一，中华书局，1965，第1386页。
② 北京大学古文献研究所编《全宋诗》第52册，北京大学出版社，1998，第32319~32323页。
③ （元）王环翁：《北溪大全集原序》，《北溪大全集》卷首，文渊阁《四库全书》本，台湾商务印书馆，1986。

直接叙述纲常伦理,语言平直明白,徒有诗歌形式,不讲究艺术表达,几乎都是纯粹的"讲义、语录之押韵者"。仿朱熹《训蒙绝句》而作的《隆兴书堂自警三十五首》语言平实,质木无文;风格单一,缺乏诗歌韵味。

其五:

> 人禀五行秀,卓然与物异。
>
> 由其达大经,秉彝不容已。

其十四:

> 克己贵乎严,存心大而正。
>
> 改过勿惮吝,任道尤须劲。①

陈淳是南宋中后期著名的教育家,一生潜心于撰书训童,其《训儿童八首》② 就是专门为小学儿童教育而编写的教材。此八首绝句,分别咏《孔子》《弟子》《颜子》《曾子》《人子》《洒扫》《应对》《进退》,用韵语叙述孔门圣贤的师承关系、传统儒学的基本思想,以及小学教育的主要内容。其长处在于便于吟诵和记忆,但"质木无文"的缺陷也极其明显,几乎没有诗歌应该具备的含蓄蕴藉、言外之意,是邵雍"击壤派"诗风的集中体现,甚至"后来居上",堪称宋代诗歌发展史上一道奇观,被一些批评家视为诗之一"厄"。

情感是诗歌的生命,抒情性是诗歌的特质。陈淳《北溪大全集》中也有少量与感情相关的作品,或写家庭亲情,只谈义理,不及情分,

---

① 北京大学古文献研究所编《全宋诗》第 52 册,北京大学出版社,1998,第 32317 ~ 32319 页。

② 北京大学古文献研究所编《全宋诗》第 52 册,北京大学出版社,1998,第 32319 ~ 32346 页。

如《不赴十姊初度之席》：

> 吾姊今朝庆诞辰，奈何贱弟亦同伦。
> 汝逢寿考荣双老，我感劬劳悼昔人。
> 赞祝欲陪千岁愿，追思难遏寸心真。
> 一欢一戚应殊分，只任天情不必均。

或教诲儿女，出语严肃，情感不显，如《示儿定孙二绝》（其二）：

> 丈夫尚志志高明，勿效卑卑世俗情。
> 从上一条平坦路，千贤万圣所通行。

或送别友人，乐于伦理，难见抒情，如《送王子正赴灉倅》（其二）：

> 飞腾仙驭自漳滨，去去西隅指灉津。
> 夹道宾僚方一际，满城老稚便皆春。
> 正心诚意平生学，爱物亲民此日仁。
> 只恐贰藩车未暖，紫泥催促贰皇钧。

即便是挽诗亦如此，集中十余首挽诗皆为朋友同僚所作，也基本是在赞扬描写对象生平大节，强调其节义精神。

总体来说，陈淳的诗歌义理多而意兴少，其创作循古圣前贤所划定的界限，几乎不敢越雷池半步，"其诗其文皆如语录"的评价可谓切中肯綮，一针见血。

四　"道学宗师"真德秀的诗歌

真德秀（1178~1235），字希元，一字景元，号西山，福建浦城人。著有《西山先生真文忠公文集》，《宋史》有传。《全宋诗》选录其诗167首，包括口号诗和贴子词。《濂洛风雅》选其诗共七首，包括近体律诗《会长沙十二县宰》《使都梁次韵》，古体《夜气箴》《送汤伯纪归安仁》《司理弟之官岳阳相别于定王台凄然有感为赋五诗以饯其行》《登南岳上封寺》。宋末元初方回《瀛奎律髓》评价真德秀曰："道学宗师于书无所不通，于文无所不能，诗其余事。"虽然诗只是其"余事"，却是其学术思想的重要载体，也是他思想情感的体现。他的诗歌比较重要的有两方面的内容，一是理学家的"明义理，切世用"之作，二是反映现实的经世致用之诗。

（一）"明义理，切世用"的道学诗

真德秀是宋季理学最终登上官学地位的关键人物，也是影响宋季诗歌发展走向的重要诗人。由于在当时所处的学术和政治地位，他不仅通过编撰《文章正宗》的方式为同辈或后学提供理论和创作指导，而且借给同时代友朋或晚辈诗文作序的机会，阐述自己的诗学主张。他的诗歌作品正是他"以诗人比兴之体，发圣贤理义之秘"观念的实践成果。

真德秀是南宋后期最著名的淳儒，是程朱理学的坚定维护者和传扬者，所谓"先生之学，朱子之学也"①。以理学为本位的自觉意识，促使他利用诗歌这一韵文形式体认事理或物理，阐发对理学义理的见解，体现了理学家以"理"为诗、以理学影响诗的鲜明特征。具体而言，它表现在以下几个方面。

1. 对儒家"道""理"的言说

以诗歌形式阐述儒家道德义理，是宋季理学诗人的共同特点。真德秀诗集中关于义理的描写几乎无所不在，涉及的内容十分广泛。首先是对理学相关思想的阐述。《赠梓潼袁君西归》② 是一首赠别朋友的五言古体诗，其中既有"理一分殊"观念的阐释："理则无亏盈，一性各浑

---

① 参见《西山集》卷首黄巩序，文渊阁《四库全书》本，台湾商务印书馆，1986。
② 北京大学古文献研究所编《全宋诗》第 56 册，北京大学出版社，1998，第 34844 页。

然。"也有天命难移的洞彻:"予生故多奇,荣枯听诸天。"还有对道至死不渝的坚守:"独有任道心,未死须乾乾。"表现出作者对人生命理的感悟和安贫乐道精神的追求。

《送王子文宰昭武·其三》(节选)亦是对儒家之"道"或"理"的言说:

> 道心眇丝粟,易为群物移。
> 不有精一功,谁能胜惟危。①

《尚书·大禹谟》中有"人心惟危,道心惟微;惟精惟一,允执厥中",被理学集大成者朱熹赞为尧传位舜的治国十六字真言,此诗便是以韵文的形式对此真言的阐释。像这样的阐述道学思想的诗还有很多,如《题黄氏贫乐斋》(其二)云:

> 道乡曾举龙门话,认作玄关透悟机。
> 儒佛差殊真眇忽,请君参取是耶非。②

这些阐明作为理学学者,应辨明儒家与佛道差别的诗歌几乎通篇都是抽象说理,缺乏诗歌应具备的形象性。

如《送汤伯纪归安仁》(节选):

> 相从仁义林,超出名利关。
> ……
> 至危者人心,易汩惟善端。
> ……
> 圣经如杲日,群目仰辉耀。
> ……

---

① 北京大学古文献研究所编《全宋诗》第56册,北京大学出版社,1998,第34842页。
② 北京大学古文献研究所编《全宋诗》第56册,北京大学出版社,1998,第34848页。

　　　正须澄心源，乃许窥道妙。

　　　周程千载学，敬静两言要。

　　　几微察毫芒，根本在奥窍。①

《志道生日为诗勉之》（节选）：

　　　我闻洙泗言，惟仁静而寿。

　　　汝欲绵修龄，斯义盍深究。

　　　……

　　　汝今志于学，一念贵操守。

　　　天真浚其源，人伪窒其窦。

　　　……

　　　融融湛虚明，役役息纷揉。

　　　还吾性之仁，万善此其首。②

《咏仁》：

　　　程子精微谈谷种，谢公近似喻桃仁。

　　　要须精别性情异，方识其言亲未亲。③

《赠小铁面王相士》：

　　　君以铁面名，自谓相人无软语。

　　　我亦铁心人，不把穷通来问汝。

　　　独有一事欲扣君，学海无底难穷寻。

　　　几时铁拳透铁壁，直窥千年贤圣心。④

---

①　北京大学古文献研究所编《全宋诗》第 56 册，北京大学出版社，1998，第 34834 页。
②　北京大学古文献研究所编《全宋诗》第 56 册，北京大学出版社，1998，第 34837 页。
③　北京大学古文献研究所编《全宋诗》第 56 册，北京大学出版社，1998，第 34839 页。
④　北京大学古文献研究所编《全宋诗》第 56 册，北京大学出版社，1998，第 34844 页。

《赠岳相师》：

> 平生惯读横渠铭，不读许负天纲书。
> 穷通欢戚若有二，天之玉女元非殊。
> 但应内省无所疚，所必从君问休咎。
> 北窗燕坐寂无言，时听幽禽哢晴昼。①

《赠盱江张平仲》：

> 去圣既云远，至理日以冥。
> 言道指虚玄，语性杂精灵。
> 正传久芜没，异学得魁横。
> 卓哉周程张，磊隗三代英。
> 妙蕴发天地，微言昭日星。
> 后来紫阳翁，抑又集大成。
> 煌煌八书训。凛凛万世程。
> 学者生此时，坦然有规绳。
> 但患舍康庄，自趋柴与荆。
> 张君江西来，颇尝得师承。
> 敝衣虽悬鹑，猛志欲掣鲸。
> 袖出文一编，其辞峻而清。
> 此士不易有，归欤更研精。
> 勿受俗学变，而为宠辱惊。
> 贫者士之常，未合宁躬耕。
> 高门谨勿谒，养此气峥嵘。
> 不见商歌人，洋洋金石声。②

---

① 北京大学古文献研究所编《全宋诗》第 56 册，北京大学出版社，1998，第 34840 页。
② 北京大学古文献研究所编《全宋诗》第 56 册，北京大学出版社，1998，第 34842 页。

《送永嘉陈有辉》：

深山读易如康节，白首谈玄似子云。
肯学时流夸末技，却于圣处策奇勋。①

这些诗歌或言说传统儒学伦理道德，或探究理学义理精微，或阐述理学学术源流，或讨论道艺关系，都始终恪守正统理学思想，保持着理学家重道轻文的传统态度，实践着他自己所提倡的"明义理，切世用"的创作原则。

真德秀在学术上严守师训，思想保守，缺乏创新精神。但在诗歌创作上，有时也能够做到借物言理，理中有趣。如《皇后阁春贴子词五首》：

一夜东风到集芳，满院红紫已低昂。
寻花问柳非吾事，燕坐坤宁春画长。②

这首写于嘉定六年（1213）春天的诗，从满园红紫的勃勃生机之中感受到天理流行、万物顺时而动的规律，与一般文人的"寻花问柳"截然不同。这是一种"此身此心皆与理为一，从容游泳于天理之中"③的境界，也是理学家所推崇的圣贤气象。诗歌以比兴手法抒写对自然规律的认识，思想深刻，寓意丰厚，形象性强。

2. 对一般性规律的阐述

理学之"理"，既指宇宙自然产生的本源，也指万事万物发展变化的规律。理学家强调格物致知，就是通过对事物的体察去寻找事物背后

---

① 北京大学古文献研究所编《全宋诗》第 56 册，北京大学出版社，1998，第 34848 页。
② 北京大学古文献研究所编《全宋诗》第 56 册，北京大学出版社，1998，第 34855 页。
③ 参见《问颜乐》，《西山先生真文忠公文集》卷三十一，《四部丛刊初编》，第 16 页。

所蕴含的"道"("理")。因此，探寻事物之理亦是理学修养过程中必不可少的重要环节。真德秀借诗歌探求一般规律，总结人生经验，包括对物理、事理的描绘。

如《送王子文宰昭武·其三》（节选）中有云：

> 百谏或绕指，粹白俄成缁。
> 有初谅非难，其难在终之。[①]

"百谏"二句化用西晋刘琨《重赠卢谌》中的"何意百炼钢，化为绕指柔"，用钢变柔、白变黑的例子来说明事物具有变化的特质；"有初谅非难"二句，则又说明涵养德性的不易，必须持之以恒方有功效。

如《寿杨稣父》（节选）：

> 迅雷地中藏，当此沍寒日。
> 积阴排层空，初阳露微苗。
> 而日天地心，于此见机括。
> 良犹势方升，犹木吐牙桥。
> 培壅勿使伤，怒长焉可遏。
> 此理之在人，善端实初发。[②]

诗从祝寿对象寿辰初阳乃是万物萌发时节，可以体认所蕴含的天理，说明"理"无处不在。另一首《寿杨稣父》云："大生皆自微阳起，百善端从一念基。身欲宁时须主静，几才动处要先知。"[③] 从自然规律到人性的培养，再到个体的发展，无不充盈着道的能量。

---

① 北京大学古文献研究所编《全宋诗》第 56 册，北京大学出版社，1998，第 34842 页。
② 北京大学古文献研究所编《全宋诗》第 56 册，北京大学出版社，1998，第 34838 页。
③ 北京大学古文献研究所编《全宋诗》第 56 册，北京大学出版社，1998，第 34849 页。

3. 对圣贤气象的追求

理学家强调对人格气象的追求，尤其是对圣贤气象的推崇。"凡看文字，非只是理会语言，要识得圣贤气象……学者须要理会得圣贤气象"。[①]而圣贤气象最典型的代表就是"曾点气象"和"孔颜乐处"，且一直为两宋理学家津津乐道，身体力行。如理学开山祖师周敦颐特别喜欢隐居山林，吟风弄月，经常"乘兴结客，与高僧道人，跨松萝，蹑云岭，放肆于山巅水涯，弹琴吟诗，经月不返"[②]。他的学生程颢赞叹曰："《诗》可以兴。某自再见茂叔后，吟风弄月以归，有'吾与点也'之意。"[③]因此，"人品甚高，胸中洒落，如光风霁月"[④]的周敦颐便成为具有儒者气象的理学家典型。真德秀在其诗中对所谓的"孔颜之乐"推崇有加，他说："濂洛相传无别法，孔颜乐处要精求。须凭实学工夫到，莫作闲谈想象休。"（《题黄氏贫乐斋·其一》）[⑤]所谓"孔颜乐处"表面上是说颜回居于陋巷而"不改其乐"，而深层含义则在于通过长期修养，如朱熹所言："私欲既去，天理流行，动静语默日用之间无非天理，胸中廓然，岂不可乐！此与贫窭自不相关，故不以此害其乐。"[⑥]

"箪瓢""饭疏""饮水""陋巷"等有关颜回的语词在理学家诗中反复出现，真德秀诗也不例外。他对孔、颜等安贫乐道的人不仅赞赏有加，而且将此作为自我的人生追求。

如《闲吟》：

> 闲中意趣定何如，静把陈编自卷舒。
> 希圣希贤真事业，潜天潜地细工夫。

---

① （宋）程颢、程颐：《二程集》，中华书局，2004，第284页。
② （宋）周敦颐：《周敦颐集》，中华书局，1990，第87页。
③ （宋）程颢、程颐：《二程集》，中华书局，2004，第59页。
④ （宋）黄庭坚：《濂溪词并序》，载曾枣庄、刘琳主编《全宋文》第104册，上海辞书出版社、安徽教育出版社，2006，第249页。
⑤ 北京大学古文献研究所编《全宋诗》第56册，北京大学出版社，1998，第34848页。
⑥ （宋）黎靖德编《朱子语类》，中华书局，1994，第976页。

林泉有分吾生足，钟鼎无心世味疏。

政使一贫真到骨，不妨陋巷乐颜瘢。①

因此，他特别倾慕周敦颐和二程等前辈学者，其《送林自知自幕中归常宁》（节选）表达对周、程等理学君子的崇敬之情：

永怀昔君子，和气填心胸。

濂溪霁月朗，伊水春风融。

至今想其人，犹为起敬恭。②

（二）对现实的关注

当理学成为官方意识形态登上历史舞台之后，它就必然成为统治者治道的理论指导，自然也就要求理学家将业已完备的内圣之学运用于治国平天下的王道之中。真德秀作为理学正宗大师，责无旁贷地要承担起这一历史责任。因此，其诗歌也特别强调于世有补的作用。

如《皇后阁端午贴子词五首》（其二），以国事为念，表现出极为严肃的文学创作态度：

读罢怀沙赋，重哦卷耳篇。

殷勤劝明主，属意在求贤。③

《浦城劝粜》④ 是一首灾年劝富家卖粮赈济灾民的五言长篇古诗。作品先描写故乡浦城民不聊生、饥寒交迫而富室囤积居奇、唯利是图的景象："阳和二月春，草木皆生意。那知田野间，斯人极憔悴。殷勤问

---

① 北京大学古文献研究所编《全宋诗》第 56 册，北京大学出版社，1998，第 34848 页。
② 北京大学古文献研究所编《全宋诗》第 56 册，北京大学出版社，1998，第 34826 页。
③ 北京大学古文献研究所编《全宋诗》第 56 册，北京大学出版社，1998，第 34856 页。
④ 北京大学古文献研究所编《全宋诗》第 56 册，北京大学出版社，1998，第 34843 页。

由来，父老各长喟。富室不怜贫，千仓尽封闭。只图价日高，弗念民已弊。去年值饥荒，自分无噍类。幸哉活至今，且复遇丰岁。庶几一饷乐，养育谢天地。岂期新春来，米谷更翔贵。况又绝市无，纵有湿且碎。何由充饥肠，何由饱孥累。恨不死荒年，免复见忧畏。"

而与之形成鲜明对比的是陈子文深明大义，赈济百姓，表现出崇高的品格："行行至平洲，景象顿殊异。白粲玉不如，一升才十四。问谁长者家，作此利益事。父老合掌言，子文姓陈氏。起家本儒生，畴昔乐赈施……开库质敝衣，假此赒贫匮。取本不取息，所活岂胜计。"

然后作者感叹陈氏的义行，希望朝廷对此行为予以褒奖，以弘扬正气，教化社会："吁嗟薄俗中，乃有此高义。吾邦贤使君，爱民均幼稚。一闻平粜家，褒赏无不至。或与旌门闾，或与锡金币。"

最后表达"民吾同胞物吾与也"的思想，奉劝人们要有恻隐之心，多行善积德："并生穹壤间，与我皆同气。富者盍怜贫，有如兄恤弟。恻隐仁之端，人人均有是。顽然铁石心，何异患风痹。不仁而多财，聚易散亦易。似有种德家，福禄可长世。"

天理昭彰，自有报应。此诗表现出真德秀关心民生疾苦的现实主义精神，也反映了作者嫉恶如仇、渴望改变现实的愿望。语言朴实，感情真挚，喜怒哀乐而能归之于正理。

像这样关注现实的作品还不少，表现当时官场的腐败和民风的堕落，如《会三山十二县宰》（节选）：

> 近来二十年，贪风日滋炽。
> 蒲萄得凉州，西园阒成市。
> 环詹郡邑间，太半皆污吏。
> 民穷盗乃起，原野厌枯骴。
> 哀哉罹祸徒，念这辄挥涕。[1]

---

[1] 北京大学古文献研究所编《全宋诗》第56册，北京大学出版社，1998，第34844页。

在劝耕中体现对老百姓的关爱之情，如《长沙劝耕》（其二）：

> 使君元起自锄犁，田野辛勤事总知。
> 要为尔民除十害，肯容苛政夺三时。①

总体而言，真德秀的诗歌内容比较丰富，但阐理作品居多，且有较为明显的重理轻文倾向。他对只重视辞藻而忽视内容的六朝隋唐作品一向抱持鄙薄的态度："六朝隋唐文人，动百数十篇，秾华纤巧，极其雕饰，或卒无一语可传。然则文之为文，岂必多且丽乎哉？"② 多次批评文人"华藻患不缛，何以修敕为？笔力患不雄，何以细谨为"的文学主张为"特饰奸之具"③。故其所作不但不潜心于语言的修饰，即便是诗歌的基本结构和韵律也不太讲究。其诗体现出质朴无华、理过其辞的特点。

五　"北山宗主"何基的诗歌

何基（1188~1268），字子恭，世称北山先生。他是黄榦的学生、朱熹的再传弟子，开创了金华朱学——北山学派。《宋元学案》将他与王柏、许谦、金履祥四人一起称为"北山四先生"。他一生潜心研究朱熹的著作，感慨"兀兀穷年而不知老之已至"④。《宋史》有其传记，列入《儒林传》。他曾疏解《朱子斋居感兴诗二十首》，阐发朱熹的理学思想。史载其著有《何北山文集》三十卷，大部分诗文现已散佚，今仅存清代胡凤丹整理的《何北山先生遗集》四卷。收录了文章十二篇，《全宋文》所收篇目与《何北山先生遗集》同，内容几乎全是阐述义

---

① 北京大学古文献研究所编《全宋诗》第56册，北京大学出版社，1998，第34847页。
② （宋）真德秀：《跋秘阁太史范公集》，载曾枣庄、刘琳主编《全宋文》第313册，上海辞书出版社、安徽教育出版社，2006，第261页。
③ （宋）真德秀：《跋欧阳四门集》，载曾枣庄、刘琳主编《全宋文》第313册，上海辞书出版社、安徽教育出版社，2006，第193页。
④ （宋）王柏：《何北山先生行状》，（宋）何基《何北山先生遗集》卷四，《丛书集成初编》，中华书局，1985，第87页。

理；《全宋诗》收录其诗二十二首。① 值得注意的是，金履祥《濂洛风雅》几乎收录了其诗的全部，竟高达 20 首之多，显示其对师门的极度重视，显然是希望借此光大本学派的文学观念和诗学精神。作为理学家，其诗受理学思想影响颇深，多为崇道说理的内容，当然也包括咏物、怀古与交游感事诗，数量虽不多，但通过对其诗歌的深入解读，也可从中一探其诗歌艺术中的独特价值。

宋季是理学被确立为官学的时代，作为理学诗派大家的邵雍与朱熹等人的理学诗歌的价值被重新挖掘出来，"以理言诗"的诗歌范式在宋季空前盛行。何基就是在这样的诗歌氛围中成长起来的道学诗人。他虽然作诗不多，但倾向性十分明显，伦理道德、天命义理成为他诗歌的核心内容。

何基曾说过："为学立志贵坚，规模贵大，充践服行，死而后已。读《诗》之法，须扫荡胸次净尽，然后吟哦上下，讽咏从容，使人感发，方为有功。"② 因此"立志"成为何基理学诗的重要主题。有抒发自己萧然心清、自远尘俗高洁之志的诗歌，如《夹竹梅》；有树立安贫乐道、读书求真之志的诗歌，如《宽儿辈》；有立志成就圣贤事业的诗歌，如《杂诗三首》。

他的诗中也有一些借物言志说理、活泼有趣的哲理诗，如《暮春感兴》：

> 郊原春向深，幽居寡来往。
>
> 和风日披拂，淑气遍万象。
>
> 草木意欣荣，禽鸟声下上。
>
> 静中观物化，胸次得浩养。
>
> 缅怀浴沂人，从容侍函丈。

---

① 北京大学古文献研究所编《全宋诗》第 59 册，北京大学出版社，1998，第 36837 ~ 36841 页。

② （元）脱脱等：《宋史》卷四百三十八，中华书局，1985，第 12979 页。

舍瑟自言志，宣圣独深赏。

一私尽消融，万理悉照朗。

其人不可见，其意尚可想。

我生千载后，恨不操几杖。

春服虽已成，童冠乏俦党。

安得同心人，咏归嗣遗响。①

在何基笔下，自然界鸢飞鱼跃，草木欣荣，万物生机盎然，充满活力。人置身其间，不禁胸次悠然，"盖有以见夫人欲尽处，天理流行，随处充满，无少欠阙……直与天地万物上下同流，各得其所之妙，隐然自见于言外"②，油然生出"曾点之志"，向往"曾点之学"。何基在"静中观物化"的过程中，能够感受到圣人"一私尽消融，万理悉照朗"的澄明境界。此诗寓理于景，雅正高妙，清新自然，是一首文道融合的优秀作品。

再如《和吴巽之石菖蒲》：

菖蒲绿茸茸，偏得高人怜。

心清境自胜，何必幽涧边。

节老叶愈劲，色定枝不妍。

堂中贤主人，与汝俱萧然。

岂不与世接，自远尘俗沾。③

他借菖蒲虽处野外而生机勃发的特征，赞美朋友居于穷乡、不接尘俗的清高，语言自然典雅，充满理趣。

---

① 北京大学古文献研究所编《全宋诗》第 59 册，北京大学出版社，1998，第 36837 页。

② 朱熹：《四书章句集注》，上海古籍出版社、安徽教育出版社，2011，第 153 页。

③ 北京大学古文献研究所编《全宋诗》第 59 册，北京大学出版社，1998，第 36838 页。

何基作诗以古体为主，但其近体律诗、绝句颇有几分超然自得之趣。如《春日闲居》：

> 轻阴薄薄笼朝曦，小雨斑斑湿燕泥。
> 春草阶前随意绿，晓莺花里尽情啼。①

此诗表面上是借写大自然的勃勃生机和祥和景象，抒发作者闲居优游的恬淡心情，但实际上寓含周敦颐、程颢不除阶前之草、欲观草之生意的意思，骨子里透出的正是理学家对道（理）的探究与关怀，是一首言理而不涉理路的理趣诗。

对于理学家而言，运用诗歌宣扬封建伦理道德，自然是题中应有之义，也是儒家诗教的基本要求。何基亦十分重视儒家孝道、人伦之情，如《西山孝子吟》，他通过对西山汪姓孝子"力田养亲""膝下承颜""朝朝敬问""旦旦谨察"等无微不至事亲至孝行为的描写，告诫人们"孝弟是乃百行先，为仁每必从此始"；并通过"世人有亲不能养，浪著儒冠诚可耻。何如汪君贫窭中，卓然合此秉彝理"的鲜明对比，一方面批判社会上那些不亲不孝、言行不一的伪君子，另一方面表彰像汪君这样恪守儒家道德的人物，并感叹"守道者"却处于"贫窭"之中。这首长篇古诗情感真诚，说理透彻，语言质朴，具有古朴之风。

从整体上看，何基的诗作基本能够做到文道兼顾，具有较强的可读性。但他毕竟是一位理学人士，其重道轻文的观念深入骨髓。因此，在阐述理学相关理论时，或直接采用语录讲义体来作诗。

如《杂诗三首》（其一）：

> 一敬由来入道门，须臾不在便非仁。
> 直须认取惺惺法，莫作回头错应人。

---

① 北京大学古文献研究所编《全宋诗》第 59 册，北京大学出版社，1998，第 36839 页。

其二：

> 善恶分明虽两歧，念端差处只毫厘。
> 怕将私意为天理，所以先民贵致知。

其三：

> 圣门事业远难攀，立志须同古孔颜。
> 井不及泉犹弃井，山如亏篑未为山。[1]

三首绝句都是阐述理学家对求道的感悟。何基强调入道门须"持敬"乃圣门第一要义，也是程朱理学派的基本要义。何基将"持敬"作为修养道德、探索道理的准则，只有对万物保持一颗敬畏之心，通过格物致知，才能最终获得"天理"。《杂诗三首》（其三）中对"孔颜乐处"的向往，与上引《暮春感兴》中的"曾点之志"一样，都是理学家所追求的圣贤境界，也是朱子"循理而乐"理论的艺术化呈现。而这种境界的追求，也是一个漫长艰难的过程，犹如掘井、积土为山，必须坚持不懈，否则功亏一篑。此诗是引用儒家经典宣讲义理的典型。

其弟子王柏在《何北山先生行状》中说："先生之文，温润融畅；先生之诗，从容闲雅。皆自胸中流出，殊无琱琢、辛苦之态。虽工于词章者，反不足以闯其藩篱。"[2] 以理学家的评判标准，对自己老师的作品给予了高度评价，虽然是溢美之词，但也阐明了道学诗朴实自然的优点，值得重视。

---

[1] 北京大学古文献研究所编《全宋诗》第 59 册，北京大学出版社，1998，第 36840 页。
[2] （宋）何基：《何北山先生遗集》，《丛书集成初编》，中华书局，1985，第 28 页。

六 "金华名儒" 王柏的诗歌

王柏（1197~1274），字会之，自号鲁斋。其家族与理学关系密切，他的祖父王师愈是理学家，曾跟杨时、朱熹、张栻、吕祖谦等游，父亲王瀚、堂伯父王淮、叔父皆问学于朱熹。他少年时因仰慕诸葛亮的为人，自号"长啸"，性格比较张扬。三十岁后开始对儒家学术产生兴趣，认为"长啸非圣门持敬之道"，遂改号"鲁斋"。① 端平二年（1235），王柏往从黄榦弟子何基学，何基以"立志居敬"作为治学宗旨教育门人，并作《鲁斋箴》勉励王柏："勿贰尔心，服膺无毕"② 告诫他学习要笃实坚韧，持之以恒。与杨与立、王偘等理学诗人多有往来，互相唱和。宝祐二年（1254）王柏引金履祥登何基之门。《宋史》有关于王柏的传记，列入《儒林传》。《四库全书总目》虽对其称赏有加，但在对其褒贬中凸显其个性和诗文之间的矛盾性：

> 盖其天资卓荦，本一桀骜不驯之才，后虽折节学问以镕炼其气质，而好高务异之意，仍时时不能自遏，故当其挺而横决，至于敢攻孔子手定之经。其诗文虽刻意收敛，务使比附于理而强就绳尺，时露有心牵缀之迹，终不似濂溪诸儒深醇和粹，自然合道也。特其勇于淬砺，检束客气，使纵横者一出于正，为足取耳。③

王柏一生著述繁富，既涉及义理考据，又囊括名物训诂。经史类有：《读易记》《涵古易说》《太象衍义》《涵古图书》《读书记》《书疑》《诗疑》《续国语》等；四书研究类有：《论语通旨》《孟子通旨》《鲁经章句》等；理学方面有：《太极衍义》《濂洛文统》《研几图》

---

① （元）脱脱等：《宋史》卷四百三十八，中华书局，1985，第12980页。
② （宋）何基：《鲁斋箴》，何基《何北山先生遗集》卷一，《丛书集成初编》，中华书局，1985，第71页。
③ （清）永瑢等：《四库全书总目》卷一六四，中华书局，1965，第1409页。

等；其他方面有：《文章复古》《文章续古》《文章指南》《墨林考》《发遣三昧》等。但这些著作多已亡佚，现存有《书疑》九卷、《诗疑》二卷、《研几图》一卷。其诗文集为《王文宪公文集》二十卷，《全宋诗》存诗五卷[①]。《濂洛风雅》选其诗共计 40 首，入选数量仅次于朱熹，以古体诗居多。

（一）纯言义理

王柏诗歌数量众多，题材广泛，或写景叙事，或送别赠答，或咏物抒怀，但其诗旨却多归于义理，作品中浸染非常浓厚的道学色彩。翻检其诗集，诚、天道、太极、性命、仁义、人心、克己、理欲、一本万殊、造化神机等字眼几乎满眼尽是。可以说王柏是将真德秀"以诗人比兴之体，发圣贤理义之秘"的诗学原则发挥到极致的宋季理学派诗人。

王柏诗中存在一定数量的纯粹阐述义理的作品，颇能体现宋季理学诗的特点。如《和立斋番君吟》[②]，从万物本乎天理谈起："日月星辰天之精，山川草木地之文。本乎天者既圆象，下者何不皆方形。"进而认为通过儒家经典可以了解宇宙社会运行规律、解决人生疑惑："此疑千古不能决，读尽六经无异说。"并说明通过观物、习经可以陶冶性情、教化民俗："自从大学悟絜矩，四面正直各得所。"直接言事说理，几乎不加任何修饰。

其作品虽然像《和立斋番君吟》《题浴沂图》这类纯粹性理诗不多，但在诸如祝寿、酬答、咏物、山水等各类题材中都掺入大量的理学词汇，在其诗集中随处可见。

---

① 北京大学古文献研究所编《全宋诗》第 60 册，北京大学出版社，1998，第 37993～38071 页。

② 北京大学古文献研究所编《全宋诗》第 60 册，北京大学出版社，1998，第 38012 页。

如《用易岩韵寿易岩》（节选）：

> 天地之气秋惟清，清之极者为圣人。
> ……
> 人心道心惟一精，怡然融液万理明。①

《和崇叔春寒韵》（节选）：

> 知和而和当有节，节贵得中忌超越。
> 造化神机岂易窥，天上不知谁理燮。②

《和得全喜雪韵·其一》（节选）：

> 天道流行自有经，一冬常燠大无伦。③

《次前人韵》（节选）：

> 自古为仁知不富，如今学道岂忧贫。④

《春归》（节选）：

> 太极流行千古事，一元发育四时情。⑤

---

① 北京大学古文献研究所编《全宋诗》第 60 册，北京大学出版社，1998，第 38015 页。
② 北京大学古文献研究所编《全宋诗》第 60 册，北京大学出版社，1998，第 38017 页。
③ 北京大学古文献研究所编《全宋诗》第 60 册，北京大学出版社，1998，第 38019 页。
④ 北京大学古文献研究所编《全宋诗》第 60 册，北京大学出版社，1998，第 38020 页。
⑤ 北京大学古文献研究所编《全宋诗》第 60 册，北京大学出版社，1998，第 38021 页。

《和通斋密窝韵二首·其二》（节选）：

密密窝中克己私，人心才动最惟危。

诚身有道须明善，暗室之中莫自欺。①

《和喜雨韵》（节选）：

体天生物以为心，喜读箕畴好雨星。②

《黄华歌》（节选）：

太极动兮两仪分，四序纲领秋与春。③

《汲斋吟》（节选）：

当知克己如汲井，汲去污浊清自回。

洙泗渊源初不息，河洛流派空争猜。

为学工夫孰大此，莫翻波浪惊儿孩。④

《题易道传心图》（节选）：

图书表里用功深，此道相传直到今。

书里有图图有句，图中即是圣人心。⑤

---

① 北京大学古文献研究所编《全宋诗》第 60 册，北京大学出版社，1998，第 38024 页。
② 北京大学古文献研究所编《全宋诗》第 60 册，北京大学出版社，1998，第 38026 页。
③ 北京大学古文献研究所编《全宋诗》第 60 册，北京大学出版社，1998，第 38031 页。
④ 北京大学古文献研究所编《全宋诗》第 60 册，北京大学出版社，1998，第 38035 页。
⑤ 北京大学古文献研究所编《全宋诗》第 60 册，北京大学出版社，1998，第 38040 页。

《和崇叔两绝·其一》（节选）：

> 道心常要摄人心，有德之人必有邻。①

《有人说用》：

> 寄语纷纷利欲人，不知何者是经纶。
> 行藏未可便轻议，学问先须辨得真。
> 莫把空言来误世，要明明德去新民。
> 大凡体立方言用，且着工夫检自身。②

从以上所列举的诗句可以看出，无论是专论儒家学说，还是与友人唱和次韵，抑或写景咏物，王柏都试图借助诗歌形式阐扬儒学思想、宣传道学性理，扩大理学影响，最大限度实现文以载道的诗学目标。正如四库馆臣所言"大旨乃一轨于理"。

（二）以诗论诗

王柏在理学家中是一个比较关注诗艺的人，集中既有大量与诗友、后生谈论诗歌的唱和之作，也有通过题写诗卷等来阐述自己的诗歌理论的论诗诗，其中所体现的诗学观念很有研究价值，从中可以了解其对文学的独特认识。

《夜观野舟浩歌有感》是一首站在理学立场叙述中国古代诗歌发展历史的长篇五言古诗，由此诗可以深入了解王柏的诗学观：

> 康衢久寂寞，击壤音微茫。
> 南风启箫韶，拜手赓明良。

---

① 北京大学古文献研究所编《全宋诗》第 60 册，北京大学出版社，1998，第 38041 页。
② 北京大学古文献研究所编《全宋诗》第 60 册，北京大学出版社，1998，第 38067 页。

周衰二雅废，凤兮歌楚狂。

楚狂已再变，三闾竟衰伤。

俯仰千载后，嗟嗟情性荒。

梁选尚远思，渊明粹而庄。

开元生李杜，我宋推苏黄。

宗派亦沦坠，纷纷师晚唐。

吟骨不淳古，记魄不自强。

雕镂心肺苦，何曾徵宫商。

濂翁著和澹，感兴开紫阳。

紫阳尚六义，六义兴已亡。

郑卫日盈耳，冰炭搅我肠。

章贡有奇士，野舟刊名章。

古城夜酌句，正义尤洋洋。

游谈到巍荡，百世流遗芳。①

　　作为金华学派的代表人物，王柏强调道统和文统的统一，认为道学诗才是诗之正宗，风雅之遗绪。唐良瑞在为金履祥的《濂洛风雅》作序时正是看到并突出了这一点："窃以为今之诗，非风雅之体，而濂洛渊源诸公之诗，则固风雅之遗也。"②王柏此诗分为四部分。首先论述先秦诗歌的发展，从击壤诗到《诗经》，再到楚辞都是歌咏性情、符合儒家传统的诗歌，为后世树立诗歌典范。其次叙述汉魏六朝唐宋之诗，认为其发展趋势是每况愈下，只有梁萧统、晋陶渊明、唐代的李白和杜甫、宋代的苏轼和黄庭坚等的诗歌尚能部分继承先秦诗歌精神，陶写情性；至宋季诗风堕落，如果说此前的江西诗派尚能学习杜甫，成一派之风格，而江湖诗人取师晚唐，雕章琢句，境界狭小，气象局促，传统诗

---

① 北京大学古文献研究所编《全宋诗》第60册，北京大学出版社，1998，第37996页。

② （宋）金履祥：《濂洛风雅》唐良瑞序，《丛书集成初编》，1985。

教沦落到极致。再次说明理学家的诗歌及其价值，周敦颐、朱熹等理学家以平淡为宗、强调感兴的审美境界，为恢复古诗传统、重塑诗歌形象提供了新的典范。最后表达自己夜观野舟浩歌的感慨，赞美章贡奇士的诗歌具有古风的正义，可视为风雅之遗。其论述重道轻文，条分缕析，观点明确，语言质朴，体现了理学诗的特点。

他在一首题写诗卷的《用玉成韵题秋台诗卷》中明确提出重雅的诗学主张：

> 杳杳南风琴，洋洋大雅音。
> 复古心未古，难以笔力任。
> 秋台千古调，渊乎乐不淫。
> 天然绝琱饰，无非情性吟。
> 掩卷三叹息，式如玉与金。①

这首五言也是典型的论诗诗。王柏认为真正的好诗，应该是具有《诗经》传统、像"南风""大雅"那样雅正的古体诗。而"秋台诗卷"就是遵循儒家"乐而不淫，哀而不伤"的诗教原则所创作出来的吟咏性情之作，它语言质朴，"天然绝琱饰"，堪称复古儒家传统的典范。关于"秋台诗卷"，王柏先后还写过《和玉成书秋台诗卷韵》②（龙蛇笔底盘枯藤，两卷风骚泣鬼神。此是玉成衣钵处，他年出语定惊人）、《题秋台诗卷》③（骚雅驰声历几霜，驾言拙嬾擅词场。登台甚矣秋容澹，得句依然风骨香。卷尽辞穷余古韵，笔精墨妙发潜光。此中境界真堪乐，枕上休贪南面王），对其诗歌的气韵、境界、语言风格都赞美有加。《题屏岩诗卷》则赞扬屏岩诗具有"温淳"的特点，并将其与

---

① 北京大学古文献研究所编《全宋诗》第 60 册，北京大学出版社，1998，第 37996 页。
② 北京大学古文献研究所编《全宋诗》第 60 册，北京大学出版社，1998，第 38042 页。
③ 北京大学古文献研究所编《全宋诗》第 60 册，北京大学出版社，1998，第 38024 页。

宋季学晚唐的江湖诗人对比，说它"尽扫江湖气，且无蔬笋香"①，其理学立场显而易见。他在《送马秋山寄友人》中提出"要得斯文传气脉，定须吾党立规模"②，以传承斯文为己任，认为理学家应该为文学建立规范，把精力放在道的阐述上，"莫将枝叶费工夫"。

在《科举》中他借批评以时文取士的科举制度，进而反思当时的用人制度：

> 纷纷衿佩止时文，竞巧趋新做日程。
> 一试奔驰天下士，三年冷暖世间情。
> 清朝不许人心坏，举子安知天爵荣。
> 所用是人行是学，不知何日可升平。③

又如《赠吴晠》一诗，针对当时那些不愿实学而汲汲于功名利禄、一心希望通过"日夜忙""时文"来"谋富贵"之人，王柏以辛辣的讽刺笔触予以揭露和批评：

> 襟佩青青白面郎，未成占毕已飞扬。
> 深嫌实学规模拙，只把时文日夜忙。
> 志气峥嵘谋富贵，身心荒落败纲常。
> 他年穷达皆无据，却笑儒冠误可伤。④

他在《感旧三首》（其一）中也强调诗歌乃有感而发，不作无病呻吟之诗：

① 北京大学古文献研究所编《全宋诗》第 60 册，北京大学出版社，1998，第 38005~38006 页。
② 北京大学古文献研究所编《全宋诗》第 60 册，北京大学出版社，1998，第 38022 页。
③ 北京大学古文献研究所编《全宋诗》第 60 册，北京大学出版社，1998，第 38067 页。
④ 北京大学古文献研究所编《全宋诗》第 60 册，北京大学出版社，1998，第 38019 页。

年时清话几黄昏，双桂亭前竹外门。

离合盛衰方感旧，忽逢新句动诗魂。①

之所以"动诗魂"，是因为"感旧"。强调感物道情，既不同于纯粹文人的以才学为诗，亦有别于一般腐儒的空谈心性义理，这在理学诗人中颇为难得。

他在《元正》（其二）中还认为作诗应具有"赤子之心"，不要受世俗污染，要写出真诗，必须持敬，让放逸之情回到本心：

吟诗犹是少年情，要复当初赤子心。

心出入时何以御，手持一卷敬斋箴。②

从理本情用论出发，理学家对"情"始终保持很高的警惕性，认为"情"一旦泛滥，就会蹈入欲（也就是恶）的深渊。因此抒情须节制，尽量淡化情绪，让情受性的控制，即"性其情"。王柏诗集中的挽诗一方面情真意切，流露出真情。

如《挽施子华》（节选）：

哭子天伦变，贤哉更可伤。

毅翁悲祚断，学者悼师良。③

《挽思泉居士·其二》（节选）：

回首恍如前日事，伤心已隔夜泉关。

手携菖歇歌清些，泪染含风细葛班。④

---

① 北京大学古文献研究所编《全宋诗》第 60 册，北京大学出版社，1998，第 38044 页。
② 北京大学古文献研究所编《全宋诗》第 60 册，北京大学出版社，1998，第 38042 页。
③ 北京大学古文献研究所编《全宋诗》第 60 册，北京大学出版社，1998，第 38049 页。
④ 北京大学古文献研究所编《全宋诗》第 60 册，北京大学出版社，1998，第 38054 页。

另一方面也有意淡化情感，将笔墨倾注在描写对象的品德和功绩上面。

如《挽何南坡》（其一）这样的诗歌，让人对描写对象多了几分敬意，少了几分感动：

> 刻苦工夫真实心，一言体用已全陈。
>
> 圣贤断续三千载，伯仲渐摩八十春。
>
> 保护斯文勤且让，作成吾党敬而亲。
>
> 我来不复瞻耆德，流水苍烟迹已尘。①

（三）观物阐理

理学家强调格物致知，通过对外在事物的观察，寻找万事万物的规律，以体悟事物的终极真理，所谓今日格一物，明日又格一物，积习既多，然后自有贯通处。王柏的一些诗歌就是将格物所感悟到的道理，以艺术的方式呈现出来。

如《效希夷和陈北溪韵》（其一）：

> 北溪真有道，出语涵芳鲜。
>
> 觉彼群迷句，真与梅争妍。
>
> 一花一太极，极立形气先。
>
> 遄仙名浪得，未必知其然。②

诗中一花一叶中包含终极道理，借佛教体道之方式阐释儒家之义理，这是理学家的惯用方法。

---

① 北京大学古文献研究所编《全宋诗》第 60 册，北京大学出版社，1998，第 38054 页。

② 北京大学古文献研究所编《全宋诗》第 60 册，北京大学出版社，1998，第 38000 页。

如《寿秋壑》（节选）：

> 万物一以实，物物含生生。①

此句直接用诗歌的形式解释理学万物归于一理、理存在于万物之中的哲学内涵。

如《和叔崇禽声放言》（节选）：

> 天以鸟鸣春，鸟声不敢止。
> 天以人鸣道，斯人其可已。
> ……
> 不鸣千圣传，则鸣千古事。
> 诗翁莫浪鸣，文武道未坠。②

此诗以鸟鸣而春至的自然现象，说明以诗文传达先圣思想和传播历史知识的重要性，是传承儒家道德义理的主要载体，千载儒家统绪不坠有赖诗文之功。

以上数首诗言义理相对比较直接，类似语录讲义体诗。但王柏诗纯粹论义理的仅数首，其他大部分涉及义理的诗比起陈淳的诗也要面目温和，近于人情。

如《和硕夫兄五松韵》：

> 重开甲子旧年华，莫问行程差不差。
> 幸有数杯浇舌本，不须一笔镂心花。
> 岁无腊雪非人福，时到春风不我赊。
> 两手托天缘有气，箪瓢陋巷也为家。③

---

① 北京大学古文献研究所编《全宋诗》第 60 册，北京大学出版社，1998，第 38002 页。
② 北京大学古文献研究所编《全宋诗》第 60 册，北京大学出版社，1998，第 38003 页。
③ 北京大学古文献研究所编《全宋诗》第 60 册，北京大学出版社，1998，第 38018 页。

从寻常人事说至甘于颜回之乐的大义，比起直接高谈说理要易读，且与黄榦的清雅、陈淳的枯淡相比，王柏叙事抒情多些意气成分，体现出峻健的风格。

这类诗通过倡酬而述自己对义理之见，隐而稍显，在他的集子中较多见。他的咏物诗较能体现后期转而学道，注重温厚涵养，居敬执恭的功夫。既不犀利桀骜，也不完全枯淡无味。如咏兰、梅、水仙、瑞香等物，完全是以诗人之兴去抒写，虽然也随意吟咏不刻意构思的诗，但诗意尚存。

如《自述》：

> 身坐众香国，蒲团诗思新。
> 一贫虽累我，此兴未输人。
> 陋巷谁为侣，寒窗不染尘。
> 五言盟四友，笔下顿生春。

又如在《和遁泽惠豆粟韵》（节选）中，朋友赠其豆粟，王柏借此阐释道学"理一分殊"之旨，却没有直接说理，而是采用比兴手法，显得生动形象，发人深省：

> 民曰同胞岂异根，万殊皆自一本分。①

此处王柏还通过对曾点"咏而归"快乐景象的描绘，表达对圣贤气象的追求，同样写得含蓄蕴藉，旨意颇为深隐。

如《题浴沂图》：

> 一时言志圣师前，鼓瑟声中三月天。
> 谁识咏归真乐意，如何却向画图传。②

---

① 北京大学古文献研究所编《全宋诗》第 60 册，北京大学出版社，1998，第 38015~38016 页。

② 北京大学古文献研究所编《全宋诗》第 60 册，北京大学出版社，1998，第 38039 页。

体现王柏诗歌好夸张雄肆特点的多集中在他描写景物之时，与黄榦、陈淳相比，锋利外露，格调完全不同，且动辄一题数首、十首，完全是好诗者之习气。《和庐山高韵》（节选）就是一首用语佶屈聱牙、气魄较大、风格张扬壮丽的古诗：

> 北山之北几千古兮，嶙岚层嶂数百叠。岿然横枕乎浙江，历潜岳石磴绵延而上，是为山桥之绝景兮。惊霆喷雪终岁声击撞，风柔日暖花气发，慕娄杖策而一游兮，跻攀分寸猎荦确，如蹑太虚之浑庞。峭壁立之万仞兮，著亭对峙窥谽谺……①

还有《题玉涧八首》《题时遁泽画卷十首》《题山桥十首》等诗也有这样的特点，如其中："一云山万重，天地混不分。须臾风浪恶，舟辑泊江濆。""石磴斜蹊下水隈，玉虹喷雪下崔嵬。虽然只是泉三叠，滂湃声摇万壑雷。"等诗句华丽夸张，已难觅正统理学家的影子。

王柏的诗言及人情的极少，其中《送硕夫兄之武昌》可为代表，写景清新雅正，抒情含蓄真挚，与黄榦相近：

> 年年征袖拂孤篷，饱历风霜似有功。
> 行李又谋千里外，别情多在数联中。
> 骚骚荻岸飘新白，索索枫江落冷红。
> 若遇雁音频寄字，寒窗时欲对清风。②

而关于女性的书写则多集中在关于母亲、妻子的责任和德行。难能可贵的是，王柏《和前人韵》（其二）是唯一仅见的理学家代女性言相思的诗：

---

① 北京大学古文献研究所编《全宋诗》第 60 册，北京大学出版社，1998，第 38036 页。
② 北京大学古文献研究所编《全宋诗》第 60 册，北京大学出版社，1998，第 38027 页。

> 庭前日日见兰芽，谁把青山特地遮。
>
> 雁影寂寥君又远，归期夜夜卜灯花。①

此诗虽然内容没有多少新意，但描写了女性盼良人归来的心情，在理学家中已属颇为难得。诗中没有直接阐释义理，而是以比兴的手法写义理，更加生动形象，发人深省。

王柏曾在《和敬岩韵迓其归》（节选）中将"如切如磋，如琢如磨"阐发开来说明用功须持久：

> 如彼角斯磋，如彼玉斯琢。
>
> 不患工不浚，所患志不恪。
>
> 秋阳日以暴，江汉日以濯。
>
> 真积而力久，自见所立卓。②

此诗表达切磋象角和雕琢美玉的时候不要担心耗时太久，用工太多，而应当担心的是自己的心志不能持久。就像秋天的太阳每天都在暴晒，汉江的水流每日都在濯洗。人如能厚积学识，涵养自身，长此以往，见识必定会卓越。

用典是古人常用的修辞手法，宋人用典之繁多几乎成为后人批评的对象，相比纯粹诗人，理学家用典则较少，比较节制，且多用儒家经典。这或许与其不刻意为诗的态度相关。理学家用典多且运用娴熟者很少，唯有杨时、朱熹等是理学家中善于作诗者。王柏诗用典偶尔也有典故引用得浑然天成的。如《题山桥十首》（其八）："吹尽尘襟亦快哉，心期千古一时开，清风满峡谁收拾，即此清风播后来。"③ 或从苏轼

---

① 北京大学古文献研究所编《全宋诗》第 60 册，北京大学出版社，1998，第 38041 页。
② 北京大学古文献研究所编《全宋诗》第 60 册，北京大学出版社，1998，第 38000 页。
③ 北京大学古文献研究所编《全宋诗》第 60 册，北京大学出版社，1998，第 38040 页。

《水调歌头·黄州快哉亭赠张偓佺》中名句"一点浩然气，千里快哉风"中得到灵感，因其转用几乎如同己出，不着痕迹。

理学本源儒学，以诗言理之时，自然不可避免引儒经，有时也引用得不着痕迹。如王柏《和立斋踏月韵》在对月抒怀之后，归之以理："我有一要言，愿与月同盟。清光无晦蚀，与德时时新。"这里，"与德时时新"恰同于《礼记·大学》中"苟日新，日日新，又日新"所发之理。

王柏曾编撰《可言集》前后二十卷，是遵循理学宗师朱熹的诗学观念编撰的一部理学诗集，成为金履祥《濂洛风雅》的嚆矢，体现出作者为理学诗独立门派以抗衡诗人之诗的自觉意识。

第三节　其他理学诗人的诗

一　"南渡大宗"叶适的诗歌

叶适（1150~1223），字正则，是南宋与朱熹齐名的思想家、文学家，浙东永嘉学派的集大成者。相对于宋季的诗人或学者，叶适属于与朱熹、陆九渊一代的前辈大儒，他曾师事永嘉学派的学者薛季宣、陈傅良，并进一步发展其思想学说，将永嘉学派发扬光大成为与朱熹"理学"、陆九渊"心学"鼎足抗衡的一大思想流派。由于叶适活得比较久，直到宋宁宗嘉定十六年（1223）才去世。他经历过理学从"庆元党争"的低潮到宋宁宗后期理学家地位空前提高的转变，在朱熹等人去世后的宋季学术界、文学界地位都极其尊崇，影响巨大。后期真德秀、刘克庄等理学大儒或文坛领袖都对他不吝褒扬之辞。

叶适不仅是南宋中后期学术界的巨擘，而且是一代文学宗师。刘宰（1167~1240）曾盛赞"水心叶先生之文，如涧谷泉，挹之愈深"[①]，真

---

① （宋）刘宰：《书夏肯父乃父志铭后》，载曾枣庄、刘琳主编《全宋文》第 300 册，上海辞书出版社、安徽教育出版社，2006，第 40 页。

德秀也认为"永嘉叶公之文,于近世为最"①。从其文学创作实践来看,叶适在当世文坛是以散文著称的,《水心集》提要说他"文章雄赡,才气奔逸,在南渡后卓然为一大宗"②。也主要是就其散文成就而言。而其诗歌方面的成就,则是毁誉参半。

褒之者如刘克庄《后村诗话》云:"水心,大儒,不可以诗人论……兼阮、陶之高雅,沈、谢之丽密,韦、柳之情深,一洗今古诗人寒俭之态矣。然四灵中如翁灵舒,乃不喜此作,人之所见有不可解如此者。"③但这种赞美仅限于对《中塘默林》前后篇等个别作品,且指出曾受叶适提携、得知遇之恩的四灵之一的翁卷竟然"不喜此作",说明这两首诗并非得到诗坛一致认同。而真正给予叶适较为充分肯定的批评家是清初的吴之振,他对叶适的诗评价很高,称赞其"用工苦而造境生,皆镕液经籍,自见天真,无排迕刻绝之迹。艳出于冷故不腻,淡生于炼故不枯。曾点之瑟方希,化人之酒欲清,其意味足当之"④。对其诗所呈现的才学("皆镕液经籍")、艺术上的化工境界("用工苦而造境生")和风格上的自然天真("自见天真,无排迕刻绝之迹")多方面予以赞美。钱基博先生在《中国文学史》中称赞叶诗"丽而能朗,故不腻。疏不害妍,故不野;藻丽茂典之什,而有抑扬爽朗之致,如杜牧之学杜甫也"⑤。对其风格的评价基本承袭吴之振的观点,而赞扬其学而有所得。

贬之者如宋末元初诗人方回在《瀛奎律髓》中云:"水心以文知名,拔'四灵'为再兴唐诗者。而其所自为诗,恐未尝深加意。"⑥所

---

① (宋)真德秀:《跋著作正字二刘公志铭》,载曾枣庄、刘琳主编《全宋文》第313册,上海辞书出版社、安徽教育出版社,2006,第211页。

② (清)永瑢等:《四库全书总目》,中华书局,1965,第1382页。

③ (宋)刘克庄:《后村诗话》,中华书局,1983,第71页。

④ (清)吴自牧、吕留良、吴之振等辑《宋诗钞·宋诗钞补》,《水心诗抄》,三联书店上海分店,1988,第424页。

⑤ 钱基博:《中国文学史》第五编《近古文学下》,中华书局,1993,第647页。

⑥ (宋)方回选评,李庆甲集评校点《瀛奎律髓汇评》,卷二十三《闲适类》九八五,上海古籍出版社,1986。

谓"未尝深加意"，就是说叶适在诗歌方面着力不多，造诣也不深。钱锺书先生是对宋诗研究用力甚勤的学者，其诗学也最具影响力，他对叶适的诗同样评价不高，认为"他号称宋儒里对诗文最讲究的人，可是他的诗竭力炼字琢句，而语气不贯，意思不达，不及'四灵'还有那么一点点灵秀的意致。所以，他尽管是位'大儒'，却并不能跟小诗人排列在一起"①，认为他"竭力炼字琢句"，但"语气不贯，意思不达"，与吴之振"炼故不枯"的说法颇有差异，与其父钱基博"抑扬爽朗"的结论也有不同。因此在其《宋诗选注》中没有选叶适的诗歌。

客观来看，叶适的诗歌成就虽不如他的散文，但依然有其特点，在南宋后期诗坛上产生过一定影响。叶适著有《水心文集》，收录诗歌共计380首，从题材上看，叶适的诗歌包括赠别、哀挽、题记和民俗民风等不同类别。其中赠别诗数量最多，高达103首，主要表现朋辈师友之间的情谊；其次是挽诗，共计68首。从体裁上言，有古体诗152首，近体诗228首。古体诗占40%，近体诗占60%，近体诗所占比例更大。从这一占比来看，他似乎更重视律诗的写作；但与同一时期的后江西诗派和永嘉四灵相比，他又有重视古体诗的倾向。《全宋诗》存其诗3卷。②

无论从作品的内容看，还是从艺术上言，叶适的古体诗成就整体上比近体诗要高。关于他的古体诗作，其弟子吴子良（1198~1257?）曾在其《林下偶谈》列举叶适的诸多古诗名句并分门别类地加以评析：

> 水心诗蚤已精严，晚尤高远。古调好为七言八句，语不多而味甚长，其间与少陵争衡者非一，而义理尤过之，难以全篇概举，姑举其近体成联者："花传春色枝枝到，雨递秋声点点分"，此分量

---

① 钱锺书：《宋诗选注》，人民文学出版社，1958，第248页。
② 北京大学古文献研究所编《全宋诗》第50册，北京大学出版社，1998，第31199~31272页。

不同，周匝无际也；"江当阔处水新涨，春到极头花倍添"，此地位已到，功力倍进也；"万卉有情风暖后，一筇无伴月明边"，此惠和夷清气象也；"包容花竹春留卷，谢遣蒲荷雪满涯"，此阳舒阴惨规模也；"隔垣孤响度，别井暗泉通"，此感通处无限断也；"举世声中动，浮生胥带来"，此真实处非安排也；"崚岩桥畔船辞柁，冷水观边花发枝"，此往而复来也；"有儿有女后应好，同穴同时令奈何"，此哀而不伤也；"此日深探应彻底，他时直上自摩空"，此高下本一体，特有等级也；"著祭义前识，萧韶舜后音"，此古今同一机，初无起止也，所谓关于义理者如此，虽少陵未必能追攀。至于"因上岧峣览吴越，遂从开辟数羲皇"，此等境界，此等襟度，想象无穷极，则惟子美能之。他如"驿梅吹冻蕊，柂雨送春声""绿围齐长柳，红糁半含桃""听鸡催谒驾，立马待纶书""野影晨迷树，天文夜照城""晒书天象切，浴砚海光翻""地深湘渚浪，天远桂阳城"，置杜集中何以别？乃若"遣腊冰千箸，勾春柳一丝""磷迷王彻宅，蒿长孟郊坟""帆色挂晓月，橹音穿夕烟""门邀百客醉，囊诿一金存""难招古渡外，空老夕阳滨"，又特其细者。①

这段论述围绕叶适诗"与少陵争衡者非一，而义理尤过之"这一命题，从内容、形式、风格、气象、境界等不同角度对叶适之诗展开分析，予以全方位的肯定，可谓推崇备至。从其所举的诗句可以看出，叶适善于将对仗、平仄、用韵等近体律诗的规则运用于古体诗的写作，从而使其作品既具有情感真挚、古雅朴拙的古诗特点，又凸显出近体诗的精密细致，在一定程度上实现了"语不多而味甚长"的审美效果。"运律于古"堪称叶适在诗歌艺术上的创新，虽然局限于自己的表现能力或

---

① （宋）吴子良撰、明万历刊本《荆溪林下偶谈》卷四《水心诗》，载王水照编《历代文话》（第一册），复旦大学出版社，2007，第579页。

用力程度，但这种有意改变传统作诗方法的行为本身是有意义的，因此叶适在诗歌上的贡献不应该被简单一笔抹杀。

作为南宋中后期与朱熹、陆九渊鼎足而立的著名学者，叶适的诗歌创作也不可避免地打上"义理"的时代烙印。虽然他的义理诗从数量上不如陈淳、真德秀、魏了翁等理学家那么多，也不像他们表达得那么明显，且很少用长篇或组诗方式阐述义理。但正如吴子良所言，他对义理的关注也是不争的事实。他在一些送别作品中多有天理性情等道学义理思想的阐述，

如《送陈寿老》（节选）：

> 古今文人不多出，元祐惟四建安七。
> 性与天道亦得闻，伊洛寻源未为失。①

所谓"性""天道"，都是理学重要的学术概念和哲学范畴；伊洛之学乃二程创立的思想学派，是程朱理学之源头，"伊洛寻源未为失"说明叶适的事功思想本来就渊源于二程洛学，是理学发展的一个分支。因此，提倡实学的叶适对理学义理的阐发也非常重视："周公仲尼在左右，勘点六籍开凡愚。曾经秦祸多散阙，郑笺毛传悲纷如。精神感通若亲授，损益殷夏还其初……韩吕之相以类聚，程张之师以道俱。业调甘酸嗜秦炙，肯逐象罔迷玄珠。分明愤发贯篇首，端的镂写传吾徒。"（《魏华甫鹤山书院》）② 将"程张"道学"传吾徒"视为自己的历史使命；"隐侯之郡成公宅，辞流屈注回理窟。前辈渊骞晚凋谢，后进远求骞超绝。圣朝论士皆公卿，千乘何足留高名。春风无痕万情化，尽付双溪舞雩下。"（《送戴汉老》）③ 用理学之春风化育人间性情，在自然

---

① 北京大学古文献研究所编《全宋诗》第 50 册，北京大学出版社，1998，第 31230 页。
② 北京大学古文献研究所编《全宋诗》第 50 册，北京大学出版社，1998，第 31229 页。
③ 北京大学古文献研究所编《全宋诗》第 50 册，北京大学出版社，1998，第 31233 页。

风月中感受天理流行。为此，他告诫朋友要以中庸之道处理好情与理的关系："情胡万难齐，理或不未贯。中道不乃伸，偏质徒受乱。"（《送胡衍道》）[1] 这些诗在艺术上或有欠缺，但义理化倾向则体现得十分鲜明。

除了阐述抽象的理学概念外，叶适还很注重对传统儒学的宣扬。以孔孟为代表的儒学是中国历史上的主流意识形态，宋代学术都是在此基础上发展起来的新的儒学形态，理学更是如此。因此，儒家伦理道德、圣人贤哲境界都属于理学所阐述和宣扬的基本内容。叶适诗所表现的义理也包括儒家传统思想。

如《孙祖佑解元世友堂》（节选）：

> 含德厚乃祖，义完嗟利赕。
> 最怜常熟令，楗楥不尽施。
> 温恭化群从，逊悌流深规。
> 一丝必同袍，粒黍无异炊。[2]

作为一首题写世友堂这样具有教育功能场所的诗歌，"含德""义完""温恭""逊悌""同袍"等道德感极强的语词充斥其间，属于典型的道德教化类作品。

再如《莳门》（节选）：

> 遗墨固藏神，希圣非立我。
> 断后辄无前，实右即虚左。
> 品定赋纤洪，义明分勇懦。
> 端木语卫文，洙泗皆卿佐。

---

① 北京大学古文献研究所编《全宋诗》第 50 册，北京大学出版社，1998，第 31232 页。
② 北京大学古文献研究所编《全宋诗》第 50 册，北京大学出版社，1998，第 31233 页。

孔子叙夷齐，后进尚觊琐。

从来一大事，几作鸿毛荷。①

《送陈粮料》：

万里渥洼出，行天绝比伦。

能参天关键，莫用小精神。

钟鼎身虽贵，箪瓢道未贫。

梅情兼雪意，留住恰芳春。②

《石洞书院》：

好泉好石入君庐，雾锁云封地敢居。

若把风光当豪馔，岂同经史作寒菹。

庭中蓍老易无过，畹内兰滋诗有余。

只此尽知贤圣乐，世闲青紫亦空虚。③

《赵振文在城北厢两月无日不游马塍作歌美之请》（节选）：

圣人有道贵草木，我辈栽花乐太平。④

这些诗句或宣扬孔子伦理道德学说，或借颜子箪瓢陋巷之乐抒写自我道德修养，或表达对圣贤境界的追求。总之，作为理学家，叶适有强

---

① 北京大学古文献研究所编《全宋诗》第 50 册，北京大学出版社，1998，第 31202 页。
② 北京大学古文献研究所编《全宋诗》第 50 册，北京大学出版社，1998，第 31240～31241 页。
③ 北京大学古文献研究所编《全宋诗》第 50 册，北京大学出版社，1998，第 31271 页。
④ 北京大学古文献研究所编《全宋诗》第 50 册，北京大学出版社，1998，第 31234 页。

烈的社会责任感，他试图利用诗歌这一韵语形式，传达对儒学义理的理解，从而实现匡时救弊、教化世俗、建设有道社会的践行目的。

叶适诗歌的理性特点还表现在他善于从自然中感知、从生活中体悟哲理。

如《上滩》（节选）：

> 篙师上滩时，面作石蟆样。
> 及其进尺寸，乃在一偃仰。
> 神禹不到地，狂流终播荡。
> 逆顺本天力，人谋不相让。[①]

此诗从船夫逆流而上的动作中感悟出人生"逆顺本天力，人谋不相让"的道理。

《阳复》从季节的变化中寄寓对动静盛衰变化的理解，阐理而有趣味：

> 阳复冰潜动，云衰日界明。
> 近传新诏绋，重起旧簪缨。
> 斗极回东指，军容直北营。
> 龙蛇多变化，旋日看超升。[②]

《陈待制挽诗》（其四）：

> 世事从来半局棋，夜眠还有不应时。
> 峙岩桥畔船辞柏，冷水观边花发枝。[③]

---

① 北京大学古文献研究所编《全宋诗》第 50 册，北京大学出版社，1998，第 31238 页。
② 北京大学古文献研究所编《全宋诗》第 50 册，北京大学出版社，1998，第 31239 页。
③ 北京大学古文献研究所编《全宋诗》第 50 册，北京大学出版社，1998，第 31267 页。

通过对陈谦别业周围"峙岩桥""冷水观"等景观的描绘，说明生老病死不以人的意志为转移的自然规律，借以表达对逝者的感伤怀念。

南宋中后期，由于理学的逐步繁荣及其官方化，其对文学的渗透和控制越来越严重，诗歌的说理特性得到进一步强化，而其抒情性则被空前削弱。在此背景下，叶适的许多本应以抒情为主体的送别之作和挽诗，表现出淡化悲哀情绪、故作放达的特征。但也有一些作品真情流露，颇能打动人心。

如《周纯臣子去病淑慧而短折赋以哀之》：

> 周子百未遇，有儿慰眼前。
>
> 敢夸村调别，自喜禀赋全。
>
> 其守过老苍，其行通变权。
>
> 共看成蛋负，何意天初年。
>
> 汝昔透胞络，冲风著筋挛。
>
> 和丹和乳咽，煨附加盐煎。
>
> 所投烈药尽，始获奇痾痊。
>
> 隋和绝代宾，气命百分怜。
>
> 问汝今何之，幻影来无缘。
>
> 不许斧执捉，坏灭同埃烟。
>
> 此悲信无益，此爱倍难捐。
>
> 不见赵几道，泣泪逆幽泉。
>
> 不见孟良甫，叫吻聒穹天。
>
> 汝爷自为铭，志欲金石传。
>
> 兼求我诗去，刻在墓门边。①

---

① 北京大学古文献研究所编《全宋诗》第 50 册，北京大学出版社，1998，第 31235 页。

此诗是哀悼友人子不幸早夭的一首挽诗。前六句描写其子天赋出众，少年稳成而处事灵活。中间部分记录此子与病魔斗争而最终英年早逝。最后部分抒发白发人送黑发人的深悲剧痛："此悲信无益，此爱倍难捐。不见赵几道，泣泪迸幽泉。不见孟良甫，叫吻聒穹天。"诗中连用"此悲""此爱"，加上两次"不见"的叠加，将父亲对儿子的慈爱和失去亲人的悲恸表现得无以复加，极大地冲击着读者的心扉。是一首难得一见的情真意切的作品。

叶适的古体诗中还有一些是向民歌学习而写成的乐府体诗，《橘枝词三首记永嘉风土》（其二）就是一组描写作者故乡风情诗歌，给人以清新可喜之感：

> 琥珀银红未是醇，私酤官卖各生春。
> 只消一盏能和气，切莫多杯自害身。①

描写故乡酒的美味可口，享受中不忘劝诫。而《白纻辞》堪称是他乐府诗中的上乘之作：

> 有美一人兮表独，陟彼南山兮伐寒纻。
> 挑灯细缉抽苦心，冰花织成雪为缕。
> 不忧绝技无人学，只愁不堪嫁时著。
> 郑侨吴札今悠悠，争看买笑锦缠头。②

清人贺裳《载酒园诗话》对此诗赞不绝口："宋人于乐府一途，尤为河汉，水心《白纻辞》篇，深得古意……深叹知音难遇，又不忍遽自决绝，徊翔宛转，无限风流。"清代另一诗论家吴乔在其《围炉诗

---

① 北京大学古文献研究所编《全宋诗》第50册，北京大学出版社，1998，第31264页。
② 北京大学古文献研究所编《全宋诗》第50册，北京大学出版社，1998，第31219页。

话》中对其也不吝溢美之词："此仅望见张、王耳，在宋已成绝作。"①认为此诗堪与中唐张籍、王建的乐府诗相媲美，评价颇高。

总体而言，作为理学家的叶适谈论道德义理是其诗歌作品的重要内容，这充分反映了宋代后期诗歌的整体倾向。他既写古体，也不忽视近体，古律兼重是其特点，体现了他在诗学上主张道艺并重。他虽然不像大多数理学诗人那样，只是将诗歌作为一种工具来宣讲儒家道德和理学义理，诗集中也很少有真正意义上的语录讲义诗歌。在艺术上，他也试图从语言、气象、结构上作一些必要的改变，有所创新，但结果正如钱锺书所批评的那样："诗求为健峭雅洁，而气力单薄，语益多龃龉不安，意益复结轖不透，猝视之，似较浪语止斋为清秀，细按则情韵远不如，《后村诗话·后集》卷一谓水心大儒，不可以诗人论……《瀛奎律髓》数言水心能文，自不工诗。"②因此，无论是从其诗歌内容的体现，还是语言的表达、艺术风格的呈现，都存在较大的缺陷，虽然与同时代的理学诗歌相比还算具有一些特点，但依然无法进入宋季诗坛名流甚至大家的行列。

二 "陆门上足"杨简的诗歌

杨简（1141~1226），字敬仲，世称慈湖先生，浙江慈溪人。是史称的"淳熙四先生"之一。乾道五年考中进士，初授官富阳主簿。因缘际会，心学大师陆九渊经过富阳时，杨简曾向其求教学问，二人一见如故，遂定师弟子之礼，后成为陆九渊最著名的弟子之一。理学家陈淳有言："浙间年来象山之学甚旺，由其门人有杨、袁显贵，据要津唱之，不读书，不穷理，专做打坐工夫。"③其说虽不无偏见，但对杨简在心学派地位的定位还是很准确的。清代《杨氏易传》提要亦持大致相同

---

① （清）吴乔：《围炉诗话》卷五，《丛书集成初编》，中华书局，1985，第2609页。
② 钱锺书：《钱锺书手稿集·容安馆札记》卷二，商务印书馆，2003，第761页。
③ （清）黄宗羲原著，（清）全祖望补修《宋元学案》（三），中华书局，1986，第2478页。

的看法："简则为象山弟子之冠，如朱门之有黄榦，又历官中外，政绩卓有可观，在南宋为名臣，尤足以笼罩一世。"① 较之陈淳的门户之见，永瑢等的评价显然更为客观公允。杨简一生著述颇丰，著有《慈湖诗传》《杨氏易传》《先圣大训》《五诰解》《慈湖遗书》等。《全宋诗》存其诗 1 卷，存诗 163 首②。虽然他无意为诗，所写诗歌多率性而为，不事雕琢，但在理学家中质量属于上乘。

从学术流派看，杨简学宗陆九渊，强调："人心即道，是谓道心。无体无方，清明静一，其变化云为虽有万不同，如水镜之毕照而非动也。如日月之溥照万物而非为也。"③ 他作为心本体论者的主要代表，其思想以"不起意"为宗，认为"意"是一切过失的根源。"意"在他的学术体系中内涵非常丰富："微起焉，皆谓之意；微止焉，皆谓之意。意之为状，不可胜穷。"④ 故他特别强调"毋意"，即无欲，无作意。按照心学的解释，"人心至灵至神，虚明无体，如日如鉴，万物毕照，故日用平常，不假思为，靡不中节，是为大道。微动意焉，为非为僻，始失其性"⑤。用之于诗，他主张以率性之笔，展现无内无外、浑然一体的明融境界。

如《明融》（其一）：

妙妙融明乐未央，山川人物献文章。

纵横组织无边巧，变化委蛇不可商。

北麓林塘秋静莹，南山景气晓苍茫。

欲吟无句方徐步，忽报相从注早香。⑥

---

① （清）永瑢等：《四库全书总目》，中华书局，1965，第 13 页。

② 北京大学古文献研究所编《全宋诗》第 48 册，北京大学出版社，1998，第 30079~30102 页。

③ （宋）杨简：《慈湖遗书》卷十一，山东友谊出版社，1991。

④ （宋）杨简：《慈湖遗书》卷三，山东友谊出版社，1991，第 76 页。

⑤ （宋）杨简：《慈湖遗书》卷九，山东友谊出版社，1991，第 516 页。

⑥ 北京大学古文献研究所编《全宋诗》第 48 册，北京大学出版社，1998，第 30082 页。

"北麓林塘秋静莹，南山景气晓苍茫"两句，凸显大自然鬼斧神工的万象变化，无一不是虚明心体的外在映像。一切都是那么自然而然、无思无虑。

杨简诗歌善于描绘在大自然蓬勃生机中观物体道的诗意境界和澄澈心境。

如《石鱼楼》（其一）：

> 多谢天工意已勤，四时换样示吾人。
> 碧桃丹杏分明了，绿艾红榴次第陈。
> 秋雁声中休卤莽，雪梅枝上莫因循。
> 机关踏著元非彼，正是吾家固有身。[1]

其二：

> 个里包坤更括乾，精神微动便纷然。
> 桃红柳绿春无迹，鱼跃鸢飞妙不传。
> 菱浪岂绿风衮衮，荷珠不为露涓涓。
> 分明是了何言否，此事难容郑氏笺。[2]

诗中所描绘的充满生机的"碧桃丹杏分明了，绿艾红榴次第陈"，蕴含着自我心灵的自由洒落；作者津津乐道的"桃红柳绿""鱼跃鸢飞"世界，正是前辈儒者所追求的仁者浑然与万物同体的天人融合境界。

从学术传承上看，一般认为，心学的谱系自先秦孟子开始，北宋程颢远承遗绪，中经数代而传至陆九渊，程颢被许多学者公认为是宋代心学的开派者。如果把杨简的《咏春》（日日看山不厌山，白云吞吐翠微

---

① 北京大学古文献研究所编《全宋诗》第 48 册，北京大学出版社，1998，第 30081 页。
② 北京大学古文献研究所编《全宋诗》第 48 册，北京大学出版社，1998，第 30081 页。

间。静明光里无穷乐，只是令人下语难①）与程颢的《秋日偶成·其二》（闲来无事不从容，睡觉东窗日已红。万物静观皆自得，四时佳兴与人同。道通天地有形外，思入风云变态中。富贵不淫贫贱乐，男儿到此是豪雄）加以比较，我们可以更直观地感受到心学一派的"心心相印"，在他们眼中，大自然的山光水色、四季变化无一不是妙道的自然呈现，从中可以体会悟道的极致快乐。

宋季学者罗大经《鹤林玉露》论及慈湖诗时曾言：

> 杨慈湖诗云："山禽说我胸中事，柳烟藏他物外机。"又云："万里苍茫融妙意，三杯虚白浴天真。"又六言云："净几横琴晓寒，梅花落在弦间。我欲清吟无句，转烦门外青山。"句意清圆，足觇其所养。②

此处提到几首诗，第一首是《偶成》（其一）：

> 春入园林种种奇，化工施巧太精微。
> 山禽说我胸中事，烟柳藏他物外机。
> 既遣杏桃呈似了，又令蜂蝶近前飞。
> 如何有眼无人见，只解西郊看落晖。③

第二首是《宝莲官舍偶作》：

> 云海湖山有主人，宝莲峰顶露精神。
> 有时领客登高去，亲手挑窗对景新。

---

① 北京大学古文献研究所编《全宋诗》第48册，北京大学出版社，1998，第30083页。
② （宋）罗大经：《鹤林玉露》卷五，中华书局，1983，第320页。
③ 北京大学古文献研究所编《全宋诗》第48册，北京大学出版社，1998，第30086页。

万里苍茫融妙意，三杯虚白浴天真。

出门更有殷勤在，为奏松风又色伦。①

　　一首近体诗一首古体诗，都是以心学为根柢，作者在生机勃勃的大自然中感受到心灵放飞的自由、与天地融为一体的天乐和心乐，展现出心体的恢弘境界和主宰气象。而罗大经所说的六言，即六言绝句《明融》（其三），诗歌描写自己于梅花飘落的季节，独自坐在窗明几净的室中弹奏雅曲，窗外青山隐隐，物我交融，一片澄澈。而这种韵致是超脱语言表象、直指内心的，其中机趣只可意会，不可说破。与正统程朱理学诗相比，杨简的诗体现出非常鲜明的心学色彩。

　　杨简强调的心体虚明，无意无为，也颇近于庄子的自然任运、不累于物的思想。此心静中涵动，动不妨静，杨简将之归结为神妙的"灵机"万象生机盎然且纷变不息，俯仰宇宙而心体寂然，也正是杨简诗歌的妙境，如："我吟诗处莺啼处，我起行时蝶舞时。踏着此机何所似，陶然如醉又如痴。"（《偶成·其五》）② 莺啼蝶舞，看似造化之机，实乃心中灵机呈现。因此，静默的心体与飞跃的生命，构成了杨简诗歌精神的两元。

　　杨简坚守理学家自然平实的作诗原则，反对奇险诗风和雕琢语言："夫子文章不可为，从心到口没参差。咄哉韩子休污我，却道诗葩与易奇。"（《偶作·其十三》）"雪月风花总不知，雕奇镂巧学支离。四时多少闲光景，无个闲人领略伊。"（《偶作·其十四》）③ 认为韩愈等对"葩"、"奇"和"雕奇镂巧"的追求，都是没有意义的"闲工夫"。在杨简看来，真正的好诗不是思虑、思维的结果，而通过雕琢刻画、精心构拟创作出来的作品不符合儒家"思无邪"的诗教，反倒是那些肆口

---

① 北京大学古文献研究所编《全宋诗》第 48 册，北京大学出版社，1998，第 30081 页。
② 北京大学古文献研究所编《全宋诗》第 48 册，北京大学出版社，1998，第 30086 页。
③ 北京大学古文献研究所编《全宋诗》第 48 册，北京大学出版社，1998，第 30084 页。

而成的诗歌，才是臻于极境的真诗，所谓"兴来冲口都成句"①，表明他对率性而为、冲口而出诗歌风格的追求，这与整个宋代理学诗学的宗旨是完全一致的。

当然，杨简也有部分说理诗以散文句法为诗，读起来韵律全无，索然寡味。

如《大哉》（节选）一诗：

> 大哉孔圣之言，哀乐相生不可见，倾耳听之不可闻。
> 不见乃真见，不闻乃真闻。
> 子夏虽曰敢不承，实莫之承终于昏，误认有子为师道。
> 曾子觉虽小，而悟孔圣之皓皓。②

此诗完全模糊了诗与文的界限，几乎不考虑诗歌的审美特质和形式技巧，字句重复，长短句式不整齐，押韵也不讲究，将诗变成了没有丝毫韵味的讲义体散文。再如《慈溪金沙冈歌》中："每每回顾慈湖水，慈溪慈溪孝名美。即天之经地之义。子思不知万物我发育，推与圣人自固蔽。"③ 也是舍弃了诗之神味意兴，而奢谈天地万物之理，将诗写成了高头讲章，只有"理"而没有"趣"。当然，杨简这类诗是极少数，但影响却很消极。这种没有底线地对诗体改变，而不考虑诗歌与散文具有本质差别的所谓创新，实际上对诗歌发展造成严重伤害，称得上是诗之一"厄"。

三　"晚宋名儒"魏了翁的诗歌

魏了翁（1178~1237）是南宋与真德秀齐名的著名理学家、思想家、

---

① 北京大学古文献研究所编《全宋诗》第 48 册，北京大学出版社，1998，第 30086 页。
② 北京大学古文献研究所编《全宋诗》第 48 册，北京大学出版社，1998，第 30095 页。
③ 北京大学古文献研究所编《全宋诗》第 48 册，北京大学出版社，1998，第 30095 页。

经学家、教育家和文学家，有《鹤山集》传世。四部丛刊本《鹤山集》收录其诗歌十三卷，加上《全宋诗》辑佚诗 1 卷、《全宋诗订补》辑补诗 1 首，共存诗 880 余首，是理学家中作诗较多、成就较大的诗人之一。

魏了翁提倡有本之诗，所谓"有本"，就是诗中有"理"有"德"，强调内在道德修养的重要性：

> 公所为诗，宽裕而理，造次仁义，无一毫篆组雕琢之习。呜呼！是岂一朝夕之致哉？祖宗涵濡之泽，山川清明之禀，师友渐益之功，其根既厚，其叶滋沃。诗乎诗乎，可以观德，可以论世，而无本者能之乎？①

魏了翁的诗歌是其诗学思想的具体实践，用韵文形式表现了他的学术见解、政治态度和思想感情。作为与真德秀并驾齐驱的宋季理学大儒，他创作了大量的阐述理学义理的作品，同时也留下反映南宋中后期社会现实问题的诗歌。

（一）理学诗

《鹤山集》中虽然专门阐述义理的诗歌数量所占比例不大，但魏了翁通过酬唱赠答、祝寿庆生、送别问候、写景记事等多种方式和途径，不遗余力地宣扬儒家道德义理，陶冶心性，教化社会，涉及儒家思想、理学观念的作品俯仰皆是，是典型的理学诗人。祝尚书在其《宋代巴蜀文学通论》中认为此类诗乃"有为而作，融以理趣"②，通过其诗歌的仔细阅读，所谓"有为而作"的评价算得上"验之信然"；但"融以理趣"者似乎不太多，以其作为他理学诗的一个主要特点稍显勉强。王迈

---

① （宋）魏了翁：《陈正献公诗集序》，载曾枣庄、刘琳主编《全宋文》第 310 册，上海辞书出版社、安徽教育出版社，2006，第 46 页。
② 祝尚书：《宋代巴蜀文学通论》，巴蜀书社，2005，第 420 页。

在《祭鹤山先生文》中言其诗"陶写襟灵"① 则总结出魏了翁诗歌的主要特点：赋写情性，率性而为。

受理学先辈周敦颐、二程、朱熹等文以载道思想的影响，理学家作诗都反复强调"以诗人比兴之体，发圣贤义理之秘"的作诗原则，而到南宋后期，随着理学独尊地位的逐步形成与最终的官方化，以诗阐述儒家义理就成为诗人当仁不让且必须承担的社会责任和教化义务。在这样的文化背景下，作为理学大儒的魏了翁自然会更加自觉地行使这一文化和文学权力。翻检其诗集，满眼尽是儒家义理阐释和道德说教。如《虞永康生日》："握机洞消长，观物了成坏……建立天地心，透彻义利界。"② 在祝贺朋友生日的场合，不是庸俗地祝福长寿富足，而是强调道德人格的修养，表现出理学家对内在心性的关注。

再如《次德先韵》：

二气同一根，本体浩兮渊。
可见川上逝，未发心下泉。
真机亡停息，果剥根长鲜。
定理亡将迎，尘境地自偏。
形神既外发，何者操其权。
芸芸万感通，存处元寂然。
一物一太极，不间大小年。
随处无亏缺，并居而用迁。
至人配天德，知周物之先。
学者事何事，省察于眇绵。③

① 曾枣庄、刘琳主编《全宋文》第 324 册，上海辞书出版社、安徽教育出版社，2006，第 425 页。
② 北京大学古文献研究所编《全宋诗》第 56 册，北京大学出版社，1998，第 34866 页。
③ 北京大学古文献研究所编《全宋诗》第 56 册，北京大学出版社，1998，第 34873 页。

这首五言古体诗，以韵语的形式说明一理二气互根互推而化生万物的道理，辨析了"未发""已发"等抽象的理学概念，论述了万物一体"理一分殊"的理学基本思想，阐释了天人合一、至道无间的深刻哲理，是典型的语录讲义体理学诗。像这类诗歌还有很多。

如《次韵黄侍郎海棠花下怯黄昏七绝》（其二）：

> 曾访郊原春，静观烟雨妆。
> 因物得良晤，谅非昔如棠。

其七：

> 醉妃索南内，玉奴毙东昏。
> 所以观物心，皇皇妙无门。①

《阁学袁侍郎以朝鲤豢龙两图见寄索和·朝鲤》（节选）：

> 物生宇宙间，巨细统有宗。
> ……
> 卓哉无极论，上配禹孟功。②

《阁学袁侍郎以朝鲤豢龙两图见寄索和·豢龙》（节选）：

> 乾坤包万有，纳纳百囊罟。
> 人位乎两间，利与害为御。
> ……

---

① 北京大学古文献研究所编《全宋诗》第 56 册，北京大学出版社，1998，第 34874 页。
② 北京大学古文献研究所编《全宋诗》第 56 册，北京大学出版社，1998，第 34893 页。

河有背负图，庭无嫠流女。

义理之不明，人情自疑沮。①

《送程叔运高不妄西归》（节选）：

平生为人谋，必以下学进。

必以直道行，闻者或相靳。

……

人能位天地，人可为尧舜。

气合如涂涂，道同如印印。②

《题东瓯王友直尚友堂》（节选）：

气数有诎信，义理无终穷。

……

有师舜文学周孔，有拟管乐明申韩。

亦有是商鞅，亦有趋异端。

若言气合即为善，是中更要分明看。③

《赠曾医》（节选）：

太极分阴阳，物物具两仪。

乾坤互南北，坎离迭东西。

四时有见伏，昼夜有荡推。

夫人迁于物，由之而不知。④

---

① 北京大学古文献研究所编《全宋诗》第 56 册，北京大学出版社，1998，第 34893 页。
② 北京大学古文献研究所编《全宋诗》第 56 册，北京大学出版社，1998，第 34904～34905 页。
③ 北京大学古文献研究所编《全宋诗》第 56 册，北京大学出版社，1998，第 34907 页。
④ 北京大学古文献研究所编《全宋诗》第 56 册，北京大学出版社，1998，第 34909 页。

《和虞永康梅花十绝句》（其十）：

世间无物可谈空，开落荣枯实理同。

百树好花一编易，主人立处俨当中。①

《尝为赵太社蕃作章泉二字及匹纸写诗二十二首赵一再有诗因次韵》其一：

易象于坤必有章，泉翁此义发天光。

离趋外卦文加质，乾伏中爻纲覆裳。

欲验吾心观习坎，诚知是理识归藏。

公诗谢我祗成辱，敢复从公质寸长。②

《赵广安昱挽诗·其一》（节选）：

蚤志周程学，期窥孔孟心。③

《冯夫人挽诗》（节选）：

解道先天易，能哦击壤诗。④

《偶成》（其二）：

沂水春风弄夕晖，舞雩意得咏而归。

为何与点狂曾晳，个裹须参最上机。⑤

---

① 北京大学古文献研究所编《全宋诗》第 56 册，北京大学出版社，1998，第 34925 页。
② 北京大学古文献研究所编《全宋诗》第 56 册，北京大学出版社，1998，第 34972 页。
③ 北京大学古文献研究所编《全宋诗》第 56 册，北京大学出版社，1998，第 34989 页。
④ 北京大学古文献研究所编《全宋诗》第 56 册，北京大学出版社，1998，第 35003 页。
⑤ 北京大学古文献研究所编《全宋诗》第 56 册，北京大学出版社，1998，第 35013 页。

以上这些诗中，充斥着诸如"静观""观物""无极""乾坤""义理""道""气""太极""阴阳""理"等理学范畴和哲学术语；尧、舜、孔子、孟子、颜回、曾点、周敦颐、二程、邵雍等儒家理学人物；以及颜回居陋巷而乐、曾点舞雩咏而归等儒家气象。作者借助酬唱、次韵、题写等多种作诗方式宣讲理学思想，几乎将文学的载道功能发挥到极致，从而使其文学性进一步丧失。

在文道关系问题的认识上，魏了翁的观点趋于保守，其《次韵永平令江叔文鹤山书院落成诗》是一首比较典型地体现了魏了翁重道轻文诗学原则的诗歌：

> 天运驱人人不觉，古道违时时不学。
>
> 王相随胚回荆山，昭质依然未经琢。
>
> 因思胥靡逢殷宗，精神动悟声气从。
>
> 砺舟霖雨到梅蘗，变化气质天同功。
>
> 朝歌屠叟无与语，一日投纶见明主。
>
> 大车槛槛行周道，轮辐中规箱中矩。
>
> 人生天地同一原，自诚为圣明为贤。
>
> 地殊世远犹合节，矧此同宇相周旋。
>
> 自从浇风散遗直，世不乏材无匠石。
>
> 未能登车习射御，人人自视邮无恤。
>
> 出门浪战触与蛮，半生少得须臾间。
>
> 不为夷甫辱汝水，即似介甫遁钟山。
>
> 古人洒扫先庭户，岂问他人莫余顾。
>
> 只忧原头欠渟滀，才见天根便呈露。
>
> 人言阴浊胜阳清，阳一阴二分三亭。
>
> 谁知阳德本无间，根心枝叶长相亲。
>
> 君臣大分虽有止，终不能忘乃天理。

世无我知将自知，不待雷风问诸史。

投沙屈贾占所归，九州博大归何之。

虽云忠愤语伤激，律以洙泗犹津迷。

前村虎啸晚风起，跕鸢酸嘶雁将子。

君恩未报臣忧深，暇把壶头较乡里。

江公劝我姑少安，新诗肉好如璧环。

敢输忱诚谢庆语，仍戒牍史毋抄传。①

　　此诗作于魏了翁贬居靖州时期。宋理宗宝庆元年（1225）岁末，魏了翁因政敌打击而被贬到蛮荒的南方小州——靖州（今湖南怀化），直到绍定四年（1231）秋天离开，前后在此居住将近六年。其间"鹤山书院"落成，他作此诗以贺。诗中有很多关于理学义理的阐述，如"变化气质""天地同原""诚明""阴阳""天根""天理"等，呈现出浓厚的道德说教气息和理性辨析色彩。但值得重视的是，此诗与一般纯粹空谈义理的作品不同，诗中多处典故的运用，其中蕴含着颇为隐秘的人生体验。开篇用"荆山玉"之典表达被贬谪之愤懑；借傅说之事反衬不被宋理宗重用的尴尬；"砺舟霖雨到梅蘖"化用《尚书·说命》中的句子；"世无我知将自知，不待雷风问诸史"则出自《尚书·金滕》"天大雷电以风""二公及王乃问诸史"等句。借助这些典故比喻自己的身世遭际，抒情含蓄曲折，体现出渊深宏奥的学者之诗的风格。

　　魏了翁诗歌以朋辈往来交际居多，尤其是与李壁关系密切。李壁（1157~1222）是魏了翁的四川前辈老乡，官至礼部尚书、参知政事，既是当时政坛显要，又是当世著名学者，为王安石诗集所作笺疏——《王荆公诗注》50卷，引证广博，笺注详备，被视为宋人注宋诗的范

---

① 北京大学古文献研究所编《全宋诗》第56册，北京大学出版社，1998，第34900~34901页。

本。魏氏集中有很多与之往来赠答、次韵、贺寿诗歌，如《次韵李参政壁湖上杂咏录寄龙鹤坟庐》（13 首）、《续和李参政壁湖上杂咏》（7 首）、《西郊访梅约李提刑塈李参政壁八客分韵得尔字》、《再和浣花韵呈李彭州塈李参政壁》、《李参政壁生日》（2 首）、《人日约李提刑塈李参政壁登蟆颐马上醉书》、《李提刑塈李参政壁再和招鹤诗再用韵以谢》（4 首）、《再和招鹤》（4 首）、《李参政折赠黄香梅与八咏俱至用韵以谢》（8 首）、《李参政约客访西郊海棠予以斋禁不与》、《次韵李参政壁秋怀十绝》（10 首）、《次韵李参政赋蟆颐新堰》（3 首）、《次韵李参政壁和薛秘书绂诗见寄》（5 首）、《次李参政壁所和五绝句韵因以为寿》（5 首）、《和李参政壁正旦闻边报》、《次韵李参政龙鹤山庐》（4 首）、《李参政壁约至井监偶得三绝》（3 首）、《李参政壁生日》（6 首）、《次韵李参政壁见寄》（3 首）、《次韵李参政壁见遗生日》（3 首）、《李参政壁生日六首》等，内容非常丰富。其中不乏论理言道的作品，如《次韵李参政壁湖上杂咏录寄龙鹤坟庐》（其八）云："古人为己学，不以遇不遇。学问思辨行，上定静安虑。次序固晓然，人情苦伤遽。"① 强调为己之学，要精思慎行，循序渐进，切忌冒进。《次韵李参政龙鹤山庐三首》（其二）："天公富万有，秋事不曾贫。静阅岁时信，动观天地仁。"② 提出在日常生活中感受天地、四时所蕴含的仁义礼智信等道德。

从题材内容和行文风格上看，魏了翁受击壤体影响颇深，其诗中多次提到对邵雍的缅怀和景仰。如《用真景元韵题豫章朱正父湖山清隐诗卷》中的"君友东湖徐孺子，我闻西洛邵尧夫"。《李德迈挽诗》中的"肠断天津邵夫子，东篱掩泪立孤云"。同时他还于诗中表达心契于周、程的愉悦，体现出明确的传道意识。如《四月癸巳发浔阳馆过濂溪饭于杏溪谒清虚庵宿太平宫》（其二）有："多少濂溪生并时，两程夫子咏

① 北京大学古文献研究所编《全宋诗》第 56 册，北京大学出版社，1998，第 34879 页。
② 北京大学古文献研究所编《全宋诗》第 56 册，北京大学出版社，1998，第 34947 页。

241

而归。"表达对北宋理学诸子的圣人气象的歆羡赞美；《张永平鐥作亭于渠河之右予请名以观而通守江君埍赋古诗二十有二韵以落之用韵和答》云："河南挺生二程子，指示道体镌冥顽。人能于此发深省，致知格物兹其端。"阐发二程理学的内核和价值。《次韵张太博方得余所遗二程先生集辩二程戏邵子语》则通过为邵雍先天象数学辩护，调和周、程易学和邵雍易学之间的矛盾。

前面提到魏了翁诗歌"融以理趣"者较少，但他偶尔在阐说理学义理时，亦注意借助文学手段阐释儒学意蕴，有较为浓厚的诗歌韵味。

如《次韵德先步月答所问语》（其一）：

> 三更端正月，皎亮直瑶京。
> 客问心之体，无言对太清。①

当客人提问"心之本体为何物"这一抽象而玄妙的问题时，作者一言不发，凝望天空皎月，以类似禅宗的不答而作答，这实际上也是理学家所常用的以"月印万川"话头来启示后学领悟心之本体的为学方法。语言简洁而意味深长，是理学诗中难得的佳作。

魏了翁还有一些诗歌通过对自然之理的阐述，表达对理学的感悟。如《和虞永康美功堂诗》中"川流滚滚来不断，云物亹亹生无休"，就是借对人物与自然描写，展现一幅和谐而充满生机的图景，在变动不居的大自然中，人应该保持"随所适处""咏归山暝"的良好心态。

再如《二月十九日席上赋四首》（其一）：

> 野茶酿发雪堆墙，草牡丹开月照梁。
> 世眼都随人毁誉，不知底处是真香。②

---

① 北京大学古文献研究所编《全宋诗》第 56 册，北京大学出版社，1998，第 34872 页。
② 北京大学古文献研究所编《全宋诗》第 56 册，北京大学出版社，1998，第 34943 页。

作为一首典型的理学诗，此诗借写景而悟出做人的道理，体现出理学家对正心诚意身心修养的某种领悟，议论新奇警策，富有哲理性，充分显示了作者卓越的见识。

此外，《次韵监试潼川提刑张兵部有怀家山木犀》也算得上是借物咏怀说理的优秀作品：

> 形安宇泰即吾乡，花解随人到处黄。
>
> 何事归心起张翰，有来妙语出君房。
>
> 荣枯境里自殊观，造化机中无别香。
>
> 不见儋州安乐法，随花随客作重阳。[1]

作者从"荣枯境里自殊观，造化机中无别香"中悟出人生哲理，故能从容面对人生风雨，泰然自若。魏了翁能将理寓于形象当中，并做到了"乃不泛说理，而状物态以明理；不空言道，而写器用之载道。拈形而下者，以明形而上；使寥廓无象者，托物以起兴，恍惚无朕者，著述而如见"。[2] 实现了通过想象显现义理的目标。

（二）政治诗

魏了翁的一生先后经历了宋宁宗和宋理宗两朝，先后与权相韩侂胄、史弥远同朝为臣。作为注重道德修养、敢于仗义执言的一代诤臣，以诗歌为媒介展现朝廷政治斗争、揭露社会矛盾、反映民生疾苦是再正常不过的行为，其作品带有鲜明的时代特色。韩侂胄在宋宁宗时期炮制了历史上著名的"庆元党禁"，对以赵汝愚、朱熹为代表的道学人士疯狂迫害。面对道学派的这一最大敌人，作为理学家的魏了翁借助诗歌对其专横跋扈、祸国殃民的行为予以揭露和批判。

---

[1]　北京大学古文献研究所编《全宋诗》第56册，北京大学出版社，1998，第34929页。

[2]　钱锺书：《谈艺录》，中华书局，1984，第228页。

如《歌诗三十五韵送前知隆庆任侯逢赴召》（节选）：

> 向来虎豹蹲天关，啄啮人命无敢干。
> 任侯于时外小官，有笔如刀劓权奸。
> 权奸未夷骨先寒，有开天诛乱旋刊。
> 寔我宗社于山安，忽焉倚伏不可抟。
> 天心克复理好还，是时增秩纶言颁。
> 扶舁义烈增壮颜，迩来十载国步艰。①

此诗把权相韩侂胄比作主宰朝政、排斥异己的"虎豹"，而赞扬任逢不畏权贵、敢于上书指斥奸贼的忠勇行为。

除了对朝廷政局和内政外交的关注外，魏了翁也时时不忘国计民生，其爱国忧民精神也时常在他的诗歌中得到体现。

如《送安同知丙赴阙五首》（其一）：

> 忧民白发三千丈，报国丹心十二时。
> 独倚长空望红日，满帘风雨燕喃呢。②

此诗借送友人入朝之机，表达对朋友忧国忧民精神的崇高敬意，同时也是对其公忠体国的期许。

而在目睹百姓一年四季饱受旱涝各种灾害后，魏了翁希望上天垂怜百姓，更期盼朝廷心怀百姓，心忧天下，多做一些爱民惠民的事情。体现其"先天下之忧而忧，后天下之乐而乐"的崇高精神境界。

---

① 北京大学古文献研究所编《全宋诗》第 56 册，北京大学出版社，1998，第 34887~34888 页。
② 北京大学古文献研究所编《全宋诗》第 56 册，北京大学出版社，1998，第 34932 页。

如《北郊劳农归路五十六言》：

> 方春不及与劭农，十月郊行劳岁功。
> 因记旱云占晻溘，更愁霖雨望曈曚。
> 田苗粒粒祈禳里，民命丝丝叹恨中。
> 忧国愿丰虽我志，更须人事与天通。①

南宋后期先有宋金之间延续百年的战争，后有宋蒙之间数十年的兵戎相见，战事连绵，国家贫弱，百姓困苦不堪。魏了翁在《和李参政壁正旦闻边报》中对此予以生动描绘：

> 羽檄连旬月，边尘换岁阴。
> 捉衿忧见肘，补肉忍剜心。
> 天远鸿飞急，林疏燕恨深。
> 直将归往地，都作杀胡林。②

此诗凸显战事紧张，久拖不决；将士衣不遮体，食难果腹，艰苦卓绝的情状。此情此景让人忧心不已，连飞鸿秋雁都恨不得上阵帮将士杀灭敌人。体现了诗人忧心国事、急切报国的爱国情绪。而这种感情，甚至在一些描写农事活动的作品中也不时表现出来。

如《六月十四次韵樊武仲喜雨》：

> 谁信夔夔解感神，嘤嘤赤子母心熏。
> 为将一滴翻瓢水，散作千家举锸云。
> 大化无端长寂寂，众形有欲自芸芸。
> 更须尽挽天河水，亟与三边洗恶氛。③

---

① 北京大学古文献研究所编《全宋诗》第 56 册，北京大学出版社，1998，第 34978 页。
② 北京大学古文献研究所编《全宋诗》第 56 册，北京大学出版社，1998，第 34946 页。
③ 北京大学古文献研究所编《全宋诗》第 56 册，北京大学出版社，1998，第 34977 页。

此诗由一场盼望已久的喜雨来临,滋润万物生长,竟然引发作者神奇的联想,希望这场春雨可以为人们扫清西北妖氛,使边地百姓重新获得和平安宁的生活。

关于魏了翁的诗歌,前人的评价颇有分歧,《四库全书总目》的编者因魏了翁尊重理学的立场,对其诗文创作多溢美之词:"南宋之衰,学派变为门户,诗派变为江湖。了翁融与其间独以穷经学古,自成一家……所作醇正有法,而纡徐宕折,出乎自然,决不染江湖游士叫嚣狂诞之风,亦不染讲学诸儒空疏拘腐之病。在南宋中叶,可谓傥然于流俗外矣。"[1] 当代学者勾承益的《晚宋诗歌与社会》在对魏了翁诗歌进行研究后得出相对平实、不做褒贬的结论:"从魏了翁的诗歌中,我们不但可以了解这位晚宋时期著名人物的内心世界和评议褒贬,同时还通过诗歌艺术的形式记录了他在史弥远专政时期受排挤的苦闷心态。"[2] 而宋诗研究权威钱锺书先生一向对理学诗歌评价不高,对魏了翁诗作亦如此。他在其《容安馆札记》中有言:"魏了翁《鹤山先生大全文集》一百卷。南宋儒生为濂洛之学者,朱子以外,华父最为博涉,尤究心六书声形,亦有词藻,故四六属对使事颇有工切者。而诗,古文语意庸钝,机调滞塞,好做道学面目,杀风景,真怪鬼坏事。古诗用字每蛮做,音节尤多不合。"[3] 从以上对《鹤山集》中诗歌进行相对全面的梳理后,的确感到卷中充满道学说教气息,证明钱先生所言大致不诬,但也不可轻易全盘否定,魏了翁诗歌对现实的关注而不蹈入虚空值得赞美。

四 "斯文宗主"刘克庄的诗歌

刘克庄(1187~1269)字潜夫,号后村,福建莆田人。他是南宋后

---

① (清)永瑢等:《四库全书总目》,中华书局,1965,第1391页。
② 勾承益:《晚宋诗歌与社会》,电子科技大学出版社,2001,第15页。
③ 钱锺书:《钱锺书手稿集·容安馆札记》卷二,商务印书馆,2003,第1021页。

期最著名的作家，是宋季唯一称得上"大家"的作者，主盟诗坛几十年，被视为江湖诗派的领袖。现存诗 48 卷。宋末元初诗人陆文圭在《跋苔石翁诗卷》中将其与中兴诗人杨万里、陆游相提并论："渡江初，诚斋、放翁、后村号三大家数。"① 可见其在南宋尤其是宋季的崇高地位得到了时人和后代的普遍认同。

（一）刘克庄的身份归属问题

关于刘克庄的身份归属，是一个复杂的问题，文学史上几乎无一例外地将其归入江湖诗派。笔者认为，这种归类实在值得商榷。他的思想具有儒释道兼容的特点。从佛教方面看，他生长于一个信仰佛教的家庭，其母倾心向佛，"遂扫一室，终日静坐，得至言妙义于经卷之外"（《魏国墓志铭》）②。他自己于佛学也浸染甚久，他早年曾研读佛经，他在《萧居士〈华严经〉序》中说："余二十七、八岁时，尝读是经，且笔其至言妙义于简。"③ 且一生与禅师多有交往，集中有《贤首座墓志铭》《明禅师墓志铭》等，诗中也不乏《送僧道莹》《赠天台通上人》《六言偈四首》，说明他具有深湛的佛理修养；同时他对老庄思想也颇感兴趣，不仅与道人有诗文往来，如《赠天台陈相士》《赠洪道人圆定》《六言二首赠月蓬道人二首》《道释六言二首》等，且经常在其他一些诗文中流露出不慕名利、归隐田园的情怀。但其主体思想仍然是儒家的，可见他受理学思想的影响颇深，是受理学影响非常大的士大夫文人。因此应该将其归于理学诗人群体更合适。

刘克庄早年师事南宋后期理学名儒真德秀，不仅提高了自己在学术界的地位，也打开了参与政治、走入仕途的门径。刘克庄一家与叶适关

---

① （元）陆文圭：《墙东类稿》卷九，文渊阁《四库全书》本，第 1194 册，台湾商务印书馆，第 15 页。

② （宋）刘克庄：《后村先生大全集》卷一百五十三，四川大学出版社，2008，第 3889 页。

③ 参见《萧居士〈华严经〉序》，（宋）刘克庄撰，王蓉贵、向以鲜校点，刁忠民审定《后村先生大全集》卷九十七，四川大学出版社，2008，第 2507 页。

系密切，他自己虽未真正师承叶适，但其主张实学、反对空谈心性的学术观点则与叶适非常相似：

> 自义理之学兴，士大夫研深寻微之功，不愧先儒，然施之政事，其合者寡矣！夫理精事粗，能其精者顾不能其粗者，何欤？是殆以雅流自居而不屑俗事耳。①

所以，他一方面从学理上承袭理学诗人注重伦理道德修养的特点，注重用诗歌阐述义理；另一方面，他又不同于纯儒的空谈心性，而是接受叶适等事功学派对现实关注的思想，体现出儒者强烈的家国情怀和忧患意识。

一些学者之所以将刘克庄归入江湖诗派，一是由于陈起编辑出版《江湖集》收录了他的作品，他也因此作品集而招致"江湖诗祸"，他也成为此"诗祸"的根源和受害者；二是因为他作诗反对理学家的"崇性理而卑艺文"，比较注重诗歌的抒情特质，和江湖诗有一致之处；三是他早期写诗受"永嘉四灵"的影响，其《南岳旧稿》多为仿效"四灵"诗风之作，具有清空雅致、语新句工的特点，且在诗学上对"四灵"之诗予以肯定：

> 近世理学兴而诗律坏，惟永嘉四灵复为言，苦吟过于郊、岛，篇幅少而警策多，今皆亡矣。②

但他很快看到"四灵"及江湖诗歌取径太狭、唯擅律体的不足：

---

① （宋）刘克庄：《跋唐察院判案》，载曾枣庄、刘琳主编《全宋文》第 329 册，上海辞书出版社、安徽教育出版社，2006，第 215 页。

② （宋）刘克庄：《林子显诗序》，载曾枣庄、刘琳主编《全宋文》第 329 册，上海辞书出版社、安徽教育出版社，2006，第 178 页。

> 古人之诗，大篇短章皆工；后人不能皆工，始以一联一句擅名。项赵紫芝诸人尤尚五言律体，紫芝之言曰："一篇幸止有四十字，更增一字，吾未如之何矣。"其言如此。①

转而向陶渊明、杜甫、陆游等学习，从而使自己的诗歌创作从内容到形式都实现了质的飞跃。

林希逸的《后村先生刘公行状》在论述刘克庄的文坛地位和影响时，对其有这样的评价："言诗者宗焉，言文者宗焉，言四六者宗焉。"说明他是南宋后期真正称得上一代文宗的唯一作家。可见，无论文赋还是诗词，刘克庄都属于引领晚宋时代风气的人物，而在宋季诗坛上更是独领风骚。他一生创作了将近 4600 首诗，是宋季写诗最多的诗人，即使放眼整个宋朝，也仅次于陆游和杨万里。从题材内容上看，他的诗包括政治诗、咏怀诗、咏史诗、咏物诗、田园诗、风俗诗、写景诗、酬赠诗、题跋诗等多种类型，非常丰富。

宋季诗歌一向被学术界忽视，刘克庄属于能够幸运地进入文学批评家视野的少数几个宋季诗人之一。我们可以通过当代几部主要的文学史和文学批评史，来了解刘克庄这位诗坛领袖的诗歌在当代的接受情况。

（二）文学史对刘克庄诗歌的整体评价

程千帆、吴新雷的《两宋文学史》作为文学断代史，对刘克庄着墨不算多，他们认为，从刘克庄的大量作品来看，成就最高的还是写日常生活的五言律诗和咏时事的乐府诗。他的缺点是"贪多率意，有些作品未免粗滥，或带有江湖诗人的熟滑的通病"②。孙望、常国武认为，刘克庄表现爱国思想、批评时政以及同情人民疾苦的诗，都是比较精彩

---

① （宋）刘克庄：《野谷集序》，载曾枣庄、刘琳主编《全宋文》第 329 册，上海辞书出版社、安徽教育出版社，2006，第 86 页。

② 程千帆、吴新雷：《两宋文学史》，上海古籍出版社，1991，第 465 页。

的；刘诗的“重要特色是笔力比较雄健，气势较为开阔”。另外，“大量使用事典也是后村诗的一个特点”①。但是后村诗也有粗野、浅露、用事冗塞的缺点；他常常喜欢以文为诗，采用生硬拗捩的句法入诗，使人生厌。另外许总认为，刘克庄的创作“在总体上仍然是‘苦吟不脱晚唐诗’，显示出与江湖派中大多数平民诗人共同的艺术趣味”②。以上是断代文学史的情况。

比较几部流行的古代文学通史，相对而言，袁行霈对刘克庄评价较高：“江湖诗人大多未能自成一家，只有刘克庄与戴复古较能自出机杼，成就也较为突出……刘克庄关心国事……（其乐府诗）继承了唐代新乐府诗人和陆游的传统……艺术上兼师唐、宋诸家，其诗歌风格呈现出多种渊源，其中尤以贾岛、姚合到‘四灵’的一脉比较显著。”③ 而袁世硕主编的《中国古代文学史》对刘克庄一笔带过：“‘江湖诗派’中成就较大的是戴复古和刘克庄。”④ 而没有引用其任何诗歌作品予以分析。

从以上所引文学史的相关论述可以看出，刘克庄是晚宋仅有的几位能够受到关注的诗人，但一般着墨不多，且都是将其归于江湖诗派，主要肯定其作品对现实的描写，而批评其艺术上的粗滥、浅陋。几乎没有人对其作品从内容到艺术进行过全面观照，从而使得人们对刘克庄认识千人千面，难以窥见其“庐山真面目”。

（三）刘克庄诗歌的主要内容

刘克庄一生作诗甚多，题材丰富，主题多样。王述尧在其博士学位论文《刘克庄研究》中，将其诗歌分为政治诗、咏怀诗、咏史诗、咏物诗、写景诗、田园诗、挽赠诗、题跋诗、节俗诗等类别。并认为“后村是南宋除陆游、杨万里和范成大外最杰出的作家，是南宋后期最杰出

① 孙望、常国武：《宋代文学史》（下），人民文学出版社，1996，第222页。
② 许总：《宋诗史》，重庆出版社，1997，第827页。
③ 袁行霈主编《中国文学史》第三卷，高等教育出版社，1999，第207页。
④ 袁世硕主编《中国古代文学史》（中），高等教育出版社，2016，第384页。

的文化领袖。虽然后村的创作有种种的不足和缺陷，但就其作品中的主要倾向而言，他确实是南宋后期最杰出的作家"。① 其分类比较全面和准确，其持论也相对公正客观。但其"后村是南宋除陆游、杨万里和范成大外最杰出的作家"的结论似乎有些武断，有爱屋及乌之嫌疑。本书主要以研究作家的理学诗歌及其相关作品为重点，故将从义理阐述、以诗为论、反映现实和朋辈友谊等方面对刘克庄的诗歌进行分析，以呈现其在宋季诗坛嬗变过程中的独特价值。

1. 义理诗

理学是宋季居于独尊地位的学术思想，文学关注理学甚至阐扬理学思想是学时的一种社会风气，面对理学势力对文学的大举攻城略地，文人几乎无力抵挡抗拒，作为与当世理学有极深渊源的刘克庄自然也不可能例外。只不过与大多数理学诗人直接以理语入诗、大量创作语录讲义体诗不同，刘克庄甚至很少直接阐述理学的相关论题，更多的是创作与传统儒家伦理道德和人物事迹相关的作品。这些作品基本上能做到说理却不缺乏艺术趣味。

刘克庄的义理诗可以归纳为以下几种类型。一是对古之圣贤和本朝儒学大师道德人格和学术事业的由衷赞美和感叹。

如《圣贤》云：

> 圣贤自牧极卑谦，后学才高胆力兼。
> 悔赋不妨排贾谊，谤诗遂至劾陶潜。
> 取人最忌规模狭，绝物常因议论严。
> 君看国风三百首，小夫贱隶采何嫌。②

此诗将注重自我修养的古之圣贤与狂妄空疏的今日后学进行对比，

---

① 参见王述尧《刘克庄研究》，博士学位论文，复旦大学，2004。
② 北京大学古文献研究所编《全宋诗》第 58 册，北京大学出版社，1998，第 36194 页。

说明人应该气度恢宏，具有包容万象之心灵。

又如《先儒》中有言：

> 先儒绪业有师承，非谓闻风便服膺。
> 康节易传于隐者，濂溪学得自高僧。
> 众宗虚誉相贤圣，独守遗编当友朋。
> 门掩荒村人扫迹，空钞小字对孤灯。①

此诗通过对理学流派中邵雍、周敦颐传承先儒绪业不是墨守成规，而是能够吸取其他学术的优点而推陈出新进行描写，表达自己愿意独守遗编，坚守先哲事业而不惧孤寂。像这类表达对同道人赞美之情的作品还有很多。

如《书感》：

> 仲尼已没世无师，新学专门各自私。
> 死守不为它说胜，秘藏似恐外人窥。
> 欲招程子看通典，兼起欧公讲去辞。
> 浩叹迩来耆旧尽，绪言分付与群儿。②

《哭章泉二首》（其一）：

> 自有箪瓢乐，那须璧锦迎。
> 后凋仁者寿，独往圣之清。
> 古之称千驷，今犹重两生。
> 吾衰久无泪，一恸为耆英。③

---

① 北京大学古文献研究所编《全宋诗》第58册，北京大学出版社，1998，第36158页。
② 北京大学古文献研究所编《全宋诗》第58册，北京大学出版社，1998，第36187页。
③ 北京大学古文献研究所编《全宋诗》第58册，北京大学出版社，1998，第36272页。

《挽南塘赵尚书二首》（其二）：

> 自从水心死，麈柄独归公。
> 于易疑程氏，惟诗取晦翁。
> 二箴家有本，孤论世无同。
> 不复重商榷，骑鲸浩渺中。①

《石塘感旧十绝》（其六）：

> 光霁丰标今寂灭，灵明根性讵消磨。
> 夜来一段佳风月，不见尧夫只见窝。②

《季父习静哀诗四首》（其一）：

> 关洛源流远，乾淳辈行尊。
> 一檠常对卷，贰簋亦开樽。
> 缟素几空巷，玄纁不及门。
> 异时遗逸传，谁定访丘园。③

《季父习静哀诗四首》（其四）：

> 易学纷纷各著书，独于师说着功夫。
> 涪翁旧传七分止，邵子先天一画无。
> 不遣耆英陪讲读，空留章句授生徒。
> 即今黄策方施用，姑可藏山待后儒。④

---

① 北京大学古文献研究所编《全宋诗》第 58 册，北京大学出版社，1998，第 36292 页。
② 北京大学古文献研究所编《全宋诗》第 58 册，北京大学出版社，1998，第 36360 页。
③ 北京大学古文献研究所编《全宋诗》第 58 册，北京大学出版社，1998，第 36361 页。
④ 北京大学古文献研究所编《全宋诗》第 58 册，北京大学出版社，1998，第 36361 页。

《怀真赵二公一首》：

> 南塘清谈亹亹，西山至言琅琅。
> 七略通群书博，一生短千载长。①

《韩曾一首》：

> 道散斯文体尚浮，韩曾力与化工侔。
> 山瞻泰华岩岩笋，河出昆仑混混流。
> 长庆从官销不得，熙宁丞相挽难留。
> 沧州奏疏潮州表，犹被人拈作话头。②

《挽水心先生二首》（其二）：

> 所学如山海，吁嗟不一施。
> 未闻访箕子，但见诛宣尼。
> 空郡来陪哭，无人敢撰碑。
> 纷纷门弟子，若个解称师。③

《送章通判》：

> 半刺已官尊，常时读鲁论。
> 身居恭叔里，心在晦翁门。
> 贫士来遮路，诗人送出村。
> 君能齐得丧，何必恋华轩。④

---

① 北京大学古文献研究所编《全宋诗》第 58 册，北京大学出版社，1998，第 36725 页。
② 北京大学古文献研究所编《全宋诗》第 58 册，北京大学出版社，1998，第 36176 页。
③ 北京大学古文献研究所编《全宋诗》第 58 册，北京大学出版社，1998，第 36231 页。
④ 北京大学古文献研究所编《全宋诗》第 58 册，北京大学出版社，1998，第 36183 页。

《和答北山》：

> 北山当代文章祖，孔思周情幸未泯。
> 弟子力疲心尚在，先生齿宿意逾新。
> 今无斩鼻成风手，古有埋腰立雪人。
> 不向师门勤稽首，一生怀抱对谁伸。①

《挽陈北山二首》（其一）：

> 虽拜龙图号，自称槃涧翁。
> 生难招此老，死可见文公。
> 断简功夫久，深衣笑语终。
> 空馀藏蕙在，虹气贯山中。②

刘克庄对唐宋时期儒学代表人物韩愈、张载、二程、邵雍、欧阳修、黄庭坚、朱熹、叶适、赵蕃、韩淲、真德秀、魏了翁、何基等人的传道之功、学术成就以及道德人格进行多角度的赞扬和评价，借助这些诗歌作品，极大地扩大了理学人物的声誉和理学思想的影响。

如《汉儒二首》（其一）：

> 执戟浮沉亦未迁，无端著颂美新都。
> 白头所得能多少，枉被人书莽大夫。③

这是一首值得提及的七言绝句，描写的是儒学发展史上一位重要人物——扬雄。他本是一位正统的儒学大师，但因其曾作《剧秦美新》歌颂王莽新朝而留下污名，受到后世儒家学者特别是理学家的强烈批评

---

① 北京大学古文献研究所编《全宋诗》第58册，北京大学出版社，1998，第36249页。
② 北京大学古文献研究所编《全宋诗》第58册，北京大学出版社，1998，第36259页。
③ 北京大学古文献研究所编《全宋诗》第58册，北京大学出版社，1998，第36179页。

和讽刺。刘克庄对此也大发感慨，对扬雄的结局深表惋惜。这体现了理学家道德至上的评价原则。

二是对儒家义理的阐扬。刘克庄生于理学极盛阶段，且主要生活在理学成为官学的宋理宗、宋度宗时期，身为理学诗人的他会义不容辞地自觉利用诗歌形式进行道德义理的宣传和教化。他提出："学者当穷理，工诗岂美名。不能裨采访，徒自取讥评。"（《和赵吉州三首·其一》）[1] 体道穷理、格物致知是文人的头等大事，而诗歌语言技巧等艺术乃是末技，不能本末倒置。

如《进德》：

> 进德功夫有浅深，一毫间断即差参。
> 醉无谬误明持敬，怒亦中和见养心。
> 为善岂须朋友责，积勤常若父师临。
> 向来岁月悠悠过，垂老方知痛自箴。[2]

在此诗中，他认为持敬、养心、为善、积勤等道德修养功夫都是为己之学，只有终身坚持，始终不懈，方可成就圣人境界。

又如《对卷》：

> 妙在心通与理融，卓然有见是英雄。
> 大儒晚作韩考异，往哲曾非墨尚同。
> 折角争希郭有道，皱眉求似狄梁公。
> 可怜老学孤无助，月落参横读未终。[3]

---

[1] 北京大学古文献研究所编《全宋诗》第 58 册，北京大学出版社，1998，第 36252 页。
[2] 北京大学古文献研究所编《全宋诗》第 58 册，北京大学出版社，1998，第 36272 页。
[3] 北京大学古文献研究所编《全宋诗》第 58 册，北京大学出版社，1998，第 36485 页。

"心"与"理"都是理学极为重要的本体概念和范畴，能够做到心通理融，是大智慧的体现，也是儒学所追求的至高境界。像这类表达理学见识、弘扬儒学精神的作品俯首皆是。

如《再题钟贤良咏归堂》（节选）：

> 自云素鄙从横学，尚友洙泗谈古初。
> 堂堂冕辂岂不好，却慕点也宁非迁。
> 行当端季秉周礼，未可春服从鲁儒。①

《葵花二首》（其一）：

> 植物虽微性有常，人心翻覆至难量。
> 李陵卫律阴山死，不似葵花识太阳。②

《忿欲一首》（节选）：

> 忿欲伤生甚斧斤，易言惩窒味尤长。
> 古人明着佩韦戒，前辈犹烦按剑防。③

《送潮阳方主学》（节选）：

> 芹泮人人陶圣化，花封处处置师儒。
> 遥知避席来听讲，犹胜开门自授徒。④

---

① 北京大学古文献研究所编《全宋诗》第58册，北京大学出版社，1998，第36245页。
② 北京大学古文献研究所编《全宋诗》第58册，北京大学出版社，1998，第36274页。
③ 北京大学古文献研究所编《全宋诗》第58册，北京大学出版社，1998，第36485页。
④ 北京大学古文献研究所编《全宋诗》第58册，北京大学出版社，1998，第36622页。

《师友六言一首》：

> 闻诸师者本同，取之友者亦公。
> 高才有出象外，精义不离个中。
> 南渡大儒管见，西山先生正宗。①

《客问宗旨一首》：

> 万物泛观皆我阅，诸君何事入吾祥。
> 不须苦问侬宗旨，醉里闻之洛诵孙。②

《上巳与二客游水月洞分韵得事字》（节选）：

> 古来几禊饮，传者才一二。
> 兰亭感慨多，未了生死事。
> 杜陵更酸辛，穷眼眩珠翠。
> 旨哉兹日游，超然遗尘累。
> 消摇千载后，尚有浴沂意。
> 岩扉滑如玉，岁月可镌识。③

《寄题南康胡氏春风堂》（节选）：

> 芋魁菜甲必同食，石田茅屋不忍析。
> 有时对床听风雨，有时共灯窥简册。

---

① 北京大学古文献研究所编《全宋诗》第 58 册，北京大学出版社，1998，第 36730 页。
② 北京大学古文献研究所编《全宋诗》第 58 册，北京大学出版社，1998，第 36732 页。
③ 北京大学古文献研究所编《全宋诗》第 58 册，北京大学出版社，1998，第 36210 页。

　　大兄独抱古人道，群季各修弟子职。

　　一门和气常如春，紫荆花开庭草碧。

　　宛然生在舞雩时，又若坐于明道侧。①

　　以上这些诗句中既有对学术归宿的选择，也有对道理的感悟，还有在观物中体验天理流行的快乐，以及对曾点境界和明道气象的追求。

　　三是对社会人生和一般规律的哲学认知。这类诗是作者人生经验的总结，体现出刘克庄诗歌的说理化色彩。与晚宋多数理学家专注于对理学义理的阐释宣扬不同，刘克庄视野更加开阔，十分注重对自然规律社会人生经验的总结，并借助诗歌的功能向社会大众传递与分享他的感悟。

　　如《戏答同游》：

　　君到中峰力不加，却疑绝顶事皆夸。

　　烟含晚市微分塔，日照邻州近隔沙。②

　　此诗以游戏之笔告诫朋友，不要因为自己力量不够不能到达峰顶，就怀疑别人无限风光在险峰的说法是浮夸，一切经验的获得都需要自己的亲身实践。

　　《穴蚁一首》：

　　穴蚁能防患，常于未雨移。

　　聚如营洛日，散似去邠时。

　　断续缘高壁，周遭避浅池。

　　谁为谋国者，见事反伤迟。③

---

　　①　北京大学古文献研究所编《全宋诗》第 58 册，北京大学出版社，1998，第 36264 页。

　　②　北京大学古文献研究所编《全宋诗》第 58 册，北京大学出版社，1998，第 36156 页。

　　③　北京大学古文献研究所编《全宋诗》第 58 册，北京大学出版社，1998，第 36162 页。

此诗借助"千里之堤毁于蚁穴"的生活例子告诉谋国者,对待国家大事,应该未雨绸缪,早作预案;否则当灾难临头,便会手足无措,望洋兴叹。

又如《总戎徐侯伯东远访田舍赠诗二首次韵》(其二)云:

> 博览强通千载事,冥搜谬用一生心。
> 乾坤劫数有成毁,风月性情无古今。
> 君似得吾之骨髓,俗方求我以声音。
> 若非生处殊闽浙,把臂相邀共入林。①

这是一首赠别来访友人的次韵诗。诗的前二句赞美朋友博闻强识、刻苦用心。三、四句在"乾坤劫数有成毁"的历史观照中,阐述"风月性情无古今"的人生哲理。最后抒发感叹:因为相距遥远,不能常常相携在大自然中把酒言欢、共抒友情。理中含情,含蓄蕴藉,风格淡雅。

从上面的相关作品分析可以看出,刘克庄诗歌将对义理、道理、事理以及人生经验的探讨与总结作为自己诗歌的重要主题加以表现,其"理"之内涵颇为丰富。与同时代的其他理学诗人相比,他很少创作那些专为言说理学概念、儒学心性理论的讲义诗,也反对用口语、韵语创作供大众学子学习之用的语录体诗。他的义理诗多能借助感性形象表现抽象的哲理,既具有充实的思想内涵,也有较高的艺术价值,是晚宋诗坛上少有的能将道与艺融合的一流诗人。

2. 论诗诗

以诗论诗是中国古典诗学批评的一种特殊形式,一般认为这种批评方式始于唐代的杜甫,其《戏为六绝句》提出"别裁伪体""转益多师""不薄今人爱古人"等著名文学批评观点。此后,这种批评形式为

---

① 北京大学古文献研究所编《全宋诗》第58册,北京大学出版社,1998,第36654~36655页。

众多诗人所采用，两宋诗人更是擅用此术，出现许多以诗论诗的佳作名篇，如陆游《偶读旧稿有感》、戴复古《论诗十绝》、元好问《论诗绝句三十首》等；而理学家于此也不遑多让，据统计，仅论诗绝句就有不少名篇，如邵雍的《答人书言》、张载的《题解诗后》、朱松的《灯夕时在泗上五首》、刘子翚的《谢刘致中瓜二首》、朱熹的《寄江文卿刘叔通》、陈藻的《读李翰林诗》等。受这些大家的影响，宋季刘克庄也喜欢以诗歌形式进行文学鉴赏与批评，表达自己的诗学观念和原则。他的论诗诗涉及诗歌创作的许多方面，如强调作诗要多读书（诗非易作须勤读，琴亦难精莫废弹）① 与江西诗派的主张有一致之处；如提倡以雄豪为主的多样化风格，集壮美、高雅、绮丽于一体（如《题后林李伯高诗卷》："蝉噪蛩啼众窍号，岂知今代有诗豪。谐如帝所闻天乐，壮似胥江看雪涛。险韵森严压皮陆，短章高雅逼韦陶。老夫欲反樊川序，长吉安能仆命骚。"）。② 根据后村论诗诗的创作实际，笔者主要从以下两个方面对其加以分析，以呈现其诗歌特色。

（1）对精于艺的强调

自北宋前期理学宗师周敦颐提出"文以载道"理论以来，两宋理学家写诗作文普遍具有重道轻文的倾向，而到理学官方化的宋季，这一倾向体现得更为明显，前面介绍的理学大儒的创作实践已经充分说明这种偏向的严重性。而刘克庄受道艺兼修的艾轩学派的影响，是理学诗人中少有的对诗歌艺术极为重视的宋季作家。

如《题方元吉诗卷》：

> 古来名世者，一字费吟哦。
>
> 物贵常因少，诗传不在多。
>
> 词人三影句，处士五噫歌。

---

① 北京大学古文献研究所编《全宋诗》第 58 册，北京大学出版社，1998，第 36143 页。

② 北京大学古文献研究所编《全宋诗》第 58 册，北京大学出版社，1998，第 36427 页。

　　子壮吾衰矣，无因共琢磨。①

　　在此诗中他认为，诗不在数量多，而在于有名句流传，如词人张先因"云破月来花弄影"等名句闻名；梁鸿则借《五噫歌》短章而流芳，都是重视诗歌艺术的典型。

　　又如《黄宽夫示诗不已自和前二首答之》（其二）：

　　　　精思巧斩诗家事，缪敬阳尊市道交。
　　　　杜说新诗犹费改，韩评推字不如敲。
　　　　衣传曾饮先师乳，弦绝今无异域胶。
　　　　欲引蔺卿怀内璧，吾贫未免以砖抛。②

　　此诗以唐代著名诗坛大家杜甫、韩愈等对字词的重视，说明雕章琢句虽为末技，却可以名家，自有其独特价值。

　　在《改诗》中对推敲觅句的行为也表示赞同：

　　　　推敲觅句浑如故，卧起诗人始觉衰。
　　　　送老聊题□□颂，逢辰曾和柏梁诗。
　　　　今无鲍叔谁知我，后有扬雄必好之。
　　　　丛藁麻搭鸦蚓黑，匹如墨蜡打残碑。③

　　《题蔡烓主簿诗卷》（其二）：

　　　　旧止四人为律体，今通天下话头行。
　　　　谁编宗派应添谱，要续传灯不记名。
　　　　放子一头嗟我老，避君三舍与之平。

---

①　北京大学古文献研究所编《全宋诗》第 58 册，北京大学出版社，1998，第 36402 页。
②　北京大学古文献研究所编《全宋诗》第 58 册，北京大学出版社，1998，第 36419 页。
③　北京大学古文献研究所编《全宋诗》第 58 册，北京大学出版社，1998，第 36645 页。

由来作者皆攻苦，莫信人言七步成。①

此诗认为真正的好诗不可能一蹴而就，挥毫成诗的后面都有作者不为人知的辛勤付出。这种诗学观点的提出，在宋季诗坛普遍忽视艺术的时代具有特别的意义，它起到一种拨乱反正、扭转诗坛风气的重要作用。

他还将这种对诗艺精益求精的态度延伸到对学问的追求上。任何成名成家都绝非偶然，必须付出辛勤的劳动，方可成就一番事业。作诗如此，做学问亦如此。

如《答学者》：

自古名家岂偶然，虽游于艺必精专。

经生各守单传旧，国弈常争一着先。

马老于行知向导，鹄腾而上睹方圆。

殷勤寄语同袍者，努力磨教铁砚穿。②

不过，对艺术的刻意强调，主要发生在刘克庄人生的前期。随着生活阅历的增加和对儒家学说的深入研究，晚年的刘克庄对诗艺的态度有了较大转变。

如《送方至》：

老去怜才癖转深，爱君笔力擅词林。

抟扶摇上二虫笑，从渥洼来万马瘖。

书号醇儒渐者远，弘称曲学到于今。

汉家旂厦崇经术，莫事推敲枉费心。③

---

① 北京大学古文献研究所编《全宋诗》第 58 册，北京大学出版社，1998，第 36356 页。
② 北京大学古文献研究所编《全宋诗》第 58 册，北京大学出版社，1998，第 36718 页。
③ 北京大学古文献研究所编《全宋诗》第 58 册，北京大学出版社，1998，第 36379 页。

此诗劝勉朋友写诗要把注意力放在学习儒家经典、修养道德心性上面，而不要在外在辞藻上花费太多功夫。

又如《抄戊辰十月近稿七首》（其六）：

> 少狂费尽一生心，丛稿如山雪满簪。
>
> 杨子雕镌夸赋丽，唐人锻炼说诗深。
>
> 寒来尚可披裘钓，穷杀何妨带索吟。
>
> 社友萧疏吾老大，安知来者不如今。①

此诗对自己年轻时将注意力和精力放在学习扬雄"雕镌"和唐人"锻炼"上面，而忽视对本根的培育发出感叹，认为这是浪费心力。

《短章二首》（其一）：

> 少日喜累句，暮年多短章。
>
> 假令重盛壮，展拓不能长。②

此诗从年少"喜累句"与老来"多短章"的比较中，可以看出作者审美态度前后发生了重大的变化。

除了对字句锤炼的重视外，他还特别强调诗歌的格律。与一般理学诗人多崇古轻律不同，刘克庄早期创作以近体为主，表现出对律诗、绝句等近体诗歌的特别喜爱，并极为重视押韵、对仗等格律问题。其《送仲白》中有句："国士交情穷乃见，古人诗律晚方严。"③ 强调严于诗律的重要性。

（2）对简淡诗歌风格的追求

平淡自然乃是整个宋代诗歌的一致追求，理学家更是对这种诗风推

---

① 北京大学古文献研究所编《全宋诗》第 58 册，北京大学出版社，1998，第 36722 页。
② 北京大学古文献研究所编《全宋诗》第 58 册，北京大学出版社，1998，第 36741 页。
③ 北京大学古文献研究所编《全宋诗》第 58 册，北京大学出版社，1998，第 36142～36143 页。

崇备至，所谓"先贤平易以观诗，不晓尖新与崛奇。若似后儒穿凿说，古人字字总堪疑"（《答惠州曾使君韵二首·其二》）[1]，针对的应该主要就是理学家的论诗原则。流风所及，作为晚宋理学诗风盛行时期成长起来的一代诗坛名家，刘克庄自然也是高举平淡大旗，大力提倡平淡为诗。

如《癸水亭观荷花一首》（节选）：

> 曷不观兹华，意色和而庄。
> 风吹月露洗，岂若冶与倡。
> 众方慕绝艳，谁能参微香。
> 余诗纵枯淡，一扫时世妆。[2]

他从荷花的"清水出芙蓉，天然去雕饰"的清新淡雅中，感受到美的最高境界，故与众人羡慕"绝艳"不同，他能从其"微香"中体悟它的内涵美。所以他倡导诗应以"枯淡""简淡"为美。

如《答谢法曹》：

> 二诗简澹扫秾华，作者几无以复加。
> 璧十五城方定价，桃三千岁一开花。
> 选骚意度卑唐体，晋宋文章让谢家。
> 莫道老夫今耄矣，平章此事不应差。[3]

他所谓淡，并非淡乎寡味，而是"外枯中膏"，和苏轼所言"绚烂之极归于平淡"的主张一脉相承。

---

① 北京大学古文献研究所编《全宋诗》第 58 册，北京大学出版社，1998，第 36250 页。
② 北京大学古文献研究所编《全宋诗》第 58 册，北京大学出版社，1998，第 36214 页。
③ 北京大学古文献研究所编《全宋诗》第 58 册，北京大学出版社，1998，第 36321 页。

根据"简澹"为美的诗歌原则，刘克庄以此评论前代和当时的诸多作家，寻找简淡诗风的代表人物，树立起自己认可的诗歌典范。

如《题真继翁司令新居二首·听雨楼》：

> 共极堂中听雨楼，谁知华扁有源流。
> 追攀应物并和仲，友爱全真与子由。
> 老监情尤种冢嗣，放翁语亦本前修。
> 文忠百世之标准，更向韦苏以上求。①

宋人在追求平淡之诗风时，多以陶渊明、韦应物等为代表，朱熹便是如此，其《与内弟程洵帖》言：

> 作诗须从陶、柳门庭中来乃佳。不如是，无以发萧散冲淡之趣，不免于局促尘埃，无由到古人佳处也。如《选》诗及韦苏州诗，亦不可不熟观。②

刘克庄所谓在"追攀应物并和仲"之外，还应该"更向韦苏以上求"，便是告诉我们，韦应物、苏轼等人的诗歌虽然平淡而近道，但还没有达到最高境界，陶渊明诗歌才是理学家所推崇的简淡之至境。所以他特别赞赏朱熹、陆九渊的诗歌。认为二人虽然学术观念有差异，但其诗歌都深得陶诗平淡之精髓。

如《儒释》：

> 鹅湖始若小异，虎溪岂必皆同。
> 平亭晦庵子静，捏合渊明远公。③

---

① 北京大学古文献研究所编《全宋诗》第58册，北京大学出版社，1998，第36687页。
② 吴文治：《宋诗话全编》第6册，凤凰出版社，1998，第6112页。
③ 北京大学古文献研究所编《全宋诗》第58册，北京大学出版社，1998，第36742页。

刘克庄年轻时曾是四灵诗人的拥趸，其诗也被收入《江湖诗集》。但到晚年，他逐渐看到了江湖诗歌浅近琐碎的毛病，且以简淡的标准看当世流行的四灵及江湖诗派，他的态度发生了巨大变化。

如《再和二首·其一》（节选）：

> 方开元际唐风盛，自建安来汉道衰。
> 举世纷纷学姚贾，老夫持此欲安之。①

当江湖诗风盛行、"举世纷纷学姚贾"之际，刘克庄却举起向先秦汉魏诗歌学习的大旗，试图通过风雅传统，改变宋季诗坛的颓风。

如《和北山一首》：

> 幅巾高蹈挹洪崖，闲洒银钩著玉杯。
> 文律不论先汉后，诗源远自国风来。
> 却愁小子方攻冉，未必吾师肯铸回。
> 极欲去修床下拜，扁舟归梦绕南台。②

刘克庄将学习的对象从江湖诗人所追随的晚唐，回溯到诗歌的源头——《诗经》，其胸襟、气魄，显然非江湖一众小诗人所能比拟。而且他虽学《诗经》却不限于《诗经》。

如《题端溪王使君诗卷》：

> 社友凋零雅道穷，使君于此信英雄。
> 性情所发前无古，骚选虽高不必同。
> 蚤日甫曾怀渭北，暮年丘只在家东。
> 何时偃伯兴文治，尽采新吟献法宫。③

---

① 北京大学古文献研究所编《全宋诗》第 58 册，北京大学出版社，1998，第 36654 页。
② 北京大学古文献研究所编《全宋诗》第 58 册，北京大学出版社，1998，第 36254 页。
③ 北京大学古文献研究所编《全宋诗》第 58 册，北京大学出版社，1998，第 36358 页。

从此诗的描写可以看出，《离骚》《文选》都是他学习的对象；更可贵的是，"骚选虽高不必同"，学习是为了超越，体现出他勇于创新的大无畏精神。

3. 反映现实的作品

刘克庄一生多次出任地方官，也曾有任职朝廷的经历，多有政绩，是宋季一位颇为关注时局、关怀现实、关心民生疾苦的诗人。在他众多反映现实的诗歌中，政治诗是当代评论界关注最多、评价最高的作品。对此，我们可以从当代学者所写的文学史和所编作品选来审视刘克庄在宋季文坛的地位。

先从文学史来看，游国恩主编的《中国文学史》虽然没有给予刘克庄单节的篇幅，但对其诗歌的评价比较高，认为"在南宋后期，刘克庄不仅是成就最高的辛派词人，也是继承陆游爱国主义传统的重要诗人……'忧时元是诗人职，莫怪吟中感慨多'（《有感》）[①]，正是他的自白"。其《苦寒行》《军中乐》《国殇行》《筑城行》《开壕行》等"是一幅幅鲜明的南宋后期的社会画面。他还有不少直写时事的作品，如《书事》……从这些作品看，他的确不愧为南宋后期陆游最好的继承者"。关于其诗歌艺术，则认为"除刘克庄诗喜用本朝事，表示诗人对当代政治形势的关心，值得一提外，一般流于肤浅，缺乏新创的精神"。[②] 认为刘克庄是继陆游之后最优秀的爱国主义诗人。

中国社会科学院文学研究所主编的三卷本《中国文学史》评价刘克庄诗："《后村诗集》中也有不少痛恨赋敛之急、征役之繁和反映民生疾苦之作，乐府诗如《运粮行》《开壕行》《苦寒行》《筑诚行》等等皆是……他还有一些不满权贵的作品，从这些作品可以见到他进步的一面。"[③] 主要肯定其乐府题材的作品。

---

① 北京大学古文献研究所编《全宋诗》第 58 册，北京大学出版社，1998，第 36178 页。
② 游国恩等主编《中国文学史》，人民文学出版社，1964，第 131~132 页。
③ 中国社会科学院文学研究所编《中国文学史》，人民文学出版社，1962，第 676 页。

程千帆、吴新雷的《两宋文学史》认为："从他大量的诗篇来看，成就最高的还是写日常生活的五言和咏时事的乐府。"① 所举作品除学四灵的五律外，更强调的是其政治诗《国殇行》和《军中乐》两首。

袁行霈主编的《中国文学史》在讨论刘克庄的诗歌时，重点评价其时事诗："刘克庄关心国事，金和蒙古的威胁使他忧心忡忡，南宋政治腐败、军队孱弱的现状更使他痛心疾首，他写了《国殇行》《筑城行》《苦寒行》等乐府诗来抨击时弊，例如《军中乐》：（略）描写生动，揭露深刻，继承了唐代新乐府诗人和陆游的传统。"②

袁世硕主编的《中国古代文学史》对刘克庄的诗歌仅用一句"'江湖诗派'中成就较大的是戴复古和刘克庄"③ 轻轻带过，未展开分析，其轻视态度明显。

许总的《宋诗史》是诗歌断代史研究，相对综合研究更为详细，他认为"刘克庄是江湖诗派中少有的官居高位者，但其创作实践在总体上仍然是'苦吟不脱晚唐诗'，显示出与江湖派中大多平民诗人共同的艺术趣味"。④ 所选诗篇有《赠陈起》、《北山作》、《小寺》、《赠翁卷》、《北来人》（其一）、《同郑君瑞出濑溪即事》、《军中乐》、《筑城行》、《贫居自警》、《三月二十一日泛舟六绝》（其五）、《田舍即事十首》（其九）、《即事四首》（其一）、《出城》、《岁晚书事》、《病后访梅》等，已经不满足仅以政治诗人看待作者，内容较全面，呈现出一个相对完整丰满的宋季诗人刘克庄。

再从当代几部宋诗选本来看。钱锺书先生的《宋诗选注》对两宋理学家的诗歌评价不高，几乎不选理学诗，认为"宋诗还有个缺陷，爱讲道理，发议论；道理往往粗浅，议论往往陈旧，也煞费笔墨去发挥申

---

① 程千帆、吴新雷：《两宋文学史》，上海古籍出版社，1991，第 464~465 页。
② 袁行霈主编《中国文学史》，高等教育出版社，1999，第 207 页。
③ 袁世硕主编《中国古代文学史》，高等教育出版社，2016，第 384 页。
④ 许总：《宋诗史》，重庆出版社，1997，第 827 页。

说……宋代'理学'或'道学'的兴盛使它普遍流播"。① 但对列入江湖诗派的刘克庄却颇为看重，共选录其诗 8 首：《北来人》（2 首）、《戊辰即事》、《筑城行》、《开壕行》、《运粮行》、《苦寒行》、《军中乐》，其中绝大多数是反映现实的带有政治倾向的乐府诗；程千帆先生的《宋诗精选》② 选入刘克庄作品有《国殇行》、《军中乐》、《北来人》（2 首）、《赠防江卒》（2 首）；金性尧的《宋诗三百首》③ 选其《明皇安乐图》、《筑城行》、《早行》、《闻城中募兵有感》（其一）、《戊辰即事》、《和仲弟十首》（之一）6 首诗，总体上也是以刘克庄的政治题材为主。

可见，当今评论界对宋季诗坛宗主刘克庄的评价，大多集中在其乐府诗等反映现实的作品上面。这至少说明两点，一是对刘克庄的认识颇有局限；二是刘克庄政治题材的诗歌的确相对比较有价值。事实上，即便是就反映现实而言，刘克庄的相关题材的诗歌也非常丰富，其中既有对南宋风雨飘摇社会现实的担忧。

如《戊辰书事》：

> 诗人安得有春衫，今岁和戎百万缣。
> 从此西湖休插柳，剩栽桑树养吴蚕。④

他还有以讽刺的笔触，揭露统治阶级和戎政策给贫苦百姓带来灾难的诗歌。

如《书事二首》（其一）：

> 黄旗旁午责军需，括匠搜船遍里闾。
> 士稚去时无铠仗，武侯屯处有储胥。

---

① 钱锺书：《宋诗选注·序》，生活·读书·新知三联书店，2002，第 7 页。
② 程千帆编选《宋诗精选》，江苏古籍出版社，1992。
③ 金性尧选注《宋诗三百首》，上海古籍出版社，1995。
④ 北京大学古文献研究所编《全宋诗》第 58 册，北京大学出版社，1998，第 36153 页。

粟空都内忧难继，甲出民间策恐疏。

昔补戎行今简汰，空搔短发看兵书。①

描写朝廷借抗击外敌而搜刮民财、不顾百姓死活的行为，表达作者忧国忧民的情怀。也有对抗敌英雄的赞美。

如《魏胜庙》：

天与精忠不与时，堂堂心在路人悲。

龙颜帝子方推毂，猿臂将军忽死绥。

洒泣我来瞻画像，断头公耻立降旗。

海州故老凋零尽，重见王师定几时。②

他还有借对抗金名将魏胜精忠报国精神的褒扬，盼望时代英雄横空出世拯救南宋大厦于将倾的诗句。

如《瓜州城》：

先朝筑此要防边，不遣胡儿见战船。

遮断难传河朔檄，修来大费水衡钱。

书生空抱闻鸡志，故老能言饮马年。

惭愧戍兵身手健，箔楼各占一间眠。③

还有凭吊古迹，借晋代抗敌名将名臣祖逖和刘琨的故事，表达书生立志报效祖国的壮志豪情。并对统治阶级不作为进行批评与谴责的诗歌。

---

① 北京大学古文献研究所编《全宋诗》第 58 册，北京大学出版社，1998，第 36165 页。
② 北京大学古文献研究所编《全宋诗》第 58 册，北京大学出版社，1998，第 36144 页。
③ 北京大学古文献研究所编《全宋诗》第 58 册，北京大学出版社，1998，第 36142 页。

如《天堑》：

> 兴亡天数亦人谋，战舰蒙冲一炬休。
> 雪浪如山限南北，不湔江令沈侯羞。①

他还指出北宋灭亡，宋朝疆土被淮河分裂为二，这不仅是老天的命运安排，更是统治者生活腐化、不思进取的人力所致，将矛头直接指向最高当权者，忠肝义胆令人钦佩。

如《苦寒行》：

> 十月边头风色恶，官军身上衣裳薄。
> 押衣敕使来不来，夜长甲冷睡难著。
> 长安城中多热官，朱门日高未启关。
> 重重帏箔施屏山，中酒不知屏外寒。②

诗前四句写边疆的士卒生活，后四句描写京城大官的生活。诗人把强烈的感情，寓于形象描写之中，既显豁，又蕴藉。

谈到刘克庄的政治类别的诗歌，就不得不说他的《有感》：

> 残羯如蜂暂寄窠，十年南北问干戈。
> 穹庐昔少曾居汴，莫府今犹未过河。
> 越石不生谁可将，奉春再出亦难和。
> 忧时元是诗人职，莫怪吟中感慨多。③

---

① 北京大学古文献研究所编《全宋诗》第58册，北京大学出版社，1998，第36734页。
② 北京大学古文献研究所编《全宋诗》第58册，北京大学出版社，1998，第36256~36257页。
③ 北京大学古文献研究所编《全宋诗》第58册，北京大学出版社，1998，第36178页。

　　这是一首七言律诗，首联叙述宋蒙之间十年战争不断，蒙军占领宋朝领土；颔联诉说已灭亡的金国曾占据北宋京都，而南宋军队却从来未能渡河收复失地；颈联感叹南宋再无晋朝刘坤那样的抗敌名臣和汉代娄敬那样能解决争端的使者；尾联表达作者虽然只是一介书生，仍然关心国家大事，为国事而担忧。整首诗体现出宋季知识分子在国家危亡之际的高度责任感和精神境界。

　　除以上三类诗歌外，刘克庄还有大量朋友之间往来酬唱赠答的作品，以及悼念友人、表达崇敬的挽诗。

　　如《赠翁定》：

> 相逢乍似生朋友，坐久方惊隔阔馀。
> 遍问诸郎皆冠带，自言别业可樵渔。
> 住邻秦系曾居里，老读文公所著书。
> 十七年间如电瞥，君须我鬓两萧疏。[①]

《送孙季蕃》：

> 家在吴中处处移，的于何地结茅茨。
> 囊空不肯投笺乞，程远多应税马骑。
> 短剑易钱平近债，长瓶倾酒话馀悲。
> 衡山老祝凄凉甚，明日无人共讲诗。[②]

《挽柯东海》：

> 不持寸铁霸斯文，畴昔曾将胆许君。
> 撰出骚词奴宋玉，写成帖字婢羊欣。

---

① 北京大学古文献研究所编《全宋诗》第 58 册，北京大学出版社，1998，第 36160 页。
② 北京大学古文献研究所编《全宋诗》第 58 册，北京大学出版社，1998，第 36160 页。

　　丧无归费人争赙，诗有高名虏亦闻。

　　昨览埋铭增感怆，累累旧友去为坟。①

　　此类诗歌大多数都写得语言朴实，感情深挚，不仅表现出"情性之正"，更让人感受到"情性之真"。

　　另外，他作品集中还有许多清新可爱的小诗，写得思新语工，语淡而情浓。兹摘录二首，以管窥此类诗的特殊美感。

　　《芙蓉二绝》（其一）：

　　湖上秋风起棹歌，万株映柳更依荷。

　　老来不作繁华梦，一树池边已觉多。

　　《芙蓉二绝》（其二）：

　　池上秋开一两丛，未妨冷淡伴诗翁。

　　而今纵有看花意，不爱深红爱浅红。②

　　这两首七言绝句乃借物抒情言志，借对水上秋荷特殊风韵的描写，表现出作者看淡人间功名富贵和红尘人情冷暖，以一种旷达洒落的胸襟对待世间沧桑变化。其"不爱深红爱浅红"不仅语言平易畅达，清新雅致，而且内涵丰富，平淡而含蓄。

五　"儒林巨擘"林希逸的诗歌

　　"试把过江人物数，溪翁之外更谁哉？"（《竹溪生日二首·其

---

① 北京大学古文献研究所编《全宋诗》第 58 册，北京大学出版社，1998，第 36161 页。
② 北京大学古文献研究所编《全宋诗》第 58 册，北京大学出版社，1998，第 36240 页。

二》）①刘克庄这句诗将好友林希逸（1193~1271）在宋季文坛的地位提高到无以复加的地步，虽然有夸张溢美之嫌，但并不完全是无根之谈。从诗歌创作实践和成就看，林希逸或许担得起这一赞美。他传世诗文集名《竹溪鬳斋十一稿》，存诗集《竹溪十一稿诗选》一卷，《全宋诗》收录其诗共计九卷805首。对其诗歌特点，刘克庄同样有过极高评价：

> 诗比其师槁干中含华滋，萧散中藏严密，窄狭中见纤余。当其拈须搔首也，搜索如象罔之求珠，斫削如巨灵之施凿，经纬如鲛人之织绡。及乎得手应心也，简者如虫鱼小篆之古，协者如韶钧广乐之奏，偶者如雌雄二剑之合。天下后世诵之曰诗也，非经义策论之有韵者也。②

在"率是语录讲义之押韵者""经义策论之有韵者"的南宋后期，林希逸是难得以艺术见长的理学诗人。

林希逸号称宋季"儒林巨擘"，他是南宋闽中艾轩学派的第四代传人。艾轩学派由南宋初理学家林光朝创立，全祖望《艾轩学案序录》云："终宋之世，艾轩之学，别为源流。"③在诗学方面，他堪称艾轩一派的集大成者，成就最高。林希逸的思想驳杂，这体现在对儒释道三家的态度上，不同于大多数理学家的崇尚儒学而贬斥佛道，他抱持一种三教归一的观念。他从即心悟理的本体观念出发，认为三教根本为一，但又各有偏重，三者之间不是正统与异端的排斥关系，而是相互协同的关系。对于庄子和佛教，林氏认为二者是相贯通的。他在注释《庄子》

---

① （宋）刘克庄：《后村先生大全集》，四川大学出版社，2008，第1187页。
② （宋）刘克庄：《竹溪诗序》，载曾枣庄、刘琳主编《全宋文》第329册，上海辞书出版社、安徽教育出版社，2006，第92~93页。
③ （清）黄宗羲原著，（清）全祖望补修，陈金生、梁运华点校《宋元学案》第二册，卷四十七《艾轩学案》，中华书局，1986，第1470页。

的过程中，常常引用佛教的典籍文献（尤其是禅宗语录）来对《庄子》加以解释。他认为二者虽然属于两大不同的学术体系，但其中也存在相当的关联性，如他在《发题》中说："《大藏经》五百四十函，皆自此中细绎出。"他在注释《庄子》时还不时引用陈藻的话来为自己的论点作证据，如"佛书最好证吾书"[①]，以此来谈论儒家和佛教之间的共通之处。而当他论说儒与释之间的差异时，他又引用陈藻的说法，"儒者悟道，则其心愈细；禅家悟道，则其心愈粗"[②]。林希逸对此说极为推崇，认为这一说法从根本上辨别清楚儒家与释家的区别。

作为南宋最后一个理学诗人，同时又被诸多文学史归入江湖诗派，林希逸的文学思想其实比较丰富复杂，儒、释、道三家思想兼具，体现在他的诗歌创作中，无论是思想还是艺术方面，都呈现出明显的包容性特征，堪称晚宋诗歌的集大成者，至少被公认为艾轩诗派的集大成者。关于林希逸诗歌的研究，从内容上，我们可以从三个方面展开论述。

（一）道学义理诗是其诗歌的主体

作为宋季主要理学派——艾轩学派的第四代传人，林希逸对"义理之学""性理之学"的造诣非常高，不仅有《三子口义》（《庄子鬳斋口义》《老子鬳斋口义》《列子鬳斋口义》）这样"三教合一，终归理学"的著名哲学著作，而且借助诗歌形式阐扬儒家义理，传播理学思想，充分发挥了诗文"载道""明道"的功用。林希逸的义理诗大约可以分为三类。

1. 对道学宗师的歌颂诗

宋代理学自创建以来，一直非常强调道统和文统，特别是到了晚宋，随着以程朱思想为主体的理学被视为理学正宗而受到朝廷推崇，理

---

① （宋）林希逸著，周启成校注《庄子鬳斋口义校注》，凤凰出版社，1997，第 144 页。
② （宋）林希逸著，周启成校注《庄子鬳斋口义校注》，凤凰出版社，1997，第 182 页。

学学者一方面对理学共主二程、朱熹等极力歌颂赞美，对真德秀、魏了翁等当世公推大儒表达尊敬；另一方面也对自己所在学派的理学思想和代表人物加以宣扬，以此提高其影响力和知名度。林希逸义理诗中就不乏对程朱学说的阐扬和对艾轩学派代表人物学术思想的阐述。

艾轩先生林光朝是艾轩学派的创始人，作为此派的嫡传弟子，林希逸"所读者艾轩之书也，所守者艾轩之道"①。因此，不仅从情感上对其有强烈的归属感，而且从理性上亦有光大自己学派的使命感。所作《艾轩先生》一诗便具有此目的和意义：

> 为道难言不著书，但知日用是根株。
> 当筵自昔倾龙象，嗣法何人识马驹。
> 六学即今皆剿说，一齐孤立可长吁。
> 犀斜南谷穷愁骨，仙境能谈旧事无。②

诗中既有对艾轩其人的深切缅怀，也有对该派注重"日用"学术特点的揭示，还有对其学术统绪的追溯。另有一首描写本派学者的《乐轩先生挽歌辞》（其三）：

> 晦庵南北象山西，道学年来入品题。
> 可惜六经真脉络，红泉三世两幽栖。③

乐轩先生即陈藻，林光朝的再传弟子，林亦之的学生，林希逸的老师。因林光朝曾在福建莆田红泉讲学，故艾轩学派又称"红泉学派"。此首绝句前二句描述程朱理学、象山心学在当时学界兴旺发达的繁荣景

---

① （宋）林希逸：《代怀安林丞上杨安抚书》，载曾枣庄、刘琳主编《全宋文》第335册，上海辞书出版社、安徽教育出版社，2006，第259页。
② 北京大学古文献研究所编《全宋诗》第59册，北京大学出版社，1998，第37243页。
③ 北京大学古文献研究所编《全宋诗》第59册，北京大学出版社，1998，第37230页。

象；后二句感叹艾轩学说本为儒学正宗，经过三代传播，却只能幽居闽中，走向式微。言语中流露出一种重振此派学术的道义担当。

南宋中后期，在理学大儒真德秀、魏了翁等人的主持和推动下，以程朱思想为主的道学获得空前的发展，而道学家也成为国之栋梁，朝廷内外气象一新。但好景不长，随着真、魏等人的相继去世，晚宋权臣当道，士大夫贪图享乐，无行文人奔竞成风。此情此景，林希逸在《悼四先生》中表达自己深深的忧虑和愤怒：

> 真洪蒋魏继沦终，天肯忧人国欲空。
>
> 众口生憎来论学，诸贤死不解和戎。
>
> 良图已付悲歌外，旧恨祇留奏稿中。
>
> 拟续八哀才思短，剩将双泪洒松风。①

诗中所提到的"真洪蒋魏"四先生分别是指真德秀、洪咨夔、蒋重珍和魏了翁，是理宗朝著名的儒学重臣。他们去世后，整个朝野无人忧心国事、议论学问，也无人有恢复之志、运筹抗敌事业。此诗借对四先生的哀悼，表达对国事的深切担忧和对未来的绝望心情。

如《读程氏遗书》：

> 浮身长短梦，可见几英雄。
>
> 不有遗编在，应随落叶空。
>
> 中宵门外雪，一月坐间风。
>
> 似此难传处，能言孰与同。②

此诗在研读先儒学术的同时，去体会"程门立雪""如坐春风"的

---

① 北京大学古文献研究所编《全宋诗》第 59 册，北京大学出版社，1998，第 37232 页。
② 北京大学古文献研究所编《全宋诗》第 59 册，北京大学出版社，1998，第 37240 页。

圣贤气象。

2. 对相关理学范畴的阐释诗

理学是一个极为复杂而庞大的理论系统，其核心概念是道、理、气、心、性、命、才、学、习、太极、阴阳、体用、本末、格物、致知、工夫、气象等。林希逸善于运用比兴手法，将抽象的理学概念或范畴用较为生动形象的语言予以阐释。

如《力学》：

> 力学求心苦未安，蓬窗赖得小盘桓。
> 醉知叉手矜持易，过似科头点检难。
> 静定工夫忙里试，和平气象怒中看。
> 亨涂失脚人何限，始信颜回乐一箪。①

此诗谈儒家的为学修养功夫，心静、持定乃第一要务，其"静定工夫忙里试，和平气象怒中看"辩证地说明静与动、和平与不平之间的对立统一关系。

再如《日用》：

> 赖得人间念已灰，省身克己问参回。
> 事随缘法安排去，病向根源点检来。
> 布袜青鞋资懒散，笔床茶灶恣徘徊。
> 偷忙不住提撕着，猛可投机亦俊哉。②

用朴素的语言和生活化的例子，说明克己反省修身都在日常生活当中进行，寓抽象的哲理于日常事务之间。

---

① 北京大学古文献研究所编《全宋诗》第 59 册，北京大学出版社，1998，第 37233 页。
② 北京大学古文献研究所编《全宋诗》第 59 册，北京大学出版社，1998，第 37233 页。

林希逸在谈论儒家义理时，往往将释、道的思维方法和某些理念与传统儒学相结合，从而使得所表达的义理思想更圆融，更具有哲学思辨色彩。

如《心王》：

> 《易》言不动工夫密，《书》说惟微体段彰。
> 仙谩有方求气母，禅非无见指心王。
> 灵根本要行藏在，槁木宁于应感妨。
> 一语何思千古训，莫言为陆背程张。[1]

此诗谈儒家的心学工夫。"心王"本佛教用语，陆九渊心学本就受禅学的影响，而"仙""灵根"等词又属于道家范畴。但作者最后却强调"莫言为陆背程张"，以说明此诗本质上依然是对儒家义理的阐述。

再如《身外》：

> 身外荣枯时与命，眼前好恶古犹今。
> 不须指拟文章力，且要消除人我心。
> 贫甚可无餐玉法，闲多好和玩珠吟。
> 春残任待花饶笑，竹几蒲团味自深。[2]

作者认为外在的功名利禄、荣华富贵都不要牵挂于心，因为万物皆备于我，宇宙即吾心，吾心即宇宙，与天地万物上下同流，便其乐无穷。

"为学"是理学修养功夫极为重要的环节，林希逸自然也十分重视。他认为："学问深功要不疑，空谈长笑晋人痴。渠侬眼纵明如月，

---

① 北京大学古文献研究所编《全宋诗》第 59 册，北京大学出版社，1998，第 37232 页。
② 北京大学古文献研究所编《全宋诗》第 59 册，北京大学出版社，1998，第 37240~
  37241 页。

知我何如我自知。"（《自知》）① 一个人为学功夫的深与浅、学问的高与低，只有自己才清楚。而关于如何学，他针对现实生活中学者的学习儒家义理存在的问题，提出了自己的为学主张。

如《答友人论学》（其一）：

> 逐字笺来学转难，逢人个个说曾颜。
> 那知剥落皮毛处，不在流传口耳间。

《答友人论学》（其二）：

> 禅要自参求印可，仙须亲炼待丹还。
> 卖花担上看桃李，此语吾今忆鹤山。②

此诗先批评汉儒训诂之学只是熟记圣贤故事的皮毛之学，而遗落儒学内在精神，是汲取糟粕而失去精华的学习方法。后则借禅宗悟道和道教求仙的方法告诫学者，儒家证道必须身体力行，亲力亲为方可求得真理，"卖花担上看桃李"是永远不知道春天的真实面貌的。比喻生动形象，含蓄蕴藉，意境悠远。他还有一些阐述其他儒学理论的诗歌。

如《和吴检详飞跃亭韵》（其二）：

> 圣师知远又知微，率性而修教迪彝。
> 物性高高还下下，与渠相赏莫相违。

《和吴检详飞跃亭韵》（其三）：

> 六爻万象理俱陈，物物皆诚在反身。

---

① 北京大学古文献研究所编《全宋诗》第 59 册，北京大学出版社，1998，第 37239 页。
② 北京大学古文献研究所编《全宋诗》第 59 册，北京大学出版社，1998，第 37233 页。

飞鸟音遗鱼信及，中庸尽性易穷神。

《和吴检详飞跃亭韵》（其六）：

跃跃飞飞共太虚，痴人底解见遗馀。

师传吃紧知何处，乐在中心不在书。①

这几首诗借见微知著、率性修教、穷神尽性、理、诚、乐等一系列道学术语阐述人生道理，是典型的义理诗。

3. 对一般生活哲理的阐述诗

受宋学繁荣的影响，两宋诗人在诗歌创作上特别崇尚说理，以议论为诗就成为宋诗有别于唐诗的一个重要特点。

如《打马》：

九折羊肠片纸间，机心觌面险于山。

是非喻马一儒墨，得失争蜗两触蛮。

危似楚兵临汉堑，急如齐客度秦关。

良图邂逅何分别，莫诧争雄衣锦还。②

"打马"是宋代人喜欢玩的一种游戏，而林希逸则通过这种游戏，绘出人间钩心斗角、争权夺利的社会图景，展现出宋季士风败坏、人性扭曲的景况。对理学家来说，生活中一言一行、一草一木无不蕴含着深刻的哲理。

如《溪上谣》：

溪上行吟山里应，山边闲步溪间影。

每因人语识山声，却向溪光见人性。

---

① 北京大学古文献研究所编《全宋诗》第 59 册，北京大学出版社，1998，第 37282 页。
② 北京大学古文献研究所编《全宋诗》第 59 册，北京大学出版社，1998，第 37232 页。

溪流自漱溪不喧，山鸟相呼山愈静。

野雉伏卵似养丹，睡鸭依芦如入定。

人生何必学臞仙，我行自乐疑散圣。

无人独赋溪山谣，山能远和溪能听。①

在溪边游赏风光，却能"每因人语识山声，却向溪光见人性"，说明"性理"无处不在，只要你有一双发现真理的眼睛和善于思考的大脑。

在林希逸众多的哲理诗中，有一些关于诗文写作的议论性诗歌作品，其对诗文创作多有心得，能给读者启发。

如《论文有感》：

纷纷见解何差别，豪杰还须间世生。

识在雷从起处起，文如泉但行当行。

均为千载无双士，莫问三苏与二程。

丹井红泉南谷老，似渠宗旨更难明。②

将理学家对文学的见解和文学家的认识融会贯通，不像南宋其他学派那样排斥异己观念，"均为千载无双士，莫问三苏与二程"二句对二程的学术、三苏的文学都给予充分的肯定，体现了艾轩学派道艺兼修的诗学精神。

在诗歌风格上，林希逸的观点也富于包容性。

如《用韵答友人论诗》：

艺业难精最是诗，千差万别信难知。

还须倒岳倾湫手，却有惊天动地时。

鸟迹论书方古雅，龙媒入画始权奇。

---

① 北京大学古文献研究所编《全宋诗》第 59 册，北京大学出版社，1998，第 37242 页。
② 北京大学古文献研究所编《全宋诗》第 59 册，北京大学出版社，1998，第 37307 页。

夷然便欲趣平淡，此法谁传我亦疑。①

在整个两宋诗学都以平淡为诗歌艺术的最高境界而加以追求时，他在强调平淡的同时，也肯定壮美、雄奇、古雅等多样性风格存在的合理性和价值，颇为难得。其《题新稿》中"断无子美惊人语，差似尧夫遣兴时。"② 二句将杜甫"奇"与邵雍的"淡"并列，再次证明他在审美追求上的转益多师，兼容并包。

（二）杂糅释道为诗是其特点

林希逸近佛禅，精通禅宗义理，善以禅理入诗、论诗。他早有过参禅悟道的经历，他在《见陈郎中》一文中曾如此描述其求学经历："具脑门眼而读书，吐广长舌而论道。藏万卷于椰子，悟一叶于桃花。"③ 他一生与僧道多有交往，据王晚霞《林希逸的佛教观》一文考证，林希逸与之交往的僧人主要有：雪岑行海法师（《题僧雪岑诗》云："本自无须学撚须，此于止观事何如。诗家格怕无僧字，圣处吟须读佛书。得趣藕花山下去，逃名枯木众中居。早梅咏得师谁是，见郑都官却问渠"）、僧宗仁（《赠僧宗仁回江西》云："少别溪干去，于今识者稀，腰包留一钵，顶相称三衣。未得逢渔住，还如化鹤归。马驹江上有，著意访禅机"）、震上人（《二偈赠余干震上人二首》云："芝云深处远携筇，行遍闽山访野农。问老旧游诸大老，云渠识洞住依松。老漆园仙数卷书，最佳公案是观鱼。濠梁水上宁无影，悟得应知我与渠。"）、玉上人（《和柯山玉上人三首》云："身如孤鹤万缘空，吟得交情底许浓。我老学禅无长进，相逢却讲少陵宗。""闻说高人意已消，非坡谁解识参寥。何年共赋浮花雪，一棹清溪两岸苕。""赞尽俱佳见似亲，殷勤远寄证

---

① 北京大学古文献研究所编《全宋诗》第 59 册，北京大学出版社，1998，第 37231 页。
② 北京大学古文献研究所编《全宋诗》第 59 册，北京大学出版社，1998，第 37245 页。
③ 曾枣庄、刘琳主编《全宋文》，上海辞书出版社、安徽教育出版社，2006，第 257 页。

前因。虽然说我梦中梦，却要知渠身外身。"）、白沙和尚（《三偈寄白沙和尚》）："迭石为梁岁月遥，溪神毒发恣飘摇。万事有缘人赞叹，白沙师造赵州桥。""桥长百丈架溪横，半水工夫次第成。人言不是慈悲力，那得霜冬暖又晴。""作缘道者信难哉，小工石匠亦持斋。世间苦行谁能此，为向白沙会下来。"），其他还有介石智朋禅师、剑关子益禅师、断桥妙伦和尚、枯崖和尚、育王寂窗有照禅师等。故其诗中有很多与僧侣的赠答作品，如《赠僧宗仁回江西》中所谓"自解芄兰之佩，即贪贝叶之书"①，他的论诗诗中常常借参禅悟道来谈论诗歌创作，"强调以禅喻诗、重视悟人、具正法眼等诗学观念是林希逸诗学思想中最具个性色彩的一面，凸显出他思想的驳杂而又互渗的同时，也证明了其诗学思想在晚宋特殊的价值意义"②。

如《即事》：

> 学必苦心非易事，世多抵掌是痴谈。
> 评量人到九分九，指拟天穷三十三。
> 彻底书须随字解，造微诗要似禅参。
> 眼前定与谁商榷，忽谩狂吟付一酣。③

说明作诗灵感与参禅悟道原理相同，必须经过日积月累的学习思考，然后有朝一日豁然贯通，脱口而出。

《再用前韵谢桃巷》（其三）：

> 山深林密乐吾真，从古吟人例是贫。
> 参句似禅诗有眼，还丹无诀酒全身。④

---

① 曾枣庄、刘琳主编《全宋文》，上海辞书出版社、安徽教育出版社，2006，第257页。
② 沈扬：《林希逸诗学思想的渊源与独创》，《集美大学学报》2014年第1期，第13页。
③ 北京大学古文献研究所编《全宋诗》第59册，北京大学出版社，1998，第37278页。
④ 北京大学古文献研究所编《全宋诗》第59册，北京大学出版社，1998，第37294页。

禅宗讲究顿悟法则，认为通过"悟"方能洞见真如本心。用之于诗歌，诗法用禅法，也要通过对诗艺的参悟，才能达到圆融无碍、物我两忘的审美境界。林希逸强调"参句似禅诗有眼"，即告诫学诗者向前人学习时，要把重心放在对经典作品用意、用韵、用字、格律以及篇章结构等的揣摩上，尤其是对诗"眼"的研究，反复沉潜涵泳，仔细体悟其中的妙用。而要悟入诗"眼"的精妙之处，必须具备相应的见识力——"具眼"。所谓"具眼"是"具正法眼"的简称，它本是指习禅者"朗照宇宙，包含万有"的辨识力，而被唐宋代诗学批评家借以代指诗人的眼光，严羽《沧浪诗话》中有"学者须从最上乘，具正法眼，悟第一义"①的说法；林希逸诗中反复提到"具眼"一词："具眼须珍惜，休将示俗人。"（《清古源以隆茂宗画华池佛求跋》）②"看破人间须具眼，驰求身外枉萦心。"（《寄题陈非潜达观堂》）③"事随时去如飞澜，具眼应须以道观。"（《戊辰二月六日作》）④他所言"具眼"具有理学色彩，意在强调诗人通过内在心性修养，达致与宇宙天理上下同流的浑融和乐境界，以这样的心境发而为诗，则自然高妙。以禅喻诗，使林希逸的诗学观念突破一般理学家道德文章的局限，探寻到诗歌的某些本质，其诗学具有突出的个性。

理学家大多具有浸染儒、释、道三家思想的经历，他们博采三家之长，自成一家。故林希逸诗中不仅常常运用禅宗语词，而且以禅宗视野探讨问题，就是一件再正常不过的事情了。

如《老来犹喜看书清晨有警书以自砭》（其二）：

> 禅学元非妄诋诃，声前句后总成魔。
>
> 本来性即虚空是，自障尘因闻见多。

---

① （清）何文焕辑《历代诗话》，中华书局，1981，第686页。
② 北京大学古文献研究所编《全宋诗》第59册，北京大学出版社，1998，第37273页。
③ 北京大学古文献研究所编《全宋诗》第59册，北京大学出版社，1998，第37285页。
④ 北京大学古文献研究所编《全宋诗》第59册，北京大学出版社，1998，第37292页。

过眼皆如云不住，举头但看月如何。

传灯诸老还痴绝，只玩心珠底用歌。（原注：《传灯》有《玩珠歌》）①

采用禅宗棒喝、直接启发的方式，阐述佛教万事皆空的观念，整篇都是禅宗语言的表述和思想观念的表达，但所述之内容与理学自有相通之处。

如《题宋德清诗稿》：

诗法如书法，临摹恐未真。

宁为禅散圣，莫作婢夫人。

士诧门中集，君留席上珍。

苦吟应不厌，会见轧黄陈。②

以"禅散圣"和"婢夫人"对举，表达作者对学诗的感悟：唯有不受所学对象的限制，方能创造出比之更好的作品。体现出禅宗所倡导的自由创新精神的价值。

林希逸诗中的参禅往往与论道是结合在一起的，显示其思想儒、释、道兼而有之的复杂性。

如《痴翁》：

痴翁痴处苦难言，半似禅宗半似仙。

适意酒杯中味道，寄心诗句里参玄。

虽然也作人间梦，但觉元无俗下缘。

剩把残编消日子，不妨吟罢枕书眠。③

---

① 北京大学古文献研究所编《全宋诗》第 59 册，北京大学出版社，1998，第 37281 页。

② 北京大学古文献研究所编《全宋诗》第 59 册，北京大学出版社，1998，第 37238 页。

③ 北京大学古文献研究所编《全宋诗》第 59 册，北京大学出版社，1998，第 37279 页。

他一方面参禅悟道，另一方面追求诗酒人生；既不忘世情，又只能寄情诗书，难有作为。写尽了参破人生，又不甘如此的内心苦闷。

林希逸诗集中尽管留存大量释道作品，但他好佛老却并非佞佛老，对此，他曾在诗中做过辩解："但喜僧歌不坏庵，可曾佞佛学和南。"（《和后村二首》）① "喜读佛书非佞佛，赋游仙曲岂求仙。"（《书窗即事》）② 在他看来，喜听僧歌、赋仙曲，只不过是文人日常生活的一种爱好，是文人雅事，与真的出家为僧、为道是两码事。对大多数儒家文人来说，他们从来只是将释道之学作为儒学的一种有益补充，林希逸也是如此。"六经之力微而释氏作。仲尼以庄说，而释氏以矫说。仲尼化善人，而释氏化恶人。"（《竹溪鬳斋十一稿续集》）③ 学佛是为了更好地研习儒学，更快捷地进入圣贤之境，所谓"诗家格怕无僧字，圣处吟须读佛书"（《题僧雪岑诗》）④ 便说的是这个道理。

（三）以物观物是其诗歌境界

林希逸的理学诗学来自两个方面的影响，一是对艾轩学派诗学思想的继承；二是接受邵雍静观诗学观念的影响。

林希逸的静观诗学则更多体现他作为一名理学家对于诗歌创作心态的领悟，其《跋〈静观小稿〉》言：

> 子渊之静，其得于康节照物者；子渊之诗，其得于康节观时者。子奚疑？然则子渊之诗似击壤乎？曰："余闻方外诸友，谓子渊虽以吟事为乐，而观心静定之学，所得者奥，诗其土苴尔。"⑤

---

① 北京大学古文献研究所编《全宋诗》第 59 册，北京大学出版社，1998，第 37251 页。
② 北京大学古文献研究所编《全宋诗》第 59 册，北京大学出版社，1998，第 37259 页。
③ （宋）林希逸：《竹溪鬳斋十一稿续集》，明谢肇小草斋抄本。
④ 北京大学古文献研究所编《全宋诗》第 59 册，北京大学出版社，1998，第 37255 页。
⑤ 曾枣庄、刘琳主编《全宋文》第 335 册，上海辞书出版社、安徽教育出版社，2006，第 336 页。

　　所谓"静观"，是诗人创作前的一种精神境界或心理状态。诗人创作时要去除心中杂念，进入一种本真状态。而这种状态正是理学家邵雍所提倡的"以物观物"的境界："因闲观时，因静照物，因时起志，因物寓言，因志发咏，因言成诗，因咏成声，因诗成音。"① 他的诗就是以物观物诗学思想的体现。

　　作为理学诗人，林希逸自然坚持山水与理（道）相通的儒家心法，习惯于借助寻春、赏春去追寻所谓生生之谓仁的儒家境界，故山水景物成为他诗歌描述的主要对象。他善于在自然之物的观察和体验中注入仁学的精神，把"仁"放置到"理一分殊"的理念中进行审美观照，从而创作出理趣浑然的作品，让读者从中感受到生命之真与自然之美。

　　如《物理六言》（其一）：

　　　　以鸟养鸟尽性，惟虫能虫知天。
　　　　万物与我为一，反身乐莫大焉。

《物理六言》（其四）：

　　　　醯鸡瓮中世界，蜘蛛网上天机。
　　　　他心我心壹是，大知小知俱非。

《物理六言》（其五）：

　　　　蚯蚓两头是性，桃花一见不疑。
　　　　了得葛藤三昧，却参茱萸诸诗。②

---

① （宋）邵雍：《伊川击壤集·序》，中华书局，2013。
② 北京大学古文献研究所编《全宋诗》第59册，北京大学出版社，1998，第37245页。

此三首六言是典型的格物致知诗，作者通过观察自然之物的习性，阐述心性哲学问题。

《题张尚书画册四首》（其三）是一首咏牡丹诗：

> 生意草亦佳，可但莲菊好。
> 富贵本何心，莫以色见我。①

牡丹被誉为"花中之王"，一般人只注意到它的富贵气。但在林希逸看来，牡丹之所以受人赏爱，最本质的在于它蕴含着生生之"仁"的完美境界，透过对它的观察，人们可以获得彻见天地玄机的神奇体验，可以萌发诗人的诗性智慧。

钱锺书对理学诗人多有微词，认为他们的诗歌只是"押韵的文件""学问的展览"，未摆脱押韵牵累的散文，故其《宋诗选注》几乎不选理学诗，但对林希逸却另眼相看。他在《谈艺录》第六十九篇《随园论诗中理语》中论述说理诗时，专门做了一则补订来谈林希逸的诗歌：

> 自宋以来，能运使义理语，作为精致诗者，其惟林肃翁希逸之《竹溪十一稿》乎……其为诗也，虽见理未必甚深，而就词藻论，要为善于驱遣者矣……其《自题新稿》云："断无子美惊人语，却似尧夫遣兴时"，盖亦自居"濂洛风雅"。②

对林希逸的理学诗给予了肯定。相比同时期的其他理学诗人，林希逸的诗歌的确呈现出较为强烈的艺术气质。林希逸所生活的时代正是程朱理学大行其道、居于官学地位的时期，与此同时，也是江湖诗风盛行

---

① 北京大学古文献研究所编《全宋诗》第 59 册，北京大学出版社，1998，第 37257 页。
② 钱锺书：《谈艺录》，中华书局，1984，第 234 页。

的时代，一方面从家学和地缘来看，他都处于理学发展的中心，是艾轩学派的嫡系传人；另一方面，他与江湖诗派的许多诗人关系密切，在理学思潮与江湖诗风并存共生的环境与氛围之中，其诗歌创作在博采众长的同时，也体现出自己鲜明的特色。

第四节 江湖诗人作品的道学气

以上就宋季理学诗人群体主要成员的诗歌进行了初步探讨，从中可以大致了解宋季诗坛接受理学影响并导致诗歌主题嬗变的基本情况。但与此同时，代表纯粹诗歌的江湖诗人群体也以自己的方式参与到这场诗歌的变革当中，成为晚宋诗歌主题和艺术嬗变不可或缺的重要组成部分。

一 理学文化笼罩下的宋季江湖诗派

宋末元初著名学者周密（1232～1298）在其《齐东野语》"道学"条中追述了两宋理学的发展历程，展现了洛闽道学在宋季被追捧的真实面貌：

> 伊洛之学行于世，至乾道、淳熙间盛矣。其能发明先贤旨意，溯流徂源，论著讲解卓然自为一家者，惟广汉张氏敬夫、东莱吕氏伯恭、新安朱氏元晦而已。朱公尤渊洽精诣，盖其以至高之才，至博之学，而一切收敛，归诸义理。其上极于性命天人之妙，而下至于训诂名数之末，未尝举一而废一。盖孔孟之道，至伊洛而始得其传，而伊洛之学，至诸公而始无余蕴。必若是，然后可以言道学也已。

> 此外有横浦张氏子韶，象山陆氏子静，亦皆以其学传授。而张尝参宗杲禅，陆又尝参杲之徒德光，故其学往往流于异端而不自

知。程子所谓今之异端，因其高明者也。至于永嘉诸公，则以词章议论驰骋，固已不可同日语。

世又有一种浅陋之士，自视无堪以为进取之地，辄亦自附于道学之名。褒衣博带，危坐阔步。或抄节语录以资高谈，或闭眉合眼号为默识。而扣击其所学，则于古今无所闻知；考验其所行，则于义利无所分别。此圣门之大罪人，吾道之大不幸，而遂使小人得以借口为伪学之目，而君子受玉石俱焚之祸者也。

韩侂胄用事，逐逐赵忠定。凡不附己者，指为道学尽逐之。已而自知道学二字，本非不美，于是更目之为伪学。臣僚之荐举，举士之结保，皆有"如是伪学者，甘伏朝典"之辞。一时嗜利无耻之徒，虽尝附于道学之名者，往往旋易衣冠，强习歌鼓，欲以自别。甚者，邓友龙之辈，附会迎合，首启兵衅。而向之得罪于庆元初者，亦皆从而和之，可叹也已。[①]

周密这段关于道学的论述，非常清晰地将两宋道学人物分为四种类别：以伊洛大儒二程、张栻、吕祖谦、朱熹为代表，属于正宗道学；以张九成、陆九渊与永嘉学派诸公为代表，杂以佛老异端、词章之学和功利议论者，可称为理学内部的非主流派；第三种类型是依附道学、借道学之名追名逐利的假道学，是圣门的大罪人，这其中就不乏江湖诗派中人；而层次最低的一种类型则是利用道学的当政者，这类人将道学当作他们政治斗争的工具而已。周密对道学人物的划分，不仅可以看出南宋中后期文人的多样化人格和千奇百怪的世相，而且也可以由此了解在理学笼罩下的宋季诗坛所展现出的特殊样貌。对此，我们可以透过江湖诗人的创作，看其对理学或主动或被动的攀援依附。

---

① （宋）周密撰，张茂鹏点校《齐东野语》，中华书局，1983，第202~203页。

凡治中国文学史者皆知道，以黄庭坚为代表的江西诗派是宋代影响最大、持续时间最久的一个诗派。但到南宋中后期，江西诗派"以才学为诗，以文字为诗，以议论为诗"的作诗方法逐渐显露其弊端，首先是以"永嘉四灵"为代表的一群诗人对其"连篇累牍，汗漫而无禁"的诗风表示不满："初，唐诗废久，君与其友徐照、翁卷、赵师秀议曰：'昔人以浮声切响单字只句计巧拙，盖风骚之至精也。近世乃连篇累牍，汗漫而无禁，岂能名家哉？'"① 于是在创作上另辟蹊径，另寻典范，提倡向晚唐苦吟派诗人贾岛、姚合等人学习，体裁上多用近体，特别是喜欢五言律诗的创作，以清苦为工。我们知道，江西诗派强调"无一字无来处"，故"资书以为诗"是该派作诗的基本原则；而与之相对垒，四灵诗人提倡"捐书以为诗"，强调"自吐性情，靡所依傍"②，从日常生活和自然环境中寻找素材，采用白描手法，尽量少用典故，从而为宋代后期诗坛注入一股清新流畅的诗风，这是四灵诗的长处。但与江西诗派相比，其气象格局却非常狭小，正如方回在《瀛奎律髓》中所批评的那样："永嘉四灵"作诗"所用料，不过花、竹、鹤、僧、琴、药、茶、酒，于此几物，一步不可离，而气象小矣"。③ 清人顾嗣立也毫不留情地指出其诗歌存在的重大问题："四灵以清苦为诗，一洗黄、陈之恶气象、狞面目；然间架太狭，学文太浅，更不如黄、陈有力也。"④

受"四灵"诗歌的影响，宋季形成了一个江湖诗人群体，有人称其为"江湖诗派"。此一诗派因书商兼诗人的陈起在宝庆元年（1225）刊刻的《江湖集》而得名，并成为江湖诗人主宰当时诗坛的一个标志。此后，陈起又陆续刊刻了《江湖前集》《江湖后集》《江湖续集》《中兴江湖集》等，后人将这些诗集统称为《江湖诗集》。事实上，列入

---

① （宋）叶适：《徐文渊墓志铭》，载曾枣庄、刘琳主编《全宋文》第286册，上海辞书出版社、安徽教育出版社，2006，第321页。
② （清）永瑢等：《四库全书总目》卷一百六十二，中华书局，1965，第1390页。
③ （宋）方回：《瀛奎律髓汇评》，上海古籍出版社，2005，第340页。
④ （清）顾嗣立：《寒厅诗话》二，丁福保《清诗话》，上海古籍出版社，1978，第83页。

《江湖诗集》的作者虽然多为布衣平民，但也不乏士大夫贵族和下层官员。根据张宏生先生《江湖诗派研究》统计，江湖诗人共有 138 家①。由于人数众多，品流杂芜，诗派成员的判定非常困难，如钱锺书先生就认为刘过、刘仙伦、敖陶孙、黄文雷等的诗歌"五七古颇动荡，非江湖体也""纯乎江西手法，绝非江湖体""粗豪尚气，似龙洲道人，非江湖亦非江西也"；而且根据相关资料统计，在 100 多人的江湖诗派成员中，列入《宋元学案》的竟达 14 人之多。因此，很难以一个统一的标准来概括这个群体的特点。为了行文的方便，本书依然采用"江湖诗派"这一概念来指称江湖诗人，只是把包恢、刘克庄、林希逸等明显受理学影响且政治地位比较高的士大夫诗人排除在该诗派之外，已经在前面纳入理学诗人群体进行了相关论述。

在宋元学者尤其是理学家看来，江湖诗人多不关心现实，只是把诗歌作为讨好权贵、谋取财物的工具，多写歌功颂德、叹老嗟卑的庸俗无聊之作，与理学"文以载道""诗以言志"的诗学观念背道而驰。因此，正统学者对江湖诗派其人其诗多持批评和否定的态度，方回的评价就颇具代表性：

> 庆元、嘉定以来，乃有诗人为谒客者。龙洲刘过改之之徒不一人，石屏亦其一也。相率成风，至不务举子业，干求一二要路之书为介，谓之阔扁，副以诗篇，动获数千缗以至万缗。如壶山宋谦父自逊，一谒贾似道，获楮币二十万缗，以造华居是也。钱塘湖山，此辈什陌为群。②

像《瀛奎律髓》所描绘的宋自逊这类无耻江湖诗人的确存在，且有一定代表性。但我们不能以偏概全，对其一概否定。事实上归入该诗

---

① 张宏生：《江湖诗派研究》，中华书局，1995。
② （宋）方回：《瀛奎律髓》，武汉出版社，2008，第 560 页。

派的人员构成十分复杂，良莠不齐，其中既有唯利是图的失德文人，也不乏受理学影响的清高之士，其作品内容与时代联系密切，从中可以明显看到理学正统思想的渗透。

二 江湖诗人的义理诗

从总体上看，北宋文学与道学分为两途，针锋相对，所谓"文学家不讲所谓心性之学，理学家多不工文"①。但发展至南宋后期，随着以程朱为代表的理学地位的不断攀升，并最终登上政治舞台成为官方意识形态，理学的影响波及政治、士风、社会生活乃至文学艺术等各个层面。

> 通天下读朱文公之书，尊文公之道，其始生之乡、侨居之里、宦进之邦，与乾、淳诸老盍簪倾盖讲贯切磋之处，往往肖其像，庋其书，聚成学之士，敬事而传习焉。②

在这样全民推崇朱熹的氛围中，江湖诗人在诗歌创作中，很难不受时代风气的影响。我们且不说被历代学者归于江湖诗派的刘克庄、林希逸等士大夫文人本来就是理学中人，被《宋元学案》列入理学传承体系之中。实际上就连一些终身布衣、以写诗作文为生的真正意义上的江湖诗人，其思想或本就渊源于理学，或与理学学者多有交往，故其诗歌创作在不经意间便受到理学的影响也是自然。我们不妨选择其中一些跟理学有比较明确关系的江湖诗人和作品，来看看理学是如何影响宋季诗歌的。

（一）"晚宋之冠"戴复古

在江湖诗人群体中，戴复古（1167~1248?）是被视为唯一能够与刘克庄相提并论的诗人，是江湖诗派的代表，存诗近千首，从体裁上

---

① 马积高：《赋史》，上海古籍出版社，1987，第 459 页。
② （宋）刘克庄：《泉山书院记》，载曾枣庄、刘琳主编《全宋文》第 330 册，上海辞书出版社、安徽教育出版社，2006，第 350 页。

看，他可谓古律兼擅，近代著名诗人石遗老人陈衍对其推尊有加："石屏诗心思力量，皆非晚宋人所有，以其寿长入晚宋，曲为晚宋之冠。"①"晚宋之冠"的评价虽然赞誉过甚，但他的确是宋季江湖诗人中最出色的作家之一。他一生没有仕宦经历，浪迹江湖，南游瓯闽，北窥吴越，上会稽，绝重江，浮彭蠡，泛洞庭，望匡庐、五老、九嶷诸峰，然后放于淮、泗，以归老于委羽（黄岩羽山）之下。②他早年从陆游学诗，后又与楼钥、乔行简、魏了翁等同时代士大夫学者和赵汝腾、包恢、巩丰、赵蕃、高翥、刘克庄、赵以夫、翁卷、孙季蕃等同期著名诗人交往唱和，这其中就有魏了翁、赵蕃、包恢等理学名流。正是通过与理学家的交往，使得他的诗歌发乎义理，穷达适性，体现出平和冲淡、体格纯正的儒家气象。包恢对其人其诗颇为称赏：石屏以诗鸣东南半天下……第尝私窃评之，古诗主乎理，而石屏自理中得；古诗尚乎志，而石屏自志中来；古诗贵乎真，而石屏自真中发。此三者皆源流之深远，有非他人之所及者。理备于经，经明则理明。尝闻有语石屏以本朝诗有不及唐者，石屏谓不然，本朝诗出于经，此人所未识，而石屏独心知之。故其为诗正大醇雅，多与理契，志之所至，诗亦至焉。③

如《谢东倅包宏父癸卯夏》（其一）：

> 诗文虽两途，理义归乎一。
> 风骚凡几变，晚唐诸子出。
> 本朝师古学，六经为世用。
> 诸公相羽翼，文章还正统。
> 晦翁讲道馀，高吟复超绝。
> 巽岩许其诗，凤凰飞处别。④

---

① 陈衍：《宋诗精华录（卷四）》，巴蜀书社，1992，第575页。
② （宋）戴复古：《石屏集序》，《四部丛刊续编》本。
③ （宋）戴复古：《戴复古诗集》，金芝山校点，浙江古籍出版社，1992，第323页。
④ 北京大学古文献研究所编《全宋诗》第54册，北京大学出版社，1998，第33460页。

他认为，诗文的本质在于对义理的阐释，而非仅仅追求言语文字的奇绝。朱熹等理学家借诗阐扬道德义理，自有其超绝一般诗人之处，代表着正统诗教传统。在人们印象中，江湖诗人多反对义理为诗，而作为一位终身布衣的江湖诗人，戴复古对诗歌的要求竟然是有益于世用，而对雕章琢句的诗人之诗提出严肃批评。

如《论诗十绝》（其五）：

> 陶写性情为我事，留连光景等儿嬉。
> 锦囊言语虽奇绝，不是人间有用诗。①

诗人不仅要抒情，更要吟咏性情之正。由于他一生所交往的多为理学中人物，理学家的学术思想和诗学观念或直接或间接地影响了他的诗学理论和创作实践。他的友人赵汝腾说："石屏之诗，平而尚理，工不求丽，雕镂而气全，英拔而味远。玩之流丽而情不肆，即之冲淡而语多警。"② 正是看到其诗歌接受理学影响的一面。

戴复古不仅提倡诗歌要表现义理，而且做人也以理学大儒为典范，其《曾景建以诗得罪道州听读》曰：

> 闻说乌台欲勘诗，此身幸不堕危机。
> 少陵酒后轻严武，太白花前忤贵妃。
> 迁客芬芳穷也达，故人评论是耶非。
> 饱参一勺濂溪水，带取光风霁月归。③

诗人有感于朋友因诗得罪，故用历史上诸多因诗获罪的著名人物的

---

① 北京大学古文献研究所编《全宋诗》第 54 册，北京大学出版社，1998，第 33608 页。
② （宋）赵汝腾：《石屏诗序》，金芝山点校《戴复古诗集》，浙江古籍出版社，1992，第 321 页。
③ 北京大学古文献研究所编《全宋诗》第 54 册，北京大学出版社，1998，第 33591 页。

遭际来劝告宽慰朋友。最后二句用黄庭坚赞扬周敦颐有"光风霁月"之喻,希望理学前辈的洒落人品可以成为自己和朋友持身的榜样。

(二) 江湖俊彦乐雷发

乐雷发 (1195~1271) 是江湖诗派的一位颇有特色、成就较高的诗人,《江湖小集》《宋百家诗存》《全宋诗》《沅湘耆旧集》《宋诗选注》等诗集都先后收录过他数量不等的作品,可见其在江湖派中还是颇有一些名气的,他与南宋中后期格律派代表词人姜夔亦有交往。历史上对他诗歌的评论也不少,如《四库全书总目》虽然一向鄙视江湖诗,但说他"人品颇高……其诗旧列江湖集中,而风骨颇遒,调亦浏亮,实无猥杂粗俚之弊,视江湖一派迥殊"①。称赞他的诗不同于江湖诗歌的"猥杂粗俚",而有"风骨";《沅湘耆旧集》不仅入选其诗多篇,而且称其诗"沉着浏亮,在南宋中实不可多得"。② 认为他在南宋诗坛也算独树一帜;而《宋百家诗存》则以"雄深老健,突兀自放,南渡后诗家罕此标格。"③ 概括其诗歌风格。众多批评者对其诗予以关注且给予较高评价,本身就说明其诗具有较高的知名度和研究价值。

乐雷发现存诗歌虽然数量不多,但谈论论理是其诗的一大主题。他或在诗中表达对理学前贤的仰慕之情,如"窗前自长濂溪草,泽畔还枯正则兰"(《濂溪书院吊曾景建》)④、"故园荷屋傍濂溪,苦爱莲花入梦思。今日题诗还自笑,江湖尘土鬓成丝"(《题王尧章仁香亭》)⑤、"世无真魏扶吾道"(《谒李梅亭》)⑥、"人才真魏调零后,国事江淮佐

---

① (清)永瑢等:《四库全书总目》卷一百六十四,中华书局,1965,第1405页。
② (清)邓显鹤编纂,欧阳楠点校《沅湘耆旧集》,岳麓书社,2007,第374页。
③ (清)曹庭栋著,纪昀编《宋百家诗存》,文渊阁《四库全书》本,台北商务印书馆,1986,第895页。
④ 北京大学古文献研究所编《全宋诗》第66册,北京大学出版社,1998,第41325页。
⑤ 北京大学古文献研究所编《全宋诗》第66册,北京大学出版社,1998,第41333页。
⑥ 北京大学古文献研究所编《全宋诗》第66册,北京大学出版社,1998,第41322页。

惚时"（《送桂帅钟尚书赴召》）[①]、"今宵客枕清如许，称读西山夜气
箴"（《宿金滩》）[②] 等句，对道学前辈周敦颐和当世理学大儒真德秀、
魏了翁的道德精神予以高度赞扬；或借诗歌阐述道学思想，如"通书多
似易，论语不言诚"（《拟长沙访姚雪蓬至永而返赋此为寄》）[③]、"万
里粲良言，一诚贯元造"（《登濂溪太极楼》）[④]、"执中与太极，万古
瞻魁杓"（《次韵李监丞城西纪游》）[⑤] 这些作品对理学体系中的"诚"
"太极""执中"等哲学概念和范畴加以阐扬。由此可见，乐雷发虽然
身在江湖，但对理学却表现出由衷的推崇。钱锺书先生对乐雷发的评价
较高，认为他"算得宋末小家里一位特出的作者，比较有雄伟的风格和
激昂的情调"。[⑥] 而他的理学诗也体现了这种风格和情调。

（三）其他江湖诗人

陈起既是一位书商，也是江湖诗派中的一员干将。理学家认为，天
地万物都是天理流行的具体呈现，一草一木都折射出理性的光芒。江湖
诗人陈起也深明此理。

如《夜听诵太极西铭》：

> 六经宇宙包无际，消得斯文一贯穿。
>
> 万水混茫潮约海，三辰焕烂斗分天。
>
> 鸢鱼察理河洛后，金玉追章秦汉前。
>
> 遥夜并听仍闇味，奎明谁教第三篇。[⑦]

---

① 北京大学古文献研究所编《全宋诗》第 66 册，北京大学出版社，1998，第 41315 页。
② 北京大学古文献研究所编《全宋诗》第 66 册，北京大学出版社，1998，第 41317 页。
③ 北京大学古文献研究所编《全宋诗》第 66 册，北京大学出版社，1998，第 41337 页。
④ 北京大学古文献研究所编《全宋诗》第 66 册，北京大学出版社，1998，第 41312 页。
⑤ 北京大学古文献研究所编《全宋诗》第 66 册，北京大学出版社，1998，第 41313 页。
⑥ 钱锺书：《宋诗选注》，人民文学出版社，1958，第 272 页。
⑦ （宋）陈起辑《汲古阁景钞南宋群贤六十家小集》，国家图书馆出版社，2014。

他在水混茫潮约海、辰焕烂斗分天、鸢飞鱼跃的自然事物中，体验到大化流行的生生不已之道，这和理学家通过具体物象去探究天人之理在本质上是一致的。

高翥是南宋江湖派诗人中较有才情的一个，有"江湖游士"之称。如《秋日三首》（其二）：

> 庭草衔秋自短长，悲蛩传响答寒螀。
> 豆花似解通邻好，引蔓殷勤远过墙。①

目睹秋草萧瑟，耳闻秋虫悲鸣，通常会引发诗人"悲哉秋之为气也"的伤感，但高翥似乎更在意一派凄切秋景中豆荚藤蔓呈现出来的生意，它给人以坚实的温暖与希望。萧瑟秋景因诗人观照方式的不同和转悲为乐的处理，就有了理学化小我之悲而为大我之乐的理趣。

叶绍翁是江湖诗派较为著名的诗人，其诗以七言绝句最佳，他最为人知晓的名篇应该就是这首《游园不值》小诗：

> 应怜屐齿印苍苔，小扣柴扉久不开。
> 春色满园关不住，一枝红杏出墙来。②

前二句写游园不遇的失落感，本来是一个伤感的基调；但后二句情绪陡转，"一枝红杏出墙来"的满目春色却充满活泼的生机，让人从自然中感受到与天地融为一体的快乐，类似于曾点气象。

利登被认为是江湖派里比较不太讲工致细巧的诗人，语言上追求质朴自然的风格。其《感兴》一诗对伊洛理学家传播儒家文化、涵养道德、教化民众的功德充满称许：

---

① 北京大学古文献研究所编《全宋诗》第 55 册，北京大学出版社，1998，第 34120 页。
② 北京大学古文献研究所编《全宋诗》第 56 册，北京大学出版社，1998，第 35135 页。

圣域久芜漫，功利时竞趋。

管晏苟有帝，安必世唐虞。

开明周孔心，赖有伊洛儒。

古来正其心，平治信有余。

彼哉典午时，相师谈清虚。

未知千载人，视今又何如。①

　　理学讲究正心诚意，阐扬周孔儒家思想，功在千秋，意义重大。

　　关于宋季江湖诗人群体作品道学气的体现，我们还可以借助钱锺书先生的一些论点展开分析。钱先生认为，从表面上看，江湖诗人普遍具有反对"江西诗派"而与"四灵诗人"情趣相投，主张"捐书以为诗"，好作近体，重视格律和文辞，与江西诗派和理学诗人注重"以学问为诗""以义理为诗"背道而驰，形成了所谓"诗人之诗"与"学者之诗"的针锋相对。但在理学正统化、官学化的背景下，江湖派也一定程度形成了"好作理学语"的特点。除上面提到的诗人外，钱先生在《钱锺书手稿集·容安馆札记》②　中还列举了陈杰、卫宗武、罗与之、史尧弼、吴龙翰等人的相关作品，对宋季江湖诗派"攀附洛闽道学"的情况有比较详细的论述。这说明，理学在登上官学独尊地位之后，其对文学渗透的程度和复杂性，远远超出我们的想象，而我们对宋季文坛现象的认识还存在诸多盲点和误区。

第五节　理学官方化与宋季散文创作

　　在中国古代散文发展史上，宋代绝对称得上是一个鼎盛时期，这是许多治文体学的专家普遍认同的一个总结性论断。金代文学批评家王若

---

① 北京大学古文献研究所编《全宋诗》第 63 册，北京大学出版社，1998，第 39725 页。
② 钱锺书：《钱锺书手稿集·容安馆札记》，商务印书馆，2003。

虚就曾说过:"扬雄之经,宋祁之史,江西诸子之诗,皆斯文之蠹也;散文至宋人始是真文字,诗则反是矣。"① 之所以如此言,是因为宋代散文不仅以其作品数量的繁富、大家名作的辈出、文学流派的纷呈、艺术风格的多样以及文体类别的齐备,而被许多评论家称为我国古代散文发展历程中的"巅峰阶段"②,而且学界对这种观点几乎不存在任何异议。

一 关于宋季散文的总体评价

对宋代散文的肯定几乎都是针对北宋散文而言,尤其是以"唐宋八大家"而著名的欧阳修、王安石、"三苏"和曾巩都是北宋元祐时期的散文大家,其光芒完全掩盖了宋代其他时期和其他作家的创作成就。相比之下,无论是当世学者,还是后世批评家,对南宋散文尤其是宋季之文,不仅关注度低,而且即便有所评论,也多是持否定的态度。如陆游就批评宋孝宗乾、淳年间文人散文"或以纤巧摘裂为文,或以卑陋俚俗为诗,后生或为之变而不自知"③,宋末著名学者罗大经在其《鹤林玉露》中也有这样的批评:

> 凡作文章,须要胸中有万卷书为之根柢,自然雄浑有筋骨,精明有气魄,深醇有意味,可以追古作者……王荆公谓今之作文者,如拾奇花之英,掬而玩之,虽芳馨可爱,而根柢蔑如矣。虽然,岂独文哉!近时讲性理者,亦几于舍六经而观语录。甚者将程、朱语录而编之若策括策套,此其于吾身心不知果何益乎……余尝辑《心学经传》十卷,序发之辞有曰:"学者不求之周、程、张、朱固不

---

① (金)王若虚:《滹南遗老集》卷三七《文辨》,文渊阁《四库全书》本,第 1190 册,台湾商务印书馆,1986,第 465 页。
② 王水照:《宋代文学通论》,河南大学出版社,1997,第 48 页。
③ 《陈长翁文集序》,载曾枣庄、刘琳主编《全宋文》第 222 册,上海辞书出版社、安徽教育出版社,2006,第 356 页。

可，徒求之周、程、张、朱，而不本之六经，是舍祢而宗兄也。不求之六经固不可，徒求之六经，而不反之吾心，是买椟而弃珠也。"①

对晚宋性理之文舍六经而"徒求之周、程、张、朱"所导致的危害性，一针见血地提出批评，并指明散文写作正确的方式：本之六经。元人袁桷对此现象也有相似的看法：

江西诸贤别为宗派，窃取《国策》《庄子》之词杂进，语末毕而更，事遽起而辍，断续钩棘，小者一二言，长者数十言，迎之莫能以窥其涯，而荒唐变幻，虎豹疏而鱼龙杂也。②

后宋百五十年，理学兴而文艺坏。③

《四库全书总目》则评价说：

文章至南宋之末，道学一派，侈谈心性……庸沓委琐，古法荡存。理极数穷，无往不复。④

就连宋末以道德文章著称于世的作家刘辰翁的散文也受到四库馆臣们的批评：

文章亦见重于世。其门生王梦应作祭文，至称韩、欧后惟先生卓然秦汉巨笔。然辰翁论诗评文，往往意取尖新，太伤佻巧……即

---

① （宋）罗大经：《鹤林玉露》，中华书局，1983，第332~333页。
② （元）袁桷：《曹伯明文集序》，文渊阁《四库全书》本，台湾商务印书馆，1986。
③ （元）袁桷：《清容居士集》卷二十八《戴表元墓志铭》，文渊阁《四库全书》本，台湾商务印书馆，1986。
④ 参见《道学园古录》提要，《四库全书总目》卷一百六十七，中华书局，1965，第1440页。

其所作诗文，亦专以奇怪磊落为宗。务在艰涩其词，甚或至于不可句读，尤不免轶于绳墨之外①。

而在古人的批评中，明人对南宋散文的否定最为决绝极端："南宋之诗，犹有可取。文至南宋，则尖新浅露，无一足观者矣。"② 称其"无一足观者"，显然不是符合事实的理性判断。

从宋季散文的创作实践看，道学家的散文应该居于主导和主体地位。道学家之文，虽然始终坚持平易畅达的文风，但其重道轻文、专务讲学的缺陷，较之前期更加突出，其所作多质木无文，缺乏文采，甚而至于流为讲义、语录之体。因此，相比一般文人，道学家的散文创作所受恶谥尤甚，不仅北宋二程的散文受到指责："狂言怪语，淫说鄙喻，曰此伊川之文也；幅巾大袖，高视阔步，曰此伊川之行也"③，就连最著名的理学古文大家朱熹一派亦惨遭抨击，"庆元党禁"中朱熹一派之文被称为"对偶偏枯，亦如道家之科仪；语言险怪，亦如释氏之语录"④，指出其文质实而不事雕琢、用语俚俗而无所润泽的弊病。

宋末元初学者周密在论及南宋散文之变迁时，以太学之文为例总结道：

> 南渡以来，太学文体之变，乾、淳之文师淳厚，时人谓之"乾淳体"，人材淳古，亦如其文。至端平江万里习《易》，自成一家，文体几于中复。淳祐甲辰，徐霖以书学魁南省，全尚性理，时竞趋

---

① 参见《须溪集》提要，《四库全书总目》卷一百六十五，中华书局，1965，第1409页。
② （明）何良俊：《四友斋丛说》，中华书局，1959。
③ （宋）李心传：《建炎以来系年要录》卷一百零七，绍兴六年十二月己未左司谏陈公辅弹奏，上海古籍出版社，1992，第473页。
④ 佚名：《两朝纲目备要》卷六，庆元六年"三月甲子朱熹卒"条引施康年奏章，中华书局，1995，第100页。

之，即可以钓致科第功名，自此非《四书》、《东西铭》、《太极图》、《通书》、《语录》不复道矣。[①]

宋理宗淳祐元年（1241）正是理学被定为官学的时间，而淳祐甲辰（1244）徐霖因会试策文多言性理而登高第，其示范作用非同小可，影响所及，造成宋季文坛侈谈心性成为一时潮流，被当时和后世批评者视为宋季文坛上的一股颓波。可见，评论界对南宋尤其是宋季散文持否定态度者，明显占据多数。

然而，在一片指责、否定的批评声中，也有一些评论者对宋季散文进行较为理性的分析和判断，给予其相应的地位。如元人虞集曾以一种较为客观的态度论述南宋古文的演变过程：

> 乾淳之间，东南之文相望而起者，何啻十数！若益公之温雅，近出于庐陵；永嘉诸贤，若季宣之奇博，而有得于经；正则之明丽，而不失其正。彼功利之说，驰骋纵横其间者，其锋亦未易婴也。文运随时而中兴，概可见焉。然予窃观之朱子继先圣之绝学，成诸儒之遗言，固不以一艺而成名。而义精理明，德盛仁熟，出诸其口者，无所择而无不当。本治而末修，领挈而裔委，所谓立德立言者，其此之谓乎？学者出乎其后，知所从事而有得焉，则苏、曾二子望欧公而不可见者，岂不安然有拱足之地，超然有造极之时乎？而宋之末年，说理者鄙薄文辞之丧志，而经学、文艺判为专门，士风颓弊于科举之业，岂无豪杰之出？其能不浸淫汩没于其间，而驰骋凌厉以自表者，已为难得，而宋遂亡矣。[②]

---

① （宋）周密：《癸辛杂识》后集，中华书局，1988，第65页。

② （元）虞集：《道园学古录》卷三十三《庐陵刘桂隐存稿序》，文渊阁《四库全书》本，第1207册，台湾商务印书馆，1986，第2页。

　　他对南宋中期以朱熹等为代表的道学之文予以充分肯定，而批评宋季"说理者鄙薄文辞之丧志，而经学、文艺判为专门"，从而导致文道分裂的局面，是有所保留的批评。娄姚椿在为清人庄仲方辑《南宋文范》所作序中指出："夫以文载道之说，始于韩子，而欧阳子承之，至朱子而其道益光。同时诸贤，莫不质而有文，彬彬乎韩欧之余绪也。"又说："或曰：'南宋文气冗弱，上不能望汉唐北宋，而下亦无以过元明。夫道德之言不专主乎文，而亦未始不有其文。故自韩欧以来，一则曰文者贯道之器，一则曰文与道俱。此虽其才不逮前人，犹将过而存之以为学者劝，而况其人与文之光明俊伟若是者乎。'"肯定了南宋散文"彬彬乎韩欧之余绪"的历史地位，这其中当然也包括宋季散文在内，如魏了翁、真德秀、刘克庄、林景熙等人。而当代一些研究者也认为，作为宋代散文发展史上不可或缺的重要一环，宋季散文也自有其特点和价值。"南宋后期至宋元之变，虽文坛衰微，仍不乏名家，如魏了翁的雄赡雅健，陈耆卿的雄奇密丽，刘克庄的宏博雅洁，乃至文天祥的风骨凌厉，戴表元的清深雅洁，刘辰翁的奇怪磊落，也都别开生面，足以成家。"① 而理学家的散文也并非只有"侈谈心性"的一面，而是内容丰富、风格多样，具有较为明确的时代特征。如以黄榦、真德秀、魏了翁等为代表的闽学派理学家的散文，其政论文的激情豪迈、墓志文的情真意切、题跋文的个性呈露，以及记体文的借题发挥等，都在一定程度上突破了前期理学重道轻文的束缚，表现出某种文道并重的倾向。而永嘉学派的代表人物叶适更是堪称宋季散文宗主，其文不仅内容充实，文备众体，而且风格多样，被视为足以追踪北宋欧阳修、苏轼等大家，可与苏洵、苏辙相颉颃的一代散文大家。

　　谈及南宋尤其是理学官方化背景下的宋季散文，"冗弱"二字成为前人为它贴上的标签。所谓"冗"，主要指宋季散文多有拖沓冗长、杂乱散漫之作，不讲究章法，结构不够严谨。这些问题主要存在于碑志、

---

① 朱迎平：《宋文发展整体观及南宋散文评价》，《复旦学报》1998 年第 4 期，第 116 页。

传记、行状等叙述性文体之中，而在讲学类的讲义、语录等文体中表现尤其突出；所谓"弱"，主要指宋季散文普遍缺乏气魄，笔力柔弱，气象萎靡，而议论更加趋于精细深微，情感多流于悲凉凄清。造成宋季散文这一问题的原因非常复杂，一方面是宋代散文从北宋中期欧阳修、苏轼等倡导的追求平易文风，发展到极致而最终走向它的反面，汗漫相率，沿袭成风，由盛到衰，这是无法破解的文学发展规律；另一方面，或者更为直接的、主要的原因在于，南宋后期理学盛行，讲学成风，理学家强调义理至上，重作品内容而轻艺术形式，从而造成其散文多率意而为，缺乏精心结撰、精雕细刻，许多文章类似讲义、语录之体。但是，我们也不能以偏概全，以为大势所趋就否定另外一部分作家的成就。"冗弱"固然成为一部分宋季散文的明显缺点，但以之概括整个南宋晚期的散文创作，却显得非常片面，缺乏说服力。

因此，对宋季散文的观照，我们既要看到其"冗弱"的一面，也要肯定其"脱化町畦，独运抒轴"的一面。以下试图以道学家的散文作品为主体，分别从讲学类、序跋类、记体类和笺表奏疏类散文，概括探讨宋季散文的主要内容及特点，从而对宋季散文做出简单的描述，以期能够让读者初步了解宋季散文的真实面貌和题材风格的多样化特征。

二　讲学类散文

道学散文被视为宋代散文鼎足而立的重要一极：

> 唐文章三变，本朝文章亦三变矣。荆公以经术，东坡以议论，程氏以性理，三者各立门户，不相蹈袭。①

宋季吴渊持相似观点，并特别强调道学散文的价值及其影响，同时也指出道学末流之散文的弊端。他在《鹤山集序》中评价说：

---

① （宋）陈善：《扪虱新话》卷五，文渊阁《四库全书》本，台湾商务印书馆，1986。

艺祖救百王之弊，以道理为最上一语开国，以用读书人一念厚苍生，文治彬郁，垂三百年，海内兴起未艾也。而文章亦无虑三变，始也厌五季之萎薾而昆体出，渐归雅醇，犹事织组，则杨、晏为之倡；已而回澜障川，黜雕返朴，崇议论，励风节，要以关世教、达国体为急，则欧、苏擅其宗；已而濂溪周子出焉，其言重道德，而谓文之能艺焉耳，于是作《通书》，著《极图》，大本立矣。余有所及，虽不多见，味其言蔼如也。由是先哲辈出，《易传》探天根，《西铭》见仁体，《通鉴》精篡述，《击壤》豪诗歌，论奏王、朱而讲说吕、范，可谓和顺积中而英华发外矣。后生接响，谓性外无余学，其弊至于志道忘艺，知有语录而无古今，始欲由精达粗，终焉本末俱舛，然则言之无文，行之不远，亦岂周子之所尚哉！此予于鹤山公之文而重有感也。南渡后惟朱文公学贯理融，训经之外，文膏史馥，骚情雅思，体法毕备。又未几而公与西山真公出焉。予生晚，不及见考亭之典刑，独幸接二公之绪论……窃惟公天分颖拔，早从诸老游，书无不读，而见道卓，守道约，故作为文率深衍闳畅，微一物不推二气五行之所以运，微一事不述三纲九法之所以尊，言己必致知力行，言人必均气同体，神怪必不语，老佛必斥攘，以至一纪述，一咏歌，必劝少讽多，必情发礼止，千态万变，卒归于正。及究其所以作，则皆尚体要而循法度，浩乎如云浮空而莫可状，凛乎如星寒芒而莫可干，蔚乎如风激波而皆自然也。其理到之言欤！其有德之言欤！程、张之问学而发以欧、苏之体法欤！公文视西山而理致同，醇丽有体同，而豪赡雅健则所自得。故近世言文者曰真、魏，要皆见道君子欤！①

相对陈善的简单明了，吴渊重点论述了道学派散文的发展历程，强

---

① 曾枣庄、刘琳主编《全宋文》第 334 册，上海辞书出版社、安徽教育出版社，2006，第 24~25 页。

调"志于道，游于艺"的重要性，充分肯定了朱熹散文的"文膏史馥，骚情雅思，体法毕备"、真德秀的"理致""醇丽"以及魏了翁的"豪赡雅健"。这实际上也为宋季散文发展树立了明确的标准，即"和顺积中而英华发外"。"程、张之问学而发以欧、苏之体法"，将学者之文与"圣哲之文"融合，以消解文章家和道学家在文道问题上的紧张关系。

关于南宋特别是宋季散文，学术界有一个基本共识，那就是各种体例的散文成就呈现出高下不均衡的状态。相对而言，议论性散文成就较高，艺术性较强；而记叙性散文特别是碑志文比较散漫萎弱，缺乏北宋此类文章的厚重精密和奔放的气势。而理学家所经常采用的语录讲义体作品，更是提倡无意为文，不讲章法结构，所以这一文体虽然在宋季风行一时，却始终无法在散文中获得合法地位。

宋季随着理学官方地位的取得，其在教育领域、科举场域都获得至高无上的权力。为了将理学影响辐射到社会生活的各个领域，道学家们创作了大量讲学之文，在朝廷、太学、州县学、书院等不同场合阐扬道学思想，传递理学观念。所谓"讲学之文"，顾名思义就是讲论传统道德、阐发儒家义理的文章。从内容上说，讲学之文主要是阐释"四书五经"的思想以及道学之心性义理、天理人欲等相关范畴。从形式上言，有的是针对帝王的经筵讲义；有的是面对各类学子的教学讲义；而更多的当属道学家对理学相关主题的阐述议论。

经筵讲义最早出现在北宋神宗元丰年间，它是学者为了满足统治者通经史而明治道的需求而产生的。南宋孝宗朝，理学进入宫廷"经筵"，促使经筵讲义蓬勃发展，影响遍及朝野；宁宗庆元时期，随着"庆元党禁"的发生，道学衰微，经筵讲义也走向衰落；宋理宗亲政，大力提升理学的地位，道学繁荣昌盛，经筵文学的发展也达到高潮，出现了包括真德秀、洪天锡等一批经筵讲义作家。可以说，经筵是道学的产物，它随着道学地位的起落而盛衰。宋季有不少理学家具有为皇帝讲学的经历，留下相当多的经筵讲义之文。

如《宋史·洪天锡传》载：

> （洪天锡）宝庆二年进士。授广州司法……所著奏议、《经筵讲义》，《进故事》《通祀辑略》《味言发墨》《阳岩文集》。①

《宋史·真德秀传》也记载：

> （真德秀）登庆元五年进士第，授南剑州判官……所著《西山甲乙稿》《对越甲乙集》《经筵讲义》《端平庙议》《翰林词草四六》《献忠集》《江东救荒录》《清源杂志》《星沙集志》。②

明确记录其皆有《经筵讲义》传世。《全宋文》中收录有真德秀的《进读大学卷子》《讲筵卷子》"《大学》'格物致知'章"、《讲筵卷子》"'诚意'章"、《讲筵卷子》"《大学》'致知''诚意'二章"、《讲筵卷子》"《大学》'修身在正其身'章"、《讲筵卷子》"《大学》'絜矩'章"、《讲筵卷子》"《大学》'平天下'章"等。③

刘克庄虽然没有直接以"经筵讲义"命名的作品传世，但存有《商书讲义》2篇，《论语讲义》2篇，《周礼讲义》1篇，都是给皇帝讲解儒家经典的文章。④ 经筵之文因其对象的特殊性，其语言古朴，文风庄重严肃，语气必须严谨恭敬，故文学性多不强，也很少有文章总集收录，只有《南宋文范》有少量收录。另外还有语录体著作，在南宋

---

① （元）脱脱等：《宋史》卷四百二十四，中华书局，1985，第 12655~12657 页。
② （元）脱脱等：《宋史》卷四百三十七，中华书局，1985，第 12957~12965 页。
③ 曾枣庄、刘琳主编《全宋文》第 313 册，上海辞书出版社、安徽教育出版社，2006，第 280~296 页。
④ 曾枣庄、刘琳主编《全宋文》第 330 册，上海辞书出版社、安徽教育出版社，2006，第 110~146 页。

后期颇为流行，如宋末林希逸整理有《朱文公语录》一篇。① 但这类文章过于散漫，重道轻文，难入文学选家法眼，颇受当代和后世学者轻视。

宋季讲学之文更多的是关于道学义理相关论题的阐述，如真德秀《问答一》《问答二》诸篇，魏了翁的《问六经疑》《韩愈不及孟子论》等，林希逸散文中诸如《太玄》《周礼论》《文武之道大小如何论》《汉之为天数者如何论》等，都是典型的讲学文。这类文章议论风生，语言简洁明快，具有一定的艺术性，是宋季散文中学术价值较高的一类。

三　序跋类散文

这是笔者在研究中关注比较多、资料运用较频繁的一种散文文体类型。题跋是唐代产生的一种新文体，它原本是题写在包括文章、书籍、碑帖以及书画的开头或结尾，用以描述事件、发表议论的文字。这一文体在唐代尚不流行，比较有名的作品如中唐韩愈的《张中丞传后叙》《送李愿归盘谷序》等。但至宋代却成为文人讨论学术问题、考核历史事件、送别记人，抒发人生感慨等涉及生活各个领域的自由文体，是传统散文体裁的新开拓。为诗人或前辈大家的作品写序作跋，一般都是当时有一定社会地位、学术地位或文学影响力的德高望重人物，如真德秀、魏了翁等都是宋季道学界的领袖人物，又曾经担任朝廷要职，其弟子、友人，或慕名者，多会选择通过真、魏这样的当世大儒为自己诗文或其他作品题写序跋，以抬高自己的地位，扩大自己的影响，故此，真德秀、魏了翁文集中序跋类的作品特别多，笔者根据《全宋文》统计，魏了翁有各种序（跋、题）235 篇；真德秀则有各种序（跋、题、后记、后跋）189 篇，占据其散文相当大的比重。而刘克庄作为宋末的一代文宗，其领袖地位决定了不管谁的作品，一经他品题，可以立竿见影身价倍涨；加上他自己于创作又有特别的兴趣和爱好，面对求题写的亲

---

① 曾枣庄、刘琳主编《全宋文》第 335 册，上海辞书出版社、安徽教育出版社，2006，第 252~253 页。

朋好友或晚辈后学几乎来之不拒，因此他也成为南宋后期创作最丰厚的作家，其序跋等类型的散文自然也最多，各种序（跋、题、赠、后语、后叙）多达502篇，且有的一篇里边包含数章，如《跋吴帅卿杂著》包含有"恕斋记""恕斋诗存稿""恕斋平心录""恕斋读易诗""恕斋讲义"。而在叶适、袁燮、黄榦、包恢、林希逸等，以及其他宋季文人的文集中，也保存数量不等的题跋类文章，洋洋大观，成为宋季散文中堪与其他阶段题跋文相媲美的一种文类，有相当高的美学和诗学价值，很多观念为后代学者所借鉴。

关于宋代题跋类文体的关注和研究，比较有影响的是明末清初的毛晋的《汲古阁书跋》，其中对宋季理学家的此类文章给予很高评价，如《西山题跋》赞扬真德秀"题跋虽无坡公之风韵，却如三公衮衣象笏，拱立玉墀之上，其岩岩气象，可令寒乞小儒望之神懵"；《魏公题跋》则称魏了翁题跋"无论严君子小人之辨，衮钺凛然，即偶载一句一物，如《黎莫椰子酒》《橄榄诗》之类，亦寓表廉训俭之怀"。① 可见题跋这类丛脞芜杂的小文短制，在两宋是颇受文人欢迎的，也成为宋季文人言理记事、抒发情志的重要手段。题跋类散文大多数比较短小，但相对于其他类型的散文，它更能体现出撰写者个人思想情感与艺术趣味。而宋季道学家尤其是程、朱正宗派学者，始终念念不忘天道义理，故在创作题跋文时，也时刻将耳目所见与道德义理联系到一起，这甚至成为宋季理学学者的一种写作模式，如真德秀《题全氏步云斋》《跋东坡书归去来辞》等便是如此。这类作品或许会让人产生一种陈腐乏味的感觉，但是若仔细欣赏，也能感受其典雅清丽一面，甚至令人有比较悠长的回味。

四　记体类散文

记体文是一种历史比较悠久、类别比较复杂的散文文体。关于它的渊源，明代学者徐师曾在《文体明辨序说》中有所追溯："《禹贡》《顾

---

① 参见（明）毛晋《汲古阁书跋》，古典文学出版社，1958。

命》乃记之祖；而记之名，则昉于《戴记》《学记》诸篇……则知汉魏以前，作者尚少，其盛自唐始也。"① 说明记体文起源较早。这一散文文体最初以记事为主，发展到唐代，开始逐渐加入了一些议论因素；而到宋代，记体文中"记"的成分减弱，议论的成分越来越多，宋季道学家的记体文更是将议论发挥到极致，呈现出"以论为记"的特点。关于它的类别，褚斌杰先生《中国古代文体概论》中通过对古人相关论分类的观点进行归纳整理，将"记"体文划分四大类，即台阁名胜记，山水游记，书画杂物和人事杂记。② 宋季记体类散文主要包括亭台斋室记、学记和山水游记等。从数量上看，亭台记数量最多，而学记数量最少。但学记却是这一时期最具理学色彩的散文，是道学家传播自己学术理念、宣扬教育思想的重要载体。

学记是记体类散文的一种，是为地方兴建学校所做的记，主要记录学校地理位置、兴建过程、建成情况、作者的教育思想等。据统计，南宋学记文共计 285 篇，而宋宁宗朝至南宋灭亡这一阶段现存 160 篇③，保守估计，宋季学记占据南宋学记文的半壁江山，尤其是理宗朝学记文创作进入鼎盛阶段，道学家成为这一文体昌盛的主力。

理学作家群的创作是学记文兴盛的重要原因。由于受理学先辈，尤其是朱熹大兴学校、注重教育的影响，宋季道学家一方面继续创办各级官办学校和官私书院，另一方面也通过学记创作传播教育理念、扩大学校影响。因此，宋季许多作为集学问家、教育家于一身的道学官员，对学记的创作兴趣非常浓厚。如叶适就创作过《汉阳军新修学记》《六安县新学记》《金坛县重建学记》《瑞安县重修县学记》《温州新修学记》《信州重修学记》《长溪修学记》《宜兴县修学记》《石洞书院记》等学记作品；魏了翁也有《泸州重修学记》《华亭县重修学记》《常熟县重

---

① （明）徐师曾著，罗根泽点校《文体明辨序说》，人民文学出版社，1962，第 145 页。

② 褚斌杰：《中国古代文体概论》，北京大学出版社，1990。

③ 参见张鑫《南宋学记文研究》，硕士学位论文，西北大学，2016。

修学记》《靖州鹤山书院记》《夔州重建州学记》《黔阳县学记》《道州建濂溪书院记》《通泉县重修学记》等；真德秀有《铅山县修学记》《政和县修学记》《建宁府重修学记》《龙山书院记》等；刘克庄有《云泉精舍记》《澧州重建州学记》《汀州重修学记》《泉山书院记》等，利用学记宣扬道学思想。其他作家数量众多的学记兹不一一列举。与其他时期的学记相比，宋季学记文体现出明显的彰显道统、确立理学在儒家统绪正统地位的特征，以及研习洛闽之学的思想倾向。

从数量上看，宋季作家的亭台斋室记要远远多于学记，其题材之丰富，内容之复杂，亦非学记所能比。其中值得重视的是，他们创作出相当数量宣扬道学人物的祠堂记，如魏了翁的《徂徕石先生祠堂记》《长沙县四先生祠堂记》《长宁军六先生祠堂记》《宝庆府濂溪周元公先生祠堂记》等，真德秀《明道先生书堂记》《昌黎濂溪二先生祠记》《东莱大愚二先生祠记》《南雄州学四先生祠记》等，刘克庄《修复艾轩祠田记》《城山三先生祠记》《宴云寺玉阳先生韩公祠堂记》等，都是通过对当地道学先驱或大儒的纪念，建立道学统绪，阐扬儒学精神。

宋季山水游记数量不少，但名篇无多，与此前作家相比黯然逊色，且说教气息更浓，故此不作详细论述。

总体而言，宋季记体类散文具有崇尚理学、借"记"阐理鸣道、重道而轻文的倾向，在理学官方化的背景下，不可避免地会表现出浓郁的道学色彩。

五 笺表奏疏类散文

宋季学者尤其是道学派文人士大夫留下大量笺表奏疏。从道学派的此类作品来看，其主要内容是与社会教化、个人修养、时事政治密切相关的主要问题。以真德秀等为例，其作品就主要是宣扬儒家传统文化、倡导正心诚意的个人修养和针对社会问题发表自己看法等，具有积极用世、与社会现实结合较为紧密的特点。

作为自己数十年作为文臣生涯的记载，真德秀现存文集五十一卷，奏议、诏、敕等类别的文章达二十二卷之多，占整个文集的百分之四十以上。关于真德秀的奏疏文，据罗大经《鹤林玉露》丙编卷二"文章有体"条记载，杨长孺（号东山，杨万里长子）虽然批评包括真德秀在内的南宋文人碑铭等文"只是词科程文手段，终乏古意"，但同时也有人称赞真德秀"长于作奏疏"①。通过频繁上奏疏，真德秀向皇帝直言进谏，提出自己关于国计民生的多方面建议，其人其文都颇得时人敬重。其作品或阐扬性理，弘扬教化，或直言时事，揭露社会问题，或论学议文，皆能做到修辞立诚，平实详尽，词平理畅。他的同乡后辈著名作家王迈在为《真西山集》所作后序中，对其奏疏文引起的强烈反响做了精彩描绘：

　　先生壮年游蓬山，直鳌岭，立螭坳，每上一谏疏，草一制诰，朝大夫与都人士争相传写。出而驾使轺，暨开大藩府，凡囊封驿奏之达于上，若庭谕壁戒之布于下者，锓梓一出，深山长谷、穷阎委巷之氓，乌蛮象郡、风帆浪舶之贾，竞售之如获至宝。②

其弟子刘克庄在所撰《西山真文忠公行状》中亦云：

　　公少以文词独行中朝，所草大诏令温厚尔雅，尤为楼公钥赏重。立螭之后，言议出处动关世道，谏书传四夷，名节暴当世。③

如其任岁迁太学博士所作《戊辰四月上殿奏札一》堪称他奏议中的

---

① （宋）罗大经：《鹤林玉露》，中华书局，1983，第 265 页。
② （宋）王迈：《真西山集后序》，载曾枣庄、刘琳主编《全宋文》第 324 册，上海辞书出版社、安徽教育出版社，2006，第 319 页。
③ 曾枣庄、刘琳主编《全宋文》第 330 册，上海辞书出版社、安徽教育出版社，2006，第 419 页。

佳作，满腔爱国为民之情和坚定不移之心，通过诚恳的语气和朴实无华的语言表现出来。魏了翁"诚积而气和，辞平而理畅"的评价堪称准确。

宋季其他人的笺表奏疏类散文也各有特点，如魏了翁的奏疏颇受称赞，罗大经《鹤林玉露》在评论真德秀"长于作奏疏"的同时，又说"魏华甫奏疏亦佳"。郭预衡《中国散文史》认为"魏了翁的文章，在南宋道学家中，也是较有生气的"。并举其上章论奏之文《论士大夫风俗》《论敷求硕儒开阐正学》《乙未秋七月特班奏事》等文，所论皆是当世急务，针对性很强。①

除以上所举数种散文类别，宋季还有大量的政论文、书信体文、碑志文、墓志铭文、行状等。其数量虽然巨大，偶尔也有一些堪称惊艳的作品出现，如叶适的碑志文成就相对较高，《四库全书总目》赞"其碑版之作，简质厚重，尤可追配作者"②；真德秀《跋著作正字二刘公志铭》中云："永嘉叶公之文于近世为最，铭墓之作于他文又为最。"③ 钱基博先生也说他"篇有余态，事可考信"④。另外，宋末文天祥、谢枋得等殉国志士之文，林希逸、郑思肖、谢翱等遗民之文也产生过较大影响。但总体看来成就不高，影响不大。故在此不一一赘述。

通过以上的简略分析大致可以看出，宋季散文从作家创作队伍来看，道学家以及受道学影响的作家占据文坛主导位置；从作品所表达的思想来看，宣扬道德伦理、阐扬天理性命、教化民众、关注现实的经世致用思想占据上风；从散文体裁看，实用性文体运用最多，而抒情性散文难得一见；从散文艺术上看，与前人相比，议论成分显著增多，叙事成分明显减弱，体现出鲜明的文以载道的特点，语言平实，朴素自然。

---

① 参见郭预衡《中国散文史》（中册），上海古籍出版社，1993，第 662～664 页。
② （清）永瑢等：《四库全书总目》卷一六〇，中华书局，1965，第 1382 页。
③ 曾枣庄、刘琳主编《全宋文》第 313 册，上海辞书出版社、安徽教育出版社，2006，第 211 页。
④ 钱基博：《中国文学史》，中华书局，1993，第 649 页。

第四章

理学文学专论

第一节　宋代理学家的自然诗观及其成因

在中国古典传统美学中，"自然"既是诗歌的一种美学准则，也是一种艺术风格，更是一种审美境界。而作为一种艺术风格与境界，"自然"被宋人，特别是被理学家视为诗文创作的极致与化境，是一种最高层次的审美价值。

一　"自然"诗学观念的发展脉络

"自然"本是道家思想的核心内容，《老子》六十四章曰："复众人之所过，以辅万物之自然，而不敢为。"① 强调顺应自然客观规律，不要将主观意志强加于物。而作为一种诗学观念，大约从魏晋时期开始，"自然"论被运用于文学艺术诸领域，至六朝而渐成风气。蔡邕《九势》、刘勰《文心雕龙》、阮籍《乐论》、钟嵘《诗品》等都标举"自然"，反对人力强为。如刘勰《文心雕龙·明诗》云："人禀七情，应物斯感，感物吟志，莫非自然。"② 唐司空图尤其重视诗歌的"自然"特性，其《二十四诗品》专门将"自然"列为一品以凸显其价值："俯拾即是，不取诸邻。俱道适往，著手成春。如逢花开，如瞻岁新。真与不夺，强得易贫。幽人空山，过水采苹。薄言情晤，悠悠天钧。"③ 在他看来，"自然"之境乃是一种与大道同体、与天地同功的体道境界。

两宋时期，"自然"更成为文学艺术家衡量文艺作品审美价值的首要标准，平淡自然是终宋一代文人和理学家共同提倡和追求的诗歌风格。北宋苏轼作文重视"自然"，其《与谢民师推官书》中所谓的"大略如行云流水，初无定质，但常行于所当行，常止于不可不止，文理自

---

① 陈鼓应注译《老子今注今译》，商务印书馆，2003，第301页。
② （南朝梁）刘勰著，周振甫注《文心雕龙注释》，人民文学出版社，1981，第48页。
③ （清）何文焕辑《历代诗话》，中华书局，1981，第40页。

然，姿态横生"①，提倡脱口而出、如行云流水的"自然高妙"。苏门弟子黄庭坚在《与王观复书》中提出：

> 好作奇语，自是文章病，但当以理为主，理得而辞顺，文章自然出群拔萃。观杜子美到夔州后诗，韩退之自潮州还朝后文章，皆不烦绳削而自合矣。②

他以杜甫为典范，强调通过"锻炼而归于自然"。南宋姜夔《白石道人诗说》继承苏轼的诗学思想，进一步将诗歌的高妙之境细分为四类，并将"自然高妙"视为最高境界：

> 一曰理高妙，二曰意高妙，三曰想高妙，四曰自然高妙……非奇非怪，剥落文采，知其妙而不知其所以妙，曰自然高妙。③

晚宋严羽论诗崇尚自然，认为作诗"最忌骨董，最忌趁贴"④，反对人为过于刻画和人为修饰，而倡导向汉魏六朝自然诗观靠拢：

> 汉魏古诗，气象混沌，难以句摘。晋以还方有佳句，如渊明"采菊东篱下，悠然见南山"，谢灵运"池塘生春草"之类。谢所以不及陶者，康乐之诗精工，渊明之诗质而自然耳。⑤

在多数宋人看来，有自然美的作品，在价值上高于用事的作品，崇

---

① （宋）苏轼著，孔凡礼点校《苏轼文集》，中华书局，1986，第 1418 页。
② 曾枣庄、刘琳主编《全宋文》第 104 册，上海辞书出版社、安徽教育出版社，2006，第 297 页。
③ （清）何文焕辑《历代诗话》，中华书局，1981，第 682 页。
④ （清）何文焕辑《历代诗话》，中华书局，1981，第 694 页。
⑤ （清）何文焕辑《历代诗话》，中华书局，1981，第 696 页。

尚自然乃宋代诗学的主流审美风尚。

关于诗歌的自然之美，一般可以分为"未有作用"的自然和"尚于作用"的自然。所谓"作用"，本为佛教语言，原意是指用意思维所造成的意念活动，就文学创作而言，指文学的创造性思维，包括艺术构思与字句推敲等。南朝齐梁时期文学批评家钟嵘针对当时文坛过分讲求"用事"和拘泥声病的现象，明确提出"直寻"、"自然英旨"和"真美"的诗歌美学主张：

> 观古今胜语，多非补假，皆由直寻。颜延、谢庄，尤为繁密，于时化之。故大明、泰始中，文章殆同书抄。近任昉、王元长等，词不贵奇，竞须新事，尔来作者，寖以成俗。遂乃句无虚语，语无虚字，拘挛补衲，蠹文已甚。但自然英旨，罕值其人。①

这种直接抒写由"外物"引发的"内思"即内心感受，显然提倡的是"未有作用"的自然。而唐代皎然《诗式》论诗以崇尚自然、清新俊逸之美为标准，他所标榜的不是"清水出芙蓉，天然去雕饰"的自然，而是"至丽而自然"，把雕饰藻丽和自然相融合，也就是所谓"尚于作用"的自然。

> 诗不假修饰，任其丑朴，但风韵正，天真全，即名上等。予曰：不然，无盐阙容而有德，曷若文王、太姒有容而有德乎？又云：不要苦思，苦思则丧自然之质。此亦不然。夫不入虎穴，焉得虎子？取境之时，须至难、至险，始见奇句。成篇之后，观其气貌，有似等闲，不思而得，此高手也。②

---

① （清）何文焕辑《历代诗话》，中华书局，1981，第 4 页。
② （清）何文焕辑《历代诗话》，中华书局，1981，第 31 页。

从上面所引苏轼、黄庭坚、姜夔以及严羽等的相关论述可以看出，宋代文人已将六朝的自然而然（"未有作用"的自然）和唐代的工而自然（"尚于作用"的自然）的自然诗观引向更为深广的境地。而理学家在参与"自然"诗学的讨论过程中，由于采用形上的思辨方法和加进了理学的观物方式，使其关于"自然"的相关表述具有了独特的理论和审美价值。

二　理学"自然"诗观的呈现方式

"自然"在理学诗学体系中的含义有二：一是内容上与人世相对的"自然"；二是风格上与雕琢相对的"自然"。从表面上看，理学家关于"自然"的认识和理解与文学家似乎没有多少差别，但从本质上看，二者之间存在着明显差异。下面试对此分别加以论述。

（一）借"雪月风花"观"天理流行"

"自然"是文学描写的重要对象，在中国文学史，特别是诗歌发展史上几乎占据半壁江山。理学家也重视自然风物的描写，与纯粹诗人看重自然的审美价值不同，其观物具有更深层次的目的，即从自然事物中体察天道义理。所以，理学家一方面批评诗人的吟风弄月，认为他们所写的雪月风花没有呈现天理、涵养道德的价值，一个最明显的例子，就是程颐批评被宋人视为人格和诗学典范的杜甫，认为他的写景诗就是"闲言语"：

> 某素不作诗，亦非是禁止不作，但不欲为此闲言语。且如今言能诗无如杜甫，如云："穿花蛱蝶深深见，点水蜻蜓款款飞。"如此闲言语，道出作甚？某所以不尝作诗。①

---

① （宋）程颢、程颐：《二程集》，中华书局，2004，第239页。

当然，理学家在反对"闲言语"的同时，也认为自然万物乃天理的外在呈现，诗歌可以借助风月的描写与道体相通。自然在理学中具有特别重要的位置，因为理学所强调的道（理）包括自然与社会等各方面，天道与人道、物理与伦理彼此相通，也就是所谓"天理即人性"。道存在于包括风月在内的具体事物里面，诗人通过这些具体事物来体现道。因此他们并不排斥自然风月，甚至还会借吟风弄月发明天理，体认人性。如邵雍的《首尾吟》（其一）如此品题"雪月风花"：

> 尧夫非是爱吟诗，为见圣贤兴有时。
> 日月星辰尧则了，江河淮济禹平之。
> 皇王帝伯经褒贬，雪月风花未品题。
> 岂谓古人无阙典，尧夫非是爱吟诗。①

在理学家看来，自然界"四时行焉，百物生焉之意"正是"天理"之"流行发见"；而圣人之言同样也是天理的体现。站在天理的立场上，褒贬王霸事业与品题雪月风花同样重要。与文学家吟风弄月主要关注其中的自然之美不同，理学家品题雪月风花更重要更关键的是其中之理。

> 明道先生曰：周茂叔窗前草不除去。问之，云："与自家意思一般。"子厚（张载）观驴鸣，亦谓如此。②

周茂叔之"窗前草"和张子厚的"驴鸣"都是人与自然冥契合一状态下所体认到的物我同体天理。程颢的诗歌尤其善于通过吟风诵月领悟生命的意义，体验天理流行的境界。

---

① （宋）邵雍：《伊川击壤集》，中华书局，2013，第 323 页。
② （宋）程颢、程颐：《二程集》，中华书局，2004，第 60 页。

如《秋月偶成二首》（其二）：

闲来无事不从容，睡觉东窗日已红。
万物静观皆自得，四时佳兴与人同。
道通天地有形外，思入风云变态中。
富贵不淫贫贱乐，男儿到此是豪雄。①

《春日偶成》：

云淡风轻近午天，望花随柳过前川。
旁人不识余心乐，将谓偷闲学少年。②

前一首写作者之所以通过可见的有形的风云变态，能够窥见超越天地万物的形而上之道，是因为心体虚静澄明，不为外物所累。如此，方能处富贵不淫，居贫贱亦乐。"静观自得"是一种极高的精神境界，需要通过艰辛的修养方能达致。后一首诗从自然的生生之机中体味"天理流行"的快乐，自然中的天理与作者心中的天理合而为一，一旦达到这种境界之时，便能够获得一种超越自身局限而与道同体的至乐。

表面看来，诗中的意象无外乎风云花柳，与纯粹诗人笔下的风花雪月并没有什么差别，但作为儒者，程颢心中存有天理，与一般诗人观物的心境和方式就不同。以如此的心境来观照世界，就会在体验到天理流行的同时，抱有一种超脱了羁绊的自由心境，进入了一种无差别的审美境界，领会到人生的无限快乐。

朱熹一生性喜山水自然，"每观一水一石，一草一木，稍清阴处，

---

① （宋）程颢：《秋日偶成二首》之二，《二程集》，中华书局，2004，第482页。
② （宋）程颢：《春日偶成》，《二程集》，中华书局，2004，第476页。

竟日目不瞬"①。在他看来，"鸢飞鱼跃，道体随处发见"。② 山水自然无一不是道体的呈现。陈淳亦云："（曾）点于日用事物上见得件件都是理，于形而下处，见得——都是形而上之妙。"③ 道在自然万物中，道在日用百事里。因此，在他们笔下，自然风月不再仅仅是赏心悦目的审美对象，而是从中可以"见造物生意""观万物自得意"。翻检宋代理学家的创作可以发现，其诗歌对"观天地生意"的命题特别重视，几乎所有宋代理学诗人都抒写这一主题，特别是以朱熹为代表的南宋理学诗人于此用力颇多。

如朱熹的《秋怀》（节选）：

> 井梧已飘黄，涧树犹含碧。
> 烟水但逶迤，空斋坐萧瑟。
> ……
> 微钟忽迢递，禽语破幽寂。
> 赏罢一怡然，淡泊忘所适。④

此诗借秋天景物表达自己淡然静谧的情怀，这是典型的通过"观天地生意"来体会"天理人性"的理学式审美方式

再如《百丈山六咏》之《石蹬》：

> 层崖俯深幽，微径忽中断。
> 努力一跻攀，前行有奇观。⑤

---

① （宋）黎靖德编《朱子语类》，中华书局，1994，第 2674 页。
② （宋）黎靖德编《朱子语类》，中华书局，1994，第 1534 页。
③ 曾枣庄、刘琳主编《全宋文》第 295 册，上海辞书出版社、安徽教育出版社，2006，第 5 页。
④ 北京大学古文献研究所编《全宋诗》第 44 册，北京大学出版社，1998，第 27478 页。
⑤ 北京大学古文献研究所编《全宋诗》第 44 册，北京大学出版社，1998，第 27583 页。

此诗借山水自然阐释人生哲理。相对其他理学诗人，朱熹的诗多能将诗致与理趣完美结合，而达到诗理自然、妙趣横生的境界。

如《观书有感二首》（其一）：

> 半亩方塘一鉴开，天光云影共徘徊。
> 问渠那得清如许，为有源头活水来。①

《春日》：

> 胜日寻芳泗水滨，无边光景一时新。
> 等闲识得东风面，万紫千红总是春。②

二诗借观物而穷理，都是用自然风物阐释天道义理的杰作。前一首言"日新之功"，后一首"借物明道"，皆能做到"惟有理趣而无理障"③，是兼具义理之善和艺术之美的较为完美的作品。

真德秀、魏了翁是宋季著名理学家，是理学官学化的主要推动者。在他们的诗歌作品中，自然意象具有丰富的意蕴和独特的内涵。如真德秀《舞鹤亭歌》（节选）借咏鹤赞美君子之德：

> 九皋一唳醒人耳，又如片言之善应千里。
> ……
> 仙翁爱鹤爱其德，我读翁诗三叹息。④

魏了翁《海潮院领客观梅》（节选）借梅来观察阴阳消长之机：

---

① 北京大学古文献研究所编《全宋诗》第 44 册，北京大学出版社，1998，第 27500 页。
② 北京大学古文献研究所编《全宋诗》第 44 册，北京大学出版社，1998，第 27500 页。
③ （清）刘熙载撰，袁津琥校注《艺概注稿》，中华书局，2009，第 331 页。
④ 北京大学古文献研究所编《全宋诗》第 56 册，北京大学出版社，1998，第 34838 页。

梅边认得真消息，往古来今一屈伸。①

再如《和虞永康梅花十绝句》（其六）：

重阴浩瀚渺无滨，草木摧残见本真。
谁识江南一枝信，明年春事正催人。②

从梅的不畏严寒呈现生机看到太极的流行和时空变幻的永恒，从永恒的变化中体察物之"生意"。关于理学家的山水风月诗，诚如刘克庄所言："'嘲弄风月，污人行止'，此论之行已久。近世贵理学而贱诗，间有篇咏，率是语录讲义之押韵者尔。然康节、明道于风月花柳未尝不赏好，不害其为大儒。"③ 理学家借助自然风月体察天理流行，其山水风月之诗洋溢着仁者乐于万物的情感意趣，体现了宋代理学家仁德先知、化成天下的博大胸襟和深远抱负。当然，由于理学诗人过分注重天道、义理的阐释，其作品也形成了道德化、概念化的明显倾向，其作品的文学性不免减弱。

（二）"不假作为"与"含蓄天成"

除了内容上的以自然风月为题材外，理学家的诗歌在风格上也顺应时代审美要求，提倡平淡而自然。从纯粹文学家自然诗学观念看，无外乎讲究"直寻"、纯任自然和强调"治择工夫"且锻炼而无迹两种类型。北宋理学家深受周敦颐"文以载道"和程颐"作文害道""作诗妨志"诗学观念的影响，不愿在艺术这种细枝末节上下功夫，故似乎更倾

① 北京大学古文献研究所编《全宋诗》第 56 册，北京大学出版社，1998，第 34952 页。
② 北京大学古文献研究所编《全宋诗》第 56 册，北京大学出版社，1998，第 34925 页。
③ 曾枣庄、刘琳主编《全宋文》第 330 册，上海辞书出版社、安徽教育出版社，2006，第 78 页。

向于前者，如邵雍《伊川击壤集》谓：

> "所作不限声律，不沿爱恶，不立固必，不希名誉，如鉴之应形，如钟之应声。"所谓"如鉴之应形，如钟之应声"，就是强调写诗应该自然而然，不假如何人力的作用。其所作诗歌不作苦吟，不讲声律，"不复以文字为长，意所欲言，自抒胸臆，原脱然于诗法之外"①。

此论影响所及，形成了一个理学诗派——击壤诗派，直到南宋，著名理学文论家包恢依然在艺术表现上反对人为穿凿的工巧，而提倡"不假作为"的自然：

> 古人于诗不苟作，不多作。而或一诗之出，必极天下之至精。状理则理趣浑然，状事则事情昭然，状物则物态宛然，有穷智极力之所不能到者，犹造化自然之声也。盖天机自动，天籁自鸣，鼓以雷霆，豫顺以动，发自中节，声自成文，此诗之至也。②

所谓"浑然""昭然""宛然"，都是自然而然，在包恢看来，"浑然天成，无补天之缝罅；物各付物，无刻楮之痕迹"③，一切都出于自然而不借助任何人为的雕琢功夫，才是诗歌的最高境界。晚宋理学家所作诗歌几乎无一例外地体现出自然的特质，如袁燮诗文中的"真气流溢，颇近自然"④；黄榦作品中的"大致质直不事雕饰"⑤；陈淳诗文中

---

① （清）永瑢等：《四库全书总目》卷一百五十三，中华书局，1965，第1322页。
② 曾枣庄、刘琳主编《全宋文》第319册，上海辞书出版社、安徽教育出版社，2006，第287页。
③ 曾枣庄、刘琳主编《全宋文》第319册，上海辞书出版社、安徽教育出版社，2006，第286页。
④ （清）永瑢等：《四库全书总目》卷一百六十一，中华书局，1965，第1377页。
⑤ （清）永瑢等：《四库全书总目》卷一百六十一，中华书局，1965，第1386页。

的"质朴真挚"①；程公许诗中的"大抵直抒胸臆，畅所欲言……其格在雕章绘句上也"②；舒岳祥所谓"诗文类皆称臆而谈，不事雕缋"。③等例证充分说明，平淡自然乃晚宋作家共同追求的审美风潮。

当然，正如一些理性的评论家所言，自然天成的诗歌在历史上虽然存在，如先秦至魏晋时的所谓"风人之诗"，唐宋时期的李白、苏轼等的天才雄放之诗多属此类。但这些诗歌在创作中只是偶然现象，不具有普遍意义。而绝大多数诗歌则如深受理学影响的南宋著名文学家、诗评家刘克庄所言："然有天资欠学力，一联半句偶合则有之，至于贯穿千古，包罗万象，则非学有所不能。"④ 而且宋代毕竟是一个重视知识和修养的时代，那种过分肤浅的自然很难得到一般读者的认同。那种"不假作为""直寻"的自然多半要依靠作者天分，除非李白、苏轼等旷世天才，一般作者很难达到更高的境界；唯有通过技巧将情感和知识完美融合而达于"水中着盐"无迹可求，方为尽善尽美之境。随着理学与文学联系的不断加深，早在南渡前后，一些具有较好文学功底的理学家吸收文人诗学理论中的与理学诗学相一致的因素，对"自然"诗学作了具有理学色彩的重新阐释。如二程的学生杨时在评价陶渊明时，也赞美"陶渊明诗所不可及者，冲淡深粹出于自然，若曾用力学；然后知渊明诗非着力所能成"。⑤ 虽然认为其诗"冲淡深粹出于自然"，但所谓"用力学"，应该是包括了解其诗的内容和形式技巧等在内，这说明杨时看到了陶渊明诗歌看似平淡自然、实则包含锻炼之功，只是不露痕迹而已。这一趋势随着理学集大成者朱熹的影响加剧，特别是程朱理学的官学化，文学和理学之间长期形成的紧张和矛盾得以缓解，在"自然"

① （清）永瑢等：《四库全书总目》卷一百六十一，中华书局，1965，第1386页。
② （清）永瑢等：《四库全书总目》卷一百六十二，中华书局，1965，第1395页。
③ （清）永瑢等：《四库全书总目》卷一百六十五，中华书局，1965，第1412页。
④ 曾枣庄、刘琳主编《全宋文》第329册，上海辞书出版社、安徽教育出版社，2006，第379页。
⑤ 吴文治主编《宋诗话全编》，江苏古籍出版社，1998，第1033页。

诗学观念上一定程度达成共识。如朱熹从本体论的哲学高度阐释"自然"，并将其作为诗歌的最高审美标准。对此，他以《诗经》为例加以论述：

> 凡言风者，皆民间歌谣，采诗者得之，而圣人因以为乐，以见风化流行，沦肌浃髓而发于声气者如此。其谓之"风"，正以其自然而然，如风之动物而成声耳。如《关雎》之诗，正是当时之人，被文王太姒德化之深，心胆肺肠，一时换了，自然不觉形于歌咏如此故当作乐之时，列为篇首，以见一时之盛，为万世之法，尤是感人妙处。[①]

以"风"诗为主体的《诗经》之所以感人至深，具有永恒的魅力，其根本原因就在于其不假任何的人工雕饰，而是"以其自然而然"感人肺腑，其表达方式才能成为"万世之法"。

值得注意的是，随着理学体系的逐渐完善、理学影响力的不断深入，到南宋中期，理学家力图建立一种学术与文学的新型关系。在此基础上，包括朱熹、叶适等大儒在内的理学中人论诗不仅站在义理的立场，也站在文章家、诗人的审美立场，因此其诗学存在两个价值标准：一是以道为基点的高标准；二是建立在诗歌内部传统立场上的审美标准。这就给曾经被早期理学家认为是"闲言语"而加以否定的纯粹文学提供了一定的发展空间，部分肯定了文学的价值。而到晚宋，随着理学获得官学地位，成为权威的意识形态，其对文学的影响更加全面。无论是正统的理学家，还是普通文人，都基本认同"简易而大巧出焉，平淡而山高水深"[②]"发纤秾于简古，

① 曾枣庄、刘琳主编《全宋文》第247册，上海辞书出版社、安徽教育出版社，2006，第218~219页。
② 曾枣庄、刘琳主编《全宋文》第104册，上海辞书出版社、安徽教育出版社，2006，第297页。

寄至味于淡泊"① 的自然诗观，也就是赞同锻炼而至于自然的功夫论。如宋季戴复古曾学诗于陆游，其诗论与理学颇有相通之处，他在写给理学家包恢的赠诗中对理学集大成者朱熹也有崇高评价："诗文虽两途，理义归乎一……晦翁讲道余，高吟复超绝。"② 他提倡雄浑气象，反对偏执一隅，其诗学观念相对严羽等诗论家更为通透。其《论诗十绝》云："曾向吟边问古人，诗家气象贵雄浑。雕锼太过伤于巧，朴拙惟宜怕近村。"③ 张表臣《珊瑚钩诗话》亦云："篇章以含蓄天成为上，破碎雕锼为下。""诗以意为主，又须篇中炼句，句中炼字，乃得工耳。以气韵清高深眇者绝，以格力雅健雄豪者胜。元轻白俗，郊寒岛瘦，皆其病也。"④ 他们对"自然"诗观的阐释和理解，使理学和文学呈现一种新的发展趋势：从紧张对立逐渐走向互相切入融合。

三　理学自然诗观形成的基础

宋代自然诗学观念盛行有其自身独特的文化语境。经过晚唐五代的社会动乱，儒家传统文化受到毁灭性损坏，赵氏家族建立新王朝后，面临着文化重建的历史重任。在宋代文化的重建过程中，儒学重建乃是重中之重，是宋人关注最多、用力最深的工作，而重建文学传统也是儒学重建的重要内容。宋代无论是文学家还是思想家，都不同程度地参与过这一重建工作。重建工作大致包括两个方面，一是文道关系的重建；二是文学范围内的审美重建。理学家"自然"诗学观便是在这样的思想文化背景中形成的，它既有对儒家传统诗学的继承，也有从形上本体的考量。

---

① （宋）苏轼著，孔凡礼点校《苏轼文集》，中华书局，1986，第 2124 页。
② 北京大学古文献研究所编《全宋诗》第 54 册，北京大学出版社，1998，第 33460 页。
③ 北京大学古文献研究所编《全宋诗》第 54 册，北京大学出版社，1998，第 33608 页。
④ （清）何文焕辑《历代诗话》，中华书局，1981，第 455 页。

（一）传统儒家之经典源头

"宋初以来的道德重建与文化重建体现在文学方面就是重建文学的道德基础，具体说就是重建文道关系。宋代理学家将这种重建带入一个新的阶段。"① 先秦时期，孔子提出"有德者必有言"② 的观念，首先阐明德与言的关系；《礼记·乐记》云："和顺积中，英华发外。"强调内在的道德修养必然反映为人的外在言语和行为；孟子进一步强化"有诸内，必形诸外"③ 的论点。不难看出，先秦以来"内必形于外"形成了根深蒂固的传统观念，并为后世学者所继承，且被作家贯穿于文学创作之中。唐代韩愈依据这一经典论述，讨论了道德与文章的关系：

> 夫所谓文者，必有诸其中，是故君子慎其实。实之美恶，其发也不掩：本深而末茂，形大而声宏，行峻而言厉，心醇而气和。昭晰者无疑，优游者有馀。④

宋代学者颇受韩愈的影响，亦将儒家传统的内外关系移植到文学中，探讨文与道关系的问题。

如欧阳修《答祖择之书》提出：

> 师经必先求其意，意得则心定，心定则道纯，道纯则充于中者实，中充实则发为文者辉光，施于世者果敢。⑤

---

① 张健：《知识与抒情——宋代诗学研究》，北京大学出版社，2015，第 283 页。
② 杨伯峻译注《论语译注》，中华书局，1980，第 146 页。
③ 杨伯峻译注《孟子译注》，中华书局，1960，第 284 页。
④ （唐）韩愈著，马其昶校注，马茂元整理《韩昌黎文集校注》，上海古籍出版社，2014，第 162~163 页。
⑤ （宋）欧阳修：《欧阳修全集》，中华书局，1986，第 499 页。

《答吴秀才书》：

圣人之文，虽不可及，然大抵道胜者，文不难而自至也。故孟子皇皇，不暇著书，荀卿盖亦晚而有作。若子云、仲淹，方勉焉以模言语，此道未足而强言者也。后之惑者，徒见前世之文传，以为学者文而已，故愈力愈勤而愈不至。①

苏轼《与李方叔书》主张"有得于中而张其外"②，作文要从内在自然流露。非有意为之。"自少闻家君之论文，以为古之圣人有所不能自已而作者，故轼与弟辙为文至多，而未尝敢有作文之意。"③ 无一不反复强调道德之于文章的决定作用。

理学家关于文道关系的论述也源自原始儒家的经典阐释，二程便是据此来讨论德与言、德与文的关系：

"古者学为文否？"曰："人见'六经'，便以为圣人亦作文，不知圣人亦摅发胸中所蕴，自成文耳。所谓'有德者必有言'也。"曰："游、夏称文学，何也？"曰："游、夏亦何尝秉笔学为词章也？且如'观乎天文以察时变，观乎人文以化成天下'，此岂词章之文也？"④

孔子曰："有德者必有言。"何也？"和顺积于中，英华发于外"也。故言则成文，动则成章。⑤

① （宋）欧阳修：《欧阳修全集》，中华书局，1986，第222页。
② （宋）苏轼著，孔凡礼点校《苏轼文集》，中华书局，1986，第1420页。
③ （宋）苏轼著，孔凡礼点校《苏轼文集》，中华书局，1986，第323页。
④ （宋）程颢、程颐：《二程集》，中华书局，2004，第239页。
⑤ （宋）程颢、程颐：《二程集》，中华书局，2004，第320页。

在二程看来，具有了内在丰沛的道德修养，自然会显化为外在的言或文。古代圣人之文看似文采斐然，但乃其道德的自然流露，非如后之文人刻意为之。"不仅是文章，在二程看来，一切外在的言语、行为、仪礼等等，都是由内而出，都是内在道德的外在表现。"①

朱熹与二程一样，也是站在"有德者必有言"的立场上看待德与文的关系的：

> 夫古之圣贤，其文可谓盛矣，然初岂有意学为是之文哉？有是实于中，则必有是文于外……圣贤之心，既有是精明纯粹之实，以旁薄充塞乎内，则其着见乎外者，亦必自然条理分明，光辉发越而不可掩。盖不必托于言语，著于简册，而后谓之文。但自一身接于万事，凡其语默动静，人所可得而见者，无所适而非文也。②

朱熹在这段论述中的文也不仅指语言文字，同时还包括人的"语默动静，人所可得而见者"，即一切表现在外的可以为人所感知的形式。人的一切语言行为都是人格修养的自然呈现。而"六经""其文之盛，后世固莫能及"，正是这种关系的最好体现。心学家陆九渊的学说虽然与程朱理学颇多龃龉，但他同样主张"诚有其实，必有其文"③。可见，理学家都是提倡以道德修养为根本，文章只是道德外化的自然产物，"有言"是"有德"的必然结果。

（二）理学形上之本体依据

上文所提到的传统儒学关于德与言、德与言关系的阐释，到了中唐时期，韩愈等人将之引入文学创作之道与文关系的讨论，提出"文以明

---

① 张健：《知识与抒情——宋代诗学研究》，北京大学出版社，2015，第 293 页。
② （宋）朱熹：《读唐志》，载曾枣庄、刘琳主编《全宋文》第 251 册，上海辞书出版社、安徽教育出版社，2006，第 247 页。
③ （宋）陆九渊：《陆九渊集》，中华书局，1980，第 145 页。

道"的理论主张，这也成为宋代文人倡导"文以贯道""文以载道"观念的理论基础。而随着宋代以理学家为代表的文人思辨能力的不断加强，他们往往从本和末的哲学高度谈论这一问题。理学家一方面继承中唐以来古文家的"道"论，另一方面又从本体论的层次探讨道与文的关系。

"道"是宋代理学的核心范畴之一，二程以"理"解"道"："盖上天之载，无声无臭，其体则谓之易，其理则谓之道。"① 从本体论意义上说，二程认为"道则自然生万物""道则自然生生不息"。② 这样的认识完成了儒学向哲学化、抽象化的转变。作为理学集大成者的朱熹继承和发展了二程等前辈思想家的学说，同样也是以"理"解"道"，其《答黄道夫》中有云："理也者，形而上之道也，生物之本也；气也者，形而下之器也，生物之具也。"③ 这是就一般意义而言，而具体到道（理）与文学的关系，由于"这文皆从道中流出""道者，文之根本。文者，道之枝叶。惟其根本乎道，所以发之于文，皆道也。三代圣贤文章，皆从此心写出，文便是道。"④ 等观念，在理学家的学术视域里，一切事物都源于本体之道或理，而文学作品也是最高本体——道的一种呈现方式。道与文的关系就是体与用、本与末的关系。故此，对于学者而言，处理好本与末的关系尤为重要："'行有余力'者，当先立其本也。有本而后学文，然有本则文自至矣。"⑤ "读书作文，亦是吾人事。但读书本不为作文，作文其末也。有其本必有其末，未闻有本盛而末不茂者。若本末倒置，则所谓文亦可知也。"⑥ 在理学家看来，只要有了"道（理）"，"文"就会自然顺理成章，不需要"留意作文"。出于这样的文道观，朱熹对纯粹文人的词章之文多有批评乃至否定："至于文

① （宋）程颢、程颐：《二程集》，中华书局，2004，第4页。
② （宋）程颢、程颐：《二程集》，中华书局，2004，第149页。
③ 曾枣庄、刘琳主编《全宋文》第248册，上海辞书出版社、安徽教育出版社，2006，第275页。
④ （宋）黎靖德编《朱子语类》，中华书局，1994，第3319页。
⑤ （宋）程颢、程颐：《二程集》，中华书局，2004，第378页。
⑥ （宋）陆九渊：《陆九渊集》，中华书局，1980，第58页。

词，一小伎耳，以言乎迩，则不足以治己；以言乎远，则无以治人。"①总体上言，理学家的文道观有重道轻文的明显倾向，否定文学具有独立的存在价值。

理学家建立在其深厚哲学基础之上的有别于文学家的文道观，经过派中人物的反复揄扬，至朱熹逐渐建立起自己的"文""道"一元诗文统绪。"道"是宇宙一切事物的本体、自然也是"文"之本的文道观，对理学官方化后的宋季文坛影响颇大，如宋末程朱理学的继承者黄震云："一太极之妙，流行发见于万物，而人得其至精以为心。其机一触，森然胥会，发于声音，自然而然，其名曰诗。后世之为诗者，虽不必皆然，亦未有不涵泳古今，沉潜义理，以养其所自出。"②"诗本情，情本性，性本天，后之为诗者始凿之以为人焉。"③ 在他看来，只有"太极""天"，也就是"道"才是文学的本源，而文人所谓文以明道、文以载道都是裂"道"与"文"为二物，是根本错误的。这种诗学观念，随着理学官方化地位的取得，其权威性和影响力不容忽视。这也是理学之于文学的一大理论贡献。

四　实现自然境界的修养功夫

在理学家看来，在古之"六经"中，文与道是统一的，所谓"古之学者一"④。按照道理和逻辑，所有的创作都必然做到文与道合一，理与事合一，观念与历史的统一，这应该成为一切文章的标准。但文学发展的历史实践则表明，文与道的关系是从一开始的合一逐渐走向了后来的分离状态。由此看出，无论是"有德者必有言"，还是"文从道中

---

① 曾枣庄、刘琳主编《全宋文》第 248 册，上海辞书出版社、安徽教育出版社，2006，第 334 页。

② 曾枣庄、刘琳主编《全宋文》第 348 册，上海辞书出版社、安徽教育出版社，2006，第 197 页。

③ 曾枣庄、刘琳主编《全宋文》第 348 册，上海辞书出版社、安徽教育出版社，2006，第 206 页。

④ （宋）程颢、程颐：《二程集》，中华书局，2004，第 187 页。

流出"，都只是一个规范性的提法，即理当如此，但不一定意味着必然如此、事实如此。所以要达到"冲澹深粹，出于自然"的境界，道德和艺术的修养都不可或缺。唐宋时期无论文人还是儒者，都特别强调修养功夫。宋人的所谓功夫，概括而言，无外乎道德功夫和文章功夫两种。相比之下，文学家多提倡文章功夫，而儒学者更重视道德功夫。一般认为，强调文章功夫当从韩愈始，朱熹便持这种观点："未论说道理，只是前辈一样文士，亦是用几多工夫，方做得成。他工夫更多，若以他心力移在道理上，那里得来。如韩文公《答李翊》一书，与老苏《上欧阳公书》，他直如此用工夫，未有苟然而成者。"① 文人的这种以"有言"为目的的文章功夫，"只是要作好文章令人称赏而已，究竟何预已事，却用了许多岁月，费了许多精神，甚可惜也"。② 重文章功夫只能把文章作好，而无法实现人的道德价值的提升，因此在理学家的视界里就没有多少存在的价值和意义。

理学家更重视道德功夫，程颐是被学界视为第一个将禅学的存养功夫引入儒门以教人的学者，他说："古人有声音以养其耳，采色以养其目，舞蹈以养其血脉，威仪以养其四体。今之人只有理义以养心，又不知求。"③ 由于现实只有"理义以养心"一途，所以程颐提出"敬"和"进学"两种存养道德的方式："涵养须用敬，进学则在致知。"④ 所谓"敬"，就是专一和庄肃，不得生怠慢之心。而"进学"的核心是穷理，主要通过治经、读史而达穷理、识理的目的。"人之蕴畜，由学而大，在多闻前古圣贤之言与行，考迹以观其用，察言以求其心，识而得之，以畜成其德，乃大畜之义也。"⑤ 通过学习传统儒家经典以明理，通过

---

① （宋）黎靖德编《朱子语类》，中华书局，1994，第 2621 页。
② 曾枣庄、刘琳主编《全宋文》第 251 册，上海辞书出版社、安徽教育出版社，2006，第 372 页。
③ （宋）程颢、程颐：《二程集》，中华书局，2004，第 277 页。
④ （宋）程颢、程颐：《二程集》，中华书局，2004，第 188 页。
⑤ （宋）程颢、程颐：《二程集》，中华书局，2004，第 828~829 页。

明理修养道德，"有德者必有言"，自然写出好的文章。朱熹的功夫论深受程颐的影响，也将治经读史作为穷理修德的阶梯："凡读书，先读《语》《孟》，然后观史，则如明鉴在此，而妍丑不可逃。若未读彻《语》《孟》《中庸》《大学》，便去看史，胸中无一个权衡，多为所惑。"① 读经是为了解真理，读史是为寻找是非判断标准，最终都是为了修德的目的。

表面上看，宋代理学家和文学家都认同道德是文章的基础，强调"为学"的重要性。但在目的和手段上，二者却产生了根本对立。理学家主张"求于内"，重视修德的核心价值："学也者，使人求于内也。不求于内而求于外，非圣人之学也。何谓不求于内而求于外？以文为主者是也。"② 程颐认为，"知道者"（即儒者）进德，而求于外的所谓"学者"学文，这是"知道者"和"学者"的根本区别。理学家特别强调人的道德修养功夫，甚至认为道德修养可以替代文学修养。正是站在重内轻外、重德轻文的立场上，程颐提出"作文害道""作诗妨志"的极端看法，认为词章之文都是所谓"闲言语"，几乎完全否定文学功夫的存在价值。相对程颐过分极端的态度，南宋理学家的态度则比较客观和圆融，作为集理学大成的朱熹一方面认为从道理上讲，"有德者必有言"，故道德修养从逻辑上可以取代文学修养，而且"六经"就是道德与文章的完美合一；另一方面，他也承认孟子之后道德和文章事实上处于分离的状态，他从文学史的角度，将文学作品分为有本之文、有实之文和无实之文三种情况，这种分法本身就说明他承认文学客观上存在着独立于道的自身发展历史，换个角度说，理学家在一定程度上也承认文人作诗需要在格律、音韵和语等形式技巧上下功夫。朱熹的这一态度极大地影响了理学正统化的晚宋文坛对文学态度的改善。刘克庄将文学创作分为"诗内功夫"和"诗外功

① （宋）黎靖德编《朱子语类》，中华书局，1994，第195页。
② （宋）程颢、程颐：《二程集》，中华书局，2004，第319页。

夫":"诗之内等级尚多,诗之外义理无穷。"① 诗外的道德工夫虽然有优先的地位,但"艺未有不习而工者"②"艺之熟者必精,理势然也"③,因此,诗歌创作要从形式技巧入手,才能达到圆熟的境界。

综上所述,宋代理学家在诗学观念上形成了与同一时代文学家既彼此关联,又特点鲜明的思想体系,而这一思想体系的形成,既有对儒家传统诗学思想的继承,也有着理学流派自身的形上哲学依据。从历史角度看,理学作为两宋重要的学术流派,从北宋前期的兴起,到南宋后期的正统化,随着其学术和政治地位的变化,其对文学的影响也越来越深入。而由文学重建引发的对自然诗学观念的提倡,在一定程度上调和了理学家与文学家在文道关系问题上的紧张关系,具有了某种程度的默契和统一。这种变化从某一方面反映出,理学正统地位的取得对文学特别是诗歌领域的强力渗透,对南宋晚期及其以后文学发展的历史走向产生了深远而持久的影响。

第二节　南宋中后期理学诗学观念的嬗变

文学创作与诗学理论皆是特定文化语境下的时代产物,也都会随着时代的发展而发生嬗变。刘勰在《文心雕龙》中有云:"文变染乎世情,兴废系乎时序。"④ 元代戴良在《夷白斋稿序》中亦曰:"世道有升降,风气有盛衰,而文运随之。"⑤ 宋季文学的创作实践正好印证了这种说法。在中国古代文学的历史发展中,两宋堪称文学发展的最重要阶

---

① 曾枣庄、刘琳主编《全宋文》第 329 册,上海辞书出版社、安徽教育出版社,2006,第 190 页。
② 曾枣庄、刘琳主编《全宋文》第 329 册,上海辞书出版社、安徽教育出版社,2006,第 251 页。
③ 曾枣庄、刘琳主编《全宋文》第 329 册,上海辞书出版社、安徽教育出版社,2006,第 201 页。
④ (南朝梁)刘勰著,周振甫注《文心雕龙注释》,人民文学出版社,1981,第 479 页。
⑤ (元)戴良:《九灵山房集》(补编卷下),中华书局,1985,第 437 页。

段之一，而南宋中后期则是理学成熟与官方化地位凝定的关键时期。这一时期的理学与文学形成了既彼此矛盾对立又互相依存影响的复杂关系，梳理和辨析清楚二者从紧张对立到妥协融合的过程，有助于揭示宋代文学发展与变迁的特点和内在规律。

　　论及宋代文学，古今学界似乎普遍存在这样一种观念，即无论是理学与文学之间，还是理学家和文学家之间，都天然势同水火，道既不同，亦不相与谋。早在北宋中期，理学家便有"诗道相妨"的论调："古之学者一，今之学者三，异端不与焉。一曰文章之学，二曰训诂之学，三曰儒者之学。欲趋道，舍儒者之学不可。"① 而南宋后期深受理学影响的文学家刘克庄在《迂斋标注古文序》中针对宋代儒者与文人的对立状态，则有如下的描述："本朝文治虽盛，诸老先生率崇性理，卑艺文，朱主程而抑苏，吕氏《文鉴》去取多朱氏意，水心叶氏又谓洛学兴而文字坏，二论相反，后学殆不知所从矣。"② 《四库全书总目》在论及金履祥《濂洛风雅》时亦云："自履祥是编出，而道学之诗与诗人之诗千秋楚越矣。"③ 当代文学史家马积高先生同样认为，宋代尤其是北宋"文学家不讲所谓心性之学，理学家多不工文"④。虽然这些说法反映了部分事实，但长达三百多年的宋代文学发展史情况极为复杂，且并非一成不变。随着时代的变迁，不仅理学家的文学观念在发生变化，而且共同的时代背景和彼此之间的学术影响，也促使文学家在一定程度上接受理学家关于文学的某些合理认识。到南宋中后期，随着理学的异军突起与官学地位的确立，理学和文学的融合成为一种大势所趋。这种融合主要体现在对文与道、理与情等关系问题的处理上。

---

① （宋）程颢、程颐：《二程集》，中华书局，2004，第 187 页。
② 曾枣庄、刘琳主编《全宋文》第 329 册，上海辞书出版社、安徽教育出版社，2006，第 125 页。
③ （清）永瑢等：《四库全书总目》，中华书局，1965，第 1737 页。
④ 马积高：《赋史》，上海古籍出版社，1987，第 459 页。

一 北宋及南渡初期的紧张对立

南宋严羽《沧浪诗话》在比较唐宋诗歌的差异时曾经指出:"诗者,吟咏情性也,盛唐诸人,惟在兴趣;羚羊挂角,无迹可求……近代诸公乃作奇特解会,遂以文字为诗,以才学为诗,以议论为诗。"[1] 宋代诗人在诗歌美学的追求方面,开拓出一条与唐代截然不同的道路,从而建立起有别于其他时代诗歌风格的所谓"宋调"。两宋时期无论是重道轻文的理学家,还是文道并重的文学家,其在作诗或是论诗方面都始终离不了"道""理"。对此,宋季文学家赵孟坚(1199~1264)的观点颇具代表性:"诗非一艺也,德之章,心之声也……要之同主忠厚而同归于正。"[2] 在宋代文人看来,文学绝非纯粹的艺术创造,它必须承担服务社会、教化民众、泳涵道德、明心见性的综合性责任。"宋人论诗之为用,从静态角度看,大致可分为三个层面:其一为政治功能,包括由上而下的'教化'与由下而上的'讽谏';其二为道德功能,包括体悟形上义理的'明道'与表现人格精神的'见性';其三为心理功能,包括化激动为平和的'自持'与化悲怨为旷达的'自适'。用曹彦约(1157~1228)概括的话来说,就是'为儒道立正理,为国是立公论,为贤士大夫立壮志,为山林立逸气'。从动态角度看,宋人对诗歌功能的认识,大致经历了由政治层面渐向道德心理层面的倾斜。北宋诗歌复古运动的政治关怀,在理学家那里化为道德规范和义理阐发,在江西诗派那里化为人格陶养甚至美学追求,在四灵、江湖诗派那里更蜕变为'甜美'的愉悦。"[3] 诗与道不仅不是对立的,而且应该互相依存,彼此滋养,一方面诗可以从道中获得充实博大的精神内涵,另一方面道则能够从诗里推衍出陶冶人心的玄机妙用。

---

[1] (清)何文焕辑《历代诗话》,中华书局,1981,第688页。
[2] 陈少松编纂《宋诗话全编》,江苏古籍出版社,1998,第8799页。
[3] 周裕锴:《宋代诗学通论》,巴蜀书社,1997,第31页。

在古代中国，文道关系一直是古典诗学关注的重要论题，特别是自唐代韩愈、柳宗元倡导古文运动以来，如何处理文与道的关系俨然成为人们创作和评价文学作品时所聚焦的核心问题。在人们的印象中，两宋文学整体上表现出重内容轻形式的倾向，而理学家对此表现得尤为突出。理学开山祖师周敦颐《通书·文辞》有言：

> 文所以载道也。轮辕饰而人弗庸，徒饰也，况虚车乎。文辞，艺也；道德，实也……美则爱，爱则传焉。贤者得以学而至之，是为教。故曰："言之不文，行之不远。"然不贤者。虽父兄临之，师保勉之，不学也；强之，不从也。不知务道德而第以文辞为能者，艺焉而已。①

文辞的价值不过是传播儒家之"道"的手段和工具而已。而他的学生程颐则更提出"作文害道"的极端主张：

> 作文害道否？曰：害也。凡为文不专意则不工，若专意则志局于此，又安能与天地同其大也？《书》云"玩物丧志"，为文亦玩物也。②

程颐认为，人生的目的在于修身养性而为圣人，修身则须清心寡欲，过分追求辞采乃是对自身欲望的放纵，会玩物丧志，必须加以控制甚至排斥。理学家写诗作文特别强调以明道为目的，对当世文人只以章句训诂为目的、以华靡新奇为宗旨却不至于道的为学风气表达强烈不满：

---

① （宋）周敦颐：《周子通书》，上海古籍出版社，2000，第39页。
② （宋）程颢、程颐：《二程集》，中华书局，2004，第239页。

后之儒者，莫不以为文章、治经术为务。文章则华靡其词，新奇其意，取悦人耳目而已。经术则解释词训，较先儒短长，立异说以为己工而已。如是之学，果可至于道乎?①

这种从道学的狭隘立场出发，把道和文、道德修养和文章写作完全对立起来，从而得出"作文害道"结论的逻辑。推导出理学家形成了"不仅是轻视了文学，实际是否定了文学"② 的结论似乎有些失之偏颇。客观地说，他们反对的是那些专意于文辞而缺乏思想内核的作品，而非否定文学创作本身。

当然，由于此一时期以濂洛学派为代表的理学家关注的焦点在于心性存养等问题，所讨论的又多是体用、心物、道器等哲学范畴，而对文道关系的关注不如后来批评家所想象的那般热切；而且他们多不擅诗歌，或于诗文多不着意用力，站在学者的立场，从形而上的层面来讨论道与文的关系问题，自然会得出道本文末的结论。同时，由于北宋理学仅仅是诸多学派中的一派，远未占据学术的主导地位，故其"文以载道""作文害道"等过分绝对化的诗学观念，并未对文坛造成太大实质性的影响。但由此而引起的学者与文人之间的诗学分歧，却对南宋及其之后文学发展的历史走向产生了重要影响。

南渡以后，理学虽然分化为以胡安国、胡宏父子为代表宗程颢的"湖湘学派"，杨龟山、罗豫章、李延平传到朱熹宗程颐的"闽学派"，陆九渊的"心学派"，以吕祖谦、叶适、陈亮等为代表的"浙东学派"等不同派别，但基本上都坚守着以道（理）为诗之核心和灵魂的诗学观念。程门弟子杨时将理学传播到东南地区，是二程理学南传的关键人物，有"道南第一人"之称。他继承乃师诗学观念，强调诗歌为传达

---

① （宋）程颢、程颐：《二程集》，中华书局，2004，第580页。
② 复旦大学中文系古典文学教研组：《中国文学批评史》，上海古籍出版社，1981，第112页。

义理的功能，对其审美价值与艺术特性并不十分在意。他论文重"气味"，认为"学诗者不在语言文字，当想其气味，则诗之意得矣"①，他一再强调"作文字要只说目前话，令自然分明"②，要"清切平易，不以雕琢为工"。③ 二程的另一位弟子游酢也持有相似的观点，他在《论语杂解》中云："然则无本而学文，盖不若无文之愈也。是以圣人必待行有余力，然后许之以学文。"④ 道是本，文是末，只有在充分把握和表现道的基础上，学文才有意义，否则就是本末倒置，以文害道。将文与道视为不可调和的一异质存在，应该是这一时期理学文道观的主流意识。

二 南宋中后期的逐步融合

这一时期对文与道关系的态度大致可以分为两个阶段：一是在理学学术上繁荣而政治上遭受挫折的南宋中期，理学家在对文的肯定与否定中左右摇摆；二是在理学官方化地位确立之后，文学和理学形成"共谋"关系，理学家与文人在文道观方面有意识地彼此主动靠近。

（一）南宋中期理学学派脱颖而出时期

虽然"轻薄艺文，实为宋代理学家通病"⑤，但随着南宋中期理学体系的建立和学术地位的提升，特别是理学中人诗学素养的提高，使得部分理学人物在面对理学与文学的巨大冲突时，不再像北宋濂洛学派那样视文学为载道之具，轻率否定文学的价值，而能够从本体论的

---

① （宋）杨时：《龟山集》卷十，文渊阁《四库全书》本，第460册，台湾商务印书馆，1986，第11页。
② （宋）杨时：《龟山集》卷十三，文渊阁《四库全书》本，台湾商务印书馆，1986。
③ （宋）杨时：《杨希旦文集序》，载曾枣庄、刘琳主编《全宋文》第124册，上海辞书出版社、安徽教育出版社，2006，第256页。
④ （宋）游酢：《游荐山先生集》卷一，文渊阁《四库全书》本，第1121册，台湾商务印书馆，1986，第7页。
⑤ 钱穆：《朱子新学案》第5册，九州出版社，2011，第163页。

高度给予诗文以一定的地位，对北宋以来过于偏激的文道观念进行调整，从而在一定程度上弥合了文坛上愈演愈烈的文道之间的分裂和对立。这在"东南三贤"——朱熹、吕祖谦、张栻的相关论述中有较为明确的体现。朱熹被学术界一致认为是濂洛学术尤其是二程之学的集大成者，在文与道的关系问题上，他反对前人"文者，贯道之器"的说法：

> 这文皆是从道中流出，岂有文反能贯道之理？文是文，道是道，文只如吃饭时下饭耳。若以文贯道，却是把本为末。①

> 道者，文之根本；文者，道之枝叶；惟其根本乎道，所以发之于文皆道也。三代圣贤之文皆从此心写出，文便是道。②

虽然朱熹的文道观论是建立在道本文末、理本文用观念的基础上，并在一定程度上轻视甚至抹杀文学的审美特性，但其"文道一本"论却从哲学层面肯定了文学的存在价值。循着"文便是道"这一条创作道路，朱熹的诗文作品追求超然自得，不费人力安排。其清辞丽句一洗道学诗文俚鄙、枯涩，达致宋代文人所追求的"外枯而中膏""绚烂至极归于平淡"的自然高境，非一般诗人所能及。

吕祖谦是与朱熹齐名的理学大家，他虽然不以文自名，却是南宋乾道、淳熙年间享有盛名的文章家。在学术上，针对朱熹崇义理和叶适倡功利的对立，他"欲合永嘉、紫阳而一之"③，致力于融会性理之学和浙东史学，企图扭转"道学、政事分为二途"的局面；在文学上，他虽然也强调"言语足以动人，文章足以耸众，不正则反为害"④，但同

---

① （宋）黎靖德编《朱子语类》，中华书局，1986，第 3305 页。
② （宋）黎靖德编《朱子语类》，中华书局，1986，第 3319 页。
③ 黄灵庚、吴战垒主编《吕祖谦全集》第 9 册，浙江古籍出版社，2007，第 169 页。
④ 黄灵庚、吴战垒主编《吕祖谦全集》第 9 册，浙江古籍出版社，2007，第 48 页。

时在其《与陈同甫书》（六）中又认为"词章古人所不废"①。针对朱熹指责苏轼等文学之士所作文章"大本都差"的过激批评，他则以"衔华佩实"的创作实践，实现了"儒林之文"与"理学之文"的统一。"自元祐后，谈理者祖程，论文者宗苏，而理与文分为二。吕公病其然，思融会之，故吕公之文早葩而晚实。"② 吕祖谦既是南宋理学体系构建的重要参与者，也是宋文发展的重要推动者，他一方面在诗学理论上倡导融会义理于文学，主张文道兼顾；另一方面，他又通过"中原文献之传"的学术渊源与知识结构，将折中的理论贯穿于具体的文章创作实践，从而形成了所谓"衔华佩实"的创作成就和艺境。从宋代文学发展史的角度看，吕祖谦的诗学理论和文学创作对当时文坛具有重要的纠偏归正、统合文道之功，促进了理学和文学的有机融合。在南宋中期理学大家中，吕祖谦始终坚持融会程氏之"理"与苏氏之"文"的颇为通脱的文道观，并将这一思想贯穿于《宋文鉴》《古文关键》等的编选和自身的创作实践中，对南宋中后期文学产生了重要影响，并形成了包括叶适、陈亮、陈傅良、薛季宣等大家在内的浙东学派，在两宋散文发展历史上占有重要地位。

作为理学"东南三贤"之一的张栻是二程之学的传承者，据真德秀《西山读书记》记载："二程之学……上蔡传之武夷胡氏，胡氏传其子五峰，五峰传之南轩张栻。"③《宋元学案》亦云："南轩似明道，晦翁似伊川。"④ 张栻有关文学的论述不多，其文道观念在其《答朱元晦》对吕祖谦编选《宋文鉴》的相关批评文字中可见一斑：

---

① 曾枣庄、刘琳主编《全宋文》第 261 册，上海辞书出版社、安徽教育出版社，2006，第 153 页。
② （宋）吴子良：《荆溪续集序》，载曾枣庄、刘琳主编《全宋文》第 341 册，上海辞书出版社、安徽教育出版社，2006，第 19 页。
③ （宋）真德秀：《西山读书记》卷三十一，文渊阁《四库全书》本，台湾商务印书馆，1986。
④ （清）黄宗羲原著，（清）全祖望补修，陈金生、梁运华点校《宋元学案》卷五十《南轩学案》，中华书局，1986，第 1609 页。

又云伯恭爱弊精神于闲文字中，徒自损，何益？如编《文海》，何补于治道？何补于后学？徒使精力困于翻阅，亦可怜耳。①

此论虽依然是二程"作文害道"观念的老生常谈，但其诗学思想则相对圆融，他论诗主张"学者之诗"，强调诗歌在注重义理的同时，也要有"滋味"。据盛如梓《庶斋老人丛谈》记载：

有以诗集呈南轩先生，先生曰："诗人之诗也，可惜不禁咀嚼。"或问其故，曰："非学者之诗。学者之诗读着似质，却有无限滋味，涵泳愈久，愈觉深长。"②

他所提倡的理学诗不是"击壤"一派所崇尚的"语录讲义之押韵者"，而是将抽象之理融入生动的风云物态之中，如水入盐中，不落迹象。

（二）理学逐步登上官学地位的晚宋时期

南宋后期理学官方化成为文道关系从对立走向融会的契机。宋宁宗前期发生的"庆元党禁"使以朱熹为代表的理学受到严重打击，被纳入《伪学逆党籍》的五十九人被罢官、远斥、充军甚至被迫害致死。至此，乾道、淳熙年间兴起的学术繁荣、百家争鸣的局面一去而不复返，理学重建文道关系的努力也一度停滞。但在宋宁宗后期，随着反道学的领袖人物韩侂胄因北伐失利而被杀，史弥远掌握朝政，开始拨乱反正，大量援用有理学背景的人士，使得曾被重创的理学境况逐步好转，尤其是经过真德秀、魏了翁等著名理学学者对二程、朱熹的学术思想大力整合和阐扬，至理宗朝，程朱理学一跃成为官方的主流意识形态，其

---

① （宋）张栻：《张栻集》卷二十四，中华书局，2015，第 1132 页。
② （元）盛如梓：《庶斋老人丛谈》卷中，文渊阁《四库全书》本，第 866 册，台湾商务印书馆，第 21 页。

文化权力得到空前强化，自然引发朝野士大夫文人的共同追捧。在这样的学术和文学创作氛围中，文坛上出现两种颇有风向标意义的改变。

一是文人在创作上自觉向理学靠近，采用理学家的审美标准进行诗歌创作和评价文学作品。从文学创作的主体和对后来文学的影响看，南宋后期无疑是江湖文人的天下，其作诗多向晚唐诗人学习，被视为"诗人之诗"，似乎与理学文学划出了明确的界限。即便如此，由于理学掌握着当时文坛的话语权，江湖诗人在创作上必然或主动或被动地接受其影响，如戴复古作为典型的江湖诗人，其诗也明确追随晚唐贾岛、姚合等的诗风，强调对诗律的重视。但处于理学独尊的时代，他自然也避免不了借助"饱参一勺濂溪水，带取光风霁月归"（《曾景兼得罪道州听读》）① 来为自己的诗歌涂抹上几分时代色彩，其诗有许多关于义理的内容。强调作诗要本之于"义理"，认为理学诗才是文章正脉。

如《谢东倅包宏父三首癸卯夏》（其一）：

> 诗文虽两途，理义归乎一。
> 风骚凡几变，晚唐诸子出。
> 本朝师古学，六经为世用。
> 诸公相羽翼，文章还正统。
> 晦翁讲道余，高吟复超绝。②

又如《论诗十绝》（其五）：

> 陶写性情为我事，留连光景等儿戏。
> 锦囊言语虽奇绝，不是人间有用诗。③

① 北京大学古文献研究所编《全宋诗》第 54 册，北京大学出版社，1998，第 33591 页。
② 北京大学古文献研究所编《全宋诗》第 54 册，北京大学出版社，1998，第 33460 页。
③ 北京大学古文献研究所编《全宋诗》第 54 册，北京大学出版社，1998，第 33607 页。

提倡诗歌要吟咏性情之正，认为单纯追求言语之奇绝者，乃是无用之诗。这些说法与理学家的诗学观点几乎没有差别。而当世一些批评者也敏锐地看到了戴复古诗歌的理学化色彩，如理学家包恢于宋理宗淳祐二年（1242）为戴复古《石屏诗集》作序云：

> 古诗主乎理，而石屏自理中得。古诗尚乎志，而石屏自志中来。古诗贵乎真，而石屏自真中发。此三者皆其源流之深远，有非他人之所及者。理备于经，经明则理明……故其为诗，正大醇雅，多与理契……诗有近体，有古体。以他人则近易工，而不及古。在石屏则古尤工，而过于近。以此视彼，其有效晚唐体如刻楮剪缯、妆点粘缀，仅得一叶一花之近似，而自耀以为奇者，予惧其犹黄钟之于瓦釜也。①

朱熹弟子、晚宋理学家赵汝腾（？~1261）亦曾以"平而尚理，工不求异"八字称赞戴复古的诗。而更值得重视的是，戴复古诗歌的理学化并非个案，事实上江湖诗人以义理为诗乃一时风气，如钱锺书先生在论述江湖诗人罗与之时曾说："在江湖诗人里，他作的道学诗比例上最多。"②"罗与之（与甫）《雪坡小稿》二卷，好以七律为理语，如卷二之《动后》《文到》《卫生》《谈道》《默坐》《此悟》诸首，皆《击壤集》体之修饬者。"③关于江湖诗人受理学影响，学界已经有很多研究成果可以参考，故此不必赘述。

二是理学作家主动对自身文道观念局部修正。作为宋季掌握文学话语权的理学家，其诗学在坚定地拒斥异己话语、提倡学者之诗而反对诗人之诗的同时，也在自身的文学批评话语体系之内尽量表现出一定的弹

---

① 曾枣庄、刘琳主编《全宋文》第 319 册，上海辞书出版社、安徽教育出版社，2006，第 303~304 页。
② 钱锺书：《宋诗选注》，人民文学出版社，2005，第 421 页。
③ 钱锺书：《钱锺书手稿集·容安馆札记》，商务印书馆，2003，第 996 页。

性和伸缩空间，特别是在文道关系的处理上，一定程度地承认"文"的价值。我们不妨以理学正宗中"西山学派"的刘克庄和"艾轩学派"的林希逸这两位堪称宋末大家的人物为例加以说明。

刘克庄是公认的宋末文坛领袖，其诗学观点在一定程度上代表了这一时期的美学倾向。由于刘克庄的诗歌被收入陈起所编辑出版的《江湖集》中，故文学史一般将他归于江湖诗派。但从学术渊源看，刘克庄为真德秀的弟子，名列于《西山真氏学案》，算得上是程朱一派的嫡传。他一方面以理学的基本价值观和美学标准评价文人作品："词不诣理，工无益也；学不尽性，博无益也。"① 强调气节道德为先，文辞艺术为后："虽然，诗之内等级尚多，诗之外义理无穷，先民有言：德成而上，艺成而下。前辈亦云：愿郎君损有余之才，补不足之德。"②

而对于时人"欲息唐律，专造古体"的重古轻律现状，他认为诗之高下无关乎古体近体，根本在于人的胸怀与节操，道德学问乃诗文之根本，有德者必有言：

> 近岁诗人惟赵章泉五言有陶阮意，赵蹈中能为韦体，如永嘉诗人极力驰骤才望见贾岛姚合之藩而已……亡友翁应叟尤工律……然观其送人去国之章，有山人处士疏直之气；伤时闻警之作，有忠臣孝子微婉之义；感知怀友之什，有侠客节士生死不相背负之意。处穷而耻势利之合，无责而任善类之忧，其言多有益世教，凡敖慢亵狎闺情春怨之类，无一字一句及之。是岂可以律诗而概少之耶？③

---

① （宋）刘克庄：《风月窝记》，载曾枣庄、刘琳主编《全宋文》第330册，上海辞书出版社、安徽教育出版社，2006，第253页。

② （宋）刘克庄：《跋陈户曹诗卷》，载曾枣庄、刘琳主编《全宋文》第330册，上海辞书出版社、安徽教育出版社，2006，第190页。

③ （宋）刘克庄：《瓜圃集序》，载曾枣庄、刘琳主编《全宋文》第329册，上海辞书出版社、安徽教育出版社，2006，第81页。

因此他高度评价与道学关系密切的江湖诗人敖陶孙，认为其诗"主乎忠孝……发于情性义理之正"①，表现出浓厚的理学诗学色彩。另一方面，他又常常站在诗人的立场上对文学予以评价，并对理学过分干预文学而造成诗歌作品缺乏艺术性的文坛现状提出批评：

> 近世理学兴而诗律坏，惟永嘉四灵复为言，苦吟过于郊岛，篇帙少而警策多，今皆亡矣。②

> 为洛学者皆崇性理而抑艺文，词尤艺文之下者也。③

言谈之间表现出对当世文坛过分偏重性理而忽视文学价值的不满。有鉴于此，他提出融合理学与文学的相对折中的诗学主张：

> 余尝谓以情性礼义为本，以鸟兽草木为料，风人之诗也。以书为本，以事为料，文人之诗也。④

所谓"风人之诗"，也就是他所理想的诗歌应该是将义理和诗艺完美结合的产物，亦即真德秀所倡导的"以诗人比兴之体，发圣贤义理之秘"。⑤刘克庄虽然批评"近世贵理学而贱诗，间有篇咏，率是语录讲义之押韵者耳"的文坛境况，但同时又认为理学并非与文学截然对立，

---

① （宋）刘克庄：《瞿庵敖先生墓志铭》，载曾枣庄、刘琳主编《全宋文》第311册，上海辞书出版社、安徽教育出版社，2006，第173页。

② （宋）刘克庄：《林子显诗序》，载曾枣庄、刘琳主编《全宋文》第329册，上海辞书出版社、安徽教育出版社，2006，第178页。

③ （宋）刘克庄：《跋黄孝迈长短句》，载曾枣庄、刘琳主编《全宋文》第329册，上海辞书出版社、安徽教育出版社，2006，第373页。

④ （宋）刘克庄：《跋何谦诗》，载曾枣庄、刘琳主编《全宋文》第329册，上海辞书出版社、安徽教育出版社，2006，第365页。

⑤ （宋）刘克庄：《咏古诗序》，载曾枣庄、刘琳主编《全宋文》第313册，上海辞书出版社、安徽教育出版社，2006，第149页。

理学家并不排斥风花雪月，同样可以写出道艺兼具的优秀作品：

> 然康节、明道，于风月花柳未尝不赏好，不害其为大儒。恕斋吴公，深于理学者，其诗皆关系伦纪教化，而高风远韵，尤于佳风月、好山水，大放厥词，清拔骏壮。①

> 义理至伊洛、文字至永嘉无余蕴矣。止斋、水心诸君人之作，皆以穷巧极丽擅天下，合济之文独古淡平粹，不待穷巧极丽亦擅天下……盖其言议风旨有在于文字之外者矣。②

这种兼融通达的诗学思想，同样体现在他对词的态度上，其《跋刘叔安感秋八词》借对友人之词的评价提出自己的词学理想："丽不至褻，新不犯陈，借花卉以发骚人墨客之豪，托闺怨以寓放臣逐子之感。"③ 这种融豪放与婉约于一体的刚柔相济理论，为宋代词的发展提供了一条新的且行之有效的变革途径，具有重要意义。

艾轩学派是理学发展到南宋时期形成的一支重要学术力量，此派源于二程高足尹焞，创始于林光朝（号艾轩），一传林亦之，再传陈藻，三传林希逸，从学术谱系上看，乃伊洛正宗。但正如清代全祖望所云："终宋之世，艾轩之学，别为源流。"④ 其学术品格独具特色。所谓"别为源流"，从诗学角度看，艾轩学派提倡道艺双修，认为二者是"诗因学成""学因诗传"的辩证关系，反对因道废文、崇道贬文，提倡道与

---

① （宋）刘克庄：《恕斋诗存稿》，载曾枣庄、刘琳主编《全宋文》第330册，上海辞书出版社、安徽教育出版社，2006，第78页。

② （宋）刘克庄：《跋王秘监合斋集》，载曾枣庄、刘琳主编《全宋文》第329册，上海辞书出版社、安徽教育出版社，2006，第186~187页。

③ （宋）刘克庄：《跋刘叔安感秋八词》，载曾枣庄、刘琳主编《全宋文》第329册，上海辞书出版社、安徽教育出版社，2006，第206页。

④ （清）黄宗羲原著，（清）全祖望补修，陈金生、梁运华点校《宋元学案》第二册，卷四十七《艾轩学案》，中华书局，1986，第1470页。

文的交融互补：

> 自南渡后，洛学中微，朱张未起，以经行倡东南，使知圣贤心不在训诂者，自莆南夫子（指林光朝）始。初疑汉儒不达性命，洛学不好文辞，使知性与天道不在文章外者，自福清两夫子（指林亦之、陈藻）始，学者不可不知信从也。①

由此可见，艾轩学派所提倡的是性理与文章并重，二者不可偏废。与伊洛重性理不同，艾轩学派具有明显的尚文特点。林希逸作为艾轩学派最后一个理学家，他继承本学派尚文的文学精神，将理学家重视文词提升到一个新的境界，"诗比其师，枯干中含华滋，萧散中藏严密，窘狭中见纤余"。② 其诗学观念继承艾轩兼容并包的传统，充分肯定纯粹文人作品的价值。

如《论文有感》：

> 纷纷见解何差别，豪杰还须间世生。
> 识在雷从起处起，文如泉但行当行。
> 均为千载无双士，莫问三苏与二程。
> 丹井红泉南谷老，似渠宗旨更难明。③

此诗认为邵雍、二程等理学家和三苏等文学家皆是当世豪杰之士，文与道同等重要。从其创作实践看，林希逸的诗歌体现出较一般理学家更高的艺术水准，对此当代著名文学批评家钱锺书先生有如下评价：

---

① （清）李清馥：《中书林竹溪先生希逸》，《闽中理学渊源考》卷八，文渊阁《四库全书》本，第 460 册，台湾商务印书馆，第 20 页。
② （宋）刘克庄：《竹溪诗序》，《全宋文》第 329 册，上海辞书出版社、安徽教育出版社，2006，第 92 页。
③ 北京大学古文献研究所编《全宋诗》第 59 册，北京大学出版社，1998，第 37307 页。

《濂洛风雅》所载理学家诗，意境既庸，词句尤不讲究。即诗家长于组织如陆放翁、刘后邨，集中以理学语成篇，虽免于《击壤集》之体，而不脱山谷《次韵郭右曹》、《去贤斋》等诗窠臼，亦宽腐不见工巧。自宋以来，能运使义理语，作为精致诗者，其惟林肃翁希逸之《竹溪十一稿》乎。肃翁得艾轩、网山、乐轩性理之传，于庄、列诸子，皆著有《口义》，又熟宗门语录。其为诗也，虽见理未必甚深，而就词藻论，要为善于驱遣者矣。如"那知剥落皮毛处，不在流传口耳间"；"刬尽念头方近道，扫空注脚始明经"；"但知绝迹无行地，岂羡轻身可御风"；"蛇生弓影心颠倒，马龁其声梦转移"；"须信风幡元不动，能如水镜却无疵"；"醯鸡瓮中世界，蜘蛛网上天机"；"蚯蚓两头是性，桃花一见不疑"；"非鱼知鱼孰乐，梦鹿得鹿谁诬"；"若与予也皆物，执而我之则愚"。无不字斟句酌。有为理语诗摘句图者，斯焉取斯。其自《题新稿》云："断无子美惊人语，却似尧夫遣兴时"，盖亦自居"濂洛风雅"。[1]

在钱先生看来，"竹溪诗妥致而能流活，为理语作诗之最工者，庶几以刘潜夫之笔写邵尧夫之旨，刻画风物，亦复新切"。[2] 林希逸和刘克庄一样，是宋季少有的能够将性理内容以工巧之笔表现出来的理学诗人，从而在"理学语"与"精致诗"的对立之间打通一条融会之道。

综上所述，两宋理学家在处理文与道的关系问题上走过了极其复杂艰辛的旅程，从早期以周敦颐、二程为代表的理学家强调文以载道、作文害道的激烈对抗，中经南宋中期以"东南三贤"为代表的道学人士提出"文从道出""道本文末"，在总体重道轻文的格局下部分肯定文的价值，至南宋晚期理宗朝，随着理学官方化地位的确立，理学与文学之间的紧张对立得以部分缓和消解，文与道的关系逐渐趋于融合。与前

---

[1] 钱锺书：《谈艺录》，中华书局，1984，第 234 页。

[2] 钱锺书：《钱锺书手稿集·容安馆札记》，商务印书馆，2003，第 1024 页。

人相比，他们不再局限于门派之争和古近体之别。文学发展到南宋后期，随着理学官学地位的获得，一方面理学家在强调义理至上、道本文末的同时，也一定程度上给艺文以独立的价值认同；另一方面在纯粹文人中，也有相当数量的作者自觉或不自觉地向理学靠拢。对于以刘克庄、林希逸等为代表的宋季理学文学家所做出的融会性理与艺文的努力，当代学者也给予了他们积极的评价："林希逸也因此能够超越一般的江湖诗人，与刘克庄一样能从唐宋诗歌发展的历史高度来辩证地看待唐宋诗彼此的优缺点，折中江湖与江西。"① 这一诗学嬗变对古代文学尤其是诗歌的发展产生了长久而深远的影响，无论功过是非，文学观念嬗变的结果，客观上对宋季文学的发展具有一定的促进作用。

第三节　理学视域下的宋季诗学"情性"观

一　"情性"内涵的历史演变

唐宋诗是中国诗史上彼此辉映的两座高峰，其创作成就可谓空前绝后。但两个朝代的整体诗歌风貌却迥然不同。早在南宋后期，严羽《沧浪诗话·诗评》就明确指出了唐宋诗歌的差异："本朝人尚理而病于意兴，唐人尚意兴而理在其中。"② 自此，唐诗主情、宋诗主理的观念便深植于学者的意识之中，成为学术界的主流话语。"诗分唐宋……唐诗多以丰神情韵擅长，宋诗多以筋骨思理见胜。"③ "唐诗以韵胜，故浑雅，而贵蕴藉空灵；宋诗以意胜，故精能，而贵深折透辟。唐诗之美在情辞，故丰腴；宋诗之美在气骨，故瘦劲。"④ 当代学者李春青亦认为，"在以'义理之学''心性之学'为核心的学术话语的影响下，宋代诗学

---

① 石明庆：《理学文化与南宋诗学》，中国社会科学出版社，2006，第 295 页。
② （清）何文焕辑《历代诗话》，中华书局，1981，第 696 页。
③ 钱锺书：《谈艺录》，中华书局，1984，第 1~2 页。
④ 缪钺：《诗词散论》，陕西师范大学出版社，2008，第 31 页。

对诗学本体的认识由'情性'变而为'意'或'理'"。"宋代诗学在'以意为主'的旗帜之下突破了以'吟咏情性'说为主要倾向的诗学本体论的藩篱，从而在中国古代诗学领域开出又一重要本体论倾向。"① 但这种看似意见一致的认识背后，却掩盖了宋诗发展的复杂性和多元性。仔细翻检宋人，特别是宋季的诗歌批评，"吟咏性情"依然是宋季诗学的核心概念和范畴。所不同的是，在宋季批评者视域中的"情性"论，与传统"情性"观既有联系，又有本质差别。辨析二者的关系，对于厘清文学的本质属性，尤其是了解宋季与其他时代在诗学观念上的变化具有极为重要的意义。

（一）宋前诗歌"情性"观

在古代诗学演进史上，"吟咏情性"是一个非常重要的典型命题和核心概念。早在先秦时期，"情性"便成为诸子百家尤其是儒家学者极为关注的学术问题，无论是主张"性本善"的孟子一系，还是提出"性本恶"的荀子、韩非子等人，都对此进行过深入思考。孟子提出"人性本善"的观念，论性而不及情："水信无分于东西，无分于上下乎？人性之善也，犹水之就下也。人无有不善，水无有不下。"② 真正将"情性"作为一个独立概念纳入学术体系的是荀子："今人之性，饥而欲饱，寒而欲暖，劳而欲休，此人之情性也。"③ "若夫目好色，耳好听，口好味，心好利，骨体肤理好愉佚，是皆生于人之情性者也。"④ 他所谓"情性"，几乎是"人之性恶"的代称。在他看来，人性之"恶"与生俱来，"善"则需要后天学习、培养。

值得注意的是，荀子在其《乐论》中首次将"情"运用于音乐理

---

① 李春青：《"吟咏情性"与"以意为主"——论中国古代诗学本体论的两种基本倾向》，《文学评论》1999 年第 2 期，第 36 页。
② 杨伯峻译注《孟子译注》，中华书局，2012，第 278 页。
③ 王先谦：《荀子集解》，中华书局，1992，第 436 页。
④ 王先谦：《荀子集解》，中华书局，1992，第 437~438 页。

论："夫乐者，乐也，人情之所不能免也……故人不能无乐。"把"情"视为音乐产生的主体心理依据。而从文学角度看，汉代学者首先将"情性"这一学术概念引入诗学领域，成为后之批评者诗学话语系统中的日常用语。《诗大序》是最先将"情性"运用于诗歌批评的：

> 国史明乎得失之际，伤人伦之废，哀刑政之苛，吟咏情性，以风其上，达于事变而怀其旧俗者也。故发乎情，止乎礼义。发乎情，民之性也；止乎礼义，先王之泽也。

按照《毛诗序》的理解，"情性"不是一般意义上人的自然本性，而是后天因环境变化而产生的与现实政治和社会密切相关的由"人伦之废""刑政之苛"所引起的哀伤愤懑等不满情绪。正是吟咏情性具有理论的开放性，才给后代学者提供了更广泛的阐释空间。

魏晋时期，文学开始进入自觉的时代，人们关于"情性"的讨论也更加广泛和深入，特别是在文学批评领域出现了像刘勰的《文心雕龙》和钟嵘的《诗品》这样系统且专业的文学理论和批评著作，使得"情性"理论探讨上升到一个新的层次。刘勰阐述"情性"云：

> 气以实志，志以定言，吐纳英华，莫非情性。是以贾生俊发，故文洁而体清；长卿傲诞，故理侈而辞溢；子云沈寂，故志隐而味深；子政简易，故趣昭而事博；孟坚雅懿，故裁密而思靡；平子淹通，故虑周而藻密；仲宣躁锐，故颖出而才果；公干气褊，故言壮而情骇；嗣宗俶傥，故响逸而调远；叔夜俊侠，故兴高而采烈；安仁轻敏，故锋发而韵流；士衡矜重，故情繁而辞隐。触类以推，表里必符，岂非自然之恒资，才气之大略哉！①

---

① （南朝梁）刘勰著，周振甫注《文心雕龙注释》，人民文学出版社，1981，第308~309页。

他所谓"情性"包括文人的才气、性格、气质、心境等。而钟嵘《诗品》对"情性"的解说也颇有特点：

> 至乎吟咏情性，亦何贵于用事？"思君如流水"，既是即目。"高台多悲风"，亦惟所见。"清晨登陇首"，羌无故实。"明月照积雪"，讵出经史。观古今胜语，多非补假，皆由直寻。①

所言"情性"即指人的情感或情绪，与刘勰的"情性"说含义一致。

孔颖达的《毛诗正义》是唐代讨论"情性"问题的重要文献：

> 夫诗者，论功颂德之歌，止僻防邪之训，虽无为而自发，乃有益于生灵。六情静于中，百物荡于外，情缘物动，物感情迁。若政遇醇和，则欢娱被于朝野；时当惨黩，亦怨刺形于咏歌。作之者所以畅怀舒愤，闻之者足以塞违从正。发诸情性，谐于律吕。故曰"感天地，动鬼神，莫近于诗"。此乃诗之为用，其利大矣！②

在经历六朝感物、缘情理论盛行之后，其观念重新回到汉代的儒家诗教立场。但他特别强调诗的抒情功能，对变风"吟咏情性"的文学价值予以更多的肯定，对有唐一代的诗学产生重大影响，唐人普遍接受其诗歌上可通教化、下可理情性的双重功能。如唐玄宗李隆基在《答李林甫等请颁示太子仁孝诏》中云：

> 诗者，志之所之也。将以道达性情，宣扬教义。③

---

① （清）何文焕辑《历代诗话》，中华书局，1981，第4页。
② （唐）孔颖达：《毛诗正义·序》，李学勤《十三经注疏·毛诗正义》，北京大学出版社，1999。
③ 董诰等编《全唐文》第1册，上海古籍出版社，1990，第154页。

中唐诗人白居易《读张籍古乐府》（节选）称赞张氏乐府：

> 上可裨教化，舒之济万民。
> 下可理情性，卷之善一身。①

元结《刘侍御月夜宴会序》在与友人吟诗言怀后感叹道：

> 于戏！文章道丧盖久矣。时之作者，烦杂过多，歌儿舞女，且相喜爱。系之风雅，谁道是邪？诸公尝欲变时俗之淫靡，为后生之规范。今夕岂不能道达情性，成一时之美乎？②

唐人将"吟咏情性"作为自己诗歌创作的基本依据，形成了唐诗以情取胜的整体风貌。从皎然的诗歌批评上看也是如此：

> 曩者尝与诸公论康乐为文，真于情性，尚于作用，不顾词彩，而风流自然。③

司空图《二十四诗品》亦云：

> 一客荷樵，一客听琴。情性所至，妙不自寻。遇之自天，泠然希音。④

以上议论都是强调诗歌要以抒发个人情感为主体。唐代关于"情性"的阐释与六朝具有内在的一致性，但也有所不同。二者存在的主要

---

① （唐）白居易作，顾学颉校点《居易集》卷1，中华书局，1979，第2页。
② （唐）元结作，孙望校点《元次山集》，中华书局，1960，第37页。
③ （唐）皎然：《诗式》，《历代诗话》，中华书局，1981，第30页。
④ （清）何文焕辑《历代诗话》，中华书局，1981，第42~43页。

区别在于，"六朝诗学更强调'情性'的本体地位，目的是区分文学作品与非文学作品的本质差异；唐代诗学则侧重于探讨诗歌本体与其表现技巧和表现形式之间的关系，这大约是因为在六朝时士族文人要消解汉代工具主义诗学思想的束缚，所以不得不突出'情性'的本体地位，而在唐代文人看来，诗歌本体问题早已不成其问题了"。①

（二）宋代文人的"情性"观

如果说宋代以前的情性观主要源于儒家的性本善观念，还停留在道德的经验层面；那么宋代则是从本原（或本体）的意义上追溯情与性的关系，属于形而上的哲学层面。唐人作诗倡导自然情性，宋人则主张涵养情性。宋代关于"情性"的论述大致可以分为文人情性观和学者情性观两类，前者多从文学创作的角度强调其抒情特质，偏重于"情"的一面；后者则多从哲学的层面探讨性对情的制约作用，即强调"性其情"。苏轼是主情论者：

> 情者，性之动也。溯而上，至于命，沿而下，至于情，无非性者。性之与情，非有善恶之别也，方其散而有为，则谓之情耳。②

他从哲学的高度对情性进行辨析，"性"为本，"情"乃性之用，二者没有善恶之分，只有体用之别。"苏门四学士"之一的黄庭坚作诗也主"情性"，提倡"不累于物"，反对"强谏""怨忿"之情肆意表达。其《书王知载朐山杂咏后》有云：

> 诗者，人之性情也。非强谏争于朝廷，怨忿诟于道，怒邻骂坐

---

① 李春青：《"吟咏情性"与"以意为主"——论中国古代诗学本体论的两种基本倾向》，《文学评论》1999 年第 2 期，第 36 页。
② （宋）苏轼：《东坡易传》卷一，上海古籍出版社，1989。

之为也。其人忠信笃敬，抱道而居，与时乖违，遇物而喜，同床而不察，并世而不闻。情之所不能堪，因发于呻吟调笑之声，胸次释然，而闻者亦有所劝勉。比律吕而可歌，列干羽而可舞，是诗之美也。其发为讪谤侵陵，引颈以承戈，披襟而受失，以快一朝之忿者，人皆以为诗之祸。是失诗之旨，非诗之过也。①

认为诗歌是人情性的流露，但此情性不同于"缘情绮靡"对情的不加约束，而是诗人通过心性涵养而形成的圣贤人格，体现了以性约情的理性精神和涵养道德的艺术追求。南宋姜夔关于"情性"的阐释与黄庭坚一脉相承，其《白石道人诗说》言：

> 意出于格，先得格也；格出于意，先得意也。吟咏情性，如印印泥，止乎礼义，贵涵养也。②

他所谓"情性"，实际上也是通过涵养心性而获得的一种"中道"境界。

二　理学"性情"论的独特性

理学家是在以理为本的基础上承认文学的存在价值的，所谓"理者，实也，本也。文者，华也，末也"③。他们强调"理"，但并不否定"情"，甚至还非常重视"情"。但与文人多任情而为不同，他们对情是有规范和指向性的，即要求情能得其正。理学宗主周敦颐是最早将性情提升至哲学高度加以论述的理学家："以其性而言之则皆体也，以其情

---

① 曾枣庄、刘琳主编《全宋文》第 106 册，上海辞书出版社、安徽教育出版社，2006，第 188 页。
② （清）何文焕辑《历代诗话》，中华书局，1981，第 682 页。
③ （宋）程颢、程颐：《二程集》，中华书局，2004，第 1177 页。

而言之则皆用也。"① 关于性与情的关系，关学代表张载则认为："有性
则有情，发于性则见于情。"② 性是情的本体，情是性的表现，二者不
可分离。程颐在《颜子所好何学论》中也对"情性"做出论述："觉者
约其情使合于中，正其心，养其性，故曰性其情。愚者则不知制之，纵
其情而至于邪僻，梏其性而亡之，故曰情其性。"③ 提倡无过无不及符
合中道的"性其情"，反对"纵其情而至于邪僻"的"情其性"。将这
些理论用于指导文学创作，就要求诗歌表达"情性之正"。从二程弟子
杨时的"言者，情之所发也。今观是诗之言，则必先观是诗之情如何。
不知其情，则虽精穷文义，谓之不知诗可也"④。可以看到，理学诗人
对诗歌的抒情特质给予充分肯定；但同时更强调诗"情"的表现要符
合中庸原则："诗之为言，发乎情也，其持心也厚，其望人也轻，其辞
婉，其气平，所谓入人也深。其要归，必止乎礼义……和乐而不淫，怨
诽而不乱。所谓发言为诗，故可以化天下而师后世。"⑤ 从情感表现上
做到"和乐而不淫，怨诽而不乱"，从语言风格上追求"辞婉""气
平"，其中所包含的是作者的人格修养。

"北宋五子"之一的邵雍是一位喜欢作诗，且自成一家之风格的理
学诗人。他对"情性"的认识主要包括两个方面：一是"情伤性命"；
二是"以物观物"。关于第一点，他说：

> 近世诗人，穷戚则职于怨憝，荣达则专于淫泆。身之休戚发于

---

① （宋）周敦颐：《周濂溪先生全集》，清同治五年福州正谊书院刊八年至九年续刊本，
第 21 页。
② （宋）张载：《张横渠先生文集》，清同治五年福州正谊书院刊八年至九年续刊本，第
127 页。
③ （宋）程颢、程颐：《二程集》，中华书局，2004，第 77 页。
④ （宋）杨时：《龟山集语录》卷一，文渊阁《四库全书》本，第 875 册，台湾商务印
书馆，1986，第 2 页。
⑤ （宋）游酢：《论语杂解》，文渊阁《四库全书》本，第 1121 册，台湾商务印书馆，
1986，第 24 页。

喜怒，时之否泰出于爱恶，殊不以天下大义而为言者，故其诗大率溺于情好也。噫！情之溺人也，甚于水……就如人能蹈水，非水能蹈人也。然而有称善蹈者，未始不为水之所害也。若外利而蹈水，则水之情亦由人之情也；若内利而蹈水，则败坏之患立至于前，又何必分乎人焉水焉？其伤性害命一也。①

他认为"乐而不淫，哀而不伤"是文人作诗的根本准则，那些只关心"一身之休戚"、沉溺于个人一己之私情而不能自拔的诗歌，不仅不能垂训后世，而且还会"伤性害命"。

关于第二点，他认为诗人要摆脱利害和情感的束缚，从"发乎情"转向"发乎性"，就要采用以物观物的态度对待人之情性：

性者，道之形体也，性伤则道亦从之矣；心者，性之郭廓也，心伤则性亦从之矣……不若以道观道，以性观性，以心观心，以身观身，以物观物，则虽欲相伤，其可得乎？若然，则以家观家，以国观国，以天下观天下，亦从而可知之矣。

虽死生荣辱，转战于前，曾未入于胸中，则何异四时风花雪月一过乎眼也？诚为能以物观物，而两不相伤者焉，盖其间情累都忘去尔。所未忘者，独有诗在焉。然而虽曰未忘，其实亦若忘之矣。何者？谓其所作异乎人之所作也。所作不限声律，不沿爱恶，不立固必，不希名誉，如鉴之应形，如钟之应声。其或经道之余，因闲观时，因静照物，因时起志，因物寓言，因志发咏，因言成诗，因咏成声，因诗成音，是故哀而未尝伤，乐而未尝淫。虽曰吟咏情性，曾何累于性情哉！②

---

① （宋）邵雍：《伊川击壤集·序》，中华书局，2013。
② （宋）邵雍：《伊川击壤集·序》，中华书局，2013。

强调抛弃杂念、不受音律限制、以闲适随性的审美状态来吟咏情性，"如鉴之应形，如钟之应声"，自然而然。如此便能体验天理流行、达到与天地万物融为一体的圣人之境。

朱熹是理学的集大成者，关于他的"性情"理论大致可从两个方面予以讨论。首先从哲学的层面，他注重厘清"理"与"气"、"性"与"情"之间的关系。其《答黄道夫》云：

> 天地之间，有理有气。理也者，形而上之道也，生物之本也；气也者，形而下之器也，生物之具也。①

> 性即理也，天以阴阳五行化生万物，气以成形，而理亦赋焉，犹命令也。于是人物之生，因各得其所赋之理，以为健顺五常之德，所谓性也。②

而"性"又可以细分为"天命之性"和"气质之性"，"天命之性"因源于太极而纯粹至善；"气质之性"因理气混杂，存在偏倚驳杂之弊，故有善有恶。人能够通过持敬立本、格物致知和反躬践行的修养功夫变化气质，消解气质之性中"恶"的部分，复归天命之性的本然状态——至善境界。

"心"是人一身之主宰，它贯通未发之性和已发之情，是一个包含理与气总体的范畴，它虽然有心、性、情三个概念，但三者本身是浑然一体、不可割裂的。

> 问："心统性情。"曰："性者，理也。性是体，情是用。性情

① 曾枣庄、刘琳主编《全宋文》第248册，上海辞书出版社、安徽教育出版社，2006，第275页。
② （宋）朱熹：《中庸章句集注》，《四书章句集注》，上海古籍出版社，2001，第20页。

皆出于心，故心能统之。统，如统兵之统，言有以主之也。且如仁义礼智是性也，孟子曰：仁义礼智根于心。恻隐、羞恶、辞逊、是非，本是情也，孟子曰恻隐之心，羞恶之心，辞逊之心，是非之心。以此言之，则见得心可以统性情。一心之中自有动静，静者性也，动者情也。"①

心具有虚灵明觉的特性，它兼具性情，既包含万理，又融摄万物。通过此"心"，上可以抵达天理本体，下可以感受万物表里。这种豁然贯通的境界，既是一种道德境界，又是一种审美境界。

其次从文学的层面，朱熹将心统性情、性体情用的"情性"观用之于诗歌研究，提出自己独特的抒情理论，即"情性之正"。他在《诗集传序》中说：

> 或有问于余曰："《诗》何为而作也？"余应之曰："人生而静，天之性也；感于物而动，性之欲也。夫既有欲矣，则不能无思；既有思矣，则不能无言；既有言矣，则言之所不能尽，而发于咨嗟咏叹之余者，必有自然之音响节族而不能已焉。此《诗》之所以作也。"
>
> 曰："然则其所以教者何也？"曰："《诗》者，人心之感物，而形于言之余也。心之所感有邪正，故言之所形有是非。惟圣人在上，则其所感者无不正，而其言皆足以为教。其或感之之杂，而所发不能无可择者，则上之人必思所以自反，而因有以劝惩之，是亦所以为教也。"②

他一方面认同"感物道情"的传统理论，承认诗歌的抒情价值；

① （宋）黎靖德编《朱子语类》，中华书局，1986，第3304页。
② （宋）朱熹集撰，赵长征点校《诗集传》，中华书局，2017，第1页。

另一方面强调心之所感要"正"，吟咏诗歌更要体验其心与物妙合冥契、万物之理皆备于心的境界，也即"得其情性之正"。

三　宋季诗学的"情性之正"与"情性之真"

朱熹从"体用一源"的思想观念出发，提出诗歌要以吟咏情性为主，提倡自然平淡的审美风格，对宋季诗坛产生了巨大影响。南宋后期，随着程朱为代表的理学登上正统独尊地位，朱熹等的"情性"理论也成为这一时期文人所恪守的诗学规范和原则。以道学家为主体的宋季诗人关于"情性"的讨论，大致可以概括为"情性之正"与"情性之真"。正宗程朱理学派诗人多接受传统儒学"乐而不淫，哀而不伤"的诗学原则，强调"情性之正"；受心学影响的诗人则一般较为注意"情性之真"的价值。从"情性之正"到"情性之真"，在一定程度上反映了宋季文学从"重道轻文"到"文道融合"的嬗变。

（一）朱子后学的"情性"观

徐复观在总结中国古典文学的精神时说："在中国传统的文学思想中，常常于强调性情之后，又接着强调'得性情之正'。所谓'得性情之正'，即是没有让自己的私欲熏黑了自己的心，因而保持住性情的正常状态……作为一个伟大诗人的基本条件，首先在不失其赤子之心，不失去自己的人性，这便是'得性情之正'。能'得性情之正'，则性情的本身自然会与天下人的性情相感相通，因而自然会'览一国之意以为己心'，而诗人的心便是'一国之心'。由'一国之心'所发出来的好恶，自然是深藏在天下人心深处的好恶，这即是由性情之正而得好恶之正。"① 这既是古代文学的基本特征，更是两宋理学诗学的根本原则。

真德秀是朱熹学说的正宗传人，也是将理学推向官学正统最重要的人物之一，其对文学的态度受朱子影响甚深。其《文章正宗纲目》云：

① 徐复观：《中国文学精神》，上海书店出版社，2004，第2~3页。

正宗云者，以后世文辞之多变，欲学者识其源流之正也……夫士之于学，所以穷理而致用也，文虽学之一事，要亦不外乎此。故今所辑以明义理切世用为主。其体本乎古、其指近乎经者，然后取焉，否则辞虽工亦不录。①

在"明义理、切世用"思想指导下，他提出自己的诗歌"情性"观：

或曰：此编以明义理为主，后世之诗，其有之乎？曰：三百五篇之诗，其正言义理者盖无几，而讽咏之间悠然得其性情之正，即所谓义理也。后世之作，虽未可同日而语，然其间兴寄高远，读之使人忘宠辱，去鄙吝，翛然有自得之趣，而于君亲臣子大义，亦时有发焉。其为性情心术之助，反有过于他文者。盖不必专言性命而后为关于义理也。②

将"义理"的内涵从儒家学说和道德伦理扩大到符合中庸无过无不及的"情感"内容，从而实现了理学范围的"义理"与文学范围的"情性"相结合。他在《问兴立成》中进一步论述道：

古之诗出于性情之真。先王盛时，风教兴行，人人得其性情之正，故其间虽喜怒哀乐之发微或有过差，然皆归于正理。故《大序》曰："变风发乎情，本乎礼义。发乎情，民之性也；本乎礼义，先王之泽也。"情谓喜怒哀乐，此乃民之性不能无者，然其归皆合于正理，故曰本乎礼义。先王之泽，言文、武、成、康之化入人也深，故虽叔季之世，人犹不失性情之正。三百篇诗，惟其皆合正理，故

---

① 曾枣庄、刘琳主编《全宋文》第 313 册，上海辞书出版社、安徽教育出版社，2006，第 176~177 页。
② 曾枣庄、刘琳主编《全宋文》第 313 册，上海辞书出版社、安徽教育出版社，2006，第 176~177 页。

闻者莫不兴起其良心，趋于善而去于恶，故曰"兴于诗"。①

只要抒发的喜怒哀乐之情感是真实的，哪怕"或有过差"，只要最终"归于正理"，就是符合其"文章正宗"标准的好诗。按照这一标准，他认为《诗经》之后，能得其"情性之正"的诗人，前有陶潜，后有杜甫，因此他将这两位诗人的大量作品选入《文章正宗》，并且都给予非常高的评价：

> 予闻近世之评诗者曰：渊明之辞甚高，而其指则出于庄、老。康节之辞若卑，而其指则原于六经。以余观之，渊明之学，正自经术中来，故形之于诗，有不可掩……食薇饮水之言，衔木填海之喻，至深痛切，顾读者弗之察尔。渊明之志若是，又岂毁彝伦、外名教者可同日语乎？②

而杜甫是他眼中能得"情性之正"的又一位伟大诗人，也是唐人作品入选《文章正宗》数量最多（92首）的诗人，其篇幅之大，点评之多，其他唐代诗人难望其项背。杜甫忠君爱国，关心民生疾苦，其"三吏""三别"等并非显言义理的诗歌被真氏视为能够体现教化功能、得"性情之正"的典范作品。

真德秀与魏了翁并称"真魏"。在诗歌创作上他主张言志抒情"本诸性情之正"。其《古郫徐君诗史字韵序》有云：

> 诗以吟咏情性为主，不以声韵为工。以声韵为工，此晋、宋以

---

① 曾枣庄、刘琳主编《全宋文》第313册，上海辞书出版社、安徽教育出版社，2006，第380~381页。

② 曾枣庄、刘琳主编《全宋文》第313册，上海辞书出版社、安徽教育出版社，2006，第235页。

来之陋也……转失诗人之旨……然余犹愿徐君之玩心于六经，如其
所以得益于诗史，则沉潜夫义理，奋发乎文章，盖不但如目今所见
而已也。①

"情性"乃之本，言辞为诗之末，舍本逐末自然会"失诗人之旨"。
将"沉潜夫义理"与"奋发乎文章"相结合，是处理"性情"与诗意
关系的正确途径。其《钱氏诗集传序》云：

> 古之言《诗》以见志者，载于《鲁论》《左传》及子思、孟子
> 诸书，与今之为《诗》事实、文意、音韵、章句之不合者，盖什
> 六七，而贯融精粗，耦事合变，不翅自其口出。大抵作者本诸性情
> 之正，而说者亦以发起性情之实，不拘拘于文辞也。②

他主张无论作诗，还是论诗，都应该"本诸性情之正"，不要把精
力放在雕章琢句的末事上。

黄震亦强调诗歌创作应该有感而发，本之于创作者内心的"情
性"。其《张史院诗跋》以陶、杜等的作品为例，论述了诗歌与情、性
之间的关系：

> 诗本情，情本性，性本天。后之为诗者始凿之以人焉。然陶渊
> 明无志于世，其寄于诗也悠然而澹；杜子美负志不偶于世，其发于
> 诗也慨然以感。虽未知其所学视古人果何如，而诗皆出于情性之

---

① 曾枣庄、刘琳主编《全宋文》第 310 册，上海辞书出版社、安徽教育出版社，2006，
第 20 页。
② 曾枣庄、刘琳主编《全宋文》第 310 册，上海辞书出版社、安徽教育出版社，2006，
第 57 页。

正，未可例谓删后无诗也。①

诗歌因"感物而起兴"，是情感的自然流露，诗人通过心灵感应而体悟自然天道，从而与天地万物上下同流。他在《书刘拙逸诗后》中再次阐述了这一观点：

> 一太极之妙，流行发见于万物，而人得其至精以为心；其机一触，森然胥会，发于声音，自然而然，其名曰诗。后世之为诗者，虽不必皆然，亦未有不涵泳古今、沉潜义理，以养其所自出……盖不求为诗，而不能不为诗，此其所以为诗也。②

无论古今，所有优秀诗歌都是"自然而然"，故能得"情性之正"。宋末元初的金履祥通过编选《濂洛风雅》，阐扬朱熹"万殊而理一"的思想，并形成理学"风雅"诗学观：

> 所言者道德，所行者仁义，安有风雅之名哉。不知人之生也，有性必有情。有体必有用，即圣门教人。依仁则游艺，余力则学文。未尝离情以言性，舍用以言体也，但发而中节与否，则在人而不在天。③

此论有两点值得重视，一是"有性必有情"，故抒情要得"情性之正"；二是不能"离情以言性"，性体情用，情是性的具体呈现，诗更是通过情的表现来体道，具有不可替代的价值。

---

① 曾枣庄、刘琳主编《全宋文》第 348 册，上海辞书出版社、安徽教育出版社，2006，第 206 页。
② 曾枣庄、刘琳主编《全宋文》第 348 册，上海辞书出版社、安徽教育出版社，2006，第 197 页。
③ （宋）金履祥：《濂洛风雅》唐良瑞序，《丛书集成初编》，1985。

总之，宋季理学家的诗学思想几乎都是以阐述义理为主，又在一定程度上关注艺术性，既注重诗歌"发挥义理，有补世教"的功用，同时又强调其抒情性，尤其是要求诗歌创作与批评都要发而中节，得"情性之正"，所谓"以情存性，以性约情"。

（二）心学影响下的"真情性"

诗歌抒情要做到"情性之正"，就必须加强个体的道德修养；而"情性之真"就是强调其情感的单纯可信，是很少掺入道德因素的当下情感呈现。"一个伟大的诗人，因其'得性情之正'，所以常是'取众之意以为己辞'，因而诗人有个性的作品，同时即是富于社会性的作品。这实际是由道德心的培养，以打通个性与社会性中间的障壁的……照中国传统的看法，感情之愈近于纯粹而很少杂有特殊个人利害打算关系在内的，这便愈近于感情的'原型'，便愈能表达共同人性的某一方面，因而其本身也有其社会的共同性。所以'性情之真'，必然会近于'性情之正'。但性情之正系从修养得来，而性情之真，即使在全无修养的人，经过感情自身不知不觉的滤过纯化作用，也有时可以当下呈现。欢娱的感情向上浮荡，悲苦的感情向下沉潜。"① 从逻辑上说，"情性之正"包含"情性之真"，二者有共通性；而"情性之真"则未必等同于"情性之正"，它虽然真实，但极可能因为情感表现过分而违背儒家温柔敦厚的诗教原则。当然，宋季以心学为主体的道学家所提倡的"情性之真"并不是作为"情性之正"的对立观念而出现，而是有节制地回归"缘情"的诗歌传统。

严羽是宋季"性情之真"诗学观的代表，其《沧浪诗话》以"心"为本，以所抒之情的真伪作为判断作品优劣的尺度，对历代诗歌进行评点。他说：

---

① 徐复观：《中国文学精神》，上海书店出版社，2004，第3~4页。

诗者，吟咏情性也（盛唐诸人）惟在兴趣；羚羊挂角，无迹可求。故其妙处，透彻玲珑，不可凑泊。如空中之音，相中之色，水中之月，镜中之象，言有尽而意无穷。[1]

他论诗推重汉魏、盛唐，认为唐诗的优点就在于其以吟咏性情为主，且能够做到"言有尽而意无穷"。而以江西诗派为代表的宋诗却转而"以文字为诗，以才学为诗，以议论为诗"，把陶写情性弃之不顾。他评价前人作品也以抒情真实与否为判断标准，体现出与理学家不同的审美眼光。如对屈原的《离骚》，朱熹重视其能"增夫三纲五常之重"的教化意义；而严羽则云："读《骚》之久，方识真味，须歌之抑扬，涕洟满襟，然后为识《离骚》。否则如戛釜撞瓮耳。"[2] 认为《离骚》的真正价值在于，作者通过千古悲情的"真心"表达，使读者在"涕洟满襟"的情感冲击下去体验诗人忠而被谤、忧而遭贬的愤激之情。这种解读显然不符合理学家的"情性之正"要求，却更准确揭示了文学的抒情本质。

包恢论诗受心学影响很大，他特别强调诗歌的抒情特征，提倡有感而发，因情而作，反对无病呻吟的"作"诗。《答曾子华论诗》云：

盖古人于诗不苟作，不多作，而或一诗之出，必极天下之至精。状理则理趣浑然，状事则事情昭然，状物则物态宛然，有穷智极力之所不能到者，扰造化自然之声也。盖天机自动，天籁自鸣，鼓以雷霆，豫顺以动，发自中节，声自成文，此诗之至也，孰发挥是？帝出乎《震》。非虞之歌，周之正风、雅、颂，作乐殷荐上帝之盛，其孰能与于此哉！其次则所谓未尝为诗而不能不为诗，亦顾其所遇如何耳。或遇感触，或遇扣击，而后诗出焉。如诗之变风、

---

① （清）何文焕辑《历代诗话》，中华书局，1981，第688页。
② （清）何文焕辑《历代诗话》，中华书局，1981，第698页。

变雅与后世诗之高者是矣。此盖如草木本无声，因有所触而后鸣；金石本无声，因有所击而后鸣，非自鸣也。①

他认为，优秀作品源自两种情况，一是"天机自动，天籁自鸣"，它得之于天，是从"道中流出"，非人力所能至，可谓之"神来之笔"；二是诗人"或遇感触，或遇扣击，而后诗出焉"，只有发自"真心"的抒情才有生命力，唯有直击心灵的诗歌才让人产生共鸣。"情真意切"是抒情诗的本质。因此，他在《石屏诗集序》中提出"真诗"理论：

> 石屏以诗鸣东南半天下……古诗主乎理，而石屏自理中得；古诗尚乎志，而石屏自志中来；古诗贵乎真，而石屏自真中发……石屏自谓少孤失学，胸中无千百字书。予谓其无书也，殆不滞于书与不多用故事耳，有靖节之意焉。果无古书，则有真诗，故其为诗，自胸中流出，多与真会。②

在此，他针对宋代诗坛以议论、文字、古书等为诗和以经传、语录等为诗，提出了"不滞于书与不多用故事""有靖节之意""自胸中流出"的"真诗"标准。何谓诗之"真"或"真实"？包恢如此解释道：

> 然真实岂易知者？要必知仁智合内外，乃不徒得其粗迹形似，当并与精神意趣而得。境触于目，情动于中，或叹或歌，或兴或赋，一取而寓之于诗，则诗亦如之，是曰真实。③

---

① 曾枣庄、刘琳主编《全宋文》第 319 册，上海辞书出版社、安徽教育出版社，2006，第 287 页。
② 曾枣庄、刘琳主编《全宋文》第 319 册，上海辞书出版社、安徽教育出版社，2006，第 303~304 页。
③ 曾枣庄、刘琳主编《全宋文》第 319 册，上海辞书出版社、安徽教育出版社，2006，第 315 页。

在包恢看来，所谓"真实"，其前提是"境触于目，情动于中"，也即感物而起兴，然后与人的"精神意趣"相结合，通过"寓之于诗"的方式表现出来。这种"精神意趣"所指向的虽然是仁智等儒家道德义理，但以"浑然天成"的"自然"面目呈现出来。包恢论诗特别强调浑然天成、自然而然：

> 大概以为诗家者流，以汪洋澹泊为高，其体有似造化之未发者，有似造化之已发者，而皆归于自然，不知所以然而然也。所谓造化之未发者，则冲漠有际，冥会无迹；空中之音，相中之色，欲有执著，曾不可得，而自有尸居而龙见、渊默而雷声者焉。所谓造化之已发者，真景见前，生意呈露，混然天成。①

不管是"造化之未发"，还是"造化之已发"，其最终都要归于"混然天成"的自然，这是诗应该呈现的"真"的境界。包恢用"真""无意"来处理文与道之间的关系，较好地实现了理学与文学的沟通，对宋季诗歌发展具有重要的指导意义。

刘辰翁也提倡诗歌抒情要做到"情性之真"。其《欧氏甥植诗序》曰：

> 诗无改法，生于其心，出于其口，如童谣，如天籁，歌哭一耳，虽极疏憨朴野，至理碍辞褻，而识者常有以得其情焉。②

他在《古愚铭》中亦言：

---

① 曾枣庄、刘琳主编《全宋文》第319册，上海辞书出版社、安徽教育出版社，2006，第286页。
② （宋）刘辰翁：《须溪集》卷六，文渊阁《四库全书》本，第1186册，台湾商务印书馆，1986，第6页。

《离黍》何求,《怀沙》惑志。自伤为传,以至憔悴……欲知生直,尤贵情真。①

强调诗歌抒情要率性而为,真情洋溢,光明坦荡。他对韩愈"不平则鸣"的文学思想深表赞同,其《不平鸣诗序》中有云:

亘古今之不平者无如天。人者有所不平则求直于人,则求直于有位者,则求直于造物,能言故业也……人之不平所不至于如天者,其小决者道也。小决之道,其惟诗乎?故凡歌、行、曲、引大篇小章,皆所以自鸣其不平也。②

他主张将心中的怨愤情绪通过诗歌发泄出来,强调诗歌具有泄导人情的功能。其诗学思想和程朱理学家主张"情性之正"的观念有较大差别,这一诗学观念的转变使偏离了历史轨迹的宋季诗坛,在一定程度上回归了诗的本质。

作为与江湖诗人关系密切而又学有渊源、受理学濡染甚深的宋季文坛宗师,刘克庄对"情性"问题的关注更具代表性,其《跋何谦诗》有言:

以情性礼义为本,以鸟兽草木为料,风人之诗也;以书为本,以事为料,文人之诗也。世有幽人羁士饥饿而鸣,语出妙一世;亦有硕师鸿儒,宗主斯文,而于诗无分者,信此事之不可勉强欤。③

---

① (宋)刘辰翁:《须溪集》卷七,文渊阁《四库全书》本,第1186册,台湾商务印书馆,1986,第22页。
② (宋)刘辰翁:《须溪集》卷六,文渊阁《四库全书》本,第1186册,台湾商务印书馆,1986,第5页。
③ 曾枣庄、刘琳主编《全宋文》第319册,上海辞书出版社、安徽教育出版社,2006,第365页。

将"以情性礼义为本"的所谓风人之诗视为诗歌的最高境界。宋季著名批评家严羽更是抒写"情性"的倡导者，他的《沧浪诗话》从"吟咏情性"出发，明确提出"诗者，吟咏情性也"①，强调情、理、词三者的浑融。这说明"情性"问题始终是古代诗学界所关注的话题，在理学占据诗坛主流的宋季也没有例外。

综上所述，先秦诸子将"情性"作为人的先天个性从哲学层面展开讨论，延续到魏晋六朝转化为一个重要的诗学问题，刘勰扩大了情性的范围，认为它的形成既有"肇自血气"的先天禀赋，也有"陶染所凝"的后天影响。宋代理学则从本体的意义上探讨情、性关系，关注诗歌"情"的表达方式。宋季对"情性"的关注热情有增无减，几乎所有理学家或受理学影响的诗人都强调得"情性之正"，要求抒情要有节制，要"性其情"，不能"情其性"。这是理学体用思想在文学上的体现，也是理学诗学的题中应有之义。难能可贵的是，一些受心学影响的学者提出"真"诗主张，它使得理学"情性"观从过分关注道德教化、人格修养的狭隘领域，部分转向对诗歌审美境界的追求。虽然这种转向的力度还不是很大，是戴着义理的"镣铐"跳舞，但在宋季要么像江湖诗"捃书以为诗"、要么如理学诗"率是语录讲义之押韵者"的现实困境中，提倡抒写"真性情"，无疑为宋季沉沦僵化的诗坛吹进了一股清新之风。

第四节　关于晚宋诗"率是语录讲义之押韵者"的历史考察

作为中国古代诗歌发展史上最重要的两个阶段，唐诗与宋诗优劣的比较一直是学界关注的热门话题。关于二者的基本特征，古今中外的批

---

① （清）何文焕辑《历代诗话》，中华书局，1981，第 688 页。

评者有比较一致的看法。钱锺书《谈艺录》中说："唐诗、宋诗，亦非仅朝代之别，乃体格性分之殊。天下有两种人，斯分两种诗。唐诗多以丰神情韵擅长，宋诗多以筋骨思理见胜。"① 日本学者吉川幸次郎是海外研究宋诗比较有影响的汉学家，其《宋诗概说》在论及宋诗特征时总结道："宋代诗人喜欢用诗的形式谈论哲学道理……而且为了在诗中叙述哲理，往往论长论短，不避理论的用语；有的甚至连篇累牍，到了破坏诗之和谐的地步。过去批评家所谓'以议论为诗'或'以理为诗'，指的就是这种倾向。"② 以上所论及的宋诗的相关特点和存在的问题，都注意到宋诗一个最重要的特征，那便是"理"，包括天理、性理、哲理、道理，其内涵极为丰富。这当然不是当代人的新发现，实际上早在宋季诗评家那里就已经意识到，并进行了各具特色的个性化批评。如关于宋诗哲理化的问题，南宋严羽在其《沧浪诗话》中有极其经典的总结："以文字为诗，以才学为诗，以议论为诗。"③ 所谓"以议论为诗"，便主要体现在宋诗的哲理性方面。这并不是说宋诗清一色地体现出议论化的特征，比如很多宋诗也讲究情韵，但至少哲理性的确构成了宋代诗歌普遍的底色。

之所以如此，与宋代学术的繁荣发达有直接关系。宋人具有强烈的自主意识和怀疑精神，在学术论争方面极其活跃，特别是以程、朱为代表的理学，十分强调对天道、性命、义理、正心诚意等哲学概念的阐释。为了便于传播自己的学术思想，学者们往往利用诗、词等韵文容易记忆的特点，用注重形象性的诗歌，来阐释抽象玄虚的哲学命题，这对宋代特别是南宋后期的诗坛产生了巨大影响。在一个爱好哲学的时代，学者和学者型诗人不仅利用诗歌形式阐述哲学思想，即便较为纯粹的诗人，亦受风气裹挟而喜欢于诗中谈经论道。前者如王安石、苏轼、朱熹

---

① 钱锺书:《谈艺录》，中华书局，1984，第 2 页。
② 〔日〕吉川幸次郎著，郑清茂译《宋诗概说》，台湾联经出版事业公司，2012，第 23 页。
③ （清）何文焕辑《历代诗话》，中华书局，1981，第 688 页。

等，后者如黄庭坚、陆游、杨万里等。而宋季诗歌更是将哲理化发展到极致，甚至到了破坏诗之和谐的地步，即宋末刘克庄所说的"近世贵理学而贱诗，间有篇咏，率是语录讲义之押韵者耳"。钱锺书先生亦曾批评道："南宋诗人篇什往往'以诗为道学'，道学家则好以'语录讲义押韵'成诗；尧夫《击壤》，蔚成风会。"① 并进一步明确指出，当世名家如陆放翁、辛稼轩、刘后村等人，江湖小家如宋自适、吴锡畴、吴龙翰等人，"莫不有数篇'以诗为道学'，虽闺秀如朱淑真未能免焉"，"至道学家遣兴吟诗，其为'语录讲义之押韵者'，更不待言"。② 下文试图通过对这一现象的历史考察，呈现宋季诗歌的真实状况，并进一步探索产生这种情况的内在原因。

一　语录、讲义与"语录讲义体"诗

（一）"语录讲义体"诗的提出

考察"语录讲义之押韵者"的提法，最早应该是出自南宋末年刘克庄口中，他在为《恕斋诗存稿》题跋时曾言：

> 嘲弄风月，污人行止，此论之行已久。近世贵理学而贱诗，间有篇咏，率是语录讲义之押韵者耳。然康节明道于风月花柳，未尝不赏好，不害其为大儒。恕斋吴公深于理学者，其诗皆关系伦纪教化，而高风远韵，尤于佳风月好山水大放厥辞，清拔骏壮。先儒读《西铭》云：某合下有此意思，然须子厚许大笔力。公学力足以畜之，笔力足以泄之，分康节之庭而升明道之堂，非今诗人之诗也。③

---

① 钱锺书：《谈艺录》，中华书局，1984，第545页。
② 钱锺书：《谈艺录》，中华书局，1984，第405页。
③ 曾枣庄、刘琳主编《全宋文》第330册，上海辞书出版社、安徽教育出版社，2006，第78页。

这是他针对宋季诗歌在内容上多涉性理、在语言上多用口语的情况所提出的批评。在其他文本中，刘克庄还有一些类似的提法：

> 本朝文治虽盛，诸老先生率崇性理，卑艺文，朱主程而抑苏，吕氏文鉴去取多朱氏意，水心叶氏又谓洛学兴而文字坏。①

> 本朝则文人多，诗人少，三百年间，虽人各有集，集各有诗，诗各自为体，或尚理致，或负材力，或逞辨博，少者千篇，多至万首，要皆经义策论之有韵者尔，非诗也。自二三巨儒及十数大作家，俱未免此病。②

以上几段论述中皆出现"率""率是""要皆"等词语，这是古代文人强调其论述的惯用手法，如南宋中后期一代大儒叶适在谈论南宋宏词兴起之后的现状时，也有相似的说法："前后居卿相显人，祖父子孙相望于要地者，率词科之人也。"③ 其意义相当于"大多数是"。

从这些颇有夸张色彩的语词中可以看出，刘克庄对宋季诗坛，无论是从内容上，还是从艺术表现上都是非常不满意的，故提出尖锐批评。但问题是，刘克庄的这种批评对象究竟是谁，其说法是否代表了当时的普遍看法，这种批评是否具有客观性？针对这些问题，我们有必要一一进行深入剖析。

（二）"语录讲义体"诗是对南宋理学诗批评的专用术语

南宋中后期，理学影响力不断扩大、学术地位迅速提高，进而成为

---

① （宋）刘克庄：《迂斋标注古文序》，载曾枣庄、刘琳主编《全宋文》第329册，上海辞书出版社、安徽教育出版社，2006，第125页。

② （宋）刘克庄：《竹溪诗序》，载曾枣庄、刘琳主编《全宋文》第330册，上海辞书出版社、安徽教育出版社，2006，第78页。

③ （宋）叶适：《水心别集》卷一三，刘公纯、王孝鱼、李哲夫点校《叶适集》，中华书局，2010，第803页。

官方意识形态，以诗歌形式宣扬道学义理几乎成为一种时尚和风气。而伴随理学语录讲义体诗的繁盛，对其的批评也如影随形，不绝于耳。认为宋季理学诗歌具有"语录讲义化"的倾向，这是晚宋及后世评论界的基本共识。只不过评价晚宋作家作品时，多以"语录"称之，间或用"语录讲义"的说法。

宋末吴渊作《鹤山集序》针对朱熹的"三变"说，提出自己的宋诗"三变"说：

> 艺祖救百王之弊，以道理为最上一语开国，以用读书人一念厚苍生，文治彬郁，垂三百年，海内兴起未艾也。而文章亦无虑三变，始也厌五季之萎薾而昆体出，渐归雅醇，犹事织组，则杨、晏为之倡；已而回澜障川，黜雕返朴，崇议论，励风节，要以关世教、达国体为急，则欧、苏擅其宗；已而濂溪周子出焉，其言重道德，而谓文之能艺焉耳，于是作《通书》，著《极图》，大本立矣。余有所及，虽不多见，味其言蔼如也。由是先哲辈出，《易传》探天根，《西铭》见仁体，《通鉴》精纂述，《击壤》豪诗歌，论奏王、朱而讲说吕、范，可谓和顺积中而英华发外矣。后生接响，谓性外无余学，其弊至于志道忘艺，知有语录而无古今，始欲由精达粗，终焉本末俱舛，然则言之无文，行之不远，亦岂周子之所尚哉！此予于鹤山公之文而重有感也。南渡后惟朱文公学贯理融，训经之外，文膏史馥，骚情雅思，体法毕备。又未几而公与西山真公出焉。予生晚，不及见考亭之典刑，独幸接二公之绪论……窃惟公天分颖拔，早从诸老游，书无不读，而见道卓，守道约，故作为文率深衍闳畅，微一物不推二气五行之所以运，微一事不述三纲九法之所以尊，言己必致知力行，言人必均气同体，神怪必不语，老佛必斥攘，以至一纪述，一咏歌，必劝少讽多，必情发礼止，千态万变，卒归于正。及究其所以作，则皆尚体要而循法度，浩乎如云浮

空而莫可状，凛乎如星寒芒而莫可干，蔚乎如风激波而皆自然也。其理到之言欤！其有德之言欤！程、张之问学而发以欧、苏之体法欤！公文视西山而理致同，醇丽有体同，而豪赡雅健则所自得。故近世言文者曰真、魏，要皆见道君子欤！①

他认为，理学家的创作虽然有重道德、轻艺术的倾向，但宋季以前的理学文学尚能做到"和顺积中而英华外发"，内容和形式能够有机结合；但至宋季理学后进们却走向极端，语录体作品大行其道，最终导致"本末俱舛"，使文学发展偏离既有轨道，走向衰落之途。

对于宋季诗坛普遍存在的"语录讲义化"现象，清代《四库全书总目》的作者们看得非常清楚，他们抓住这一特点，对南宋特别是晚宋诸多比较著名的作家进行评述。根据笔者考察梳理，《四库全书总目》在论述南宋诗人时，较早提到"语录"一词是在"吴芾《湖山集》提要"和"吕祖谦《东莱集》提要"中：

> 其末年亦颇欲附托于讲学，然其诗吐属高雅，究非有韵语录之比也。(《湖山集》提要)②

> 故诸体虽豪迈骏发，而不失作者典型，亦无语录为文之习，在南宋诸儒之中，可谓衔华佩实。(《东莱集》提要)③

这两个例证说明，南宋中期虽然是理学的繁荣时期，但对文学特别是诗歌的影响还不够大，理学诗尚不足以对文学发展大势构成威胁。但宋季理学登上官学独尊地位后，理学和文学的关系发生根本性改变，诗

---

① 曾枣庄、刘琳主编《全宋文》第334册，上海辞书出版社、安徽教育出版社，2006，第24~25页。
② (清) 永瑢等：《四库全书总目》，中华书局，1965，第1362页。
③ (清) 永瑢等：《四库全书总目》，中华书局，1965，第1370页。

歌"语录讲义化"便成为理所当然的事情，以"语录为诗文"也顺理成章成为一代风气。《四库全书总目》也清晰洞见这一状况并提出尖锐批评。以下试摘取数例以探讨《四库全书总目》对宋季诗坛的整体评价。

> 所为文章，大抵敷畅其师说。……此本自六卷以前为杂文及诗，七卷至十六卷为《家记》，皆杂录论经史治道之说，如语录之体。(《慈湖遗书》提要)①

> 其生平不以文章名，故其诗其文皆如语录。(《北溪大全集》提要)②

> 诗源出李白，而天姿高秀不及之，故往往落卢仝蹊径。虽非中声，然亦不俗。其于诗余前有自序，称作乎平生所爱者苏轼、朱希真、辛弃疾三人，尝谓词家三变。故所作稍近麤豪。其中《水调歌头》二首，至以"持志存心"为题，则自有诗余，从无此例。苟欲讲学，何不竟作语录乎？(《方壶存稿》提要)③

> 勉受业于乐雷发，诗法颇有渊源。虽微涉粗豪，然落落有气；文亦婵雅可观，无宋末语录之俚语。(《雪坡文集》提要)④

> 宋代著作获存于今者，自周必大、楼钥、朱子、陆游、杨万里外，卷帙浩博，无如斯集。惟其诗多沿《击壤集》派，文亦颇杂语录之体，不及周、楼、陆、杨之淹雅。又奖借二氏，往往过当，

---

① （清）永瑢等：《四库全书总目》，中华书局，1965，第 1377 页。
② （清）永瑢等：《四库全书总目》，中华书局，1965，第 1386 页。
③ （清）永瑢等：《四库全书总目》，中华书局，1965，第 1397 页。
④ （清）永瑢等：《四库全书总目》，中华书局，1965，第 1407 页。

尤不及朱子之纯粹。然宋自元祐以后,讲学家已以说理之文自辟门径。南渡后辗转相沿,遂别为一格,不能竟废。且真德秀作《文章正宗》,甄别最严;胡寅作《崇正辨》,攻驳尤力;而德秀《西山集》、寅《斐然集》为二氏操觚者不一而足,亦未可独为著咎。披沙简金,时有可采。(《本堂集》提要)①

除官方修订的《四库全书总目》外,清代及其后世诗学评论者对宋代诗歌的批评,也抓住"语录化"这一特点。如朱庭珍《筱园诗话》卷四曰:

> 自宋以来,如邵尧夫、二程子、陈白沙(献章)、庄定山(昶)诸公,则以讲学为诗,直是押韵语录。潘德舆亦云:"宋诗似策论,南宋人诗似语录。"②

> 南宋以语录议论为诗,故质实而多俚词。③

这些议论已经不只是针对理学诗人而言,而是针对整个南宋诗坛作出的批评。

钱锺书先生在谈到陈炎诗好用理学语时说:"山谷虽偶有此类句(理学语),江西社中人只作禅语,放翁则喜为之,江湖派遂成习气。"④他敏锐地发现了南宋中后期诗人普遍存在以理语入诗的倾向。陆游诗歌存世近万首,其中富有"理学气"者确实为数不少,尤其是他晚年的

---

① (清)永瑢等:《四库全书总目》,中华书局,1965,第1408页。
② (清)潘德舆:《养一斋诗话》卷二,郭绍虞编选《清诗话续编》,上海古籍出版社,1983,第2023页。
③ (清)潘德舆:《养一斋诗话》卷三,郭绍虞编选《清诗话续编》,上海古籍出版社,1983,第2044页。
④ 钱锺书:《钱锺书手稿集·容安馆札记》卷一,商务印书馆,2003,第508页。

作品，这种"气味"更为明显。陆游有系统的诗歌理论，诗歌造诣也十分高深，被视为南宋诗坛第一人，在晚年尚且受到理学的影响，那些在诗学方面并无多少"主见"的中小文人，自然更不可能阻挡理学的冲击。

（三）何谓"语录讲义体"诗

1. 语录

语录本是一古老的文体，"尽管语录体从先秦《论语》《孟子》到唐宋儒道释语录，从诗话、奉使伴使语录到小说、历史等文体，名称含义很宽泛，不尽相同，但由于宋代理学对后世的巨大影响，元明清以后，谈语录者便基本特指以程朱语录为代表的宋人语录了"。① 事实上，到宋代晚期，由于理学登上官学的独尊地位，所谓"语录"就主要是指理学家的语录体著作。

宋代是语录体兴盛的时代，包括禅宗语录和儒学语录，但其中最著名的是理学语录。《宋史·艺文志》记录宋儒语录15种，《郡斋读书志》记载26种，《四库全书总目》甚至将"语录"作为专门的批评术语，来评价宋人作品的平直，可见语录在宋代的影响之大。任竞泽在《论宋代"语录体"对文学的影响》一文中将宋人语录的主要特征概括为三个方面：从内容上说，推阐性命，统论义理，关涉道学理学；从形式上看，哲人学者讲学或与时人辩论、师徒问答，由门徒弟子记录下来；从语言上言，方言土语，鄙俚通俗。② 亦有论者将宋代语录概括为四个特征：多为圣贤哲人的思想结晶；哲思短语式的话语结构；多为语言外延宽泛之作；问答、自曰、直论式行文结构。③ 两种说法其实大同

---

① 任竞泽：《宋代文体学研究论稿》，商务印书馆，2011，第223页。
② 参见任竞泽《论宋代"语录体"对文学的影响》，《文学遗产》2009年第6期，第134页。
③ 参见陈忠《中国古代常用文体规范读本（语录）》，吉林人民出版社，2004，第34~42页。

小异，都是从内容、形式和语言等方面所做的综论。

由程门弟子记录二程语录而形成的《二程遗书》是宋代儒学语录的开山之作，自此以后，语录体大行于世，刘安世、谢良佐、张九成、尹焞、朱熹等人都有语录体作品传世。南宋晁公武（约1105~1180）所撰《郡斋读书志》在"语录类"中集列包括《河南程氏遗书》《横渠先生语录》《龟山先生语录》《上蔡先生语录》《晦庵先生语录》《近思录》《南轩先生问答四卷》《勉斋先生讲义》等20余部著作，都是理学家的语录作品。风气所及，撰写语录几乎成了理学家的身份认证：

> 道学所包广，躬行能几人？空谈心与性，孰辨假和真？道学两字，无所不包，自元人修《宋史》，别立道学传，后人遂以谈心性、撰语录者为道学，而道学乃隘且易矣。[1]

语录对当世诗歌的创作产生很大影响，尤其是宋诗平实、直白的毛病，就是将语录引入诗词韵文的结果："谈诗者竞尚宋元，既而宋诗质直，流为有韵之语录；元诗缛艳，流为对句之小词。"[2]

2. 讲义

"经"具有"恒久之至道"的至上地位，经学在其形成、演变、发展过程中需要历代学者对其进行阐释。而"讲义"就是诸多解经体例中的一种，在我国自古有之，初为"解说经义"之意。但作为一个独立的概念，它最早出现于晋代，据陆士龙记载：

> 闻古之君子，既圣德在身，又外求诸物，是以广纳俊士，博观载籍朝夕，师傅夙夜勤礼，宾友嘉客讲义于前，往古来今日闻于

---

① （清）张维屏撰，关步勋等标点《张南山全集》第3册，广东高等教育出版社，1994，第536~537页。

② （清）永瑢等：《四库全书总目》，中华书局，1965，第1522页。

耳，故知积德广而流芳罔极。①

　　两宋时期，随着儒学的转型与重建，作为经学体例的"讲义"得到空前发展，出现大量"讲义"体例的经学著作，如朱熹《中庸首章》《大学或问》，王柏《上蔡书院讲义》，陈文蔚《龙山书院讲义》《白鹿洞讲义》《南轩书院讲义》，文天祥《西涧书院释菜讲义》等。根据讲学的对象和场所的区别，我们可以将宋代儒家学者的"讲义"分为经筵讲义、官学讲义和书院讲义三种类别。经筵讲义是在皇宫针对皇帝阐述儒家经典的讲义。随着宋代学术由传统章句训诂之学向义理之学的转型，宋代经筵讲义也发生了较大变化。

　　王应麟《困学纪闻》云：

　　　　自汉儒至于庆历间，谈经者守训故而不凿。《七经小传》出而稍尚新奇矣，至三经义行，视汉儒之学若土梗。古之讲经者，执卷而口说，未尝有讲义也。元丰间，陆农师在经筵始进讲义。自时厥后，上而经筵，下而学校，皆为支离曼衍之词说者，徒以资口耳，听者不复相问难，道愈散而习愈薄矣。②

　　宋神宗元丰间，陆游的祖父陆佃"始进讲义"，这是"讲义"之名第一次出现在经筵讲学之中，标志着经筵讲义的诞生，对其后的官学讲义和书院教育影响甚深。

　　宋代理学家文集中有相当多的"经筵讲义"作品，如杨时的《龟山集》卷五有《尚书》《论语》等经书的讲义；朱熹的《晦庵集》卷十五有讲《大学》的"经筵讲义"；真德秀《西山文集》卷十八"经

---

① 参见《陆士龙文集》卷九，《四库丛刊》景明正德刊本，第48页。
② （宋）王应麟著，栾保群等校点《经说》，《困学纪闻》卷八，上海古籍出版社，2015，第201页。

筵讲义"主要也是《大学》讲义等。官学讲义包括国子监、州学、县学等各级官学讲述儒经的讲义，陈文蔚《克斋集》中收录的《信州州学讲义》《袁州州学讲义》《饶州州学讲义》，黄震的《黄氏日抄》收录的讲述《论语》的讲义，都是较为重要的讲义著作。书院讲义则是理学家在民间教育机构——书院宣讲儒家义理的讲义，如张栻在岳麓书院、城南书院留下的《孟子讲义》，陆九渊到白鹿洞书院讲《论语》留下了《白鹿洞书院讲义》，吕祖谦在丽泽书院留下多篇讲义合编本《丽泽讲义》等。

简单地说，所谓"语录讲义之诗"就是不讲究语言修饰、不论平仄对仗等格律、直白宣讲儒家义理的"押韵之诗"，可称为"性理的诗形表达"，它是"以文为诗"走向极端的结果。严羽评价宋代诗歌曾说："近代诸公乃作奇特解会，遂以文字为诗，以才学为诗，以议论为诗；夫岂不工，终非古人之诗也，盖于一唱三叹之音，有所歉焉。"① "本朝人尚理而病于意兴。"② 所言"以才学为诗"的"学理化"，"以议论为诗"的"哲理化"，"以文字为诗"的"散文化"，都是理学家语录讲义体诗的特征体现。

二 "语录讲义体"诗的历史演变

从语录讲义体诗的发展历史看，其渊源于东晋玄言诗和六朝至唐禅宗语录诗，只不过内容从老庄、佛学转为儒学。宣讲儒家义理的"押韵之诗"大约从中唐韩愈已有所表现，北宋邵雍《击壤集》则有为数众多的此类诗，只不过此阶段创作语录讲义体诗还属于个人行为，尚未形成气候。到南宋中后期，这一做法则蔚然成风，甚至达到"率是语录讲义之押韵者"的程度。

① （宋）严羽：《沧浪诗话》，《历代诗话》，中华书局，1981，第688页。
② （宋）严羽：《沧浪诗话》，《历代诗话》，中华书局，1981，第696页。

（一）语录体与语录体诗

语录，顾名思义就是"口语之录"，主要强调的是它的口语化特点，但同时也关联其所传达的内容。讲义，即"阐述义理"，主要强调的是所表述的思想内涵，当然以何种方式表达也是这种文体需要考虑的。语录体、讲义体虽然各有自己的演变历史，但在演变的过程中，形成了你中有我、我中有你的交融关系，到宋代，用语录体阐述儒家义理就成为一种风气，从而影响到宋季诗歌的创作。

关于"语录"的来历及与宋代语录体盛行的关系，清代李绂《古文辞禁》有云：

> 语录一字，始见于学佛人录庞蕴语，相沿至宋，始盛其体，杂以世俗鄙言，如"麻三斤""干矢橛"之类，秽恶不可近。而儒者弟子无识，亦录其师之语为语录，仿其体，全用鄙言，如"彼""此"字自可用，乃必用"这""那"字；"之"字自可用，乃必用"的"字；"矣"字自可用，乃必用"了"字。无论理偖与否，其鄙亦也甚矣……南宋以还，并以语录入古文，展卷怃然，不能解其为何等文字也。[1]

事实上，语录体最早可以追溯到先秦时期"四书"之一的《论语》。

> 《论语》者，孔子应答弟子时人及弟子相与言而接闻于夫子之语也。当弟子各有所记。夫子既卒，门人相与辑而论纂，故谓之《论语》。[2]

---

[1]　郑奠、谭全基编《古汉语修辞学资料汇编》，商务印书馆，1980，第522页。
[2]　（汉）班固：《汉书》卷三十《艺文志》第十，中华书局，1962，第1717页。

《论语》就是孔门的语录。然而,《论语》文本是以雅言为主,其口语化特征并不明显,这与后世的"语录体"著作有很大不同。宋代语录体著作模仿的对象更可能是佛教兴起以后出现的禅宗语录。禅宗是佛教中国化的产物,其宗门多以问答的语录体形式引导人悟道,体现出禅宗以口语教学的特殊风格。这种禅宗语录体在唐代十分流行,如《南阳和尚问答杂征义》《大珠慧海禅师语录》《庞居士语录》等。"释子之语录,始于唐;儒家之语录,始于宋。"① 两宋理学家喜欢用的"语录"体,实际上就是对禅宗宗门的沿袭:

> 儒生辟佛,其来久矣,至宋儒,辟之尤力。然禅门有语录,宋儒亦有语录;禅门语录用委巷语,宋儒语录亦用委巷语。夫既辟之而又效之,何也?盖宋儒言心性,禅门亦言心性,其言相似,易于浑同,儒者亦不自知而流入彼法矣。②

此段论述说明,宋代理学与禅宗在思维方式和言说方法上颇有相通之处。不仅理学语录体文源于禅宗语录,而且理学"语录体"诗也与禅宗"偈颂诗"关系密切。偈颂是附缀于佛经的唱词,它是用诗歌的形式来记录佛的言说,语言质直,类似口语;宋季语录体诗亦是用押韵的诗歌形式阐释道学,通俗易懂,且便于记忆。关于二者的关联,宋末元初作家袁桷有云:"宋世诸儒一切直致,谓理即诗也,取乎平近者为贵,禅人偈语似之矣,拟诸采诗之官,诚不若是浅。"③

(二)释道与讲义体诗

相对于语录体,讲义体诗对内容和形式有更明确的限定:内容要求

---

① (清)钱大昕著,陈文和、孙显军校点《十驾斋养新录》,江苏古籍出版社,2000,第382页。
② (清)江藩:《国朝宋学渊源记》,中华书局,1983,第190页。
③ (元)袁桷:《书括苍周衡之诗编》,《清容居士集》卷四九,文渊阁《四库全书》本,第1204册,台湾商务印书馆,1986,第3页。

围绕相对玄虚的哲学主题，采用诗歌韵语形式。宋季理学讲义体诗受魏晋玄言诗和隋唐佛理诗的影响极大。所谓玄言诗指的就是"那些抽象谈论义理的诗"①，它具有"重理轻情，重理轻辞"②的特点。玄言诗是一种以阐释老庄哲理为主要内容的诗歌，从表现方式看，它呈现出两种类型：一是直接以老庄哲学概念入诗。

如张华的《失题》：

> 混沌无形气，奚从生两仪。
> 元一是能分，太极焉能离。
> 玄为谁翁子，道是谁家儿。
> 天行自西回，日月曷东驰。③

以诗的形式讨论道家哲学，诗中弥漫"形气""两仪""太极""玄""道"等玄虚概念，正如钟嵘《诗品》所批评的那样："理过其辞，淡乎寡味"，"平典似道德论"。④

二是化用老庄文义，阐述其道理，如孙放的《咏庄子》：

> 巨细同一马，物化无常归。
> 修鲲解长鳞，鹏起片云飞。
> 抚翼抟积风，仰凌垂天翚。⑤

此诗借《庄子》中的"庄周梦蝶""鲲鹏逍遥游"等典故，来诠释庄子的思想。

---

① 罗宗强：《魏晋南北朝文学思想史》，中华书局，1996，第 145 页。
② 张廷银：《魏晋玄言诗研究》，商务印书馆，2008，第 327 页。
③ 逯钦立辑校《先秦汉魏晋南北朝诗》，中华书局，2017，第 622 页。
④ （清）何文焕辑《历代诗话》，中华书局，1981，第 2 页。
⑤ 逯钦立辑校《先秦汉魏晋南北朝诗》，中华书局，2017，第 903 页。

佛理诗兴起于唐代，明人朱国桢《涌幢小品》尝曰："佛语衍为寒山诗，儒语衍为《击壤集》。"① 指出了佛理诗与理学诗，具有一脉相承的关系。佛理诗也分为两种情况，一种是说禅而有艺术趣味的理趣诗，另一种是阐述佛理而缺乏形象的理障诗。我们不妨以唐代诗人寒山的相关作品予以说明。寒山诗具有浓厚的佛学思想，他的许多证道诗都充满禅悦之感。

如《吾心似秋月》：

> 吾心似秋月，碧潭清皎洁。
> 无物堪比伦，教我如何说。②

此诗描述的是作者明心见性的大自在、大圆满的境界，妙不可言，只能借秋月、碧潭以作方便之说。借物言理，含蓄蕴藉。与此同时，他的诗集中也不乏像《人以身为本》这样满篇是佛学词语，说理直接，质木无文，读起来索然无味的理障诗：

> 人以身为本，本以心为柄。
> 本在心莫邪，心邪丧本命。
> 未能免此殃，何言懒照镜。
> 不念金刚经，却令菩萨病。③

关于佛禅诗对理学诗的影响，有学者认为主要体现在运用诗体形式阐述义理方面。这种影响和魏晋玄言诗共同产生作用。佛禅诗对理学诗的具体影响表现在以下几点：一是佛典术语、灯录语录语汇以及

---

① 顾廷龙：《续修四库全书》第 1173 册，上海古籍出版社，2002，第 191 页。
② 项楚：《寒山诗注》，中华书局，2006，第 137 页。
③ 项楚：《寒山诗注》，中华书局，2006，第 354 页。

佛教相关意象的运用；二是诗歌文体形式的新变；三是修辞手法上的因袭创变；四是诗歌语言的俗化和白话化；五是诗歌审美意境的佛化、禅化。① 宋代理学家作诗承袭佛禅诗的朴拙风气，用通俗化的语言创作诗歌，如陆九渊《语录》中有这样一首白话诗：

> 仰首攀南斗，翻身倚北辰。
> 举头天外望，无我这般人。②

此诗完全是模仿《传灯录》载智通禅师的偈诗：

> 举手攀南斗，回身倚北辰。
> 出头天外见，谁是我般人。③

其兄陆九韶所作《诫子弟词》更是将口语化运用到极致：

> 听听听听听听听，劳我以生天理定。
> 若还惰懒必饥寒，莫到饥寒方怨命。
> 虚空自有神明听。

> 听听听听听听听，衣食生身天付定。
> 酒肉贪多折人寿，经营太甚违天命。
> 定定定定定定定。④

到宋季，这类语录体诗更是盛行，被理学诗人大量运用于阐述儒家

---

① 王利民：《论佛禅诗对宋代理学诗影响》，《国学学刊》2016 年第 1 期。
② （宋）陆九渊：《陆九渊集》，中华书局，1980，第 459 页。
③ （宋）道原著《景德传灯录译注》，顾宏义译注，上海书店出版社，2010，第 711 页。
④ （宋）罗大经：《鹤林玉露》，中华书局，1983，第 324 页。

道德义理。

（三）"邵康节体"与语录体诗

从玄言诗到佛理诗，再到宋代理学诗，这就是中国古代哲理诗演进的基本轨迹。宋代语录讲义体诗大概要从北宋理学家邵雍的《伊川击壤集》（亦称《击壤集》）算起。南宋后期大儒魏了翁曾说："邵子平生之书，其心术之精微在《皇极经世》，其宣寄情意在《击壤集》。"①《伊川击壤集》中有大量阐述其哲学思想的语录体作品。

如《乐物吟》：

> 日月星辰天之明，耳目口鼻人之灵。
> 皇王帝伯由之生，天意不远人之情。
> 飞走草木类既别，士农工商品自成。
> 安得岁丰时长平，乐与万物同其荣。②

此诗被认为"是整个《皇极经世书》的一个缩影，也是邵雍对自然、社会和历史的总看法。从文学上说，这类所谓诗并没有诗的情韵意味"③。此外，其《诫子吟》也是直言义理，缺乏诗歌本应具备的韵致：

> 有过不能改，知贤不能亲。
> 虽生人世上，未得谓之人。④

关于诗歌艺术，邵雍在《伊川击壤集序》中曾自述其作诗旨趣：

---

① （宋）魏了翁：《邵氏击壤集序》，《全宋文》第 310 册，上海辞书出版社、安徽教育出版社，2006，第 14 页。
② （宋）邵雍：《伊川击壤集》，中华书局，2013，第 150 页。
③ 侯外庐等：《宋明理学史》，人民出版社，1984，第 207 页。
④ （宋）邵雍：《伊川击壤集》，中华书局，2013，第 280 页。

所作不限声律，不沿爱恶，不立固必，不希名誉。如鉴之应形，如钟之应声。其或经道之余，因闲观时，因静照物，因时起志，因物寓言，因志发咏，因言成诗，因咏成声，因诗成音。是故哀而未尝伤，乐而未尝淫，虽曰吟咏情性，曾何累于情性哉！①

其"四不""八因"理论，对传统诗学进行大胆创新，从而建立起独树一帜的诗歌风格。"不限音律"体现邵诗在格律体式上的变革，"八因"则强调在内容上衍"儒语"以为诗，这表示《伊川击壤集》从某种意义上说可以看作是语录讲义体诗。这种作诗方法被严羽《沧浪诗话》归纳为"邵康节体"。

对于邵雍的诗歌，一直以来褒贬不一。肯定者不多，其中具有代表性的有宋季刘克庄和清代永瑢等。刘克庄对邵雍诗持基本肯定的态度："康节、明道于风月花柳，未尝不赏好，不害其为大儒。"② 永瑢《四库全书总目》之"《击壤集》提要"云：

《击壤集》二十卷，宋邵子撰。前有治平丙午自序，后有元祐辛卯邢恕序。晁公武《读书志》云：雍邃于《易》数，歌诗盖其余事，亦颇切理。按，自班固作《咏史诗》，始兆论宗；东方朔作《诫子诗》，始涉理路。沿及北宋，鄙唐人之不知道，于是以论理为本，以修词为末，而诗格于是乎大变，此集其尤著者也。朱国桢《涌幢小品》曰："佛语衍为寒山诗，儒语衍为击壤集。此圣人平易近人，觉世唤醒之妙用。"是亦一说。然北宋自嘉祐以前，厌五季佻薄之弊，事事反朴还淳，其人品率以光明豁达为宗，其文章亦以平实坦易为主。故一时作者，往往衍长庆余风……邵子之诗，其

---

① （宋）邵雍：《伊川击壤集》，中华书局，2013。
② 刘克庄：《恕斋诗存稿·跋》，《全宋文》第330册，上海辞书出版社、安徽教育出版社，2006，第78页。

源亦出白居易，而晚年绝意世事，不复以文字为长，意所欲言，自抒胸臆……固所谓"谬伤海鸟，横斥山木"。誉之者以为风雅正传……况邵子之诗，不过不苦吟以求工，亦非以工为厉禁。如邵伯温《闻见前录》所载《安乐窝诗》曰："半记不记梦觉后，似愁无愁情倦时。拥衾侧卧未欲起，帘外落花撩乱飞。"此虽置之江西派中，有何不可？而明人乃惟以鄙俚相高，又乌知邵子哉……真为寄意于诗，而非刻意于诗者矣。①

刘克庄的相关评论说得比较笼统，只用"未尝""不害"等词，相对保守。《四库全书总目》则详细得多，认为其诗"不苦吟以求工，亦非以工为厉禁"，其对诗的态度比较开明；"寄意于诗，而非刻意于诗"，与整个宋代诗坛的审美趋向比较一致。值得注意的是，《四库全书总目》并没有用"语录诗"来评价邵雍这位被后世视作语录体诗开创者的作品。

但后世对邵雍诗却批评者居多，如清代王士祯云："昔人论诗曰：'不涉理路，不落言诠'，宋人惟程（颢）、邵（雍）、朱（熹）诸子为诗好说理，在诗家谓之旁门。"②"诗家谓之旁门"，实际上就是对邵雍诗持否定态度。但作为理学诗的代表，邵雍《伊川击壤集》的影响却很大，甚至在宋末形成一个所谓"击壤诗派"。宋季文人充满急功近利之风，不但理学家不肯在学术上下功夫，理学诗人更是将《击壤集》视为作诗楷模，率意而为语录讲义体诗。在宋代这样一个崇尚语录、强调义理的时代，诗歌尤其是理学诗向"有韵语录"的方向发展就成为必然。

很显然，理学家的语录讲义体诗从邵雍的《击壤集》中得到很多

---

① （清）永瑢等：《四库全书总目》，中华书局，1965，第 1322 页。
② （清）王士祯：《师友诗传续录》，（清）王夫之等撰，丁福保辑录《清诗话》，上海古籍出版社，1963，第 152 页。

启发或影响，从某种意义上说，击壤体就等同于语录讲义体，它对理学诗人的影响是深入而持久的，到宋季语录讲义体诗兴盛以前，就不断有人借助诗歌形式发明儒家义理，如张载门人李复的《自省》、罗从彦的《勉李愿中五首》之一、朱熹的《感兴诗》二十首等。

张九成的《论语绝句》一百首是较为典型的宣讲义理的语录讲义体诗歌。对此杭世骏《郑筠谷诗钞序》中曾言：

> 宋室理学郁兴，伊川《击壤》、横浦偈颂，欲以陶咏性天，发挥理道，譬犹黄桴苇籥以为乐，羹藜饭糗以为食，操奇觚者或迂而笑之。①

此处所言横浦偈颂就是指张九成的《论语绝句》。其后理学家作诗，更是喜欢用组诗的方式阐述儒家义理。宋末赵与时《宾退录》卷二曰：

> 古今咏史之作多矣，以经、子被之声诗者盖鲜。张横渠（载）始为《解诗》十三章……洪忠宣（皓）著《春秋纪咏》三十卷，凡六百余篇……张无垢（九成）亦有《论语绝句》百篇……近岁尝见《纪孟十诗》，题张孝祥作，《于湖集》中无之，必依托者……又有黄次伋者，不知何许人，赋《评孟》诗十九篇，极诋孟子，且及子思……若康节先生《观易》《观书》《观诗》《观春秋》四吟，则尽掩众作。②

这种情况发展到宋末元初，更是走向极端，如林同（？～1276）撷古今孝事，以五言绝句的方式作《孝诗》300首，对自上古至于隋唐历代宣扬和实践孝行孝德的人物加以表彰。作为朱熹嫡传弟子的宋末元初

---

① （清）杭世骏：《道古堂文集》卷九，《续修四库全书》第1426册，第286页。
② （宋）赵与时：《宾退录》，上海古籍出版社，1983。

理学家陈普（1244~1315）其《石堂先生遗集》把经学讲义直接用诗的方式呈现出来，他于咏史用功尤其勤勉，现存咏史诗367首，通过歌咏历史人物以阐扬其忠孝美善的道德心性；另外他还作《论语》《孟子》等若干首语录体绝句，写得比林同更显肤浅，清人陆心源为《石堂先生遗集》作跋时有云："其文多语录体，诗皆'击壤派'，说经、说理亦浅腐庸庸。余尝谓诗文至宋季而极弊，此其尤者。"①

"以经、子被之声诗"不仅影响诗，也波及词。李元玉《南音三籁序言》曰："赵宋时黄九、秦七辈竞作新声，字戛金玉。东坡虽有'铁绰板'之消，而豪爽之致，时溢笔端。南渡后争讲理学，间为风云月露之句，遂逊前哲。"之所以"逊"，乃"击壤派"诗风侵蚀词体所致。如魏了翁《鹤山词》中的《鹧鸪天》（谁把璇玑运化工），就有"三三律琯声余亥，九九玄经卦起中"之语。他的学生吴泳在《与魏鹤山书》（第三书）中，就曾对此类词提出过批评："如侍郎歌词内'重卦三三''后天八八''三三律管''九九玄经'等语，觉得竟非词人之体。是虽胸次义理之富，浇灌于舌本，谤沛于笔端，不自知其然而然，但恐或者见之，乃谓侍郎尽以《易》玄之妙谱人歌曲，是则可俱也。"② 以"义理"入词，是对词体的严重破坏，这是造成词在宋季迅速衰落的重要原因之一。此类例子，在南宋词中并非仅见。"从文学角度而言，讲义诗除了遵循诗的格式、韵律之外，完全摒弃了诗歌的基本属性和创作规律，以抽象代形象，以义理代情志，以学术语言取代文学语言，缺乏审美质性和艺术价值。"③ 可见语录讲义体作品的负面影响甚大，危害甚深。

---

① （清）陆心源：《陈石堂集跋》，《仪顾堂集》，浙江古籍出版社，2015。
② （宋）吴泳：《与魏鹤山书》（第三书），《鹤林集》卷二十八，文渊阁《四库全书》本，台湾商务印书馆，1986。
③ 王昕：《南宋"新安学派"的理学追求与诗歌创作》，《石家庄学院学报》2018年第2期，第97页。

三　刘克庄的批评与宋季诗坛的状况

很显然，刘克庄所谓"率是语录讲义之押韵者"的批评是针对南宋后期诗坛而言的，且主要针对理学家的诗歌创作实践。总体上看，他的批评具有一定的针对性，且部分反映了宋季诗坛的现状；但他所下的"率是"断语未免有些危言耸听、言过其实之嫌疑。对此，我们不妨话分两头、各表一枝，以期客观真实地呈现宋季诗坛的整体面貌。

（一）宋季语录讲义体诗空前增多

刘克庄批评的对象首先是道学诗人，他们是写语录讲义体诗的主力；其次也包括受理学影响的一些纯粹诗人，主要是指那些"攀附洛闽"的江湖诗人；最后还有包括释子在内的其他诗人。宋季语录讲义体诗从内容上说，主要围绕"仁""义""礼""智""信""诚""敬""和""乐""孝""悌"等传统儒学概念和"道""理""太极""心性""天命""格物""致知"等理学范畴阐述抽象玄虚的道德义理；从形式上看，多用古体诗和近体绝句体裁；语言上多用不经修饰的口语和不讲艺术技巧的直白表述。以下分两种情形对宋季语录讲义体诗展开分析，一种是以"语录讲义"为基本特征的诗人；另一种是间或采用语录体的诗人。理学诗人创作的目的非常明确，那就是借助诗歌形式，通过观物方式见性求道。基于儒家义理和圣人境界的"求道"目的和心性存养是两宋理学家共同的诗学追求。

1."语录讲义"特征鲜明的诗人

此类诗人以理学诗人群体为主。所谓"理学诗人群体"，是以程、朱一派理学诗人为主，同时也包括一些心学派、永嘉学派和其他学派的人物，如叶适、魏了翁、杨简、袁燮、包恢、刘克庄、林希逸等。其中一些人的学术渊源并不单纯，而是转益多师，如魏了翁既接受朱子的学术，也受心学的影响；刘克庄既与朱学正宗的真德秀交往甚密，其学术又与心学家包扬、艾轩学派的林希逸颇多交流。因此，此处的理学是广义上的概念，并非仅局限在程、朱正统的理学范围。

相比较而言，刘克庄所言"率是语录讲义之押韵者"的情况，在正宗理学诗人群体中表现得更为突出，尤其以陈淳、王柏、陈著、林同、陈普等最为显著。

陈淳堪称最具"语录讲义"特征的宋季理学诗人，仅从其所用诗歌题目就可深刻地感受到这一点：《隆兴书堂自警三十五首》《闲居杂咏三十二首》《警惰》《警滞》《自讼》《失言戒》《警懦》《训儿童八首》《存心》等；而在一些本应以抒情为主的往来赠答唱和、挽诗以及风景描写、建筑题写等，也忍不住要发一番议论，如《谨所之赠王氏子》（入道贵有主，何须事支离。进德贵着实，何容慕新奇）、《和陈叔余韵二首一以谢来意一以勉之·其二》（此道何曾远，吾儒自有珍。反求皆在我，中画岂由人。利善分须白，知行语未陈。若能袪旧见，明德日惟新）、《林户求明道堂诗二首·其二》（自从河洛发真筌，节目纲条已粲然。志若坚刚方可适，心如扞格决难诠。从头格物为当务，稳步求仁乃秘传。表里直须名副实，高标终不愧前贤）。在这类诗歌中，作者纯以抽象的学术性文字阐释儒家义理，仅仅利用诗歌的韵语形式，而几乎不用任何修辞手法，是典型的语录讲义体诗。我们不妨以《隆兴书堂自警三十五首》为例做具体分析。这组诗从自身年老体衰，虽穷困潦倒不能养亲，却君子固穷听从天命写起；然后叙述人作为天地之精华应该大其心、不要囿于个人私利；再强调学习先贤自我修身、践履道德，通过辅仁、克己、存心、改过和学习经典等修行手段达致圣人境界；最后呈现得道儒者"苟日新，日日新"的气象。以三十五首绝句的篇幅，从不同角度论述儒家修养身心、践履道德的重要意义，内容堪称"雅正"。但从艺术上言，完全不用比兴，不讲格律，语言不加修饰，纯是"语录讲义"。以下试选取其中数首以呈现其风格。

其四：

> 茫茫八极内，和莫非斯人。
> 苟非富道义，何异彼黔民。

其六：

> 人为天地心，体焉天地同。
> 病于有我私，不能相流通。

其十七：

> 大学示絜矩，中庸发尚絅。
> 昔人深工处，愿言日三省。

其十八：

> 周翁图太极，张子铭订顽。
> 吾门礼义宗，毋离几席间。

其二十六：

> 圣人于燕居，德容申天如。
> 学者之自持，其可惰慢与。

其三十:

> 事事物物间，私皆在所涤。
> 一裘憾虽微，子路必勇克。①

诗中探讨"太极""道义""礼义""心""体"等一系列哲学命题和道德问题，用抽象的概念取代感性的形象，用诸如"人为天地心""学者之自持""事事物物间"等纯粹散文式口语化的语言写诗，除了韵语形式上属于诗体，与语录讲义体散文几乎没有什么区别。

相对于陈淳的诗歌，王柏语录体诗所占的比例要小得多，至少没有那么明显。王柏诗中自然也充斥着"道""理""气""仁""太极""两仪""性命""克己""理欲""一本万殊""造化神机""道心人心"等儒学术语，但纯粹阐述理学思想的作品只有很少一部分，如《和叔崇》《题浴沂图》《题易道传心图》《时充之访盘溪有诗次韵》《有人说用》等。而更多的是在一些唱和、次韵和写景状物类作品中穿插道德义理的阐述，如"密密窝中克己私，人心才动最惟危"（《和通斋密窝韵二首·其二》）②、"道心常要摄人心，有德之人必有邻"（《和崇叔两绝·其一》）③、"太极流行千古事，一元发育四时情"（《春归》）④ 等句。这些阐述性命义理的作品，体现出理学诗歌语录讲义化的审美取向。正如《四库全书总目》所言:

> 其诗文虽亦豪迈雄肆，然大旨乃一轨于理……其诗文虽刻意收敛，务使比附于理而强就绳尺，时露有心牵缀之迹，终不似濂溪诸

---

① 北京大学古文献研究所编《全宋诗》第52册，北京大学出版社，1998，第32327～32329页。
② 北京大学古文献研究所编《全宋诗》第60册，北京大学出版社，1998，第38024页。
③ 北京大学古文献研究所编《全宋诗》第60册，北京大学出版社，1998，第38041页。
④ 北京大学古文献研究所编《全宋诗》第60册，北京大学出版社，1998，第38021页。

儒深醇和粹，自然合道也。(《鲁斋集》提要)①

所谓"比附于理而强就绳尺"，说明王诗以语录为诗，艺术上显得生硬牵缀，缺少温柔敦厚的气象。

陈著（1214~1297）字子微，一字谦之，号本堂，晚年号嵩溪遗耄，鄞县（今浙江宁波）人。有《本堂集》九十四卷，其中诗三十四卷，词五卷，文五十五卷。他是宋季留存诗歌较多且有一定影响的诗人，《全宋诗》第 64 册收录其诗 34 卷，1260 余首。陈著对邵雍诗情有独钟，其《旦起诵邵尧夫诗》云：

> 二十年前尘路忙，如今都住寂寥乡。
> 梅花时节溪山好，菜粥人家门户香。
> 否往泰来天外事，早眠晏起枕中方。
> 案头只有尧夫集，参得透时滋味长。②

他用用通俗、平实的语言陈天道、谈人情、阐物理，不仅在生活情趣方面与邵氏追求一致，就连诗歌风格也有意模仿《击壤集》。故《四库全书总目》也对其诗提出批评："惟其诗多沿《击壤集》派，文亦颇杂语录之体。"将其诗看作语录体诗的典型。的确，陈著无论是交游唱和，还是庆生祝寿，或者记事写景，抑或偶成，都不忘以诗弘扬道德、训诫晚辈、阐述义理，将诗歌作为言志载道的工具加以运用。《本堂集》中有多首借生日或其他事情对晚辈进行道德教化的诗歌。

如《泌生日二首》（其一）：

> 为学须知次第功，四书为本要精通。

---

① （清）永瑢等：《四库全书总目》，中华书局，1965，第 1409 页。
② 北京大学古文献研究所编《全宋诗》第 64 册，北京大学出版社，1998，第 40234 页。

不须妄起功名想，立得身时禄在中。①

《次韵长儿生日示诸弟》：

> 吾爱吾儿责望儿，终身实处看平时。
> 夫妻琴瑟方为顺，伯仲埙篪便是诗。
> 要向鲁邹中进步，先从曾闵上求知。
> 酒边见汝倾心句，不觉摇头笑脱颐。②

他作生日祝福诗都是对孩子谆谆教诲，教育他们为学、求知、孝悌等做人的道理。其他如《答妻侄赵良藩问学》《次戴帅初与次儿瀹诗》《深瀹既聚用前韵示之并示侄溥》《次单君范遗次儿韵效鲁直体》《朝归生日》等，都是用语录体写成的劝学修身、涵养道德之作。

朋辈之间的唱和赠答本是文人互通情怀、表达相思情愫、传递友谊的一种载体，陈著这类诗占据其作品的主要部分。但是从主题上看，这类诗少有抒情，几乎都在喋喋不休地谈论纲常伦理、天理人心、修道穷理、探寻道统等。

如《横桥观荠》：

> 物理元随世事新，静观知是泮宫人。
> 穿花野荠虽微草，也占年年一分春。③

此诗格物致知，借自然之物的生长规律见微知著，表现理一分殊的义理。

---

① 北京大学古文献研究所编《全宋诗》第 64 册，北京大学出版社，1998，第 40110 页。
② 北京大学古文献研究所编《全宋诗》第 64 册，北京大学出版社，1998，第 40224 页。
③ 北京大学古文献研究所编《全宋诗》第 64 册，北京大学出版社，1998，第 40108 页。

再如《赞王来山爱竹祠前枯竹再生》：

> 清护祠香立翠寒，谁知活处发霜痕。
> 生生与善相为脉，节节是仁皆可根。
> 方信虚中涵造化，何妨直下长儿孙。
> 更须就此封培去，千亩成阴百世门。①

借咏竹而发明自然天机，说明天性物理相通的道理。其他如"天理人伦古到今，一门三世弟兄心。"（《宜晚小酌二首·其一》）②、"君子当固穷，达亦岂吾病。有心事穷达，斯与天者竞。仁可以致君，止则归田咏。孔子圣之诗，善学即邹孟。"（《次韵戴成叔》）③ 等这类以宣扬儒家道德义理为主体的诗句，在《本堂集》中俯首即是，充分体现出陈著"以诗为道学"的创作目的。

陈著诗歌受邵雍的影响十分明显，他一方面因袭其"以诗言理"的创作原则，借诗歌阐发理学义理；另一方面也继承"击壤派"诗散文化的特征。

如《长儿深生日集经语示之二首》（其一）：

> 惟友于兄弟，惟顺于父母。
> 无忝尔所生，造端乎夫妇。

《长儿深生日集经语示之二首》（其二）：

> 君子之容舒，吉人之辞寡。

---

① 北京大学古文献研究所编《全宋诗》第 64 册，北京大学出版社，1998，第 440231 页。
② 北京大学古文献研究所编《全宋诗》第 64 册，北京大学出版社，1998，第 40123 页。
③ 北京大学古文献研究所编《全宋诗》第 64 册，北京大学出版社，1998，第 40260 页。

有常则可矣，欲自得之也。①

采用集"经语"方式，虽然还保留五言的形式，但语言平实滞缓，读起来如散文，完全失去诗的音韵之美。

再如《送洵之越》（节选）：

过司马寓第，如见涑水叟。入稽山书院，如见晦庵翁。东山则想谢太傅之雅量，上虞则感李参伯之孤忠。读范老堂记则怀憩堂于出守，问祈国里曲则想持帽于方童。伟哉圣贤所森布，关乎名教无终穷。彼柯亭之烟竹，兰亭之觞水，剡溪之雪舟，邪溪之樵风。虽非本色所慕美，然亦余兴相迎逢。②

以散文句法将历代圣贤和文人雅士写于诗中，表达对其风度雅趣的钦慕，言尽意绝，亦是典型的"语录讲义之押韵者"。

如果上面所论述的主要是针对陈著那些以语录的形式描写讲义（儒家义理）的作品，翻阅其《本堂集》，无论所咏对象为何，俯首即是语录体诗。

《西上罕岭》：

此去向南西，山高山复低。
不逢清话客，已觉倦扶藜。③

《题画扇》：

---

① 北京大学古文献研究所编《全宋诗》第 64 册，北京大学出版社，1998，第 40100 页。
② 北京大学古文献研究所编《全宋诗》第 64 册，北京大学出版社，1998，第 40296 页。
③ 北京大学古文献研究所编《全宋诗》第 64 册，北京大学出版社，1998，第 40099 ~ 40100 页。

松下披衣坐着，飞瀑岩前洗脚。
画向尘污人看，教知山林之乐。①

《题王之朝所惠扇》：

八十三岁衰翁，执热也要清风。
此凉来自何处，来自羲之手中。②

《次韵如岳醵饮西峰寺分韵成诗十四首见寄·其八》：

不到西峰为日久，一日一日一日又。
明日有约为此游，一片云山想依旧。③

诸如此类，类似白话，给人以"理胜于词，质而不韵，虽同诗法，或寡诗趣也"④ 的阅读感受。

陈著作诗之所以特别强调宣扬儒家思想，而于语言形式不甚用力，这与他的诗学观念密切相关。他在《天台陈方叔诗集序》中表达对宋季诗坛的深切担忧："至今之人，则有怪而失其正，虚而失其真，纤丽破碎而失其浑然天成……诗三百篇，谓何流弊至于此极！"⑤ 故而他对醉心于唐律、专注于田园的晚唐体深表不满，而对发明理义之诗则大加赞扬："今之天下，皆淫于四灵，自谓晚唐体，浮漓极矣。景正独非今人耶？出其古今，发明理义，不轻为风月花草所诱，如景星，如砥柱，

<hr>

① 北京大学古文献研究所编《全宋诗》第64册，北京大学出版社，1998，第40102页。
② 北京大学古文献研究所编《全宋诗》第64册，北京大学出版社，1998，第40103页。
③ 北京大学古文献研究所编《全宋诗》第64册，北京大学出版社，1998，第40113页。
④ 钱锺书：《谈艺录》，中华书局，1984，第227页。
⑤ 曾枣庄、刘琳主编《全宋文》第351册，上海辞书出版社、安徽教育出版社，2006，第13页。

望而知其为景正之诗。"① 在江湖诗歌盛行的宋末，他以邵雍的《击壤集》为学习对象，倡导创作"与理气俱融，于世教有补"② 的理学诗，对纠正晚唐体浅薄琐碎的弊病，有一定积极作用。但限于自身的保守观念和艺术表现能力，陈著并没能为宋季诗坛带来真正的改变，反倒陷入理学诗的窠臼，在诗歌"语录讲义化"的道路上越走越远。

林同（？~1276），字子真，号空斋处士，福建福清人。深于诗。现仅存《孝诗》一卷，刘克庄曾为之作序。我们虽然不能因为他仅存《孝诗》而判定其是专写语录讲义体诗的理学诗人，但将其归于击壤语录体一派，应该是没有多大问题的。

《孝诗》是林同所创作的宣传儒家教义的系列组诗，共计 300 首，分别为"圣人之孝"10 首、"贤者之孝"240 首、"仙佛之孝"10 首、"妇女之孝"20 首、"异域之孝"10 首、"物类之孝"10 首。这些作品既是他一生精神生活的体现，也是他忠义思想的道德践履。刘克庄为之作序云：

> 同又摭载籍以来孝于父母者，事为一诗，诗具一意，各二韵二十字，积至三百首，起邃古，迄叔季。廉耻明，天理未尝泯也。自圣贤至夷狄异类并录，见天性未尝异也。事陈而意新，辞约而义博，贤于烟云月露之作远矣。③

刘克庄此序站在道学立场上，充分肯定其内容"事陈而意新"，表达效果"辞约而义博"，赞美其诗"贤于烟云月露之作远矣"。而《四

---

① （宋）陈著：《史景正诗集序》，载曾枣庄、刘琳主编《全宋文》第 351 册，上海辞书出版社、安徽教育出版社，2006，第 14 页。

② （宋）陈著：《天台陈方叔诗集序》，载曾枣庄、刘琳主编《全宋文》第 351 册，上海辞书出版社、安徽教育出版社，2006，第 13 页。

③ （宋）刘克庄：《林同孝诗序》，载曾枣庄、刘琳主编《全宋文》第 329 册，上海辞书出版社、安徽教育出版社，2006，第 124 页。

库全书总目》"《孝诗》提要"也给予其较为正面的评价：

> 皆摭古今孝事，每一事为五言绝句一首，亦间有两事合咏一者。
> 凡《圣人之孝》十首，《贤者之孝》二百四十首，《仙佛之孝》十
> 首，《异域之孝》十首，《物类之孝》十首。其间如唐李迥秀之类，
> 本为佞幸；寒山子煮爷煮娘之类，亦爱无差等之谈，不免于驳杂。然
> 大旨主于敦饬人伦，感发天性，未可以其词旨陈腐弃之。况其人始以
> 孝著，终以忠闻。虽零篇断什，犹当珍惜，是固不仅以文章论矣。[①]

四库馆臣认为《孝诗》虽有驳杂、界限不清的问题，但总体上具
有"敦饬人伦，感发天性"的教化功能，不能否定其传播传统孝文化
的意义。明显皆有夸大其词之嫌疑。

然而，读者在阅读其作品时，不仅在内容上会强烈感受到庸俗浅薄
的说教气息，而且在艺术上也很难体验到典雅流丽、温柔敦厚的审美效
果。以下试举几例。

《圣人之孝·尧》：

> 道原自天出，尧以是相传。
> 曰孝悌而已，人人具此天。[②]

此诗作为《孝诗》的开篇之作，阐述孝顺父母、顺爱兄长的伦理
道德本之于道，是由中华第一圣王尧传承下来的。

《老子》：

> 子之于父母，毋以有其身。

---

① （清）永瑢等：《四库全书总目》，中华书局，1965，第 1406 页。
② 北京大学古文献研究所编《全宋诗》第 65 册，北京大学出版社，1998，第 40604 页。

老子玄虚祖，谆谆此语人。①

此诗为"仙佛之孝"中的一篇，叙述道家学说创始人老子也讲儒家孝道。

《曹娥》：

上虞一巫女，名乃至今垂。
端的由纯孝，非专在好辞。②

曹娥是东汉时期著名的孝女，其父曹盱于端午驾船迎潮神伍子胥，在舜江溺水而亡，不得其尸。其女曹娥年仅十四，投江而死，三日后其尸抱父尸出，乡人为纪念其孝节，改舜江为曹娥江，并以之为水神。此诗描写曹娥之孝。

《虎狼》：

虎狼不仁也，何乃谓之仁。
仁之于父子，父子亦相亲。③

这是一首描写"物类之孝"的诗，赞颂动物界凶恶如虎狼者依然存在本能的亲和关系，借以比喻人伦之爱。通过这些例子，大致可以了解到《孝诗》在内容和形式方面的整体面貌和特色。可以说，林同《孝诗》几乎都是语录体，受邵雍《击壤集》影响很大，宣扬道德、讲论义理而显迂腐浅陋。

陈普（1244~1315），字尚德，号惧斋，世称石堂先生。福建宁德

---

① 北京大学古文献研究所编《全宋诗》第 65 册，北京大学出版社，1998，第 40634 页。
② 北京大学古文献研究所编《全宋诗》第 65 册，北京大学出版社，1998，第 40636 页。
③ 北京大学古文献研究所编《全宋诗》第 65 册，北京大学出版社，1998，第 40639 页。

人。宋末元初著名文学家、理学家和教育家。现存的传世之作有《石堂先生遗集》二十二卷，其中卷十五有辞、赋、歌二十四篇，卷十六至卷二十一收录各类诗歌共计 700 余首，包括歌辞、咏史诗、杂诗，从体裁上看，分为五言绝句、五言律诗、六言绝句、七言律诗、七言绝句。《全宋诗》收录其诗 7 卷，第 1 卷为各类歌、辞；第 2 卷为拟古诗；第 3~5 卷为各类杂诗；最后 2 卷为咏史诗。学界一般认为，《石堂先生遗集》中的咏史诗成就最高，在中国古典诗歌中占有一席之地。事实上，其咏物诗中有很多与理学密切相关，可以称其为"理学诗"。从其诗歌的创作实践看，以诗阐道、借诗明理应该是陈普诗歌的基本特点。明万历年间，薛孔洵重新刊刻《石堂先生遗集》，并为之作序曰：

> 兹集复板何耶？曰：兹集文之载道者也。夫宇宙间岿然者山有时而崩，泓然者川有时而竭，苍然者木有时而拆，惟载道之文固不可泯灭也。石堂先生钟扶舆精，应紫阳谶生于宋末……一念正气，充塞乾坤，直与陶彭，千载一意。其学贯天人，通古今，明经济。本之辅氏，出于考亭。①

此序揭示了陈普学术乃朱熹正传，"其学贯天人，通古今，明经济"，故所作皆载道之文也。

陈普是宋末元初比较典型的语录讲义体诗的作者，其诗多有以经、史、讲义为题材，多用韵语形式，阐释天道性命、道德仁义等理学思想和哲学范畴。

如《朱文公》（节选）：

> 尝思紫阳翁，功德不下禹。
> ……

---

① （明）薛孔洵：《重刊石堂先生文集叙》，《石堂先生遗集》，明万历三年（1575）刻本。

举目无荀杨，浑身是伊吕。

百年嗣程邵，千载承邹鲁。

直上接勋华，益远益不御。

本原无不见，支派自循序。①

此诗对朱熹正本清源、厘清儒家正统统绪、发扬光大儒学的历史功绩，给予高度赞美。

《大学·三关》：

致知格物最为难，梦觉关中善恶关。

若得二关俱过了，方成人在两仪间。②

此诗指出大人之学中"格物致知"的重要性。

《孟子·义利》：

利出私情害万端，义循天理乐而安。

是非得失分霄壤，相去其初一发间。③

此诗认为理欲、义利之间虽然只是差之毫厘，却谬以千里，必须谨慎对待。

《孟子·不动心》：

见道分明了不疑，气常无暴志常持。

确乎理气为标准，变故艰危岂足移。④

---

① 北京大学古文献研究所编《全宋诗》第 69 册，北京大学出版社，1998，第 43730 页。

② 北京大学古文献研究所编《全宋诗》第 69 册，北京大学出版社，1998，第 43774 页。

③ 北京大学古文献研究所编《全宋诗》第 69 册，北京大学出版社，1998，第 43776 页。

④ 北京大学古文献研究所编《全宋诗》第 69 册，北京大学出版社，1998，第 43777 页。

　　心统情性，理学又称"心性之学"，故"心"是理学的一个极为重要的概念，"不动心"强调的是人的道德修养。其他还有《养气》《性善》《思诚》《自得》《仁熟》《正命》《存心养性》《食色性也》《良知良能》等，都是非常明显的探讨理学思想的证道诗。

　　关于陈普的诗歌，学界评价最高的是其咏史诗，这类诗受理学"心性论"的影响，喜谈性命纲常，多以忠孝观念对历史人物进行评价，借探讨历史兴废治乱之由，以资成为当世统治之鉴。

　　如《项羽》：

> 倚强恃力却诬天，一样人心万万年。
> 广武十条逃得过，乌江政自不须船。[①]

　　此诗阐明项羽之败，在于只追求个人利益而丧失了礼义之心，说明公心私欲是决定成败的重要条件。

　　又如《韩愈》：

> 杨墨蛇龙本一区，大颠便是恶溪鱼。
> 退之也是无操守，一贬便陈封禅书。[②]

　　韩愈是重要的儒家学者，但在正统理学家眼中，其道德存在瑕疵，算不上纯儒；陈普学宗朱熹，他以纯粹理学家的眼光批评韩愈"无操守"，也就在意料之中了。

　　整体上看，陈普的咏史诗从有虞氏开其端，下至理学宗师朱熹，吟咏对象皆是历史上著名的帝王或名人贤士。作者站在程朱理学的立场，对这些历史人物进行褒贬议论，体现了宋代理学家尊王攘夷、忠君忧国

[①]　北京大学古文献研究所编《全宋诗》第 69 册，北京大学出版社，1998，第 43774 页。
[②]　北京大学古文献研究所编《全宋诗》第 69 册，北京大学出版社，1998，第 43848 页。

的史学观。他遵循理学前辈一切以崇道为根本、以格物致知正心诚意为要务，不讲究文辞，追求简易平淡的风格，其诗与邵雍《击壤集》语录体一脉相承。

语录讲义体诗是以诗化形态阐述儒家哲学思想，它以较为自然的口语、散文化的语言、随意化的词语组织拓展了诗歌语言的表意功能，既给言说道理的诗人以便利，同时也让阅读者便于记忆和理解，故而在南宋后期大行其道，形成以韵语阐道说理的风潮。除上述提到的几位以语录讲义诗而著名的诗人创作了大量的"击壤体"诗，为数更多的其他理学诗人，在以诗证道的风气中也不遑多让，留下理胜文简、质木无味的大量语录诗。黄榦存诗不多，但阐述义理的理学诗却不少，如《凡今之人莫如兄弟诗》《读史记荆卿传》《勉都干权君》等。明代诗学家谢肇淛在《小草斋诗话》中曾批评道："作诗第一对病是道学……宋时道学诸公诗无一佳者，至黄勉斋《登临》诗开口便云：'登山如学道，可止不可已。'此正是譬如为山注疏耳。"[1] 虽然"宋时道学诸公诗无一佳者"的判语有些绝对，但对黄榦的批评却一针见血指出其以诗说道之弊端，颇中肯綮。

真德秀提倡"以诗人比兴之体，发圣贤义理之秘"，自然也创作了不少借物喻理明道的诗歌，如《题李立父高远楼》《赠梓潼袁君西归》《送王子文宰昭武》《题黄氏贫乐斋》等，都是用韵语形式阐述道理的语录讲义体诗。

《题李立父高远楼》（节选）是一首典型的语录讲义体诗：

> 知崇与礼卑，二义贯于一。
> 独理要高明，履道贵平实。
> 庶几足目俱，不但窥彷佛。

---

① （明）谢肇淛：《小草斋诗话》，张健辑校《珍本明诗话五种》，北京大学出版社，2008。

工夫妙方寸，岂假身外物。①

《题黄氏贫乐斋》（其一）亦是如此，不借助外在形象，不用比兴手法，直接用散文句法议论说理：

濂洛相传无别法，孔颜乐处要精求。
须凭实学士夫到，莫作闲谈想象休。②

又如郑清之抒写了端平初年任宰相时竭力搜罗、起用理学之士的急切心情的《古风一篇简徐德夫提刑》（节选）：

端平滥持衡，荐贤职当尔。
亟以闻九重，夜半下一纸。
雅志乐弦歌，公车犹尼止。
贤者固难进，夺情辞诏旨。③

徐侨描写与天地万物相通自在境界的《常自在歌》：“常自在，常自在，莫受物触随变改……常自在，常自在，此外何求哉。”④ 所谓“自在”，强调人的自我主宰能力，不要为外在物欲所驱动。这是力学所追求的诚敬境界。魏了翁的《题东瓯王友直尚友堂》：“亦有是商鞅，亦有趋异端。若言气合即为善，是中更要分明看。”⑤ 同样是用语录体阐释儒家道统。

---

① 北京大学古文献研究所编《全宋诗》第 56 册，北京大学出版社，1998，第 34841 页。
② 北京大学古文献研究所编《全宋诗》第 56 册，北京大学出版社，1998，第 34848 页。
③ 北京大学古文献研究所编《全宋诗》第 55 册，北京大学出版社，1998，第 34630 页。
④ 北京大学古文献研究所编《全宋诗》第 52 册，北京大学出版社，1998，第 32810 页。
⑤ 北京大学古文献研究所编《全宋诗》第 56 册，北京大学出版社，1998，第 34906～34907 页。

尤其值得关注的是，作为坚定批评"语录讲义之押韵"诗的宋季诗坛宗师，刘克庄在历史潮流的裹挟下，竟然也未能免俗，其集中也保留有一定数量的语录体诗。

如《进德》（节选）：

> 进德功夫有深浅，一毫间断即参差。
> 醉无谬误明持敬，怒亦中和见养心。①

此诗强调道德修养功夫，认为只有持敬守中，才能养心进德。

再如《一念》（节选）：

> 一念才萌帝已临，岂容纤芥自欺心。
> 夜犹养气操存熟，晨偶科头警惧深。②

此诗提出君子慎独的重要性，认为唯有通过涵养心性，晨昏自省，方能防患于未然。他甚至采用组诗这种有效的方式说理，如《叙伦五言二十首》（笔者按：今《全宋诗》中仅存十五首），分别从父子、君臣、母子、祖孙、兄弟、夫妇、姊妹、叔侄、翁婿、妇姑、嫂叔、甥男、妇姒、长幼、朋友等方面论述了长幼尊卑关系，旨在阐释封建人伦思想。另外，他还借鉴偈颂体举众物而言一法的譬喻来说明儒家哲理，如《遣兴》云："六如偈简常持念，四勿箴佳最切身。"③南宋后期理学学者几乎人人都写语录讲义诗，这充分说明理学取得独尊地位之后对文学的影响之广、渗透之深，理学干预文学的意识之强、之主动。

---

① 北京大学古文献研究所编《全宋诗》第 58 册，北京大学出版社，1998，第 36271 ~ 36272 页。
② 北京大学古文献研究所编《全宋诗》第 58 册，北京大学出版社，1998，第 36270 页。
③ 北京大学古文献研究所编《全宋诗》第 58 册，北京大学出版社，1998，第 36686 页。

2. 风潮中语录讲义体诗的"攀附者"

晚宋诗坛可以简单分为道学家作诗和诗家作理语。早在理学诗刚刚兴起的南宋中期，叶适就敏锐地意识到"洛学兴而文字坏"①，但那个阶段尚有大家陆游、杨万里、朱熹等支撑着诗坛门面，使南宋诗歌与北宋相比，尚不至于太过相形见绌。但让人始料不及的是，当宋代诗歌进入"小家喧腾而大家缺席"的晚宋阶段，已经坐稳官学独尊地位的理学，竟然以迅雷不及掩耳之势横扫诗坛，造成举世开口闭口都是天理、性命，就连那位曾痛心疾首"率是语录讲义之押韵者"的刘克庄，也忍不住要装模作样，写几首语录诗，以表明自己与主流社会并不悖逆。而一些自命清高的所谓纯粹文人——江湖诗人，面对理学在社会各个层面的强势，也禁不住诱惑或压力，趋炎附势，自然会创作一些"以乐时趋"的理学诗。对此，钱锺书先生在《容安馆札记》中列举了不少江湖诗人以理入诗的事例。如关于江湖诗人陈起，《容安馆札记》第453则云：

> 《南宋群贤小集》第四十册卷二十四陈起宗之《夜听诵太极西铭》："六经宇宙包无际，消得斯文一贯穿。万水混茫潮约海，三辰焕烂斗分天。鸢鱼察理河洛后，金玉追章秦汉前。遥夜并听仍暗昧，奎明谁敢第三篇。"②

> 按，纪文达《瀛奎律髓刊误序》斥方虚谷论诗三弊，其二曰"攀附洛闽道学"，诚中其病。然此乃南宋末年风气，不独虚谷为然，江湖派中人亦复如是，芸居此诗其一例也。他如卷十四《学易斋》："图书诣其微，精实超惚恍。启蒙析其义，端倪见俯仰。"又

---

① （宋）叶适：《答刘子至书》，载曾枣庄、刘琳主编《全宋文》第285册，上海辞书出版社、安徽教育出版社，2006，第133页。
② 钱锺书：《钱锺书手稿集·容安馆札记》卷一，商务印书馆，2003，第705页。

《挈矩书院示学子》一首发挥"天人特异名，性情即理气"之旨，娓娓一千言，有曰"至哉子朱子"，又曰："吾因伊川程"，真所谓押韵讲义也。西山先生《真文忠公文集》卷三十六《跋宋正甫诗集》（即《宋诗纪事》卷七十一宋自适）（措语皆道学语，似亦江湖派）。①

此段文字涉及陈起和章粢两位江湖诗人。陈起（生卒年未详），字宗之，号芸居，他不仅编有《江湖集》，而且其本人也能诗文，有诗集《芸居稿》。陈起与当时诗界名流刘过、刘克庄等交往甚密，是江湖诗派的重要成员。他曾因写下"秋雨梧桐皇子府，春风杨柳相公桥"的诗句讽刺权相史弥远而遭受"江湖诗祸"，被发配边地充军达八年之久。作为江湖诗人，陈起本来提倡"捃书以为诗"，其诗以描写山水自然为主，但其七言律诗《夜听诵太极西铭》从内容上看是一首典型的理学诗，从形式上说是一首语录体。钱先生文中提到的《学易斋》《挈矩书院示学子》两首诗是章粢的作品，被收入《江湖后集》，与江湖诗人强调格律、辞采不同，志道忘艺，是明显攀附程朱理学的讲义体道学诗。《容安馆札记》还提到宋季其他江湖诗人作理学诗的情况。

《容安馆札记》第 302 则：

陈杰《自堂存稿》四卷……好于近体诗中作理学语，如卷二《题濂溪画像》云："翠叶红莲地，光风霁月天。几神千载悟，纸上更需圈。"《和叶宋英》云："风叶静千林，归根深复深。江山皆本色，天地见初心。"《归梦》云："人事扰多智，天机行不言。"《天人》云："圣贤惟任道，两不系天人。"《醉乡》云："酒亦有何好，离人而趋天。"卷三《携碧香酒赏红白桃因观江涨》云：

---

① 钱锺书：《钱锺书手稿集·容安馆札记》卷一，商务印书馆，2003，第 705 页。

"言之浅矣乾坤大，逝者如斯昼夜酒。"《恶讲义不逊者》全首。《天命》全首。《穷举》云："幸生朱陆相鸣后，犹忆羲文未露前。"山谷虽偶有此类句，江西社中人只作禅语，放翁则喜为之，江湖派遂成习气。①

《容安馆札记》第 346 则：

> 吴龙翰《古梅吟稿》六卷……而所作以濡染晚唐处为多，却无新秀语可采，多袭本朝人词意。《四库提要》谓其好言金丹炉火，未及其好攀附道学。如卷二《天目道中》之"三色俨如严父面"，即道学作怪，不特同卷《读先曾大父遗文》之"道参太极本无机，易论先天与后天"而已。②

《容安馆札记》第 502 则：

> 史尧弼唐英《莲峰集》十卷……唐英文好作性理语，其诗如卷一《醉卧至夜半，半醒中若有所愧者，闻空庭石渠流水清亮，不觉心体顿舒，醉卧俱失，因赋其所感》略云："孰为见在心，勿正能勿忘。涓涓石渠溜，起予者卜商。泠然落枕寒，解渴不待尝。坐令肝肺间，一一流天浆。须臾四体喻，发肤了无痒。""流水去不舍，此心湛如常。"《留题丹经卷后》略云："人身生死犹昼夜。"皆足征唐英非无意于道学者也。③

不只江湖诗人，就连学问家，甚至女性作诗，也沾染道学习气。

① 钱锺书：《钱锺书手稿集·容安馆札记》卷一，商务印书馆，2003，第 508 页。
② 钱锺书：《钱锺书手稿集·容安馆札记》卷一，商务印书馆，2003，第 554 页。
③ 钱锺书：《钱锺书手稿集·容安馆札记》卷二，商务印书馆，2003，第 816 页。

《容安馆札记》第 498 则：

> 郑樵《夹漈遗稿》三卷。郑樵博学深思，以著述之才自负……诗则粗而每入于腐，如《题夹漈草堂二首》、《题南山书堂盖》、《漫兴十首》皆时作《击壤集》语，盖文有策士风，诗则染道学家习也。①

《容安馆札记》第 478 则：

> 朱淑真《断肠诗集》十卷、《后集》七卷……《后集》卷四《新冬》七绝云："日一北而万物生，始知天意在收成。愚民未喻祈寒理，往往相为嗟怨声。"腐率可笑。首句全用《太玄经》。宋之巾帼亦戴头巾，岂真为文公侄女耶②。《后集》卷《贺人移学东轩》七律亦然。姚园客《露书》卷四谓其诗"多陈气"，洵然。后王德卿《德风亭初集》诗文亦有道学气。③

从以上所举例子可以看出，宋季诗坛深受理学浸染而大量创作语录讲义体诗，绝不是一时兴起、率性而为的个别现象，它已经形成一种风气。文人重理学而轻诗，而江湖诗人以理语入诗的现象蔚然成风则是值得深思的。文学的发展受社会思潮的影响很大，有着鲜明的时代烙印。从这个意义上说，刘克庄对宋季诗坛"率是语录讲义之押韵者"的概括具有相当程度的真实性。

（二）语录讲义体诗并非宋季诗坛主体

宋季的确出现了比以前更多的阐述道德义理的理学诗，而且语

---

① 钱锺书：《钱锺书手稿集·容安馆札记》卷二，商务印书馆，2003，第 802 页。
② 参见《四库提要·断肠词集》，文渊阁《四库全书》本，台湾商务印书馆，1986。
③ 钱锺书：《钱锺书手稿集·容安馆札记》卷一，商务印书馆，2003，第 751 页。

录讲义特征比较鲜明。但无论从作家的人数上，还是从诗歌作品的数量上，语录讲义体诗所占的分量都相对有限，用"率是"的提法显然夸大其词，不完全符合当时诗歌创作的实际。为了验证这一判断是否成立，我们现在不妨换个角度，以《四库全书总目》为例，通过它对宋季作家诗歌创作的评价，看看是否能够证明刘克庄"率是"提法的正当性。根据有关统计，《四库全书总目》共著录"382家394种宋人别集提要，53家66种宋人别集存目提要，79种宋代词集提要"①，其中宋季文人别集提要占有相当大的比重。以下笔者将就《四库全书总目》对宋季诗人作品的相关论述进行梳理，以揭示宋季诗坛创作的真实面貌。

1. 戴复古《石屏集》提要："宋戴复古撰。复古字式之，天台人。尝登陆游之门以诗鸣江湖间。……复古诗笔俊爽，极为作者所推。姚镛跋其诗，称其天然不费斧凿处，大似高三十五辈，晚唐诸子，当让一面。方回跋其诗，亦称其清健轻快，自成一家。虽皆不免稍过其实，要其精思研刻，实自能独辟町畦。"②

2. 曹彦约《昌谷集》提要："惟俪词韵语，稍伤质朴。然不事修饰而自能词达理明，要非学有原本者不能也。"③

3. 黄榦《勉斋集》提要："其文章大致质直，不事雕饰。虽笔力未为挺拔，而气体醇实，要不失为儒者之言焉。"④

4. 陈淳《北溪大全集》提要："其诗文皆如语录。"⑤

5. 裘万顷《竹斋诗集》提要："其诗虽风骨未高，而清婉有余，不染江湖之滥派。"⑥

---

① 吴亚娜：《〈四库全书总目〉宋代文学批评研究——以宋人别集与词集提要为中心》，博士学位论文，西南大学，2017，第1页。
② （清）永瑢等：《四库全书总目》，中华书局，1965，第1384页。
③ （清）永瑢等：《四库全书总目》，中华书局，1965，第1385页。
④ （清）永瑢等：《四库全书总目》，中华书局，1965，第1386页。
⑤ （清）永瑢等：《四库全书总目》，中华书局，1965，第1386页。
⑥ （清）永瑢等：《四库全书总目》，中华书局，1965，第1388页。

6. 高翥《信天巢遗稿》提要："陈振孙《书录解题》谓其作文怪涩，诗犹可观。刘克庄《后村诗话》谓其诗能参诚斋活句。"①

7. 度正《性善堂稿》提要："诗品虽不甚高，而词意畅达。颇与朱子格律相近。"②

8. 刘宰《漫塘文集》提要："所为文章，淳古质直，不事藻饰，而自然畅达。"③

9. 陈文蔚《克斋集》提要："其诗虽颇拙俚，不及朱子远甚。其文则皆明白淳实，有朱子之遗。"④

10. 薛师石《瓜庐诗》提要："今观其诗，语多本色，不似四灵以尖新字句为工。所谓'夷镂为素'者，殆于近之。至于边幅太窄，兴象太近，则与四灵同一门径。"⑤

11. 程珌《洺水集》提要："珌立朝以经济自任，诗词皆不甚擅长。俞文豹《吹剑录》称其'省试红药当阶翻'诗、'黄麻方草罢，红药正花翻'一联，亦未为佳句。"⑥

12. 魏了翁《鹤山全集》提要："所作醇正有法，而纡徐宕折，出乎自然。绝不染江湖游士叫嚣狂诞之风，亦不染讲学诸儒空疏拘腐之病。"⑦

13. 真德秀《西山文集》提要："然其他著作，要不失为儒者之言，亦不必竟以一眚掩也。"⑧

14. 周文璞《方泉集》提要："张端义《贵耳集》极称其《灌口二郎歌》、《听欧阳琴行》、《金涂塔歌》，以为不减贺、白。然文璞古体长

① （清）永瑢等：《四库全书总目》，中华书局，1965，第1388页。
② （清）永瑢等：《四库全书总目》，中华书局，1965，第1389页。
③ （清）永瑢等：《四库全书总目》，中华书局，1965，第1389页。
④ （清）永瑢等：《四库全书总目》，中华书局，1965，第1389页。
⑤ （清）永瑢等：《四库全书总目》，中华书局，1965，第1390页。
⑥ （清）永瑢等：《四库全书总目》，中华书局，1965，第1390页。
⑦ （清）永瑢等：《四库全书总目》，中华书局，1965，第1391页。
⑧ （清）永瑢等：《四库全书总目》，中华书局，1965，第1392页。

篇，微病颓唐，不出当时门径，较诸东坡、山谷，已相去不知几许。端义拟以青莲、长吉，未免不伦。至于古体短章，近体小诗，如端义所称《题钟山》一绝、《晨起》一绝，固可肩随于《白石》、《涧泉》诸集之间，宜其迭相唱和也。"①

15. 姜夔《白石诗集》提要："今观其诗，运思精密，而风格高秀，诚有拔于宋人之外者。傲视诸家，有以也。"②

16. 赵汝鐩《野谷诗稿》提要："王士祯……称其五言律时有佳句，七言俚俗，歌行漫无音节顿挫。"③

17. 袁甫《蒙斋集》提要："其他诗文，类多明白晓畅，切近事理，亦不屑为藻缋之词。"④

18. 戴栩《浣川集》提要："其诗派去四灵为近。然其命词琢句，多以镂刻为工，与四灵之专主清瘦者，气格稍殊。"⑤

19. 程公许《沧洲尘缶编》提要："（其诗）大抵直抒胸臆，畅所欲言，虽不以煅炼为工，而词旨昌明，议论切实，终为有道之言。其格在雕章绘句上也。"⑥

20. 郑清之《安晚堂诗集》提要："今观所作，大都直抒性情，于白居易为近。"⑦

21. 汪莘《方壶存稿》提要："诗源出李白，而天姿高秀不及之，故往往落卢仝蹊径。虽非中声，要亦不俗。"⑧

22. 游九言《默斋遗稿》提要："其诗格不甚高，而时有晚唐遗韵，

① （清）永瑢等：《四库全书总目》，中华书局，1965，第1392页。
② （清）永瑢等：《四库全书总目》，中华书局，1965，第1392页。
③ （清）永瑢等：《四库全书总目》，中华书局，1965，第1392页。
④ （清）永瑢等：《四库全书总目》，中华书局，1965，第1393页。
⑤ （清）永瑢等：《四库全书总目》，中华书局，1965，第1395页。
⑥ （清）永瑢等：《四库全书总目》，中华书局，1965，第1395页。
⑦ （清）永瑢等：《四库全书总目》，中华书局，1965，第1395页。
⑧ （清）永瑢等：《四库全书总目》，中华书局，1965，第1397页。

不涉于生硬权桠。"①

23. 吴潜《履斋遗集》提要："潜诗颇平衍，兼多拙句。求如《送何锡汝》五言律诗之通体浑成者，殆不多见。其诗馀则激昂凄劲，兼而有之，在南宋不失为佳手。"②

24. 戴昺《东野农歌集》提要："昺少工吟咏，为复古所称，有'不学晚唐体，曾闻大雅音'之句。今观所作五言，如'眼明千树底，春入数花中'、'秋床梧叶雨，晓袂竹林风'、'清池涵竹色，老树蚀藤阴'、'草润蛩声滑，松凉鹤梦清'，七言如'野水倒涵天影动，海云平压雁行低'、'飐柳轻风寒忽暖，催花小雨湿还晴'。格虽不高，而皆清婉可讽。亦颇具石屏家法也。"③

25. 严羽《沧浪集》提要："其所自为诗，独任性灵，扫除美刺。清音独远，切响遂稀。五言如'一径入松雪，数峰生暮寒'。七言如'空林木落长疑雨，别浦风多欲上潮'、'洞庭旅雁春归尽，瓜步寒潮夜落迟'。皆志在天宝以前，而格实不能超大历之上。"④

26. 李曾伯《可斋杂稿》提要："惟诗词才气纵横，颇不入格。要亦戛戛异人，不屑拾慧牙后。"⑤

27. 刘克庄《后村集》提要："其诗派近杨万里，大抵词病质俚，意伤浅露。……然其清新独到之处，要亦未可尽废。"⑥

28. 徐经孙《矩山存稿》提要："惟诗笔俚浅，实非所长。"⑦

29. 李昴英《文溪存稿》提要："诗间有粗俗之语，不离宋格，而骨力遒健，亦非靡靡之音。盖言者心声，其刚直之气有自然不掩者矣。"⑧

---

① （清）永瑢等：《四库全书总目》，中华书局，1965，第 1398 页。
② （清）永瑢等：《四库全书总目》，中华书局，1965，第 1398 页。
③ （清）永瑢等：《四库全书总目》，中华书局，1965，第 1399 页。
④ （清）永瑢等：《四库全书总目》，中华书局，1965，第 1400 页。
⑤ （清）永瑢等：《四库全书总目》，中华书局，1965，第 1400 页。
⑥ （清）永瑢等：《四库全书总目》，中华书局，1965，第 1401 页。
⑦ （清）永瑢等：《四库全书总目》，中华书局，1965，第 1401 页。
⑧ （清）永瑢等：《四库全书总目》，中华书局，1965，第 1402 页。

30. 张侃《张氏拙轩集》提要：“故所作格律，亦多清隽圆转，时有闲澹之致。虽未能开辟门径，自成一家。”①

31. 岳珂《玉楮集》提要：“盖有慨乎其言之也。虽时伤浅露，少诗人一唱三叹之致，而轩爽磊落，气格亦有可观。”②

32. 徐元杰《梅野集》提要：“元杰诗乃颇朴僿。”③

33. 高斯得《耻堂存稿》提要：“悯时忧国之念，一概托之于诗。虽其抒写胸臆，间伤率易，押韵亦时有出入，而感怀书事，要自有白氏讽谕之遗。”④

34. 施枢《芸隐横舟稿》提要：“至其他登临酬赠之作，虽乏气格，而神韵尚为清婉。在江湖诗派中，固犹为庸中佼佼矣。”⑤

35. 刘黻《蒙川遗稿》提要：“其诗亦淳古淡泊，虽限于风会，格律未纯，而人品既高，神思自别。”⑥

36. 乐雷发《雪矶丛稿》提要：“其诗旧列《江湖集》中，而风骨颇遒，调亦浏亮，实无猥杂粗俚之弊，视江湖一派迥殊。如《寄姚雪篷》《寄许介之》《送丁少卿》《读系年录》诸篇，尚有杜牧、许浑遗意。即《秋日村落》绝句‘一路稻花谁是主，红蜻蜓伴绿螳螂’之类，虽涉纤仄，亦无俗韵也。”⑦

37. 宋伯仁《西塍集》提要：“其诗有流丽之处，亦有浅率之处，大致不出四灵馀派。”⑧

38. 许棐《梅屋集》提要：“然其咏歌闲适，模写山林，时亦有新

---

①　（清）永瑢等：《四库全书总目》，中华书局，1965，第1043页。
②　（清）永瑢等：《四库全书总目》，中华书局，1965，第1043页。
③　（清）永瑢等：《四库全书总目》，中华书局，1965，第1404页。
④　（清）永瑢等：《四库全书总目》，中华书局，1965，第1405页。
⑤　（清）永瑢等：《四库全书总目》，中华书局，1965，第1045页。
⑥　（清）永瑢等：《四库全书总目》，中华书局，1965，第1405页。
⑦　（清）永瑢等：《四库全书总目》，中华书局，1965，第1405页。
⑧　（清）永瑢等：《四库全书总目》，中华书局，1965，第1405页。

语可观。"①

39. 释文珦《潜山集》提要："其诗多山林闲适之作，比兴未深。而即事讽谕，义存劝戒，持论率能中理。"②

40. 林同《孝诗》提要："然（其诗）大旨主于敦饬人伦，感发天性，未可以其词旨陈腐弃之。"③

41. 姚勉《雪坡文集》提要："勉受业于乐雷发，诗法颇有渊源，虽微涉粗豪，然落落有气。"④

42. 陈著《本堂集》提要："惟其诗多沿《击壤集》派，文亦颇杂语录之体，不及周、楼、陆、杨之淹雅。又奖借二氏，往往过当，尤不及朱子之纯粹。"⑤

43. 周弼《汶阳端平诗隽》提要："其诗风格未高，不外宋末江湖一派。而时时出入晚唐，尚无当时粗犷之习。一邱一壑，亦颇有小小佳致也。"⑥

44. 林希逸《鬳斋续集》提要："其诗亦多宗门语……尚不失前人轨度。"⑦

45. 王柏《鲁斋集》提要："其诗文虽刻意收敛，务使比附于理。而强就绳尺，时露有心牵缀之迹。终不似濂溪诸儒深醇和粹，自然合道也。"⑧

46. 刘辰翁《须溪集》提要："即其所作诗文，亦专以奇怪磊落为宗。务在艰涩其词，甚或至于不可句读，尤不免轶于绳墨之外。特其蹊径本自蒙庄，故惝恍迷离，亦间有意趣，不尽堕牛鬼蛇神。且其于宗邦

① （清）永瑢等：《四库全书总目》，中华书局，1965，第 1406 页。
② （清）永瑢等：《四库全书总目》，中华书局，1965，第 1406 页。
③ （清）永瑢等：《四库全书总目》，中华书局，1965，第 1406 页。
④ （清）永瑢等：《四库全书总目》，中华书局，1965，第 1407 页。
⑤ （清）永瑢等：《四库全书总目》，中华书局，1965，第 1408 页。
⑥ （清）永瑢等：《四库全书总目》，中华书局，1965，第 1408 页。
⑦ （清）永瑢等：《四库全书总目》，中华书局，1965，第 1409 页。
⑧ （清）永瑢等：《四库全书总目》，中华书局，1965，第 1409 页。

沦覆之后，睠怀麦秀，寄托遥深，忠爱之忱，往往形诸笔墨。其志亦多有可取者，固不必概以体格绳之矣。"①

47. 胡仲弓《苇航漫游稿》提要："故仲弓是编，及其兄仲参所作《竹庄小集》，均不出山林枯槁之调……然吟咏既繁，性情各见。洪纤俱响，正变兼陈。苟非淫慝之音，即不在放斥之列。"②

48. 吴锡畴《兰皋集》提要："盖其刻意清新，虽不免偶涉纤巧，而视宋季潦倒率易之作，则尚能生面别开。"③

49. 薛嵎《云泉诗》提要："嵎之所作，皆出入四灵之间，不免局于门户，然尚永嘉之初派，非永嘉之末派。"④

50. 马廷鸾《碧梧玩芳集》提要："诗文亦皆典瞻秀润，盎然有卷轴之味。"⑤

51. 赵必𤩽《覆瓿集》提要："诗文篇帙无多，在宋末诸家中未为颖脱，然体格清劲，不屑为靡靡之音。"⑥

52. 舒岳祥《阆风集》提要："其诗文类皆称臆而谈，不事雕缋。"⑦

53. 柴望《秋堂集》提要："其诗虽格近晚唐，未为高迈，而黍离麦秀，寓痛至深，骚屑哀音，特为凄动，亦可与谢翱诸人并传不朽。"⑧

54. 卫宗武《秋声集》提要："其诗文根柢差薄，骨格亦未坚致……然核其全集，大都气韵冲澹，有萧然自得之趣。盖胸襟既别，神致自殊，品究在《江湖》诸集上。"⑨

以上所列举《四库全书总目》中的 54 位宋季诗人，从提要对他

① （清）永瑢等：《四库全书总目》，中华书局，1965，第 1409 页。
② （清）永瑢等：《四库全书总目》，中华书局，1965，第 1410 页。
③ （清）永瑢等：《四库全书总目》，中华书局，1965，第 1410 页。
④ （清）永瑢等：《四库全书总目》，中华书局，1965，第 1410 页。
⑤ （清）永瑢等：《四库全书总目》，中华书局，1965，第 1411 页。
⑥ （清）永瑢等：《四库全书总目》，中华书局，1965，第 1412 页。
⑦ （清）永瑢等：《四库全书总目》，中华书局，1965，第 1412 页。
⑧ （清）永瑢等：《四库全书总目》，中华书局，1965，第 1412 页。
⑨ （清）永瑢等：《四库全书总目》，中华书局，1965，第 1413 页。

们的诗歌所作评论看，除了陈淳、陈著等少数诗人的作品被贴上"语录体"的标签；部分人被冠以"质直""朴拙""拙俚""平衍""浅率""枯槁"等的批评词语；而对多数人的作品则冠以"俊爽""词达理明""清婉有余""词旨昌明，议论切实""词意畅达""醇正有法""运思精密""明白晓畅""不俗""有晚唐遗韵""清婉可讽""清新""骨力遒健""有闲澹之致""清婉""流丽""典瞻秀润""体格清劲""气韵冲澹"等，其肯定多于批评。如果说前两种大致可以分别对应语录体、讲义体，那么，后一类所占比例更大，因此，刘克庄所言"近世贵理学而贱诗，间有篇咏，率是语录讲义之押韵者耳"的结论与现实是存在很大偏差的，它没能准确反映宋季诗坛的真实状况，更没能描绘出当世丰富复杂的诗歌图景。宋季诗歌虽然整体成就不高，但处于末世的文人仍然以自己独有的视角和笔触，为后人描绘出一个波诡云谲、五彩斑斓的诗歌历史画卷，其所作努力仍然是值得肯定和重视的。

四 "语录讲义体"诗与理学诗

宋季语录讲义体诗之所以成为一种时尚和风气，其原因是多方面的。首先，诗歌发展历史上本就存在"语录讲义体"这一类别。早在玄学盛行的西晋之末、东晋时期，诗坛出现过大量的玄言诗。受当时谈玄风气影响，"诗必柱下之旨归，赋乃漆园之义疏"①。可见，玄言诗脱胎于玄学思想，具有鲜明的时代特征：

> 正始中，王弼、何晏好《庄》《老》玄胜之谈，而世遂贵焉。至过江，佛理尤盛。故郭璞五言始会合道家之言而韵之。询及太原孙绰转相祖尚，又加以三世之辞，而《诗》《骚》之体尽矣。询、

---

① （南朝梁）刘勰著，周振甫注《文心雕龙注释》，人民文学出版社，1981，第479页。

绰并为一时文宗，自此作者悉体之。至义熙中，谢混始改。①

这说明，玄言诗是以阐释老庄思想和佛教哲理为主要内容的一种诗歌，孙绰、许询因善作玄言诗而成为一代文宗。"玄言诗的远源可以追溯到汉末建安之时，而其孕育阶段则主要在西晋。虽永嘉时玄言诗风已兴起，但玄言诗作为一个文学史阶段，则应以郭璞为正式起点；许询、孙绰之时为玄言诗的鼎盛时期；谢混之时，则为玄言诗这一文学史阶段之终点。"② 其后的陶渊明的诗歌从本质上说就是玄言诗，直到六朝的谢灵运山水诗依然未脱离玄学的窠臼。

玄言诗追求"得意忘言""高蹈世外"的精神境界，在艺术上提倡落尽华彩、不事雕琢的平淡。钟嵘《诗品》批评道：

> 永嘉时，贵黄老，稍尚虚谈。于时篇什，理过其辞，淡乎寡味。爰及江表，微波尚传。孙绰许询桓庾诸公诗，皆平典似《道德论》，建安风力尽矣。③

而这种平淡的诗风是由玄学超脱的生活态度和超越的人生境界之精神所决定的，它是特殊时期人们心理的反映，同时也是官方政治推崇的产物。玄言诗虽然只是在东晋盛极一时，但它对佛道玄学的关注，却引导诗人将审美目光投向抒情、言志之外的哲理世界，从而意外地为诗歌描写开辟了一方新的空间。延续至理性高度发达的宋代，特别是理学官学化的宋季，与"理过其辞""平典似道德论"的玄言诗相似的诗歌借理学之"尸"还魂，成为宋季诗坛与江湖诗双峰并峙的诗歌流派。

---

① 余嘉锡：《世说新语笺疏》，中华书局，1983，第 262 页。
② 王锺陵：《玄言诗研究》，《中国社会科学》1988 年第 5 期。
③ （清）何文焕辑《历代诗话》，中华书局，1981，第 2 页。

其次，理学家的诗学观念决定其诗歌必然重道轻艺。理学家作诗论文一以贯之都强调载道言志，鄙薄词华，推崇平淡。理学开山祖师周敦颐奠定其基本诗学原则：

> 文所以载道也，轮辕饰而人弗庸，徒饰也。况虚车乎……文辞，艺也；道德，实也……美则爱，爱则传焉。贤者得以学而至之，是为教。故曰："言之不文，行之不远"……然不贤者。虽父兄临之，师保勉之，不学也；强之，不从也……不知务道德而第以文辞为能者，艺焉而已。(《通书·文辞第二十八》) ①

文辞不过是起装饰作用而无实际功用的"艺焉而已"。程颐更是提出"作文害道"的极端论调：

> 问："作文害道否?"曰："害也……《书》云玩物丧志，为文亦玩物也……古之学者，惟务养情性，其他则不学。今为文者，专务章句悦人耳目。既务悦人，非俳优而何?" ②

在他看来，过多地沉湎于章句文辞，必然会耽误学者"修养情性"，玩物丧志。朱熹是理学家中的大诗人，于作诗颇有兴趣和心得，但他依然坚持"大意主乎学问以明理，则自然发为好文章"，认为"研钻华采之文，务悦人者" ③ 的浮华无实作品则毫无价值可言。

宋季理学诗人恪守程朱正统诗学观，借诗阐道，将"道本文末"论进一步发扬光大。叶适一方面倡言晚唐诗，另一方面又提出"大抵欲约一代治体归之于道，而不以区区虚文为主" ④。真德秀、魏了翁是朱

---

① (宋) 周敦颐：《周敦颐集》，岳麓书社，2007，第 78 页。
② (宋) 程颢、程颐著：《二程集》，中华书局，2004，第 239 页。
③ (宋) 黎靖德编《朱子语类》卷一百三十九，中华书局，1986，第 4312 页。
④ (宋) 叶适：《习学记言序目》，中华书局，1977，第 695 页。

熹学说在宋季的大力推行者，前者在《文章正宗序》中言：

> 夫士之于学，所以穷理而致用也。文虽学之一事，要亦不外乎此。故今所辑，以明义理、切世用为主。其体本乎古，其旨近乎经者，然后取焉；否则辞虽工亦不录。[1]

后者则在《和蒋成甫见贻生日韵三首》（其一）中云：

> 理义本心如皦日，词章末伎谩流萤。[2]

其后正统理学诗人更是变本加厉，强化其义理至上的文道观念：

> 今讲学求道，是欲善其身心、修其德业，此是本原也。而乃荣华其言语，巧好其文章，则是盛其枝叶。失其本根，于学焉得有功？（《何北山先生遗集》）[3]

> 文章有正气，所以载道而记事也。古人为学，本以躬行，讲论义理，融会贯通，文章从胸中流出，自然典实光明，是之谓正气。后世专务辞章，雕刻篆组，元气漓矣。（《发遣三昧序》）[4]

> 文所以建理，理者文之本，法度则其枝条，词藻则其华实，无非自然而然，初无定形，要归于阳和畅达。自近世以刻楮为工，而

---

[1] 曾枣庄、刘琳主编《全宋文》第 313 册，巴蜀书社，1988，第 176~177 页。

[2] 北京大学古文献研究所编《全宋诗》第 56 册，北京大学出版社，1998，第 34974 页。

[3] （宋）何基：《何北山先生遗集》，《丛书集成初编》，中华书局，1985，第 23 页。

[4] （宋）王柏：《发遣三昧序》，《全宋文》第 338 册，上海辞书出版社、安徽教育出版社，2006，第 162 页。

知意味者绝少。（《跋耘溪惭稿》）①

从以上所引相关论述可知，宋季理学诗人始终遵循程、朱正统理学家"道本文末"的诗学原则创作，批评近世江湖诗人追求音律和辞藻的风气，倡导创作阐述义理、典实平淡的诗歌。

梁椅《国朝文章正宗跋》曾言："文以理为准，理到则辞达。"② 对于"辞达"和"平淡"，理学家创作诗文主辞达而已，无须在艺术上过分讲求，以率意平浅为平淡。所写语录讲义体诗自然"以修词为末"，"不论工拙"，将历代诗人经过千余年积累总结的诗歌艺术传统和经验弃置不顾，试图建构一套符合理学观念的诗学思想。其创作极为粗糙平庸，还自我标榜是"志道忘艺"，且引以为傲。这种将哲学与文学简单嫁接的做法，从根本上违背文学自身的发展规律，严重损害了诗歌的基本特性。

再次，理学官方化后理学承担了更重要的教育义务。在宋季以前的绝大部分时间里，理学只是众多民间学术流派中的一个派别，其学术影响也只局限于一定群体范围之内的精英知识阶层。虽然到南宋中期，以朱熹、吕祖谦、张栻、陆九渊、叶适、陈傅良等为代表的理学人士，利用官学、书院等宣扬各自的学术思想，有时也利用诗歌形式写出诸如《论语绝句》百首（张九成作）、《斋居感兴二十首》（朱熹作）这样的语录讲义体诗，但只是偶一为之，影响不大，终究还不成气候。正如清代学者杭世骏批评的那样：

> 宋室理学郁兴，伊川《击壤》、横浦偈颂，欲以陶咏性天，发

---

① 曾枣庄、刘琳主编《全宋文》第 348 册，上海辞书出版社、安徽教育出版社，2006，第 228 页。

② 曾枣庄、刘琳主编《全宋文》第 347 册，上海辞书出版社、安徽教育出版社，2006，第 204 页。

挥理道，譬犹黄桴苇籥以为乐，羹藜饭糗以为食，操奇觚者或迂而
笑之。①

邵雍的《击壤集》，张九成的《论语绝句》百首，朱熹的《斋居感
兴二十首》等，作为语录讲义体的典型形态，在他们那个时代尚不能为
诗坛所认同，反倒会被后人"迂而笑之"。

但宋季的情况则发生了根本改变。理学作为上升至独尊地位的意识
形态，其对社会的影响不仅在学术层面，而且广泛地深入政治、学术、
文化、文学以及道德、社会生活的诸多方面，几乎到了无孔不入、无处
不在的地步。一方面是理学利用权力主动介入，利用一切手段对全社会
的民众进行全方位的教化，诗歌自然属于最优先考虑的手段之一；另一
方面是社会各阶层各年龄阶段的人自觉接受理学教育，以换取各自所需
要的利益，借助诗歌这一便于阅读和记忆、节奏感强、有韵味的形式来
获取理学知识，加强教学趣味，也是非常自然的选择。正是在这样的文
化背景和社会风气中，语录讲义诗成为社会上下共同爱好追捧的文学形
式，从而造成大量此类作品的出现。

最后，关于宋季语录讲义体诗的评价问题。语录讲义体诗是中国古
代诗歌历史上的一个客观存在，到宋季发展到鼎盛时期。针对诗坛这一
"盛况"，历代批评家多持否定态度，其中明代闽人谢肇淛的《小草斋
诗话》抨击得最为尖锐：

作诗第一对病是道学，何者？酒色放荡，礼法所禁，一也；意
象空虚，不踏实地，二也；颠倒议论，非圣非法，三也；论文杳
渺，半不可解，四也；触景偶发，非有指譬，五也。宋时道学诸公
诗无一佳者，至黄勉斋（即黄榦）《登临》诗开口便云："登山如

①　（清）杭世骏：《道古堂文集》卷九，《续修四库全书》第1426册，第286页。

学道，可止不可已。"此正是譬如为山注疏耳。①

　　明代诗学者对宋代诗歌普遍抱持一种否定的态度，认为"宋无诗"，更有甚者云"诗死于宋"；而谢肇淛本人又是反程朱理学的，故其对理学诗以"无一佳者"的决然判断，明显带有学派之争的情绪，且显然不合理学诗歌的创作实际。但他对道学诗"意象空虚，不踏实地""论文杳渺，半不可解""触景偶发，非有指譬"等毛病的概括还是切中肯綮的，这些问题在宋季理学家的语录讲义体诗中表现得尤为明显。

　　而清代四库馆臣的批评相对客观，具有一定的代表性：

　　　　夫德行，文章，孔门即分为二科；儒林、道学、文苑，《宋史》且分为三传。言岂一端，各有当也。以濂、洛之理责李、杜，李、杜不能争，天下亦不敢代为李、杜争。然而天下学为诗者，终宗李、杜，不宗濂、洛也。此其故可深长思矣。②

　　概括了理学诗派的状况，当然包括"击壤派"诗歌在内。

　　钱锺书先生则从"意境"和"词句"的角度衡定理学诗的价值，认为理学家作诗深受北宋理学诗人邵雍《击壤集》的影响，具有直接以理语入诗的特点，且内容多"属人事中箴规"，与现实政治和道德教化密切关联。他认为"词章异乎义理，敷陈形而上者，必以形而下者拟示之，取譬拈例，行空而复点地"③，有"理趣"方称得上是好的说理诗。他赞赏唐人的理趣诗而批评其理语诗：

---

① 万伟成：《观人诗学》，作家出版社，2005，第 212 页。
② （清）永瑢等：《四库全书总目》，中华书局，1965，第 1737 页。
③ 钱锺书：《管锥编》（第 3 卷），生活·读书·新知三联书店，2001，第 1809 页。

　　则张说之之"澄江明月内，应是色成空"；太白之"花将色不染，心与水俱闲"；常建之"山光悦鸟性，潭影空人心"；朱湾之"水将空合色，云与我无心"。皆有当于理趣之目。而王摩诘之"山河天眼里，世界法身中"；孟浩然之"会理知无我，观空厌有形"；刘中山之"法为因缘立，心从次第修"；白香山之"言下忘言一时了，梦中说梦两重虚"；顾逋翁之"定中观有漏，言外证无声"；李嘉祐之"禅心起忍辱，梵语问多罗"；卢纶之"空门不易启，初地本无程"；曹松之"有为嫌假佛，无境是真机"；则只是理语而已。①

在他看来，理趣诗具有味外之味、韵外之韵的特质和神变不定、出有入无的审美效果；而理语诗则理胜于词，素朴直白，质木无文，寡淡无味。理趣诗和理语诗的提法，简洁明了地对诗人之哲思诗和道学之语录讲义诗做出了明确区分。

从这些评论中可见，道学家的语录讲义体诗的审美标准已经严重偏离传统文学，已经到了匪夷所思的地步。道学之诗与诗人之诗之间的巨大鸿沟，诚若千秋楚越，分歧巨大。语录讲义体诗是理学官方化背景下，道学势力向文学疆域空前扩张的产物，它以邵雍的《击壤集》为其开端，到宋季而泛滥成灾。它昭示着理学诗朝着志道忘艺的方向一路狂奔，沿波不返，其末流完全失去了文学本该有的审美特质。其结果是自断生路，自掘坟墓，使这一流派在南宋灭亡后便辉煌不再，为正统诗坛所抵制乃至唾弃，虽然明初陈献章、庄昶等利用理学官方化而"借尸还魂"，且自成"陈庄体"，但终究只是昙花一现，难以为继。这也明确告诉我们，文学具有自身发展的内在规律和基本特点，任何希望凭借自身的话语权力对其作任性改变，虽然可能获得一段时间一定空间范围内的表面成功，就像理学官学化后能"成就"晚宋诗坛"率是语录讲

---

　　①　参见钱锺书《谈艺录》，中华书局，1984，第224页。

义之押韵者"的所谓"盛况",但其结果终究会走向事与愿违的可笑可悲境地,而被视为诗歌之一"厄"。

第五节　论晚宋"学人之诗"
与"诗人之诗"的对立

宋代是古代文学全面兴盛的时代,也是诗歌发展嬗变的重要阶段。自此开始中国古典诗歌明确分为二途:唐诗主情,以韵胜;宋诗尚理,以意胜。宋诗强调义理,很大程度上要归功于宋代儒学的复兴,尤其是以程、朱为核心的理学的发展繁荣及其官学化。四库馆臣在《击壤集》提要中有云:

> 自班固作《咏史》诗,始兆论宗;东方朔作《诫子》诗,始涉理路。沿及北宋,鄙唐人之不知道,于是以论理为本,以修词为末,而诗格于是乎大变。①

宋代文人对唐代纯粹的"诗人之诗"颇有微词,针对唐代盛行以自然山水为描写对象的风月诗,宋人提倡有思想深度的"学人之诗",其创作体现出明显的"以才学为诗,以议论为诗"的倾向。而作为从诸派争锋到一家独尊的宋代理学,其诗学批评理论存在着更为明确的学理化倾向,他们不仅认为唐诗太过肤浅,鄙薄其为"不知道"者,而且对当世"专于适情"的"诗人之诗"更是多加指责,转而大力提倡"学人之诗""儒者之诗"。这种变化与理学的兴盛发展有密切关联,是理学重塑文学价值、重构诗歌历史的体现。

晚宋时期,随着理学官方化地位的逐渐凝定及其对文学创作领域更

---

① （清）永瑢等:《四库全书总目》卷一百五十三,中华书局,2003,第1322页。

广泛深入的渗透，肇始于北宋、形成于南宋前期的关于"学人之诗"、"儒者之诗"与"诗人之诗"的争论，引起更大范围的关注。作为诗学批评概念，"学人之诗"在宋季文人诗学批评话语体系中占据着核心地位，其内涵较之南宋中期以前也更加丰富。这些概念的提出和确立，是宋代学者对于诗歌创作"既有文学经验的解释和抽象概括"①。因此，追寻宋代"学人之诗"与"诗人之诗"概念的形成过程，描绘宋季"诗人之诗"与"学人之诗"从冲突对立到逐步走向融合的真实图景，可以为认识宋代诗学思想的发展嬗变提供一个新的视角。

一　"学人之诗"与"诗人之诗"划疆立界的历史性考察

宋朝自开国实行"右文政策"以来，随着儒学的全面复兴和文道关系讨论的深入展开，人们的风雅正宗意识逐步得到加强，以文学而著称于世的文人如欧阳修、王安石、苏轼、黄庭坚等，继承中唐韩愈、柳宗元古文运动精神，强调"文以明道""文以贯道"的文学观念；而理学家则更是将其推向极端。在诗歌创作领域，北宋中后期出现的以"北宋五子"（周敦颐、二程、张载和邵雍）为代表的"道学之诗"与以晚唐派、苏轼、黄庭坚等为代表的"诗人之诗""文人之诗"几至于水火不容，判若云泥。理学家视文学家的创作为"闲言语"，认为"作诗妨志"。这种偏激的诗学观因其学术的民间地位和诗歌成就的制约，对当时诗坛所产生的影响毕竟有限。而到了南宋中后期，随着理学理论的系统化，特别是在理学逐步官方化的历史语境中，一方面，朝廷君臣通力合作，皇权以自己至高无上的政治地位并借助科举手段，对追求文辞之美的纯文学严加限制，直接规范文学朝着义理化道路推进，如有"文章天子"之称的宋理宗于宝庆二年（1226）下令：

> 国家三岁取士，试于南宫，盖公卿大夫由此其选，事至重

---

① 蒋寅：《古典诗学的现代诠释》，中国社会科学出版社，2003，第4页。

也……卿等宜协心尽虑，精加考择。夫文辞浮靡者，必非伟厚之器；议论诡激者，必无平正之用。去取之际，其务审此。①

正统大臣亦积极进言，如绍定二年（1229）：

臣寮奏："近年文气萎苶，乞申饬胄监师儒之官，专于训导，使之痛习经传，考订义理，课试选抡，须合体格，去浮华穿凿之弊。"②

另一方面，宋季理学家们充分利用其超越其他学派的学术优势和逐渐取得的政治权力，以风雅主导者自居，在二程"作文害道""作诗妨志"诗学观念基础上，进一步强化诗歌必须阐发"人伦义理"的理学诗教观念，标榜自己所创作的乃"学者之诗"，最大限度地挤压"诗人之诗"的生存空间，并通过编纂《文章正宗》《濂洛风雅》等标准文本的方式，试图引导诗歌沿着理学所规定的路径向前发展。

一般认为，在中国诗学发展史上，能够从理论上完整而且明确地将诗歌划分为"诗人之诗"、"才人之诗"与"学人之诗"等不同类型的是清代诗学批评家。如生活于雍正、乾隆年间的诗人程晋芳（1718~1784）在其《望溪集后》中有云："夫诗有诗人之诗，有学人之诗，有才人之诗。"③ 嘉庆、道光时的著名诗人陈文述（1771~1843）在其《顾竹峤诗序》中亦曰："有诗人之诗，有才人之诗，有学人之诗。"④ 这种划分在中国诗学发展史上具有重要的意义，是清代学者对传统诗

---

① （清）毕沅：《续资治通鉴》第3册，岳麓书社，1992，第241页。
② （清）毕沅：《续资治通鉴》第3册，岳麓书社，1992，第259页。
③ （清）程晋芳：《望溪集后》，《勉行堂集》卷四，《续修四库全书》第1433册，上海古籍出版社，1995，第332页。
④ （清）陈文述：《顾竹峤诗序》，《颐道堂文集》卷一，《续修四库全书》第1505册，上海古籍出版社，1995，第553页。

学批评理论的重大贡献。但追根溯源，这种源自对诗歌进行文学类型的批评，早在唐宋时期便已展开，并在两宋时取得了令人瞩目的理论成就。

就历时性而言，"诗人之诗"概念的提出要远远早于"学人之诗"，而且"诗人之诗"乃是从"诗人之赋"这一赋学批评概念转化而来的。根据现存诗学史料可以看出，早在西汉晚期，辞赋大家扬雄在其《法言·吾子》中就提出了"诗人之赋"与"辞人之赋"的概念：

> 或问："景差、唐勒、宋玉、枚乘之赋也，益乎?"曰："必也淫。""淫，则奈何?"曰："诗人之赋丽以则，辞人之赋丽以淫……"①

其对赋体文学的概括，在中国古代文类批评史上具有非常重要的学术意义。受此启发，唐代诗学批评家开始对诗歌进行文学类型分析，将诗歌划分为"诗人之诗"与"词人之诗"两种类型：

> 诗有二家：一曰有诗人之诗，二曰有词人之诗。诗人之诗雅而正，词人之诗才而辩。②

白居易在《金针诗格》中的这段论述，开创了中国诗歌类型批评的先河，宋代诗学批评家在此基础上进一步引入"学人之诗"这一概念，并与"诗人之诗"形成尖锐对立，进行更加深入的诗学理论探讨，从而为清代更为成熟的诗学分类理论系统的建立奠定了良好的基础。所不同的是，唐人眼中"雅而正"的"诗人之诗"属于传统诗学体系中的"名门正派"，而"才而辩"的"词人之诗"则是等而下之的变体，

---

① （汉）扬雄著，汪荣宝注，陈仲夫点校《法言义疏》，中华书局，1987，第49页。
② （宋）陈应行：《吟窗杂录》卷一八，中华书局，1997，第555页。

其"正"与"变"暗含高低之分；而在宋代作家视野里，"诗人之诗"则是偏于感性而"不知道"的纯文学，与"肇自典谟，本之经术"的"学人之诗"相比，其价值要大打折扣，爰及宋末，这种扬此贬彼的意识体现得更为明显。

学界普遍认为，最早正面提出"学人之诗"概念并与"诗人之诗"加以对比讨论的学者，应该是南宋中期著名的理学家、有"东南三贤"之称的张栻。据元代盛如梓《庶斋老学丛谈》记载：

> 有以诗集呈南轩先生（张栻）。先生曰："诗人之诗也，可惜不禁咀嚼。"或问其故，曰："非学者之诗。学者诗读着似质，却有无限滋味，涵泳愈久，愈觉深长。"①

张栻认为"诗人之诗"太过专注于语言、格律等形式技巧，而内容上显得非常浅薄，缺乏内涵；"学人之诗"则相反，表面看起来朴实无华，但经得起仔细咀嚼，如品陈酿，滋味绵长。而张栻所谓"学人之诗"与"诗人之诗"划分的理论根据，当源于北宋程颐的有关说法：

> "古之学者一，今之学者三，异端不与焉。一曰文章之学，二曰训诂之学，三曰儒者之学。欲趋道，舍儒者之学不可。"又说："今之学者有三弊：一溺于文章，二牵于训诂，三惑于异端。苟无此三者，则将何归？必趋于道矣。"②

程颐推崇的是研讨六经大"道"、关注道德性命、从总体上探究儒家经典的内容和精神实质的"义理之学"，对文章（诗文歌赋）、训诂（对经典字句进行解释和考订）、异端（佛道思想）加以贬斥。与张栻

---

① （元）盛如梓：《庶斋老学丛谈》中卷，《丛书集成初编》，中华书局，1985，第178页。
② （宋）程颢、程颐：《二程集》，中华书局，2004，第187页。

限于诗歌创作不同，程颐是从更宏观层面阐述道与文的关系，是其重道轻文诗学观念的体现。应该说明的是，南宋中期以前，诗坛存在的主要是"诗人之诗"和"文人之诗"的对立，它们分别代表着"唐音"和"宋调"，是宋代作家争夺诗歌话语权、建立新的诗坛秩序的体现，其主流便是黄庭坚为代表的江西诗派，形成了"以才学为诗，以议论为诗，以文字为诗"的宋代诗歌特征。而张栻所提倡的"学人之诗"仅作为"文人之诗"的羽翼或支流而存在，其诗坛地位并未获得充分体现，这一状况直到南宋晚期才获得极大改变。

随着宋季理宗一朝理学官学地位的确立，因缘际会，肇始于南宋中期的"学人之诗"与"诗人之诗"的争论，开始在更大范围内进一步展开，并逐步形成针锋相对、泾渭分明的诗坛两大营垒。以"永嘉四灵""江湖派"为代表的"诗人之诗"和以理学家为主体的"学人之诗"两军对垒，其他诗人则依违于两者之间，共同构成宋季诗坛"中小作家腾喧齐鸣而文学大家缺席"① 的奇特景象。

南宋后期随着科举制度的改革和"江湖诗祸"的影响，纯粹诗人被排除在权力场域之外，其政治地位急剧下降，而"诗人之诗"作为文化资本在政治权力结构中完全被边缘化。对此，理宗朝名臣江万里在《嬾真小集序》中颇有感慨地说：

> 诗本高人逸士为之，使王公大人见为屈膝者。而近所见类猥甚，不能于科举者必曰诗。往往持以走谒门户，是反屈膝于王公大人不暇。曾不若俛焉科举之文，犹是出其上远甚。②

宋末戴表元在《陈晦父诗序》中云：

---

① 王水照、熊海英：《南宋文学史》，人民出版社，2009，第4页。
② （宋）陈起：《江湖后集》卷十五，文渊阁《四库全书》本，台湾商务印书馆，1986。

> 近世汴梁江浙诸公，既不以名取人，诗事几废。人不攻诗不害
> 为通儒……科举其得之之道，非明经则词赋，固无有以诗进者。间
> 有一二以诗进，谓之杂流，人不齿录。①

但物极必反，诗人地位的下降反倒激发了他们的作诗热情，创作出与士大夫文人截然不同诗风的作品。从文学史的角度看，以"永嘉四灵"和"江湖诗派"为代表的诗人群体既被视为宋季诗歌创作的主体，亦被视作"诗人之诗"的典范。作为一个松散的团体，他们大多不事科举，追求林泉高致，以纯粹诗人自居，从生活方式、作诗原则和审美理想上，与士大夫文人和儒家学者之间划上一条颇为清晰的界限。徐照与徐玑、翁卷、赵师秀号为"永嘉四灵"，不满江西诗人的"资书以为诗"，提出"捐书以为诗"的原则，主张向晚唐诗人学习，描写日常生活琐事、山水小景和闲情野趣，倡导清瘦野逸、平澹冲和的诗歌风格，而"江湖诗派"亦追随"四灵诗人"的诗学理念。

宋季文人士大夫则崇尚道学，在诗学观念上提倡"学人之诗"或者"儒者之诗"，作诗大抵疏通畅达，切近事理，务为有用之言，不屑为藻缋之词，故不以文采见长。其上者如叶适诗歌："晚尤高远……其间与少陵争衡者非一，而义理尤过之。"② 魏了翁诗歌："所作醇正有法，而纡徐宕折，出乎自然。绝不染江湖游士叫嚣狂诞之风，亦不染讲学诸儒空疏拘腐之病"③，"其生平不以文章名，故其诗其文皆如语录。然淳于朱门弟子之中，最为笃实，故发为文章，亦多质朴真挚，无所修饰……是虽矫枉过直之词，要之儒家实有此一派，不能废也"。④ 其下者则如刘克庄所批评的那样："本朝文治虽盛，诸老先生率崇性理，卑艺文，朱主程而抑苏，吕氏文鉴去取多朱氏意，水心叶氏又谓洛学兴而

---

① 李修生主编《全元文》第 12 册，凤凰出版社，2005，第 122 页。
② 吴文治：《宋诗话全编》，凤凰出版社，2006，第 8707 页。
③ （清）永瑢等：《四库全书总目》卷一百五十三，中华书局，1965，第 1391 页。
④ （清）永瑢等：《四库全书总目》卷一百五十三，中华书局，1965，第 1386 页。

文字坏。"① 在晚宋，"学人之诗"几乎等同于语录讲义之押韵的"义理诗"，极大地压缩了诗歌的表现空间，降低了诗歌本来应该具备的审美价值。

二 "学人之诗"与"诗人之诗"的特征差异

欲明确"学人之诗"与"诗人之诗"的不同，首先须弄清楚何为宋人眼中的"诗人"和"学人"。我们不妨先看一则刘克庄的相关论述：

> 诗必与诗人评之。今世言某人贵名揭日月，直声塞穹壤，是名节人也；某人性理际天渊，源派传濂洛，是学问人也；某人窥姚、姒，逮《庄》《骚》，摘屈、宋，熏班、马，是文章人也；某人万里外建侯，某人立谈取卿相，是功名人也。此数项人者，其门挥汗成雨，士群趋焉，诗人亦携诗往焉。然主人不习为诗，于诗家高下深浅未尝涉其藩墙津涯，虽强评，要未抓着痒处。②

他于此区分了诗人、学问人（学人）、文章人（文人）、功名人（官僚）等身份，虽然学者、文人、官僚都写诗，但与"诗人"显然不同，"诗人"当是特指某一类人物。宋末元初遗民诗人郑思肖在其《中兴集自序》中将平生往来唱和交流的人分为"名相""阃臣""名臣""道学""诗人"等③，同样也将"诗人"和"学人（道学）"分别列出。由此可以看出，在晚宋文化语境中，"诗人"特指那些没有或不屑于仕进而以游士为身份特征的、专擅诗歌创作的中下层知识分子；而

---

① （宋）刘克庄：《迂斋标注古文序》，《全宋文》第 329 册，上海辞书出版社、安徽教育出版社，2006，第 125 页。

② （宋）刘克庄：《跋刘澜诗集》，《全宋文》第 330 册，上海辞书出版社、安徽教育出版社，2006，第 25 页。

③ （宋）郑思肖：《中兴集自序》，《郑思肖集》，上海古籍出版社，1991，第 99 页。

"学人"则指那些强调"道问学，尊德性"、阐扬道德义理的士大夫文人，特别是程、朱理学一派人物。

整个宋代始终弥漫着一种重学轻文的氛围，文人特别重视"学"，所谓"以才学为诗"，就是在诗歌创作中强调儒家义理的呈现，体现浓厚的道德意识和学术精神。通观宋代，大凡在文学史上产生重要影响的文人，几乎毫无例外都是学者型的作家，而不像唐代文人那样以纯粹诗人引以为傲。因此，当北宋诗文革新运动的领袖欧阳修以"翰林风月三千首，吏部文章二百年"（《赠王介甫》）① 来称许刚在文坛上崭露头角的年轻作家王安石时，被赞美者则对此回应"它日若能窥孟子，终身何敢望韩公"（《奉酬永叔见赠》）②，这一回答显示了王安石的儒者或学人追求。这种态度同样在南宋理学家身上得到体现，如被视为理学家中最能作诗的朱熹便不愿以诗人自居。据《鹤林玉露》甲编卷六记载："胡澹庵上章，荐诗人十人，朱熹与焉。文公不乐。"③ 我们可以透过刘克庄的一段论述，考察宋代诗人逐渐边缘化的状况："本朝文治过唐远甚，经义词赋之士悉尊宠用事，惟诗人遇合者少。内而公卿，外而强大诸侯，穷贵极富，致士满门，类多抵掌谈功名、飞笔作笺记者，未尝容一诗人也。"④ 到宋季理学官方化的时代，这种轻"诗人"而重"学者"的意识进一步强化，掌握政治、学术和诗学话语权的庙堂文人，普遍存在"贵理学而贱诗人"的思想倾向，宋季诗界提倡"学人之诗"，既是理学家长期以来主张"本于经术"、以诗阐道创作原则的具体体现，也是传统儒家诗学注重功利的突出反映。而江湖文人似乎"自甘堕落"，常以"诗人"自居，自觉与文人士大夫划清界限，在自己设定的诗歌圈子里"寻欢作乐"而怡然自得。自我身份的认定也基本确立了

① 北京大学古文献研究所编《全宋诗》第 6 册，北京大学出版社，1998，第 3792 页。
② 中华书局上海编辑所编《临川先生文集》，江苏古籍出版社，1959，第 264 页。
③ （宋）罗大经：《鹤林玉露》，中华书局，1983，第 12 页。
④ 曾枣庄、刘琳主编《全宋文》第 329 册，上海辞书出版社、安徽教育出版社，2006，第 79 页。

各自诗歌所要表现的疆域，从而形成了"诗人之诗"和"学人之诗"的特征差异。

关于"诗人之诗"和"学人之诗"的区别，前引张栻有关"诗人之诗"和"学人之诗"的论述已经有了基本判断，他认为诗人之诗"不禁咀嚼"，而"学者诗读着似质，却有无限滋味，涵泳愈久，愈觉深长"。宋季诗学家刘克庄、郑思肖等对此亦做过颇有价值的探讨，认为诗人与文人、学者、官僚各有所长，诗歌创作有其内在的创作原则与规范，诗人试图与不懂诗法的文人、学者、官僚谈诗，无疑是对牛弹琴，不得要领。这一论述虽然不够具体深入，但在一定程度上指出了"诗人之诗"与"学人之诗"的差异。而清代学者对此的认识显然更深一步：

> 昔之论诗者曰：有诗人之诗……有学人之诗。余谓……学人以材富，诗人以韵格标胜。[1]

> 有诗人之诗，有学人之诗……学人之诗，博闻强识，好学深思，功力虽深，天分有限，未尝不声应律而舞合节，究之其胜人处，即其逊人处。譬之佛家，律门戒子，守死威仪，终是钝根长老，安能一性圆明！诗人之诗，心地空明，有绝人之智慧；意度高远，无物类之牵缠。诗书名物，别有领会；山川花鸟，关我性情。信手拈来，言近旨远，笔短意长，聆之声希，咀之味永。此禅宗之心印，风雅之正传也。[2]

> 有学人之诗……有诗人之诗。骈花俪叶、妃白偶青，獭祭心劳，鹤声偷巧。弓衣而织白傅，团扇而画放翁。既锢阏其性灵，

---

[1]　（清）沈起元：《梅勿庵诗集序》，《敬亭诗文文稿》卷二，清乾隆刻增修本，第29页。
[2]　（清）方贞观：《辍锻录》，《清诗话续编》，上海古籍出版社，1983，第1936页。

> 徒求工于章句，此诗人之诗也……若夫学人之诗，上薄风骚，根极理要，采经史子集之菁华，味兴观群怨之旨趣，必有为而作，无不典之辞，庶几司空表圣所谓大用外腓，真体内充者乎？①

这些论述不仅清楚地把古典诗歌分为"诗人之诗"、"学人之诗"以及"才人之诗"等类型，更重要的在于他们归纳出每一类型诗歌的特点。当然，明清批评者多以客观公允的态度看待不同类型的诗歌，并无明显褒贬轩轾，而理学影响下的宋季诗学则表现出明确的取舍和倾向性。根据前人的相关论述，并结合宋季诗歌的创作实践，我们大致可以总结出晚宋"诗人之诗"和"学人之诗"的一些基本特征。

"诗人之诗"在题材上少关注世事、忧念时局，而多品题风月、往来酬唱祝颂之作，取材十分狭窄；形式上"斤斤于格律，屑屑于字句"②，多写五言律诗和七言绝句，专注于字句声律；语言上常常好为苦吟，"专以炼句为工，而句法又以炼字为要"③，体现出字句尖新的语言特点；风格上主张野逸清瘦，清空隽雅，其高者不失雅音，其下者则显卑靡。其整体上给人的感觉，正如《芳兰轩集》提要所言："盖四灵之诗，虽镂心玺肾，刻意雕琢；而取迳太狭，终不免破碎尖酸之病。"④

"学人之诗"则体现出明显不同于"诗人之诗"的特点。从作者来说，创作者要涵养道德，奠定深厚的儒学根底；就内容而言，学人之诗要弘扬伦理道德，抒写性情义理，探究兴衰治乱之由，即钱谦益所谓"肇自典谟，本之经术"；形式上不求工拙，不讲究格律、用韵、属对、比事、遣辞之善否；语言上要洗去铅华，厚重质实，风格上追求明白淳实，自然平淡。晚宋学者提倡"所为文章，淳古质直，不事藻饰，而自

---

① （清）朱景英：《萝村诗选序》，《畲经堂诗文集》卷四，清乾隆刻本，第28页。
② （清）赵怀玉：《焦里堂诗序》，《亦有生斋文集》卷四，《续修四库全书》第1470册，上海古籍出版社，2002，第49页。
③ （清）永瑢等：《四库全书总目》卷一五三，中华书局，1965，第1390页。
④ （清）永瑢等：《四库全书总目》卷一五三，中华书局，1965，第1389页。

然畅达"① 的诗歌境界。

三　关于宋季诗坛两种对立诗学思想的反思

刘毓盘在《中国文学史》中论述南宋诗歌时说:"诗至南宋而宗派之说起,宗黄庭坚者号'西江派',宗邵雍者号'濂洛派',一变而为'江湖派',再变而为'四灵派',生硬浅陋,盖弊极而不可复焉。"②学界基本认同这一判断,问题是宋季诗坛究竟是"诗人之诗"占上风,还是"学人之诗"在主宰?这实在是一个难有完美答案的疑问。表面上看,借助叶适的《四灵诗选》、陈起的《江湖集》(前、后集)等的刊刻发行,"诗人之诗"在诗坛上一时风光无限,但实际上这种影响多局限于江湖民间,而在庙堂精英阶层则依然流行着"学人之诗",特别是在理学官方化的宋季,士大夫文人自然强调诗歌的义理化,即便江湖诗人,也多有"攀附濂洛"者,以至于造成"近世贵理学而贱诗,间有篇咏,率是语录、讲义之押韵者耳"③ 的"盛况"。

宋代诗歌自欧阳修领导的诗文革新运动开始,便具有议论化、学理化的倾向,"文人之诗"逐步取代以"晚唐派""西昆派"为代表的"诗人之诗"。到南宋后期,随着理学思想体系的确立和学术界、政治上独尊地位的获得,重教化、明义理的"学人之诗"在正统的庙堂文学中无疑居于统治地位,在这方面,理学家的诗歌表现得最为明显。自北宋以来,濂洛学派始终强调"以学为诗",而他们所谓"学",乃是"性命道德之学,曰古今世变之学……善学者本之以经,参之以史,所以明理而达诸用也"④。理学家利用诗歌探讨天理、人欲、情与性、诚

---

① (清)永瑢等:《四库全书总目》卷一五三,中华书局,1965,第1389页。
② 刘毓盘:《中国文学史》,上海古今图书店,1924,第34页。
③ 曾枣庄、刘琳主编《全宋文》第330册,上海辞书出版社、安徽教育出版社,2006,第78页。
④ 曾枣庄、刘琳主编《全宋文》第313册,上海辞书出版社、安徽教育出版社,2006,第115页。

与妄等道德义理问题。

主于明理的"学人之诗"在正统的庙堂文学中无疑居于统治地位，但专于适情的"诗人之诗"却在江湖民间发挥着主力军的作用，不仅与士大夫文学并驾齐驱、占据了南宋后期诗坛的半壁江山，甚至被认为"广义上的江湖诗人几乎代表了南宋中后期诗坛的整个动向"①。而这一地位的取得，自然有赖于江湖诗人的创作成就，但当时文坛宗主叶适的称赏推扬，更是居功至伟。叶适亲自选其诗五百首编成《四灵诗选》，由杭州书商陈起刊刻，于是风行一时，所谓"水心先生既啧啧叹赏之，于是四灵天下莫不闻"②。随着四灵诗人的声名远播，影从云集，桴鼓相应，"天下皆知四灵之为晚唐，而巨公亦或学之……刘潜夫初亦学四灵……同时有赵庚仲白，亦可出入四灵小器"③，遂成一堪与江西诗派相争锋的诗派。此派诗人众多，声势浩大，不仅在晚宋鼎盛一时，而且流风及于有元一代："近时东南诗学，问其所宗，不曰晚唐，必曰四灵；不曰四灵，必曰江湖。"④ 应该说，宋诗发展到南宋中后期，在江西诗派一家兴盛、"文人之诗""学人之诗"占据诗坛主流的情况下，"永嘉四灵"和"江湖诗派"的横空出世，"摆脱近世诗律，敛情约性，因狭出奇"⑤，他们补偏救弊，标榜新的审美风尚，关注诗艺，回归语言精致、声律和谐的传统，于矫正江西诗派之偏颇、回归诗歌的本来面目，是有很大意义和历史功绩的。但是，以四灵诗人和江湖诗派为代表的"诗人之诗"也存在着明显的局限和问题。其主要体现在以下几个方面，一是取径太狭，立志不高。"四灵，倡唐诗者也……然具眼犹以为未尽者，盖惜其立志未高，而止于姚、贾也。学者闯其阃奥，辟而广

---

① 章培恒、骆玉明主编《中国文学史》，复旦大学出版社，1996，第481页。
② （宋）薛师石：《瓜庐集》，文渊阁《四库全书》本，第1171册，台湾商务印书馆，1986，第3页。
③ 李庆甲：《瀛奎律髓汇评》，上海古籍出版社，2005，第771页。
④ （元）张之翰：《跋王吉甫直溪诗稿》，《西岩集》卷十八，文渊阁《四库全书》本，台北商务印书馆，1986。
⑤ （宋）叶适著，刘公纯、王孝鱼、李哲夫点校《叶适集》，中华书局，2010，第611页。

之，犹惧其失，乃尖纤浅易，相煽成风，万喙一声，牢不可破，曰'此四灵体也'。其植根固，其流波漫，日就衰坏，不复振起。吁，宗之者反所以累之也。"① 二是雕琢太甚，运思清苦。"四灵诗薄弱，其锻炼处露斧凿痕。所取者气味清纯，不害诗品耳。不及唐人远矣。""四灵气味似诗，然用思太苦，而首尾多馁弱。"② 其他如思想蕴含不深刻、艺术表现不浑厚开阔等，都极大限制了宋季"诗人之诗"的历史成就和地位。《四库全书总目》多以"以纤佻为雅隽""油腔滑调""冗沓琐碎""寒酸纤琐""委琐""鄙俚不堪入目""蔬笋气重"等否定性的语言对晚宋江湖诗歌加以批评，也在一定程度上说明宋季诗歌走向全面衰落的窘况。

总体看来，晚宋"诗人之诗"和"学人之诗"各擅胜场，如"诗人之诗"对诗艺的精研，"学人之诗"对哲思的探究，在各自领域对诗歌内容和形式进行了有意义的深度开拓。但是这些只是注重"小结裹"而缺乏"大判断"的局部调整，而两种诗歌的尖锐对立带来的是诗学观念的偏激。随着官方意识强势介入文学，"学人之诗"不断收编越来越孱弱的"诗人之诗"队伍，最终结果便是"本朝则文人多，诗人少，三百年间，虽人各有集，集各有诗，诗各自为体，或尚理致，或负材力，或逞辨博，少者千篇，多至万首，要皆经义策论之有韵者尔，非诗也"。③ 繁华过后满是沧桑，宋季诗歌走向"弊极"似乎成为一种"命中注定"，无法挽回。

---

① （宋）范晞文：《对床夜语》，载丁福保辑《历代诗话续编》，中华书局，1983，第416页。
② 李庆甲：《瀛奎律髓汇评》，上海古籍出版社，2005，第771页。
③ （宋）刘克庄：《竹溪诗序》，载曾枣庄、刘琳主编《全宋文》第329册，上海辞书出版社、安徽教育出版社，2006，第92页。

主要参考文献

一　基本文献资料类

（先秦）老子著，陈鼓应注译《老子今注今译》，商务印书馆，2003。

（先秦）孔子等撰，（宋）朱熹集注《论语集注》，上海古籍出版社，1987。

（先秦）孟子等撰，（宋）朱熹集注《孟子集注》，上海古籍出版社，1987。

（先秦）孟子撰，杨伯峻译注《孟子译注》，中华书局，2012。

（先秦）荀子撰，王先谦集解《荀子集解》，中华书局，1992。

（汉）扬雄撰，汪荣宝注，陈仲夫点校《法言义疏》，中华书局，1987。

（汉）班固：《汉书》，中华书局，1962。

（南朝梁）刘勰撰，周振甫注释《文心雕龙注释》，人民文学出版社，1981。

（南朝梁）萧统编，（唐）李善注《文选》，上海古籍出版社，1986。

（宋）司马光：《资治通鉴》，中华书局，2011。

（宋）晁公武撰，孙猛校证《郡斋读书志校证》，上海古籍出版社，1990。

（宋）陈振孙撰，徐小蛮、顾美华点校《直斋书录解题》，上海古籍出版社，1987。

（宋）黎靖德编，王星贤点校《朱子语类》，中华书局，1986。

（宋）李心传撰，朱军校《道命录》，上海古籍出版社，2017。

（宋）李心传：《建炎以来系年要录》，中华书局，1988。

（宋）洪迈撰，孔凡礼点校《容斋随笔》，中华书局，2005。

（宋）陆游：《老学庵笔记》，中华书局，1979。

（宋）朱熹：《四书章句集注》，中华书局，1983。

（宋）赵与时撰，傅成校点《宾退录》，上海古籍出版社，1983。

（宋）罗大经：《鹤林玉露》，中华书局，1983。

（宋）邵伯温撰，李剑雄、刘德权点校《邵氏闻见录》，中华书局，1983。

（宋）邵博撰，刘德权、李剑雄点校《邵氏闻见后录》，中华书局，1983。

（宋）周密撰，张茂鹏点校《齐东野语》，中华书局，1983。

（宋）周密撰，吴企明点校《癸辛杂识》，中华书局，1988。

（宋）李焘：《续资治通鉴长编》，中华书局，1979。

（宋）黄震：《黄氏日钞》，影印文津阁四库全书本，商务印书馆，2005。

（宋）周敦颐撰，陈克明点校《周敦颐集》，中华书局，2009。

（宋）张载撰，章锡琛点校《张载集》，中华书局，2012。

（宋）邵雍著，陈明点校《伊川击壤集》，学林出版社，2004。

（宋）程颢、程颐著，王孝鱼校点《二程集》，中华书局，2004。

（宋）苏轼著，孔凡礼点校《苏轼文集》，中华书局，1986

（宋）朱熹撰，郭齐、尹波校点《朱熹集》，四川教育出版社，1996。

（宋）陆九渊撰，钟哲校《陆九渊集》，中华书局，1980。

（宋）叶适撰，刘公纯等点校《叶适集》，中华书局，1961。

（宋）周必大：《文忠集》，影印文津阁四库全书本，商务印书馆，2005。

（宋）魏了翁：《重校鹤山先生大全集》，北京图书馆出版社，2004。

（宋）真德秀：《西山先生真文忠公文集》，北京图书馆出版社，2006。

（宋）刘克庄著，王蓉贵、向以鲜点校《后村先生大全集》，四川大学出版社，2008。

（宋）刘克庄著，辛更儒校注《刘克庄集笺校》，中华书局，2011。

（宋）刘克庄撰，王秀梅点校《后村诗话》，中华书局，1983。

（宋）戴复古：《石屏诗集》，《宋集珍本丛刊》，线装书局，2004。

（宋）刘辰翁撰，段大林点校《刘辰翁集》，江西人民出版社，1987。

（宋）林希逸撰，周启成校注《庄子鬳斋口义校注》，江苏古籍出版社，1997。

（宋）严羽撰，郭绍虞校释《沧浪诗话校释》，人民文学出版社，1998。

（元）方回撰，（清）阮元辑《桐江集》，台湾商务印书馆，1987。

（元）方回：《桐江续集》，影印文津阁四库全书本，商务印书馆，2005。

（元）方回选评，李庆甲集评校点：《瀛奎律髓汇评》，上海古籍出版社，2005。

（元）脱脱等：《宋史》，中华书局，1985。

（元）马端临：《文献通考》，浙江古籍出版社，2000。

（元）刘埙：《隐居通议》，《丛书集成初编》本，中华书局，1985。

（明）陈邦瞻：《宋史纪事本末》，中华书局，1977。

（清）徐松：《宋会要辑稿》，中华书局，1957年影印本。

（清）永瑢等：《四库全书总目》，中华书局，1965。

（清）阮元：《十三经注疏》，中华书局，1980。

（清）厉鹗：《宋诗纪事》，上海古籍出版社，1983。

（清）黄宗羲原著，（清）全祖望补修，陈金生、梁运华点校《宋元学案》，中华书局，1986。

（清）吴之振、吕留良：《宋诗钞》，中华书局，1986。

（清）张景星：《宋诗别裁集》，上海古籍出版社，1978。

（清）陈衍评选，曹旭点校《宋诗精华录》，江西人民出版社，1984。

（清）何文焕辑《历代诗话》，中华书局，1981。

（清）丁福保：《历代诗话续编》，中华书局，1983。

（清）刘熙载：《艺概》，上海古籍出版社，1978。

郭绍虞：《宋诗话辑佚》，中华书局，1980。

文渊阁《四库全书》本，台湾商务印书馆，1986。

刘子健：《两宋史研究汇编》，台湾联经出版事业公司，1987。

吴自牧、吕留良、吴之振：《宋诗钞宋诗钞补》，三联书店上海分店，1988。

北京大学古文献研究所编《全宋诗》，北京大学出版社，1991~1998。

吴文治：《宋诗话全编》，江苏古籍出版社，1998。

李修生：《全元文》，凤凰出版社，2005。

曾枣庄、刘琳：《全宋文》，上海辞书出版社、安徽教育出版社，2006。

二　论著类

胡云翼：《宋诗研究》，商务印书馆，1930。

中国社会科学院文学研究所编《中国文学史》，人民文学出版社，1962。

游国恩主编《中国文学史》，人民文学出版社，1964。

（日）吉川幸次郎著《宋诗概说》，郑清茂译，台北联经出版事业公司，1977。

郭绍虞：《宋诗话考》，中华书局，1979。

梁昆：《宋诗派别论》，台湾东升出版事业有限公司，1980。

侯外庐等编《宋明理学史》，人民出版社，1984。

钱锺书：《谈艺录》，中华书局，1984。

白寿彝主编，吴怀棋著《中国史学史》（五代辽宋金元时期），上海人民出版社，1986。

李泽厚：《中国古代思想史论》，人民出版社，1986。

钱穆：《朱子新学案》，巴蜀书社，1986。

马积高：《赋史》，上海古籍出版社，1987。

马积高：《宋明理学与文学》，湖南师范大学出版社，1989。

束景南：《朱子大传》，福建教育出版社，1992。

陈来：《宋明理学》，辽宁教育出版社，1991。

程千帆、吴新雷：《两宋文学史》，上海古籍出版社，1991。

许总：《宋诗史》，重庆出版社，1992。

钱基博：《中国文学史》，中华书局，1993。

张毅：《宋代文学思想史》，中华书局，1995。

孙望、常国武：《宋代文学史》，人民文学出版社，1996。

王水照主编《宋代文学通论》，河南大学出版社，1997。

郭预衡主编《中国古代文学史》，上海古籍出版社，1998。

袁行霈主编《中国文学史》，高等教育出版社，1999。

刘大杰：《中国文学发展史》，百花文艺出版社，1999。

许总：《宋明理学与中国文学》，百花洲文艺出版社，1999。

马茂军：《北宋儒学与文学》，暨南大学出版社，1999。

钱锺书：《管锥编》，生活·读书·新知三联书店，2001。

许总主编《理学文艺史纲》，江苏教育出版社，2001。

钱锺书：《钱锺书手稿集·容安馆札记》，商务印书馆，2003。

张毅：《儒家文艺美学》，南开大学出版社，2004。

张文利：《理禅融会与宋诗研究》，中国社会科学出版社，2004。

胡云翼：《宋诗研究》，华东师范大学出版社，2004。

郑振铎：《插图本中国文学史》，上海人民出版社，2005。

章培恒主编《中国文学史》，复旦大学出版社，2005。

钱锺书：《宋诗选注》，人民文学出版社，2005。

葛兆光：《中国思想史》，复旦大学出版社，2005。

石庆明：《理学文化与南宋诗学》，中国社会科学出版社，2006。

刘方：《文化视域中的宋代文论》，学林出版社，2006。

祝尚书：《宋代科举与文学考论》，大象出版社，2006。

王水照、熊海英：《南宋文学史》，人民出版社，2009。

〔美〕孙康宜、宇文所安：《剑桥中国文学史》，生活·读书·新知三联书店，2013。

袁世硕主编《中国古代文学史》，高等教育出版社，2016。

吕肖奂：《宋诗体派论》，四川民族出版社，2002。

蔡镇楚：《中国诗话史》，湖南文艺出版社，1978。

郭绍虞：《中国文学批评史》，上海古籍出版社，1979。

罗根泽：《中国文学批评史》，上海古籍出版社，1984。

〔英〕特里·伊格尔顿：《文学原理引论》，文化艺术出版社，1987。

袁征：《宋代教育：中国古代教育的历史性转折》，广东高等教育出版社，1991。

程千帆编选《宋诗精选》，江苏古籍出版社，1992。

金性尧选注《宋诗三百首》，上海古籍出版社，1995。

顾易生等：《宋金元文学批评史》，上海古籍出版社，1996。

萧华荣：《中国诗学思想史》，华东师范大学出版社，1996。

〔德〕马克斯·韦伯著《经济与社会》，林荣远译，商务印书馆，1998。

祝尚书：《宋人别集叙录》，中华书局，1999。

木斋：《宋诗流变》，京华出版社，1999。

范立舟：《理学的产生及其历史命运》，陕西人民出版社，2001。

陈良运：《中国诗学批评史》，江西人民出版社，2001。

蒋寅：《中国诗学的思路与实践》，广西师范大学出版社，2001。

黄宝华、文师华：《中国诗学史》（宋金元卷），鹭江出版社，2002。

刘子健：《中国转向内在：两宋之际的文化内向》，江苏人民出版社，2002。

张其凡：《两宋历史文化概论》，广东人民出版社，2002。

〔日〕冈村繁：《文选之研究》，上海古籍出版社，2002。

蒋寅：《古典诗学的现代诠释》，中国社会科学出版社，2003。

祝尚书：《宋人总集叙录》，中华书局，2004。

萧华荣：《中国古典诗学理论史》，华东师范大学出版社，2005。

沈松勤：《南宋文人与党争》，人民出版社，2005。

万伟成：《观人诗学》，作家出版社，2005。

王水照：《历代文话》，复旦大学出版社，2007。

周裕锴：《宋代诗学通论》，上海古籍出版社，2007。

王锡九：《刘克庄诗学研究》，黄山书社，2007。

缪钺：《诗词散论》，陕西师范大学出版社，2008。

卞东波：《南宋诗选与宋代诗学考论》，中华书局，2008。

何俊、范立舟：《南宋思想史》，上海古籍出版社，2008。

崔际银：《文化构建与宋代文士及文学》，天津古籍出版社，2011。

史伟：《宋元诗学论稿》，上海远东出版社，2012。

侯体健：《刘克庄的文学世界——晚宋文学生态的一种考察》，复旦大学出版社，2013。

朱国华：《文学与权力：文学合法性的批判性考察》，北京大学出版社，2014。

廖可斌：《理学与文学论集》，东方出版社，2015。

刘婷婷：《南宋社会变迁、士人心态与文学走向研究》，中国社会科学出版社，2015。

李娟：《宋代程朱理学官学地位研究》，东北师范大学出版社，2015。

张健：《知识与抒情——宋代诗学研究》，北京大学出版社，2015。

侯体健：《士人身份与南宋诗文研究》，复旦大学出版社，2018。

三　论文类

（一）学位论文

喻学忠：《晚宋士风研究》，博士学位论文，四川大学，2002。

刘婷婷：《宋季士风与文学》，博士学位论文，浙江大学，2007。

颜文武：《"宋诗学问化"研究》，博士学位论文，暨南大学，2010。

郑慧：《叶适的理学观念与文学思想》，博士学位论文，东北师范大学，2013。

张艳辉：《宋代闽地唐诗学研究》，博士学位论文，西北大学，2014。

吴亚娜：《〈四库全书总目〉宋代文学批评研究——以宋人别集与词集提要为中心》，博士学位论文，西南大学，2017。

邱蔚华：《朱熹文学与佛禅关系研究》，博士学位论文，福建师范大学，2017。

吴雅萍：《福建宋遗民诗人研究》，博士学位论文，福建师范大学，2019。

（二）期刊论文

钱穆：《黄东发学述》，《图书季》1971年第3期。

胡念贻：《略论宋诗的发展》，《齐鲁学刊》1982年第2期。

陈植锷：《宋诗的分期及其标准》，《文学遗产》1986年第4期。

莫砺锋：《朱熹的文道观》，《文艺理论研究》1988年第5期。

马汉亭：《"语录讲义之押韵者"辨——宋·邵雍〈伊川击壤集〉

初论》,《南都学坛》1989 年第 4 期。

　　华岩:《宋诗的分期和宋诗的主流》,《文学遗产》(增刊) 1989 年第 18 期。

　　朱明伦:《宋代诗人及诗歌特点略说》,《辽宁大学学报》1994 年第 3 期。

　　李春青:《"吟咏情性"与"以意为主"——论中国古代诗学本体论的两种基本倾向》,《文学评论》1999 年第 2 期。

　　王兆鹏、李菁:《宋诗的发展历程》,《湖北大学成人教育学院学报》2001 年第 4 期。

　　朱迎平:《宋文发展整体观及南宋散文评价》,《上海财经大学学报》2001 年第 1 期。

　　张远林、王兆鹏:《宋诗分期问题研究述评》,《阴山学刊》2002 年第 4 期。

　　张金岭、吴擎华:《晚宋理学家对僭越权力的加入、疏离与抗争——立足于晚宋时期理学家为济王鸣冤的考察》,《四川师范大学学报》2003 年第 4 期。

　　廖寅:《"小元祐"考——论南宋后期学术对政治的影响》,《宋史研究论丛》第 6 辑,河北大学出版社,2005。

　　祝尚书:《论宋代理学家的"新文统"》,《文学遗产》2006 年第 4 期。

　　黄华:《论"话语的秩序"——福柯话语理论的一次重要转折》,《北京行政学院学报》2006 年第 2 期。

　　郑继猛:《南宋语录体散文初探》,《殷都学刊》2007 年第 4 期。

　　邓莹辉:《平淡:理学文学的审美基调》,《西南民族大学学报》2007 年第 9 期。

　　张文利、陶文鹏:《真德秀与魏了翁文学之比较》,《苏州大学学报》2008 年第 4 期。

任竞泽：《论宋代"语录体"对文学的影响》，《文学遗产》2009年第6期。

祝尚书：《论宋人的"诗人诗""文人诗"与"儒者诗"之辨》，《北京大学学报》2009年第2期。

王水照：《南宋文学的时代特点与历史定位》，《文学遗产》2010年第1期。

王培友：《论两宋"理学诗派"的文学特征及其历史地位》，《中国文化研究》（春之卷），2011。

马建平：《南宋中后期道学派与江湖、四灵的诗体取向》，《临沂大学学报》2013年第4期。

姚文放：《文学经典之争与文化权力的博弈》，《社会科学战线》2013年第2期。

朱汉民、洪银香：《宋儒的义理解经与书院讲义》，《中国哲学史》2014年第4期。

陈立胜：《理学家与语录体》，《社会科学》2015年第1期。

喻学忠：《晚宋士大夫变节之风述论》，《重庆师范大学学报》2015年第3期。

祝尚书：《宋人对以"道"论诗的修正——兼论宋末"以诗言理学"的兴起》，《西华师范大学学报》2016年第2期。

李懿：《理学诗派与晚宋诗坛》，《西南民族大学学报》2016年第1期。

王水照：《南宋文学的时代特点与历史定位》，宋代文学第六届年会会议论文。

巩本栋：《南宋古文选本的编纂及其文体学意义——以〈古文关键〉〈崇古文诀〉〈文章正宗〉为中心》，《文学遗产》2019年第1期。

王利民：《濂洛风雅的主潮及其余波流衍》，《中国文化研究》（春之卷），2019。

周景耀：《理学家诗的消失——以钱锺书的论述为中心》，《学习与探索》2019 年第 1 期。

孙鑫蓉：《论宋代理学者送别诗的审美特征》，《内江师范学院学报》2019 年第 7 期。

王培友：《论宋元理学的"尊德性"及其诗歌表达》，《青岛大学学报》2020 年第 1 期。

王培友：《邵雍"击壤体"的体式特征及其诗坛反响》，《北方论丛》2020 年第 1 期。

张锦：《邵雍的观物论与诗学思想》，《社会科学家》2020 年第 2 期。

王兆鹏、齐晓玉：《宋代诗文词作者的层级与时空分布》，《中南民族大学学报》2021 年第 4 期。

谢桃坊：《张栻"学者之诗"发微》，《中华文化论坛》2021 年第 3 期。

吴承学：《〈沧浪诗话〉与宋代理学》，《文学评论》2022 年第 1 期。

后　记

　　本书是我主持的国家社会科学基金一般课题"理学官方化与宋季诗文嬗变之关系研究"（15BZW097）的主体成果。本课题于 2015 年 6 月经全国哲学社会科学规划办公室批准立项，至 2020 年 9 月结题验收合格。根据专家反馈的修改意见，本人在结题文本的基础上，对原稿进行了进一步的修订、调整和补充。

　　感谢我的导师、原漳州师院院长林继中先生对本课题在研究思路、方法等方面的细致指导，感谢福建师范大学文学院原院长陈庆元先生、厦门大学文学院教授吴在庆先生、三峡大学原副校长谭志松教授在我课题申报和写作过程中提出的中肯建议、热情鼓励和无私帮助；感谢三峡大学文学与传媒学院吴卫华院长、朱华阳副院长、吴芳副院长，社科处周卫华处长，院科研办主任李红梅老师，他们在研究时间、经费和业务方面提供了大量的支持和帮助。感谢课题参与者高玮博士、顾瑞雪博士、杨勇教授的精诚合作；感谢我的学生程翔宇、田丽萍、杨梓、罗帅、王翔、陈尧等在资料收集、文字订正、原文核对以及网络技术等方面提供的支持。

　　本书出版得到三峡大学学科建设项目资助，感谢重点办主任周宜红教授、卢悦老师等的辛勤付出。

　　社会科学文献出版社编辑徐崇阳先生一直负责此书的出版相关事宜，承担非常繁重的案头工作，正是他们的鼎力相助和辛勤劳动，才使得拙著得以顺利出版，借此，对出版社编辑表达真诚的谢意，感恩大家所付出的一切辛劳。

2022 年 5 月于三峡大学

图书在版编目（CIP）数据

理学官方化与宋季诗文嬗变关系研究／邓莹辉著
. -- 北京：社会科学文献出版社，2022.12（2024.1 重印）
ISBN 978-7-5228-0934-2

Ⅰ.①理…　Ⅱ.①邓…　Ⅲ.①理学-关系-中国文学
-古典文学研究-宋代　Ⅳ.①B244.05②I206.44

中国版本图书馆 CIP 数据核字（2022）第 195839 号

理学官方化与宋季诗文嬗变关系研究

著　　者／邓莹辉

出 版 人／冀祥德
责任编辑／徐崇阳　李艳芳
责任印制／王京美

出　　版／社会科学文献出版社·城市和绿色发展分社(010)59367143
　　　　　地址：北京市北三环中路甲 29 号院华龙大厦　邮编：100029
　　　　　网址：www.ssap.com.cn
发　　行／社会科学文献出版社（010）59367028
印　　装／唐山玺诚印务有限公司

规　　格／开本：787mm×1092mm　1/16
　　　　　印张：29.25　字数：406 千字
版　　次／2022 年 12 月第 1 版　2024 年 1 月第 2 次印刷
书　　号／ISBN 978-7-5228-0934-2
定　　价／158.00 元

读者服务电话：4008918866